银行百年启示录

靳 毅 ◎ 主编

在众多银行中，有强者突围，有巨人陨落，也有新贵登场，每一家银行都有自己的成长路径。全书依此分为三大部分，对世界范围内十余家银行的兴衰成败过程一一进行了深入、细致的讲述。剖析其成败原因，并以此为鉴。在回顾的同时，结合当下经济环境、金融业发展境况给当代银行从业者以启示。

图书在版编目（CIP）数据

银行百年启示录 / 靳毅主编 . —北京：机械工业出版社，2020.1（2020.11 重印）
　ISBN 978-7-111-64326-5

Ⅰ.①银⋯　Ⅱ.①靳⋯　Ⅲ.①银行史－研究－世界　Ⅳ.① F831.9

中国版本图书馆 CIP 数据核字（2019）第 269925 号

机械工业出版社（北京市百万庄大街22号邮政编码100037）
策划编辑：王　涛　赵晓晨　责任编辑：王　涛　赵晓晨
责任印制：刘晓宇　　　　　　责任校对：刘晓宇
封面设计：高鹏博
北京宝昌彩色印刷有限公司印刷
2020 年 11 月第 1 版第 3 次印刷
170mm×230mm・27.25 印张・428 千字
标准书号：ISBN 978-7-111-64326-5
定价：89.00 元

电话服务　　　　　　　　　　网络服务
客服电话：010-88361066　　　机　工　官　网：www.cmpbook.com
　　　　　010-88379833　　　机　工　官　博：weibo.com/cmp1952
　　　　　010-68326294　　　金　　书　　网：www.golden-book.com
封底无防伪标均为盗版　　　　机工教育服务网：www.cmpedu.com

编委会

主 编
靳 毅

参 编
谭 倩　代鹏举　吕剑宇　单春妮

专家委员会
（按姓氏拼音排序）

陈嘉斌　贾肖明　李海涛
李江涛　廖健雯　刘小平
卢继超　卢 凯　陆晓隽
吕占甲　孙建坤　巫云峰
熊炯坤　杨静涛　杨景然
易欢欢　易 鹏　袁 方
袁秀峰　赵小强

序言

亚当·斯密在《国富论》开篇中就提出"社会分工意味着生产力的发展，是国民财富增长的源泉"，首次将社会分工论纳入政治经济学的讨论范畴。随着近代商业社会的不断发展，社会分工更加明确，行业发展更加多元，近代金融业也随之发展起来。金融业作为一国经济的重要组成部分，促进了社会分工的细化与生产效率的提升，从而为经济的增长注入了澎湃的动力。纵观当今世界，每一个强大国家的背后都有一个强大的金融体系作为支撑。

中国当代金融业是随着改革开放之后中国市场经济的步伐成长起来的，它的发生和发展无疑与中国经济的成长壮大相辅相成。在中国的金融体系中，银行作为整个金融体系的基石，在金融系统以及经济运行中都起着至关重要的作用。与此同时，间接融资仍然占据着主导地位，这无疑又进一步提升了商业银行在金融体系中的重要性。在从业的20余年中，我时常能够感受到银行体系对于国内整个金融环境的深刻影响。

近几年，中国经济的增长环境发生了明显变化。一方面，经济增速面临换挡。我们在过去40年快速完成了西方国家上百年才完成的工业化目标，很多领域都已经达到了世界先进水平；但同时，伴随经济体量的不断壮大，作为当今全球第二大经济体，我们的经济无疑也进入了由高速增长向中高速增长转换的时期。另一方面，经济结构面临调整。随着中国基建投资和地产开发的高峰期逐渐过去，未来的中国经济将逐步从劳动密集型、资本密集型产业转型升级为智力密集型、技术密集型产业。在经济降速、结构调整的过程中，对于国内的很多商业银行而言，其所面临的机遇和挑战无疑都是巨大的。

就当前的银行业自身而言，也面临着一些挑战。首先，是利率市场化。在利率改革的过程中，以往各家银行各管"一亩三分地"的旧有格局将被打破，银行之间的竞争将会加剧，资源将会向头部聚集，行业集中度将会逐渐提升，这种现象在美、日等国家利率市场化改革的过程中都出现过。其次，是直接融资。近几年，国家对于直接融资市场的发展高度重视，股权市场规模不断扩大，股权产品种类不断增多，与直接融资相关的金融机构也在不断壮大，这无疑将对传统的间接融资业务形成冲击。再次，是金融科技。随着计算机、互联网技术的飞速发展，近几年以腾讯、阿里、百度、京东等领衔的新兴科技企业如雨后春笋般出现，这些新锐企业的诞生正在对银行的经营形成正面冲击。

回顾美国金融机构的发展历程不难看出，混业经营的商业模式提升了其金融机构的盈利能力和国际竞争力。本书中所提及的富国银行的"交叉销售"、硅谷银行的"投贷联动"、道富银行的"大资产管理"等模式，其实都体现了美国混业经营大框架下金融机构融合化发展的特点。可以预见，随着中国金融市场的不断开放和金融国际化的不断推进，未来国内金融机构从分业经营走向混业经营的发展模式将是大势所趋。因此，无论是对商业银行还是对证券公司而言，思考金融变局、把握行业趋势、明确业务布局，都将是金融机构下阶段非常重要的课题。

作为国海证券的管理者，思考行业的变化、思索公司的战略是我工作的重点之一。在金融行业走向融合发展的趋势之下，通过研究商业银行的兴衰起伏，通过思考银行业发展的规律和趋势，无疑也能够对我在思考和制定公司发展战略的过程中有所启发。从这个角度而言，本书不仅对商业银行的经营管理者有帮助，对证券公司的经营管理人员同样有所启发。

研究业务作为证券公司着力打造的优势业务，在下阶段金融行业面临诸多机遇和挑战的背景下，也应充分发挥自身优势，通过深入地研究国内外金融行业的发展规律和未来趋势，向国内包括商业银行在内的各类金融机构提供一些有益的参考。我想，国海证券研究所靳毅及编委成员所编写的《银行百年启示录》一书，正是试图通过梳理国内外一些典型商业银行兴衰起伏的案例做到这一点。

因此，我很荣幸有此机会向大家推荐本书，也希望这本书能够对商业银行的从业人员以及关注金融行业未来发展的同仁们有所帮助和启发。

国海证券股份有限公司　董事长

何春梅

题记
一切都要从银行说起

银行，这个既时髦又古老的名词，在每一个时代，几乎都和人们息息相关。

300多年前，伴随着欧洲从封建社会转向资本主义社会，现代商业银行的雏形也开始孕育。1694年，在当时的头号强国大英帝国的国土上，诞生了欧洲大陆上第一家真正意义上的现代商业银行——英格兰银行。此后，商业银行陆续在法国、意大利等多个欧洲国家出现。

英格兰银行成立之初的主要目的是为大英帝国的对外战争筹款，但随着17世纪欧洲主要经济体的快速发展，商业银行的职能也逐渐从为政府提供服务转向为市场经济提供服务。而欧洲近代商业银行的快速发展，又进一步支撑了欧洲各主要资本主义国家的经济腾飞，从而形成了商业银行与实体经济相互促进的正向循环。

100多年前，当第一次世界大战的战火在欧洲大陆上横行肆虐的时候，远在大洋彼岸的美国，则出现了商业银行发展的一次高峰期。由于第一次世界大战的战期远超交战双方的预期，因此，交战双方为了赢得战争，都不得不持续投入大量的金钱和资源。此时，商业银行再次显示出其巨大的威力。

在美国的华尔街，以摩根大通银行为代表的美国银行业，积极地为第一次世界大战期间以英国为代表的协约国提供战争筹款。同期，美国国内的很多银行，同样加大了对生产军需物资企业的资金投放；而由于大量企业需要资金支持，也进一步促进了本土商业银行的发展。

40余年来，中国经济创造出一个又一个令世界震惊的增长奇迹。而在中国经济不断书写传奇的时候，作为经济的重要组成部分，中国银行业也在不断地创造着属于自己的传奇。2012—2014年，A股上市银行的净利润总额占比连续3年超A股全部上市公司利润总和的50%！可以说，改革开放之后，商业银行的不断发展壮大，以自己的方式支撑了中国实体经济的快速增长，成为中国经济发展的助推器和中国金融系统的基石。

今天，当我们走在中国的大街小巷，抑或身处异国他乡，商业银行随处可见，这其中，不乏许多历史悠久的百年老店。银行是全球商业活动的历史记录者，因此，品读银行的成长故事、品鉴银行的成败是非、品味银行的源远流长是一件非常有意思的事。而这也是我们撰写《银行百年启示录》的重要原因之一。

每当我们回望全球经济发展历史时，似乎总能看到商业银行的影子。金融体系与实体经济，或者说商业银行与实体经济，总是相生相伴、相互依存。因此，研究过往商业银行的发展历史，审视现代银行业的兴衰起伏，思考银行机构的未来走向，对于我们认识和理解经济的内生规律和未来走向都是很有价值的。

《银行百年启示录》全书分为三个部分：强者突围、巨人陨落、新贵登场，我们希望能够向读者呈现：

在这个历史悠久、"红海"竞争的领域中，那些并没有先发优势的商业银行，如何一步步成为日后的强者。

在跌宕起伏的市场环境之中，那些曾经名噪一时的商业银行，如何一步步走向破产。

在商业银行这个看上去有些"古老"的行业里，那些雄心勃勃的后来者又如何闯出自己的一片天地。

目 录

序言
题记　一切都要从银行说起

第一章　强者突围

第一节　马车上建立起来的商业帝国——美国富国银行的百年兴衰 / 3
第二节　时代终将奖励极致专注的机构——招商银行的一路坚守 / 48
第三节　瞄准细分跑道，闯出一片天下——浦发银行的差异化之路 / 72
第四节　异军突起的同业之王——兴业银行的红海突围 / 104
第五节　从滨海小城走出的"带头大哥"——不甘平庸的宁波银行 / 144

第二章　巨人陨落

第一节　曾经的巨人不堪一击——轰然垮塌的日本长信银行 / 181
第二节　未读懂经济周期——美国伊利诺伊大陆银行的衰落之路 / 203
第三节　"鸡蛋"都在一个"篮子"里——被经济危机摧毁的美国华盛顿互助银行 / 229
第四节　轻视风险者，终将被风险吞噬——英国巴林银行的快速死亡 / 248
第五节　中国现代银行业第一家倒闭的商业银行——昙花一现的海南发展银行 / 261

第三章　新贵登场

第一节　图书馆还是咖啡厅——不走寻常路的安快银行 / 287

第二节　后起之秀脱颖而出——另辟蹊径的道富银行 / 316

第三节　创新摇篮里走出的当代银行业新星——顺势而为的硅谷银行 / 342

第四节　城市商业银行的改革正在中国上演——中原银行的重装上阵 / 378

第五节　小机构也有大梦想——常熟银行的成长之路 / 397

后记　银行的沉浮与新生 / 424

致谢 / 425

参考文献 / 426

第一章
强者突围

在金钱的世界里,只有强者方能存活。

19世纪四五十年代，美国加利福尼亚州（以下简称"加州"）出现"淘金热"，在促进美国民众从东至西大迁徙的同时，也催生了美国西部的财富分配浪潮。"哪里有财富，哪里就有银行"，在全美上演淘金浪潮的同时，美国西部的银行业也获得了巨大的发展空间。美国当时的交通并不便利，以美国东部纽约地区为首的旧有银行势力并未大举进入西部地区，富国银行也因此获得了宝贵的发展空间。

以服务淘金者为起点，富国银行在美国西部广阔的荒原之上不断拼搏，最终跻身全球顶级商业银行之列。

20世纪80年代，在地球的另一端，伴随着中国的改革开放，中国经济爆发出惊人的活力。在这个过程中，不仅是中国的工商企业出现了爆发式的增长，中国商业银行的版图也同样发生了巨大变化。在曾经五大商业银行的既有格局之下，以招商银行为代表的股份制银行、以宁波银行为代表的城市商业银行（以下简称"城商行"）、以常熟农村商业银行为代表的农村商业银行（以下简称"农商行"）如雨后春笋般地出现在中国的商业大地上。在此后的几十年时间里，中国银行界的后起之秀们不断成长、逐步崛起，书写出一段中国现代银行史上的精彩传奇。

今天，当我们回望国内外这些银行业的翘楚，感叹于它们所获得的巨大成就时，可能会忽略了它们曾经艰难成长的历史点滴。富国银行出生在曾经无人问津的美国西海岸，时至今日，很多与富国银行同时代的银行都已经没有了踪迹，为什么富国银行却成长为当今银行界的王者？招商银行、浦发银行等出生在大型银行林立的中国，它们又是如何在成立之后不到30年的时间里，快速成长为当今中国银行体系的中坚力量？

如果说现代商业世界中充满了搏斗厮杀，那么，现代银行业无疑更是弱肉强食的严酷丛林。面对这门经营金钱的生意，唯有强者才能生存和壮大，弱者只能黯然离场。在竞争如此激烈的行业中，观察、分析、审视、思考那些从荆棘泥沼里挣扎而出的行业领袖，无论是对于我们理解现代银行业的前世今生，还是探究一国经济的周期循环，都有着非常重要的价值。

第一章
强者突围

第一节　马车上建立起来的商业帝国——美国富国银行的百年兴衰

现代商业银行制度起源于1694年成立的英格兰银行，但无论是从市场的广度还是从经营的深度，今日的英国银行业都已经全面让位于美国。探讨当代商业银行制度，或者寻找优秀银行标杆，必然绕不过对美国银行业的研究。

在强者林立的美国银行业中，有这样一个"异类"。它起源于遥远而又蛮荒的美国西海岸，与含着金钥匙出生的华尔街大银行站在一起，显得格格不入，而且相对于动辄200多岁的华尔街"前辈"们来说，它160多年的经营历史略显年轻；但是它又很"传统"，比任何一家华尔街大银行都更接近银行的本源，在金融创新花样百出的今天依然坚守存贷业务，从没有懈怠对个人、社区、本地企业的服务。它很"大"，是美国"Big Four"之一，曾一度是全球市值最高的银行；它又很"小"，与美国人的日常生活联系紧密，在美国的社区中，处处能见到它的身影，一个普通美国人身旁都可能有它的员工。

它，就是本书要介绍的第一个银行——富国银行（Wells Fargo）。在金融危机之后，富国银行因为出色的危机应对能力与经营业绩在美国银行业中脱颖而出，市场上对它的研究也是层出不穷。通过对富国银行经营历史的回顾梳理，不但可以近距离了解从19世纪中叶的西进运动到21世纪美国银行业大混战、大联合的历史背景，更可以感受富国银行在历史关口上的关键抉择。更重要的是，我们将讨论富国银行如何在花旗银行、摩根大通等华尔街大银行占据天时地利的情况下成功突围，成为一颗耀眼的新星。

一、富国银行速览

如微风起于青萍之末,今却屹立在世界之巅。富国银行160余年的经营历史,见证了美国的崛起。它从一辆马车、一个社区银行起步,一步一个脚印地伴随着美国成长,一度成为世界上市值最高的银行,它是美国梦最完美的注脚。

如今的富国银行(见表1-1-1)是一家跨国银行和金融服务控股集团,总部位于美国加州的旧金山,并在美国各地设立了大区中心。截至2018年年底,它是世界市值排名第4、美国资产规模第4的银行,按营收计算,它在2018年《财富》杂志评选的"世界500强"榜单中排名62位;在存款规模、房屋抵押贷款服务和借记卡市场上,富国银行存款规模全美排名第3。

表1-1-1 富国银行的基本信息

类型	公众企业
股票交易	纽约证券交易所(New York Stock Exchange)已纳入标准普尔500指数(S&P500 Index)
行业	银行业、服务业
创立时间	1852年
注册地点	美国纽约
创始人	亨利·威尔斯(Henry Wells)、威廉·法戈(William Fargo)
总部所在地	美国加州旧金山
服务范围	全球
主要负责人	董事长:伊丽莎白·杜克(Elizabeth A. Duke)首席执行官:蒂姆·斯隆(Tim Sloan)
产品和服务	个人银行、企业银行、信用卡、保险、外汇兑换、投资银行、抵押贷款。私人银行、私人股权投资、财富管理
口号	和您在一起,我们可以走得更远(Together, We'll go far)

注:资料来源于国海证券研究所。

2007年,富国银行的评级被标准普尔(Standard & Poor's)评为AAA-,是当时美国评级最高的银行。在2007—2008年的金融危机中,富国银行的信用评级曾被短暂调整为AA-,目前标普评级为A-。

第一章
强者突围

2008年前,按照资产和一级资本排名,富国银行不仅远逊于我国几大国有商业银行,即使在美国也是位居摩根大通银行等之后(见表1-1-2)。但是在2008年金融危机后,富国银行逆势而上,并在2015年7月成为全球银行业市值冠军。在2016年富国银行"账户门"丑闻之前,它的市盈率接近13倍,同期中国工商银行市盈率仅有5.2倍(见图1-1-1)。

表1-1-2 2017年全球十大银行排名

排名	银行	国家	一级资本(百万美元)
1	中国工商银行	中国	281,262
2	中国建设银行	中国	225,838
3	摩根大通银行	美国	208,112
4	中国银行	中国	119,189
5	美国银行	美国	190,315
6	中国农业银行	中国	188,624
7	花旗银行	美国	178,387
8	富国银行	美国	171,364
9	汇丰银行(HSBC)	英国	138,022
10	三菱日联金融集团(MUFG)	日本	135,944

注:资料来源于《银行家》、国海证券研究所。

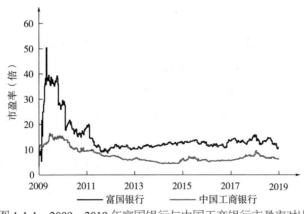

图1-1-1 2009—2019年富国银行与中国工商银行市盈率对比

(资料来源:Wind、国海证券研究所)

除此之外,国际权威期刊——英国《银行家》(Banker)杂志发布的全球银行业竞争力排名显示(见表1-1-3),2016年前,富国银行保持着多年全球品牌价值冠军银行的纪录。富国银行的品牌价值不但与它的规模有关,更与它100多年的经营历史、与美国人的紧密联结息息相关。

表1-1-3　2018年《银行家》品牌价值排名

排名	银行	国家	品牌价值(百万美元)
1	中国工商银行	中国	59,189
2	中国建设银行	中国	56,789
3	富国银行	美国	44,098
4	中国银行	中国	41,750
5	大通银行	美国	38,842
6	中国农业银行	中国	37,321
7	美国银行	美国	33,289
8	花旗银行	美国	30,783
9	汇丰银行	英国	18,305
10	摩根银行	美国	17,651

注:资料来源于《银行家》、国海证券研究所。

具体业务方面,富国银行在小微企业贷款、住房抵押贷款等方面位列全美第一。2018年,其分支机构为8050家,自动取款机(以下简称"ATM")数量达到13,000个,拥有美国最广泛的网点网络和分销系统,存款市场占有率在多个州居首位(见表1-1-4)。全美市场占有率高达10.32%,仅次于美国银行(Bank of America)和摩根大通银行。更有数据显示,平均每3个美国家庭中就有1个是富国银行的客户,每500名美国就业人口中就有1名受雇于富国银行。可以说,富国银行是美国本土最重要、对美国人工作和生活影响最大的金融机构之一。全球范围内,富国银行服务着超过35个国家和地区的7000万名顾客。

表 1-1-4 富国银行存款在美国各州的市场占有率及排名

州名	市场份额（%）	排名	州名	市场份额（%）	排名
南达科他	51.67	1	宾夕法尼亚	8.97	2
阿拉斯加	50.19	1	得克萨斯	8.65	4
明尼苏达	31.3	2	艾奥瓦	8.57	1
新墨西哥	27.12	1	亚拉巴马	8.49	3
亚利桑那	23.21	2	内布拉斯加	8.06	4
科罗拉多	22.81	1	北达科他	7.59	2
爱达荷	21.7	1	马里兰	7.33	5
南卡罗来纳	19.5	1	康涅狄格	6.16	4
加利福尼亚	18.48	2	威斯康星	2.98	5
怀俄明	16.89	1	印第安纳	2.53	12
华盛顿哥伦比亚特区	16.23	2	犹他	2.38	10
俄勒冈	15.97	2	伊利诺伊	1.79	13
北卡罗来纳	14.88	2	田纳西	1.44	10
佐治亚	14.77	2	纽约	1.42	14
佛罗里达	13.54	2	堪萨斯	1.39	14
蒙大拿	12.04	3	密西西比	1.36	13
华盛顿	11.65	2	密歇根	1.12	13
新泽西	11.16	3	俄亥俄	0.78	不详
弗吉尼亚	10.98	3	阿肯色	0.77	不详
内华达	9.25	2	特拉华	0.55	不详

注：资料来源于联邦存款保险公司、国海证券研究所。

富国银行自成立伊始，经历了技术革命的冲击、大萧条的洗礼、政府强征的打击，屡遭挫折却不断前进，最终完成了从"草根"到"王座"的跨越。通过对历史发展脉络的梳理，我们将它160余年的发展历程分为如下几个阶段：

1852—1870年：马车时代，狂野西部的开拓先锋；

1870—1905年：铁路时代，经营网络从大海到大海；

1905—1945 年：在灾难与战争中，富国银行负重前行；
1946—1980 年：从社区起步，与战后繁荣的加州共舞；
1980—1994 年：于暗中蛰伏，等待吹响出击的号角；
1995—2008 年：多次蛇吞象，从幕后走到台前；
2009 年至今：危机时一战成名，繁华中马失前蹄。

二、1852—1870 年：马车时代，狂野西部的开拓先锋

富国银行的前身之一是 1852 年在加州淘金潮时成立于加州圣弗朗西斯科（旧金山）的富国公司（Wells Fargo & Co.）。1848 年，加州旧金山发现金矿的消息传遍了美国大陆，东海岸的年轻人被财富吸引，纷纷投身淘金浪潮。彼时旧金山人口从 1848 年的不到 8000 人猛增至 1851 年的 3 万人，整个加州每年产出价值超过 5 亿美元的黄金。淘金业的野蛮发展与人口暴增为西部邮运业带来了机遇。时任美国运通公司（American Express Company）董事的亨利·威尔斯（Henry Wells）和威廉·法戈（William Fargo）提议公司将业务延伸到美国西部，但遭到了董事会其他成员的反对。于是，二人集资 30 万美元，在纽约宣布成立富国公司，并于圣弗朗西斯科的蒙哥马利街（Montgomery Street）开设第一家富国公司营业部，致力于将野蛮西部与发达的中东部连接起来。

最初，富国公司的业务为金粉、金块的买卖与运送。当时的加州对于金矿采取"谁发现、谁拥有、谁开采，在宣称金矿所有权后开采团队不能离开金矿"的政策，富国公司就在开采营区附近就地办公，帮助开采团队称量金粉、金块，按市价结算与运输。除此之外，富国公司还帮助矿工收寄家庭信件、收发报纸，并针对多重运输需求设计了既可运人又能载货的富国公司马车。在马车时代的后期，富国公司经营地点拓展至整个西部，包括加州、俄勒冈州甚至英属哥伦比亚，通过一系列收购、兼并、联合的方式垄断了中西部主要陆上运输路线，邮政部门经营范围包括货运、客运、快递，银行部门经营范围包括存款、贷款、股票经纪、

第一章
强者突围

贵金属买卖、票据等,当时的银行业务主要依附于邮政业务生存。

1. 富国公司的扩张路线

富国公司在马车时代的扩张轨迹主要分为三个阶段。

第一阶段为 1852—1859 年的"海运时期"。富国公司将主要精力放在搭建客户网络、经营州内运输路线上。第一步,在成立旧金山公司总部之后,富国公司迅速在加州主要城镇与采矿营地设立办事处,确保办事员可以联系并提供服务给客户。仅 4 个月的时间,富国公司就将办事处开到了俄勒冈州波特兰市,基本覆盖了西部主要矿业区域。第二步,富国公司经营起属于自己的主干路线。当时加州东部重要交通门户从北向南依次为马里斯维尔(Marysville)、萨克拉门托(Sacramento)、斯托克顿(Stockton)。在马里斯维尔与萨克拉门托,富国公司自己投资马车与驿站;在斯托克顿,富国公司先与当地运输商合作,一年后将其吞并,最终贯通了从加州山区至旧金山的货物出海路线。

第二阶段为 1859—1866 年的"陆运时期"。富国公司与其他竞争对手参与陆路建设。因为货轮单次运输货物量大,出于成本考虑,当时从旧金山到美国东海岸的航线每半个月往来一次。又因为要绕行巴拿马,运输时间长,海运不能满足时效性的需求,也不能满足不临海的中西部地区往来西部的需要。为解决这些问题,横跨大平原的陆上交通线诞生了。由于陆上运输线路程长,中间要跨越多个荒无人烟的地区,驿站建设成本非一家公司所能承担。1858 年,富国公司与几家大型公司合资成立陆邮公司(Overland Mail),建设经营从美国中部密西西比河流域到西部的经营线路,并获得了政府补贴与订单。其中,富国公司的银行部门是该合资公司银行服务的提供者。此外,富国公司还独立经营多条连接落基山脉西麓与东麓的运输线路,与跨越大平原的主干线路对接。

第三阶段为 1866—1869 年的"垄断时期"。1866 年,富国公司收购了它的主要竞争对手假日速运(Holiday Express),又控制了合资公司陆邮公司,从而控制了密西西比河以西的主要运输路线,成为美国西部邮政业的垄断者。从加州到内布拉斯加州,从科罗拉多州到蒙大拿州和爱达荷州的矿区,带有富国公司标志的马车踏遍了约 4828 千米的路程。

2. 富国公司的早期优势

富国公司在加州从零做起，最终成为美国西部邮政业巨头的主要优势有：实力雄厚的股东背景、"客户至上"的服务理念、良好的商业信誉。

富国公司的创始人威尔斯与法戈是美国邮政运输业的最早参与者。早在富国公司之前，两人就在美国东部分别创立邮政公司，在美国运输业大联合时期并入美国运通旗下。运营富国公司期间，两人一直担任美国运通董事。他们的背景，为富国公司带来了美国运通公司的关联业务；他们的眼界，决定了富国公司的志向不在于一城一地，而是要将整个美国西部纳入麾下。

将"以客户为中心"作为经营方针，千方百计满足客户的各种需求，使富国公司的服务具有竞争力。作为富国公司的主要服务对象，淘金者们大多是只身一人从东部前来，居住在淘金营区之中。富国公司经营的产品，不但包括买卖运输金矿，更涵盖了采买矿工们日常生活用品、传递与东部地区矿工家人往来书信、及时更新新闻与天气情况等。例如，从1852年成立伊始，富国公司就成为加州选情与美国大选结果最快速的传递者，1860年，正是富国公司将林肯当选美国总统的消息第一个传入加州。

在数次危机中积累的良好信誉，是富国公司赖以生存的根本。1852年11月，萨克拉门托城区发生火灾，烧毁近1600栋建筑，总损失超过500万美元，刚营业不到半年的富国公司办公室也在其中。但富国公司并未因此气馁，它一方面收集客户订购需求，另一方面向城市重建基金捐赠资金，为市民筹集衣物，赢得了良好的口碑。1853年1月，萨克拉门托河又发洪灾，城市通往营地的道路中断，一些营地物资供应中断，只有富国公司的邮递员依然穿梭在崎岖的道路上，为矿工们带去食品、新闻消息、家人和朋友的关切。1855年，由于个别银行经营不善突然倒闭，旧金山发生金融业恐慌，数家主要银行遭遇挤兑，富国公司银行部门也未能幸免，被迫关门一天。第二天银行再度开门营业，尽管在挤兑中损失了1/3的资产，但富国银行因为在本地资产储备相对充足，最终挺过了危机。柳暗花明，这一危机扫清了富国银行在旧金山的主要竞争对手，为其开拓了更大的市场。

3. 富国品牌与美国人的西部记忆

在数轮并购与被并购中，今日的富国银行已经成为世界银行业的庞然大物。成立早期的富国公司银行部门仅仅是当今富国银行起源的一个小分支，占比甚至小于后来并入的西北银行（Norwest）和美联银行（Wachovia）。尽管管理权几经易手，富国银行的名称却从未更改，公司文化更是完全师承富国公司，这是因为"富国"这一名称，已经与美国人的西部情结联系在了一起；"富国"这一品牌，具有极高的商业价值。

19世纪上半叶，美国西进运动始于美国从法国手中购得路易斯安那州（Louisiana Purchase），以美墨战争美国胜利为中场，在加州淘金热中达到巅峰，期间美国国土面积增大两倍，国力爆炸式增长，大量移民涌入美国，在未开拓的土地上追求"美国梦"。国家实力增长、开拓、冒险、个人财富成功、与印第安人的较量、牛仔文化……共同构成了美国人的西部记忆。富国公司参与建设，并最终控制美国西部运输业的十几年，正是西进运动最后的光辉时代。因为代表着不辞辛苦、旅途奔波的邮递员形象，富国公司自然而然地融入了美国人的历史记忆里。

富国公司手下最著名的线路被称作"小马快递"（Pony Express），从密苏里州的密西西比河出发到旧金山，全长3100千米，时速16千米，是当时速度最快的邮政线路，也是东西岸文件与新闻传达的主要通道。尽管小马快递只存在了18个月，很快便被洲际电报系统取代，但是这一路线的开拓情怀和骑手们在路途中曲折离奇的故事，成为后来很多文学创作者们的重要素材。

进入20世纪后，关于富国公司与小马快递的故事先是被作家著书，后衍生出数十部电影与电视剧（见表1-1-5），堪称国民故事。

表1-1-5 有关富国公司与小马快递的影视创作

电影
The Pony Express（小马快车）（1925年）
Frontier Pony Express（边境小马快车）（1939年）
Pony Express Days（小马快车的日子）（1940年）
Pony Post（小马邮报）（1940年）

	（续表）
Plainsman and the Lady（普朗斯曼与蕾蒂）（1946年）	
Pony Express（小马快车）（1953年）	
Last of the Pony Riders（最后的小马骑士）（1953年）	
The Pony Express Rider（小马骑士）（1976年）	
Days of the Pony Express（小马快车的日子）（2008年）	
Spirit of the Pony Express（小马快车精神）（2012年）	
电视剧	
The Range Rider（1951—1953年）season 1 episode "The Last of the Pony Express"（骑手第一季中的"最后的小马快车"一集）	
Crossroad Avenger（十字路口复仇者）（1953年）	
Pony Express（小马快车）（1959—1960年）	
Bonanza（1959—1973）season 7 two-part episode "Ride the Wind"（伯南扎的牛仔第7季"御风"一集）	
The Young Riders（少年奇兵）（1989—1992年）	
Into the West（西部风云）（2005年）	

注：资料来源于国海证券研究所。

三、1870—1905年：铁路时代，经营网络从大海到大海

2018年，大润发创始人黄明端黯然离职时说："我战胜了所有竞争对手，却输给了时代。"这句话在19世纪70年代的富国公司创始人面前同样适用。富国公司垄断西部陆路持续了三四年后，美国中西部铁路建设成功的消息传来，富国公司被拉下神坛。

1869年，被誉为世界"七大工业奇迹"之一的太平洋铁路全线贯通，由于太平洋铁路运力高、成本低、速度快，且路线与富国公司洲际运输路线高度重合，富国公司的运输马车在与火车的较量中败下阵来。为了获取在太平洋铁路上排他性的运输权力，富国公司以十分高的溢价收购了在太平洋铁路上有独占地位的邮

第一章
强者突围

政公司——太平洋联合运输公司。这次收购直接导致富国公司创始人离场，控制权转移到了太平洋联合运输公司掌门人、"铁路大王"劳埃德·特维斯（Lloyd Tevis）的手中，并开启了他执掌富国公司的20年。

富国公司的经营触角伴随着铁路网络延伸至美国东海岸。1888年，富国公司掌控了美国东北部铁路运输权，这是第一个贯通了从纽约到旧金山、从大海到大海的全国性运输线路。与此同时，加州农业与手工业的兴起，也推动富国公司银行业务从贵金属计量、买卖向商业银行存贷业务、票据业务转移。到了世纪之交，富国公司经营运输与银行网点已经从1871年的436个增加至3500个，覆盖了西部、中部、东北部主要经济区。到1910年，富国公司网点上升至6000个。到1918年富国公司快递业务被收归国有前，其网点数量已经突破10,000个！

1872年，富国银行的另一前身——西北国民银行（Northwest National Bank）由明尼苏达州的当地农业企业家集资20万美元在明尼阿波利斯创立。西北国民银行依托穿越明尼苏达州的北太平洋铁路，经营农业相关存贷与投资业务。由于正值明尼苏达州农业开发与繁荣时期，西北国民银行净资本1887年就增长到330万美元。

100多年前，富国银行就致力于培育客户的终身关系。20世纪初，在富国银行的帮助下，范德比尔特（Vanderbilt）家族沿美国东海岸拓展运输业务，并与富国银行形成了长期合作关系。今天，富国银行依然在为范德比尔特家族修筑的比尔莫庄园提供贷款和金融服务，帮助其逐渐发展成为不仅包括客栈和酒店，更是集餐厅、商店、酒厂和零售商品于一体的大型农庄和太阳能农场，并成为美国知名的综合度假胜地。

此外，富国银行也与赫斯特（Hearst）家族有着深远的合作历史。乔治·赫斯特（George Hearst）从19世纪90年代开始使用富国银行的驿站马车，为美国铸币场运送金银。乔治·赫斯特的妻子菲比（Fitti）是一个活跃的投资者和慈善家，一直信赖富国银行的投资和信托服务。多年以来，赫斯特家族已经从最初的一家矿业公司和一家报社，成长为今天世界顶级的媒体和信息集团，其业务范围也已经扩展到150多个国家，旗下企业达到360多家，与富国银行的合作关系始终牢固而紧密。今天，仍由富国银行的财富和投资管理部门负责满足赫斯特家族成员的个人金融需求，公司银行部门为赫斯特集团提供信贷、财富管理、信托和投资银行等公司金融服务。

四、1905—1945 年：在灾难与战争中，富国银行负重前行

20 世纪上半叶对于富国银行来说可谓是多灾多难。1905 年，富国公司快递与银行部门被拆分，银行部门与内华达国民银行合并，成立了富国内华达国民银行（Wells Fargo Nevada National Bank）。新银行本准备放开手脚、大展宏图，却在刚成立时就遭受多重考验。1906 年，旧金山大地震与随后的大火摧毁了大部分商业区，其中包括富国内华达国民银行大楼。但是富国银行发扬了先辈们的坚韧精神，在铸币厂旁继续办公，接受客户的存取款委托，使得银行信用未受影响。在灾后重建期间，各地援助资金涌入旧金山，富国银行的存款在 18 个月内从 1600 万美元增长到 3500 万美元。

1907 年，纽约又爆发金融恐慌，数家纽约银行涉嫌操纵证券市场，并在当年的股市下跌中损失惨重，未能按时兑付客户资产。公众对银行的信心遭受打击，并最终引发挤兑。这场危机从纽约传染到芝加哥，并最终蔓延至全国。在危机持续的六周内，富国银行每周损失 100 万美元存款，但最终还是凭借着稳健的经营策略与公众信任度过了危机。这场大恐慌，也直接推动了 1913 年最终贷款人——美联储的诞生。

1918 年，联邦政府鉴于美国快递网络在第一次世界大战中的突出作用，接管了富国公司快递业务，并将富国公司在国内的所有营业点并入国营运输公司。荫蔽富国银行的大树被连根拔起，仅留下富国银行在旧金山的一处营业点，一切又将从零开始。

1923 年，富国内华达国民银行与联合信托公司合并，并更名为富国银行与联合信托公司（Wells Fargo Bank & Union Trust Company）。随着 1927 年《麦克

法登法案》（McFadden Act）的签署，银行业跨州经营被禁止，富国银行进入了长时间的内生发展期。

西北银行——富国银行的另一重要分支，也起源于这一时期。在兴盛的美国20世纪20年代，美国农业部门并没有享受到多少繁荣带来的红利。在以农业为主的中西部各州，当地银行因向农场主过度放贷而深陷困境。从1920年至1929年大萧条前夕，中西部共有1500家农业银行倒闭。为了将中西部小银行联合起来，增强抵御经营波动与经济危机的能力，在大萧条爆发的几个月前，西北国民银行发起了西北银行联盟（Northwest Bancorporation，以下简称"联盟"）。

对于加入联盟组织的会员银行，联盟会购买会员银行的股票，联盟成员之间相互担保，共享流动性。第一年就有90家银行加入联盟，到1932年最多时，联盟内共有132家银行。1930年，银行联盟总存款超过1亿美元。这一组织的存在不但稳定了会员银行的日常经营，更尽可能地为会员银行客户提供标准化的服务。在整个大萧条期间，没有一家联盟会员银行倒闭，与之相对的，仅在1932年就有700多家中西部银行关门歇业。

除了上述作用之外，西北银行联盟还是三家绕开《麦克法登法案》，参与跨州经营的银行集团之一。经营范围包括了明尼苏达州、威斯康星州、北达科他州、南达科他州、爱荷华州、内布拉斯加州、蒙大拿州和华盛顿州。享有跨州经营的特权给了西北银行无可比拟的竞争优势，直到20世纪90年代禁止跨州经营的《麦克法登法案》被废除，这种优势才被打破。

五、1946—1980年：从社区起步，与战后繁荣的加州共舞

第二次世界大战（以下简称"二战"）结束后，美国进入了长达30年的战后繁荣阶段。上百万美国军人退伍、娶妻生子、成家立业，美国中产阶级人数膨胀，被战争压抑多年的对美好未来的追求和与对物质消费的渴望得到释放。汽车、电视机等成为富裕美国家庭的标配，1945—1955年，美国汽车保有量从2500万

辆增长到 5000 万辆。城郊的发展也使得拥有游泳池与花园的独栋别墅逐渐流行，房屋贷款、汽车消费贷款等金融服务需求大幅增长。10 年间，支票结算量增长 75%，普通民众走进银行，所办理的业务不再是存取款这么简单。

这个时代同时也是加州的黄金时代：美国在西海岸的军事与基地建设刺激了加州军工业和航天业的发展；特殊的干燥气候使加州畜牧业和果蔬业独树一帜；好莱坞与加州大学系统成为加州文化和教育的名片；蓬勃发展的经济、文化和宜人的环境，吸引了美国其他州与全世界的移民，20 年的时间，加州人口实现翻倍，超过纽约州成为美国人口第一大州（见图 1-1-2）。

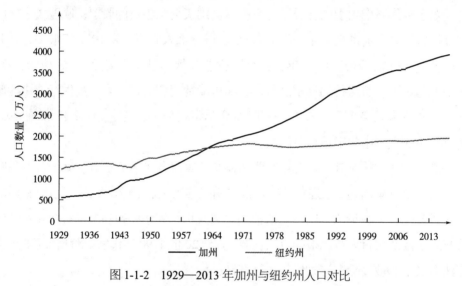

图 1-1-2 1929—2013 年加州与纽约州人口对比

（资料来源：Wind、国海证券研究所）

从 20 世纪 50 年代开始，富国银行开始了低调的扩张步伐。围绕总部旧金山，富国银行在湾区开设多家零售银行分支机构，并陆续收购了数家小型地方银行与一家信托公司。在 20 世纪 60 年代末，富国银行初步建成了州内分支网络，蜕变为一家区域性银行，成为美国第 11 大银行机构。富国银行抓住加州人口增长带来的房地产业机遇，将住房贷款与商业贷款发展成为特色业务，实现多年高速增长。1972 年，富国银行登陆纳斯达克。1975 年，西北银行资产规模为 70 亿元，此时富国银行资产规模已经达到 120 亿元。

1. 社区银行，富国银行的初心

在社区银行方面，富国银行的优势是时代选择与自我建设的共同结果。二战后，银行服务覆盖面的扩大、客户群体的下沉与加州城郊住宅社区的兴起，共同提供了社区银行的发展空间。与比邻金融中心的华尔街同道们不同，富国银行认为："富国银行首先是本地的，然后才是全国的……我们的出身是扎根于社区的小型地方银行，我们的员工在社区的街头巷尾与客户打成一片；然后我们凭借自己的努力，成长为社区银行业务上颇有心得的区域性银行；最后，通过不断并购和扩张，我们才成长为一家全国性银行。回望历史，富国银行的每一个业务，比如抵押贷款、投资、保险，都是从一个村、一个镇、一个州做起，最后才扩展到整个国家的。我们来自民间，而非与此相反。"为了扎根社区，富国银行做出了许多努力。

在人员配置上，社区银行源于当地，服务当地。早在富国公司时期，富国银行就针对当时的来美华工群体推出了全美第一本中文企业名录。1947 年，富国银行就在旧金山中国城开设了分支机构，员工多数为华人并使用中文服务。同样，富国银行根据墨西哥裔、亚裔、非裔美国人、同性恋、跨性别者等不同社区人群的特点，选择不同的员工，使雇员对客户的需求理解更加深入、交流更加顺畅。直到今天，富国银行一直尊重多样性文化，下至普通雇员，上至领导层，都体现出了与客户群体相对应的人员安排。

在业务渠道上，富国银行千方百计为客户提供便利。一方面，美国成为车轮上的国家，富国银行把汽车银行开到社区主干道路附近，服务人员可进行远程操作，让接送孩子的家庭主妇不下车就能办理简单的银行业务。另一方面，考虑到社区银行营业时间正好与客户的上班时间冲突，富国银行将社区银行的营业时间延长至周六。通过电话热线，富国银行客服人员每天 24 小时为客户解决难题；如果前往网点不便，邮寄办理也是解决方案之一。

最重要的是，富国银行的社区化更接地气。富国银行不仅将网点开进社区，而且其员工更直接地参与社区经营与生活，成为社区的一部分。富国银行称"我们知道每一家网点所在社区的历史与渊源",以鲜明的社区认同感为荣。富国银行网点融入社区主要体现在两个方面:一是把网点建成社区中心,富国银行员工与社区居民打成一片,他们记住客户的名字,在马路上偶遇时主动打招呼,建立与客户的私人关系,着力打造一种有温度、有亲和力的服务。二是进行社区投资,目前富国银行每年向网点服务的社区提供两亿美元以上的捐款,为社区提供大量的志愿服务。2014年,富国银行员工当义工的时间超过了174万小时,这些时间用于给学生上课、为无家可归者提供食物、帮助人们修建房屋或服务于社区非营利组织的董事会。通过助人为乐、献爱心,富国银行融入了社区,赢得了朋友和客户。

2. 在利率自由化中引领变革

美国的利率市场化在发达国家中较有代表性,其整个过程历经16年,这实际上是一个不断放松"Q条例"①管制、逐步实现金融体系自由化的过程。1970年6月,美联储准许发行不受"Q条例"限制的90天内可转让大额定期存单,揭开了美国利率市场化的序幕。以1980年正式颁布的《1980年吸收存款机构放松管制和货币控制法》为正式启动标志,至1986年3月,随着储蓄账户利率上限的取消,所有存款利率不再设限,美国的利率市场化全面实现。

富国银行在利率市场化的过程中,以社区银行为基石,以金融创新为手段,提前拥抱利率市场化并成功提高了市场份额。1973年,美联储将活期存款利率上限提高0.5%,达到5%。富国银行紧随美联储,成为加州第一个上调利率的银行。较高的存款利率带来了客户流入,让富国银行的市场占有率提高了2个百分点。到1975年,其余银行也将存款利率提至同等水平,但富国银行的优质服务让客户留存了下来。同时,富国银行始终注意保持存款结构最优化,始终维持较高的活期存款占比,基本保持在60%~70%。到1981年,富国银行除储蓄存款外的其余存款项目利率,已经大幅偏离了当年的存款利率上限,其中储蓄券和海外分支机构吸纳的存款是增长最快的两个项目,而储蓄券下相关金融工具正是金融创新的主要体现。例如,1982年10月,《加恩—圣杰曼法案》

---

① 美联储按字母顺序排列的一系列金融条例中的第Q项规定。

第一章
强者突围

（Garn-St Germain Act）允许银行开立余额不低于 2500 美元的存款账户并放开利率管制，富国银行两个月内迅速推出"市场利率账户"，对不低于 2 万美元的存单及 7 天通知存款支付市场利率，年末即吸收了 16 亿美元存款，次年 1 月，又增加至 40 亿美元。

支撑富国银行敢于提高负债利率的，正是其出色的社区银行业务。通过社区银行积累的客户基础，富国银行可以将目光聚集于更高收益的个人贷款与中小企业贷款上，利用长期合作控制信用风险，保证了一定的净息差。在做好风险防控的前提下"高举高打"，富国银行提高风险贷款占比，将房地产贷款占比由 33% 提升至 47%，将消费贷款由 11.7% 提高至 20.7%。在投资领域，富国银行综合优化债券投资结构，降低国债、联邦政府债投资占比，提高地方政府债券占比，提高债券资产收益率。利率市场化期间，富国银行净利息收益率上升（见图 1-1-3）。

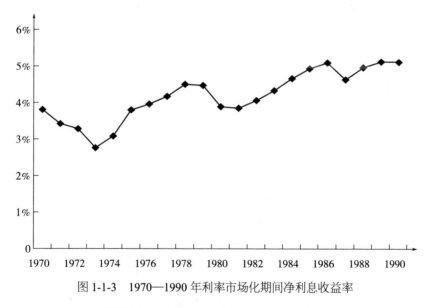

图 1-1-3　1970—1990 年利率市场化期间净利息收益率

（资料来源：富国银行公司年报、国海证券研究所）

六、1980—1994 年：于暗中蛰伏，等待吹响出击的号角

从 1979 年开始，加州房地产市场经历了一轮严重的衰退（见图 1-1-4），对倚重住房贷款业务的富国银行增长速度造成了不小的打击。1979 年，富国银行营收仅增长了 12%，对比 1973—1978 年 19% 的年均增速有显著的下滑。屋漏偏逢连夜雨，1981 年，富国银行员工曝出美国银行历史上最大的一桩挪用财产案，对富国银行的声誉造成严重打击。

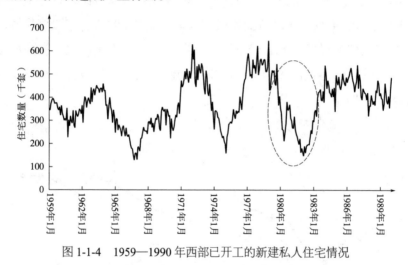

图 1-1-4　1959—1990 年西部已开工的新建私人住宅情况

（资料来源：Wind、国海证券研究所）

随着多年的调整与加州房地产市场的好转，富国银行在 20 世纪 80 年代后期开启了一系列并购项目。1986 年，富国银行并购了英国米兰银行（Midland Bank）旗下的克罗克银行（Crocker National Corporation）。此次并购使富国银行成为美国第十大银行集团。之后，富国银行又在 1987 年并购了美国银行的个人信托业务；1988 年，并购了巴克莱集团（Barclays PLC）在加州的巴克莱银行(Barclays Bank) 分支机构。

到 20 世纪 90 年代初，富国银行通过并购已经将分支网络覆盖整个加州，成为加州第二大金融集团。通过对新兴科技特别是 ATM 的应用，富国银行有效地

控制了成本。净利润从1992年的2.83亿美元上升至1994年年末的8.41亿美元。上市12年，富国银行投资者获得1781%的丰厚回报，其中巴菲特于20世纪80年代末对富国银行的投资最让人津津乐道。

1. 阿里公司侵吞公款案

1981年1月，富国银行分支机构运营经理被发现与一桩大规模侵吞公款案有关，数额高达2000多万美元，是当时美国银行历史上最大的电子银行欺诈案。该经理与阿里专业体育公司（Muhammad Ali Professional Sports Inc，以下简称"阿里公司"）存在利益关系，在他就职富国银行的两年多时间里，伙同其他富国银行雇员，利用伪造的电子账单和信贷凭证，骗过了富国银行层层审计系统，将富国银行资金转移给了阿里公司管理层，自己获利30万美元。这名运营经理最终因为侵吞公款案被判5年监禁。

侵吞公款案暴露出富国银行在内控中的两个重大缺陷：

一是在新旧系统衔接过程中，内部审计合规没有及时跟上。富国银行在该时期应用先进的计算机系统处理日常交易，大大缩短了客户存取款确认时间。当时1000美元以下金额存单可以由系统立即结算，但由于运输等原因，纸质交易单的核对存在数天时滞。银行越大，交易笔数越多，这一时滞造成的影响越明显。对于每日交易高达300万笔的富国银行来说，这一滞后有时长达一周以上，给图谋不轨的人员提供了可乘之机。另外，构建完善的自动监控程序需要增加技术人员支出，同时需要增加程序的开发与维护费用，其代价甚至超过案件的损失。富国银行管理层基于成本考虑，在推进监控程序建设方面并不积极，最终造成了内控漏洞。

二是对聘用人员外部利益疏于调查或过于宽容。在参与案件的三个富国银行雇员中，分支结构运营经理与阿里公司管理层在数家公司中共事，计算机中心员工在阿里公司担任高层职务，另有一人在处理公司银行业务的同时还是体育公司董事。对银行员工外部利益的疏忽或宽容，滋生了富国银行内部的贪污腐败行为。

值得一提的是，该经理在参与侵吞公款的850天里，从来没有一天时间迟到、缺席或请假，从而达到他连续不断操纵资金的目的。自此之后，富国银行规定，员工每年必须有两周的强制假期,从而有充分的时间让潜在的违规操作暴露出来。

2. 从优秀到卓越,人事运用的管理学经典案例

管理学大师吉姆·柯林斯(Jim Collins)在他的著作《从优秀到卓越》(Good to Great)中,对富国银行在20世纪80年代开始的出色经营做出点评,特别是对富国银行的人事运用方面大加赞赏。

20世纪70年代,富国银行首席运营官迪克·库利(Dick Cooley)就预见到了美国利率自由化,金融管制放开将为金融业带来翻天覆地的变化。为此,他将主要精力放在为公司注入新鲜血液,构建出色的管理人团队上来,而不是忙于制订各种应对变化的方案。无论何时何地,发现杰出人才,他就聘用他们,往往是并没有具体的工作在脑海中。正是因为重视"谁"而不是"什么",富国银行在银行业放开管制的时候应付更加自如。那个时候,银行界的股票增长速度普遍低于大盘,而富国银行的股票上涨速度为大盘的3倍。

在对人才的选取上,富国银行是非常严格的。1986年,富国银行收购了克罗克银行,并打算缩减合并的各项开支。本次合并,前者并不打算将绝大部分的克罗克管理层带入富国文化,因为富国银行一早就定下结论,克罗克银行的原班人马中的绝大部分都是不合适的人选。他们都是一些受传统影响很深,只会拘泥于旧式银行经营的经理人。银行设有专门的主管饭厅,大理石的装帧,富丽堂皇,还有专业水准的厨师和价值50万美元的餐具。与此形成鲜明对比的是富国银行的"清苦文化"——管理者的就餐环境与大学生食堂一般无二。富国银行把自己的态度向原先的克罗克银行经理们表达得很清楚:"瞧,这并不是一个平等的合并,而是吞并。我们买下了你们的部门以及你们的顾客,但我们并不打算留下你们。"就这样,富国银行解散了克罗克银行的原班管理队伍,约1600名经理人(其中包括几乎所有的高层领导者)在一日内被遣散。一旦涉及挑选管理人员的问题,富国银行的标准一贯是很苛刻且铁面无私的。

3. 不做蠢事,获得巴菲特的青睐

巴菲特曾说他不太喜欢银行股,因为银行是一个高杠杆的行业,往往会得

第一章
强者突围

不偿失。但1989年，富国银行的股价非常便宜，其总市值只有29亿美元，于是巴菲特开始购入富国银行股票，并豪掷2.9亿美元买入总市值的10%（见图1-1-5）。现在看来，这笔投资非常合算。根据2014年《财富》杂志对巴菲特投资生涯的总结，他对富国银行的投资总回报率达到9417%，年平均复合回报达到21%。

图1-1-5　1989—2013年巴菲特对富国银行的持仓量

（资料来源：Bloomberg、国海证券研究所）

除了价格相对便宜，巴菲特对富国银行的青睐主要基于两点。一是对富国银行管理层的看好。"在富国银行，我想我们找到了银行业最好的经理人卡尔·理查德（Karl Richard）与保罗·黑曾（Paul Hazen）……近几年，来自富国银行的经理人一直广受各家银行的欢迎，但是要请到它的'老宗师'可不是一件容易的事情。"二是对富国银行经营模式的赞同。巴菲特认为"只要不做蠢事，银行业是一个很好的行业。银行业能以极低的成本得到资金，无须做蠢事，就能赚钱。然而，银行业总是周期性做蠢事，且一窝蜂做蠢事，如20世纪80年代的国际贷款……至于富国银行，它的客户是无法被抢走的，客户数量每个季度都在增长，而客户就是富国银行的'摇钱树'。富国银行不是依靠做蠢事赚钱的，它赚钱的阀门是极好的资产利差。"㊀

㊀ 来自2009年3月26日，巴菲特接受《财富》杂志电话专访。

七、1995—2008 年：多次蛇吞象，从幕后走到台前

二战后，为了规避银行经营地域的限制，一些银行通过银行控股公司的形式进行跨州经营。《道格拉斯修正案》（the Douglas Amendment）作为1956年《银行控股公司法案》（Bank Holding Company Act）的一部分，有效地阻止了银行控股公司在多个州拥有银行。直到 1994 年，《里格尔尼尔州际银行业务和分支机构效率法案》（Riegle-Neal Interstate Banking and Branching Efficiency-Act）最终为全国范围的州际银行业打开了大门。该法案废除了《道格拉斯修正案》，允许银行控股公司收购在任何州的银行。从这一刻起，为了扩大规模以获取竞争优势，美国银行业中掀起了联合、收并购的狂潮，富国银行也加入了跨州经营的大军。几次重要的并购包括 1996 年并购第一洲际银行、1998 年与西北银行平等合并、2008 年并购美联银行等。

通过多次蛇吞象式的并购，富国银行的总资产与净利润实现了跨越式的增长（见图1-1-6）。金融危机爆发前，富国银行的资本和资产规模分别排名美国第 4 和第 5，税前利润为 115 亿美元，不及花旗银行和美国银行的一半，但到了 2011 年年末，其资本和资产规模均居全美第 4，净利润则跃升至全美第 2（见图1-1-7），高于花旗银行净利润近 100 亿美元，从市值的角度统计，富国银行彼时已经是全美排名第 2、全球排名第 5 的大银行。

图 1-1-6　1993—2011 年富国银行并购前后资产变化

（资料来源：富国银行公司年报、国海证券研究所）

第一章
强者突围

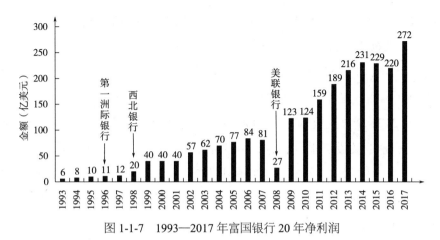

图 1-1-7 1993—2017 年富国银行 20 年净利润

（资料来源：富国银行公司年报、国海证券研究所）

1. 富国银行的并购之道——做错了什么，做对了什么

"人非圣贤，孰能无过。"富国银行在经营过程中也并非万无一失，它在对第一洲际银行的收购中就犯了很多错误。第一洲际银行是一家银行持股集团，总部位于洛杉矶，与西北银行一样，同是绕开《麦克法登法案》得以跨州经营的三家银行集团之一，拥有资产 580 亿美元，并在加州与其他西部 12 个州拥有 1133 家网点。作为州内的竞争对手，富国银行很早就对第一洲际银行产生兴趣，并于 1995 年 10 月发起敌意收购。当时有数家银行集团愿意作为"白衣骑士"，给予第一洲际银行帮助，但由于受到相关法规的限制，富国银行作价 116 亿美元的敌意收购最终成功。新合并的富国银行拥有 1160 亿美元资产，贷款 720 亿美元，存款 890 亿美元，成为美国第九大银行集团。

为了节省成本，合并后的富国银行在 18 个月内削减了 7200 个工作岗位，占岗位总数的 16%。迅速的裁员造成了灾难——一方面，富国银行与第一洲际银行的计算系统不能衔接，盲目的裁员与关店造成了剩余分支机构的排队现象；另一方面，富国银行强调高科技渠道，重视 ATM 与网上银行，而第一洲际银行的客户仍在使用传统的人工服务，重视客户与出纳员的个人关系。盲目的裁员造成了第一洲际银行业务精英与客户的流失。结果，1997 年富国银行存款数额以每月

1.5%的比例下降，贷款数额同时减少3%，股票价格从3月份高峰时的319.25美元下降到266.25美元，富国银行在市值上损失了约48亿美元。

而富国银行对美联银行的并购则要成功得多。美联银行总部位于北卡罗来纳州夏洛特，曾经是美国第四大银行和美国最大的综合化金融服务公司之一，在15个州有3131个分支机构，向1340万个家庭和企业客户提供银行业务、资产管理业务、企业及投资银行业务。2008年中期，美联银行披露其第二季度出现高达89亿美元的创纪录亏损，主要是由于其基础业务——房贷业务损失惨重。美联银行房贷业务对贷款人要求低，大多数贷款人每月只偿还最低还款额，最终在美国房地产泡沫破灭中垮塌。

而在金融危机之中，富国银行表现远优于同业，这主要是由于其严格的风险管理和较高的信贷业务质量。在经济扩张期间，富国银行依然坚持负责任的贷款原则，抵押贷款没有执行浮动利率，更没有发放负债摊还浮动利率贷款。为此，2004—2006年，富国银行失去了抵押贷款2~4个百分点的市场份额，仅2006年失去的抵押贷款规模就超过600亿美元，甚至逼近1200亿美元。同时，富国银行没有通过任何重大的债务抵押债券和结构性融资工具去持有表外资产，以进行重大的套期保值基金融资和衍生品交易，没有为任何杠杆收购行为出具履约保函。正是因为富国银行稳健的经营方式，"不做蠢事"使得其在资产负债表上有很大优势，安然度过了金融危机（见图1-1-8、图1-1-9）。

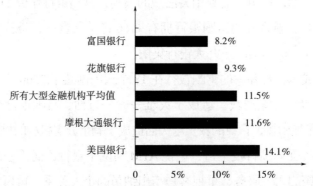

图1-1-8　金融危机中美国大型银行抵押贷款违约率

（资料来源：国海证券研究所）

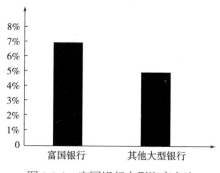

图 1-1-9 富国银行有形资产占比

（资料来源：国海证券研究所）

在危机之中，或许每一家银行都跑不过"熊市"，但是一定要跑赢同行，因为政府不允许所有金融机构都破产。2008年，美国政府拿出7000亿美元救市，在其他方面的资源投入更是海量。在熊市之中，挺到最后的往往有意外收获。富国银行在收购美联银行的过程中，尽管花旗银行作为"拦路虎"使富国银行支付了两倍于市价的价格，但是政府为了最大限度地减少金融动荡，一般会进行政策倾斜和资金扶持，美国政府在2008年还是为富国银行注资了250亿美元，帮助其完成并购。

并购完成后，富国银行增加了4000万客户，拥有1.1万家银行网点、1.2万多台ATM。并购后的富国银行在抵押贷款、农业贷款、小企业贷款、中等市场商业贷款、资产基础贷款、商业地产中介、银行系保险业务等细分市场全美排名中均列第1，在存款和贷款市场排名第2。这一次并购，富国银行吸取了之前失败的教训，把留住人才放在了第一位。尽管一些岗位被撤销，但为了留住人才，富国银行暂停了外部招聘和第三方雇佣，帮助那些在合并中丢失岗位的员工找到新的工作。

2. 交叉销售——来自西北银行的礼物

关于交叉销售，富国银行原董事长理查德·科瓦西维奇说："富国银行坚守历经20年考验的商业模式，始终坚持向老客户销售更多的产品，从而不断提高市场份额和钱包份额，这是富国银行收入和在股票市场中每股收益持续5年、

10年、15年、20年两位数增长的诀窍所在。"其中"向老客户销售更多的产品，从而不断提高市场和钱包份额"的阐述就是对交叉销售的生动注解。

富国银行前董事长，在虚假账户事件中黯然离职的约翰·斯坦普（John Stumpf）就是交叉销售的重要践行者。1998年，斯坦普是西北银行得克萨斯州社区银行的负责人，当时西北银行就启动了交叉销售计划。1999年，富国银行与西北银行合并，新富国银行每位零售客户平均持有金融产品3.2个，这是新富国银行交叉销售战略的起点。斯坦普提出"伟大的8"战略，即希望每位客户拥有8个富国银行的产品。通过20多年的努力，2014年富国银行零售客户平均持有产品数达到了6.29个（见图1-1-10），使其赢得了"交叉销售之王"的美誉，并建立了不可复制的竞争优势。

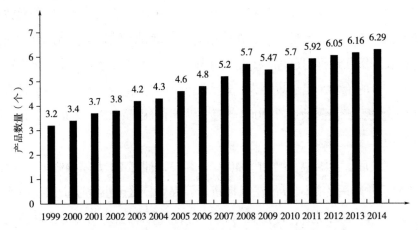

图1-1-10　1999—2014年富国银行每位零售客户平均持有产品数

（资料来源：富国银行公司年报、国海证券研究所）

实行交叉销售战略第一步是实行有效的产品整合和产品包战略，如将支票、信用卡、房屋净值授信和贷款、在线银行组合成"富国产品包"，一起购买可以为客户每年节省300美元。富国银行特别重视发展包括按揭贷款和房屋净值抵押贷款在内的住房抵押贷款，一是因为住房抵押贷款是传统商业银行支柱业务之一；二是因为住房抵押贷款关联性强，带动交叉销售明显。富国银行要求抵押贷款/房屋净值与其他银行业务的交叉销售率必须达到100%。

第一章
强者突围

八、2009年至今：危机时一战成名，繁华中马失前蹄

在金融危机中，富国银行的成功应对和出色的社区银行模式为其赢得了巨大声誉。并购美联银行之后，富国银行较好地处理了前者带来的负债和资产，在规模翻番的基础上也成功地恢复了盈利水平。富国银行仅用了两年时间就将两个银行总计7000万客户的所有业务单元整合进了一个IT系统，并在2011年之前把70%的美联银行零售客户带入富国银行零售系统，将200万美联银行信用卡客户都转到了富国银行名下。根据统计，原本仅有29%原美联银行客户与富国银行有业务关系，为了在美联银行网点推进交叉销售项目，富国银行增派超过1250名客户经理，在较少花费的前提下，使得此次并购取得了"1+1＞2"的效果。

由于出色的经营表现，2012年6月末，富国银行的市值站上了全美第1、全球第2（仅次于中国工商银行）的位置。2013年6月26日，富国银行首次成为全球市值最大的银行，一时间成为全球银行业标杆，其交叉销售战略也逐渐被神化。

1. 富国银行管理层的沟通之道

国内外大型公司在年报发表或其他固定时间都会有董事长致辞，即给股东写一封公开信的传统，通过董事长的信，股东及潜在投资者可以了解到公司的发展战略、价值观、企业文化，这是增进管理层与股东互信的重要举措。在富国银行董事长写给股东的信中，每年都有一个主题，2013年的主题是"在富国银行，每一次沟通都是重要的"。时任董事长的约翰·斯坦普开篇写道：

今天，富国银行不仅为美国1/3的家庭提供金融服务，还为个人和企业提供各种金融服务。通过散布于全国的9097个网点，我们与客户深入交流。如今，富国银行的资产在美国银行业排名第4，我们之所以能做到这一步，是因为我们始终相信人际关系的重要性。这一切都源于最简单的沟通。

富国银行的信如同"炉边谈话"一般，展现了其维护客户关系、投资者关系的技巧，从中我们也可以一窥富国银行的企业文化和品牌价值。通过回顾历年年

报中的董事长致辞,我们发现主要有四个特点:

第一,作为与股东及利益相关者的重要沟通工具,富国银行董事长对致辞高度重视,并形成了固定体例。每一年的年报都有一个主题,都有董事长致股东信,并且在年报中占 8 页之长。其中一页是标准统一的成绩单,成绩单上的经营指标科目设置科学,基本满足了股东和利益相关者对价值诉求和利益关切,同时指标科目多年来保持一致,清晰明了,便于比较。

第二,不追求语言的华丽,而是注重思想的闪光。拉家常式娓娓道来,认真品读会感觉层次分明,信息量大,妙语连珠。

第三,面向股东,强调社会责任。金融危机之后,在每年的年报致辞中,富国银行董事长约翰·斯坦普都用很大的篇幅不厌其烦地讲述银行是如何竭尽全力帮助住房抵押贷款客户保住他们的房子,不出现因贷款逾期而房产被银行处置的情况。为了凸显和强调社会责任感,富国银行除发布年报之外,每年还同时发布年度社会责任报告。2014 年开始,富国银行官网开办了在线电子杂志《富国银行的故事》(Wells Fargo Stories)。在富国银行董事长的年报致辞中,他引述这些故事"和大家分享我们的客户、社区的点点滴滴",并常常推介银行的社会责任报告。

第四,宣扬价值观,而不是夸大经营业绩。富国银行编印了《富国银行的愿景与价值观》(Wells Fargo's Vision and Values)企业文化手册,将它发布在官网上,并制成共有 41 页的小册子,员工人手一册且随身携带。每个主题都围绕愿景、文化理念和价值观确立,并在富国银行董事长的致辞中被引用,做深入阐释(见表 1-1-6)。

表 1-1-6 2001—2017 年富国银行年报主题

时间	主题
2001 年	我们的产品是服务
2002 年	继往开来
2003 年	一个保险箱
2004 年	我们如何衡量下一阶段的成功

第一章
强者突围

（续表）

时间	主题
2005 年	衡量成功的核心标准是哪一个
2006 年	我们如何定义下一阶段的成功
2007 年	推动团队成长
2008 年	合作共赢
2009 年	和你在一起，我们可以走得更远
2010 年	富国银行的价值观是怎样形成的
2011 年	和客户站在一起
2012 年	新的机遇，不变的愿景
2013 年	在富国银行，每一次沟通都是重要的
2014 年	正确的人，正确的市场和正确的商业模式
2015 年	文化至上
2016 年	赢得终身合作关系
2017 年	我们承诺

注：资料来源于国海证券研究所，《富国之本：全球标杆银行的得失之道》。

2. 对初心的违背

或许是因为高处不胜寒，已经成为第一的富国银行依然不断地鞭策自己，最终走火入魔。2016 年，美国消费者金融保护局（consumer financial protection bureau，CFPB）声称：从 2011 年起，富国银行有员工未经客户允许私自开立虚假账户（主要是信用卡账户），向客户发送虚假邮件注册网上业务，并迫使客户为不知情的账户支付费用等，此类虚假账户达到 200 万个。2016 年 9 月 8 日，富国银行接受美国消费者金融保护局、美国货币监理署（Office of Comptroller of Currency，OCC）和洛杉矶检察官办公室（Los Angeles City Attorney's Office）处罚共计 1.85 亿美元的巨额罚款，并承诺向遭受损失的客户赔偿 500 万美元。这一事件被称之为"账户门"。事件发生后，富国银行宣布从 2017 年起，废止对大额零售业务销售目标的考核。富国银行董事长兼 CEO 约翰·斯坦普在作证时，就虚假账户事件向客户和公众道歉,但否认在这起丑闻中存在任何预谋欺诈的行为。

"账户门"牵扯面广、事发时间长、性质恶劣,将富国银行交叉销售考核推上了风口浪尖,股价也经历了下跌(见图1-1-11)。1.85亿美元罚款对比富国银行每年上百亿的利润来说,并未让其伤筋动骨,但是这件事背后反映出的却是富国银行交叉销售计划遭遇瓶颈。由于富国银行对国际化相对保守,在完成并购美联银行,业务基本覆盖美国全境之后,只能依靠交叉销售这一法宝提振增长。经过20多年的辛勤耕耘,富国银行每个客户持有产品数量达到6.29(2014年),已经远高于主要竞争对手。富国银行的净利差虽然也高于其他大型金融机构,但连续7年处于下降趋势。在业绩增长压力和内外形势交迫的情况下,富国银行的交叉销售最终走入了歧途。

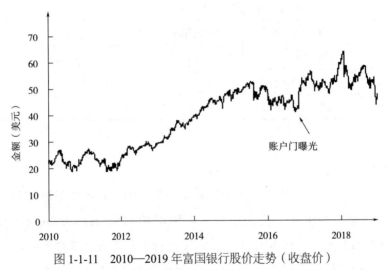

图1-1-11 2010—2019年富国银行股价走势(收盘价)

(资料来源:Bloomberg、国海证券研究所)

关于交叉销售,富国银行的理念是"以客户为中心,而不是以产品为中心""我们的出发点是客户需要什么,而不是我们要卖给客户什么""我们知道,客户有各种各样的金融需求,所以我们从来不与客户,尤其是新用户做'一锤子买卖'"。显然,"账户门"违背了交叉销售战略的初心。对此,虽然富国银行董事长坚称富国银行的公司文化没有问题,问题出在执行和监督层面。但不管怎样,在这件事上,富国银行暴露出其企业文化宣传并不像其一贯表明的那么到位,内部管理也有很大问题。在监管机构与市场的一致声讨之下,曾经凭借交叉销售带领富国银行走向成功的男人——约翰·斯坦普黯然离职,遗憾地摘下了他头上的王冠。

九、今日成绩

1. 审视富国银行的今天

如今,富国银行的发展道路与以花旗银行为首的华尔街其他大型银行大相径庭。因为富国银行坚持立足实体经济;坚持服务小微企业和社区居民;坚持广泛发展物理网点和以网点为商店的销售模式;坚持从地域、产品、客户全体等多个维度分散风险和稳健保守的经营风格等,构成了以"社区银行"为核心的基本发展战略(见图 1-1-12)。

富国银行把它的业务分为三大块:公司业务,财富管理、经纪与企业年金和最重要的社区银行(见图 1-1-13)。社区银行是富国银行的支柱业务,占其总收入的半壁江山,有些年份甚至可以占到总收入的 2/3。

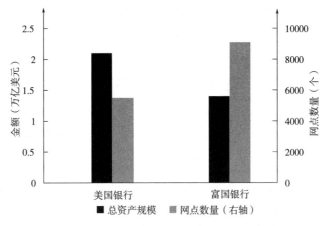

图 1-1-12　2014 年美国银行与富国银行网点对比

(资料来源:富国银行公司年报、美国银行公司年报、国海证券研究所)

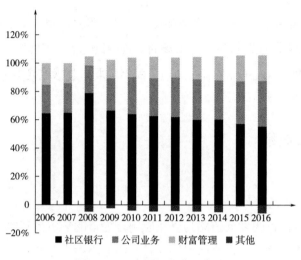

图 1-1-13 富国银行收入占比

（资料来源：富国银行公司年报、国海证券研究所）

富国银行的社区银行有以下几个特点：

第一，客户覆盖面广。在美国，有 7000 万人、2000 万个家庭是富国银行的基本客户，占美国家庭总数的 1/3。

第二，渗透率高。富国银行是当之无愧的"交叉销售之王"，它从 1998 年开始把交叉销售作为其发展的核心战略，20 年磨一剑，它的家庭客户平均持有其产品数达到 6.29 个。交叉销售率越高，客户的渗透率、黏性、忠诚度也就越高。

第三，市场地位高。一是市场排名，包括各业务产品、各细分客户群的市场占比排名。根据零售银行指标，如抵押贷款、房屋净值贷款、储蓄额的市场占比等标志性指标，富国银行大都排名全美第一。二是市场份额，富国银行在美国很多州的存款份额都在 20% 以上，在一些大本营地区甚至达到 40%。

第四，坚守传统业务。在金融创新如火如荼的今天，特别是在美国这样一个高度成熟、充分竞争的金融市场，富国银行的社区银行始终坚守"扎根实体经济、服务社区居民"的经营理念，主要通过住房贷款、车贷、信用卡等传统产品参与竞争。特别是住房贷款业务上，富国银行非常重视。目前，仅住房贷款一个产品的收入就占其营业收入的40%。在某种意义上，甚至可以说富国银行是一家从事住房贷款的特色银行。

第五，全渠道运营。富国银行非常重视渠道建设，它是全球最早、最先进的电子银行和网络银行之一，始终推进业务产品线上化和线上线下一体化。同时，它又始终不放松物理网点的投入和建设，建成了美国最大的银行网点网络。近年来，富国银行重点建设小型网点，并把这类网点称为"商店"。

第六，融入社区生态系统。"我们的银行不仅开在每一个社区，更直接参与社区的经营生活……我们每一次沟通都围绕着'怎样工作才能对客户和他们所在的社区最有利'这一主题，因为每位客户（和我们每一位员工）都生活在同一区域，都属于社区的一部分。"富国银行融入社区的理念内化于心，外化于行，2011—2015年，富国银行为社区捐款超过14亿美元。仅2015年，富国银行员工提供志愿服务就超过180万小时。富国银行始终坚信与社区的紧密联系是其成功的保证。

2. 展望富国银行的未来

"转型"是当下中国银行业的一个热词，在富国银行的相关表述中，有一个词组实际上代表了富国银行转型升级的发展要求、任务和目标，那就是2000年之后富国银行董事长频繁使用的"the next stage"一词，这可以直译为"下一阶段"，也可以意译为"新时期"。之所以如此，其历史背景主要有三个方面：

第一，1999年美国通过《金融服务现代化法案》（Financial Services Modernization Act），分业经营的藩篱被彻底打破，银行业、保险业、证券业相互介入各自的领域。

第二，当时美国互联网浪潮兴起，随着"互联网金融"的热潮和汹涌而来的跨界竞争，技术脱媒、网点消亡、"传统银行将沦为21世纪的恐龙"等观点纷纷出现，使当时的美国银行业感到焦虑和彷徨。

第三，1998年富国银行和西北银行完成合并，网点覆盖美国23个州，初步建立了区域性的发展架构。

（1）富国银行的全渠道建设

面对互联网的冲击，富国银行虽然始终坚守物理网点，但也积极拥抱新渠道并推动网点转型（见表 1-1-7）。富国银行高层不赞同网点消亡论，早在 2004 年，当时的董事长理查德·柯瓦希维奇（Richard Kovacevich）就表示："我们认为网点作为与电子渠道全面融合的基础是支付渠道的一部分，将继续是银行的渠道工具……我们绝大多数客户会在一个月内多次到访我们网点，我们将继续增加网点。"之后富国银行通过新设网点和并购的方式不断增加物理网点，建成了全美最大、最广泛的网点分销系统。

同时，富国银行积极拥抱新兴技术，它是美国第一家网上银行的开发者，也是美国第一家推广苹果支付（Apply Pay）的银行。富国银行致力于成为所有客户必备的支付工具，这一理念体现出富国银行对技术脱媒早有警惕，并早有应对方案。

表 1-1-7 富国银行全渠道运营成绩

时间	成绩
2005 年	行业内第一家向最忠实客户提供价格优惠或全免费股票和基金在线交易服务的银行
	创新产品"商业电子化办公室"被 3/4 的商业客户在外汇贷款支付中使用
	商业银行客户积极使用富国银行在线服务的比例增长 24%
2007 年	第一家为商业客户和企业客户提供移动银行服务的银行
	在线经纪提供 100 多种交易和"0 手续费服务"，推动自主经纪业务管理资产增长 35%
	推出私人银行在线服务
2008 年	富国银行官网业务发展呈井喷之势。一款名为"解决方案"的产品销售量增长 29%，活跃在线客户超过 11 万，增长 15%，活跃支票偿付客户达 200 万，增长 16%
	推出新的个人在线防病毒程序 Vsafe，帮助客户保护和存储重要文档
2009 年	通过电话银行和富国银行网站，为多个保险公司提供汽车保险、承租人保险、家庭财产保险和生命人寿保险的无偿报价
	28 万位客户在线购买了人身保险，较 2008 年增长 90%
2010 年	活跃在线客户达到 1830 万，较 2009 年增长 10.3%；活跃移动客户达到 470 万，较 2009 年增长 88%
	通过"桌面存款服务"，3 年间商业银行客户直接通过线上办理扫描、发送和缴存支票金额超过 1 万亿美元，总计为客户节省 164 万千米的驾车里程和约 34 万升的汽油

第一章
强者突围

（续表）

时间	成绩
2011年	支票账户在线率达70%
	发布"富国协助"新项目，帮助因面临财务困难而出现贷款逾期的客户。客户能够通过该项目联系到产品专家，不需要访问不同的富国网站，私密而便利
2012年	2300多万位客户与富国银行在线客服互动活跃，其中9万多位是移动端客户
	"富国移动存款"项目开发新功能，为资金转进、转出提供新服务，为苹果电脑接入准备了新的富国应用工具
	富国银行零售客户通过移动网络完成300亿美元的支付结算
	ATM交易产生的电子交易单据达到100万张
	新渠道应用于慈善事业，通过富国银行ATM向美国红十字会汇款100多万美元
	手机是客户数增长最迅猛的渠道，富国银行拥有超过1200万名手机银行客户
2013年	在ATM上增加"短信通知"选项，成为首家通过短信和电子邮件发送ATM业务信息的银行
	富国银行在线业务改版，扩大社交媒体覆盖面，包括Facebook等，增加和主要利益相关者的联系和沟通
	富国银行试点新零售网点设计方案
2014年	富国银行根据商业客户反馈，为"富国移动CEO"增加新的功能，帮助商务卡客户轻松浏览、下载发票图片，便于报销
	活跃手机银行客户超过1400万
	启动"富国创业加速器"项目，用以投资诸如支付、存款和欺诈检测等领域从事技术开发的新公司，将最有前景的新技术服务于客户
2015年	完成"快速曲线"小企业贷款平台内部测试，给小企业提供1万~3.5万美元之间的贷款，拥有一年以上富国银行企业存款账户的客户可直接申请，利率在13.99%~22.99%，银行最快第二个工作日放款
2016年	富国银行和美国银行都在研究开发支持近场通信（NFC）技术ATM，富国银行ATM已支持安卓系统支付
2017年	富国银行潜心研究语音技术和虚拟助手的潜在用途，成功后，客户可以通过语音访问和使用富国银行账户

注：资料来源于国海证券研究所、富国银行公司年报、《富国之本：全球标杆银行的得失之道》。

富国银行认为，构建统一渠道的关键是线上线下的融合。根据统计，很多客户会使用富国银行 3 个以上的服务渠道，客户会在不同情境下选择最方便快捷的渠道同银行打交道，各个渠道功能相似，但体验却截然不同。关键在于线上线下渠道的融合，网点、ATM、电话银行、互联网、移动工具等渠道上下贯通、记忆共享且无缝对接。在物理网点转型上，富国银行的策略主要是"五化"：小型化、广泛化、商店化、社区化、智能化与线上线下一体化（见表 1-1-8）。

表 1-1-8　富国银行网点转型方向

小型化	首先发展 100 平方米以下营业面积为主的小型化网点，通过科学设计、合理使用，仍然保留基本的技术设备和人工服务，能够满足客户一般性、临时性的金融需求
广泛化	以"2.5 千米服务圈"进行网点布局，即居民区和企业园区每隔 2.5 千米就有富国银行的零售网点或 ATM
商店化	将物理网点称为"商店"，并在网点选址和店面设计上加入超市或便利店特点，以此达到客户至上和提升服务体验
社区化	网点融入社区，员工参与社区生活
智能化与线上线下一体化	一半以上物理网点，存款、取款、支付和柜台交易都已经实现全流程电子化，客户办理业务只需触摸屏。同时更好地发挥柜员全方位服务和 ATM 等自助式服务的协同效应。

注：资料来源于国海证券研究所。

（2）小微企业贷款

富国银行通过研究小微企业客户的潜在需求和风险状况，在 1995 年开创了直接在全美发放小企业贷款的先河——主要面向年销售额低于 200 万美元的小企业，专门发放最高额度为 10 万美元的无抵押循环贷款和小企业信用卡，服务于小微企业的业务快速发展（见表 1-1-9、表 1-1-10）。目前，富国银行已成为全美最大的小微企业服务银行，市场份额超过第 2 名（花旗银行）和第 3 名（摩根大通银行）的总和。

表 1-1-9 2012 年小微贷款占比

贷款种类	平均利率（%）	占整体贷款比例（%）	利息收入占比（%）
大中型企业贷款	4.24	43.70	37.60
零售贷款	5.46	56.30	62.40
小微企业贷款	6.29	11.50	14.60

注：资料来源于富国银行公司年报、国海证券研究所。

表 1-1-10 小微贷款主要产品

贷款产品	"企业通"	"小企业银行"
目标客户	年销售小于 200 万美元，雇员 0~19 个，企业有一定经营年限	年销售在 200 万~2000 万美元，雇员 20—99 个
贷款额度	不超过 10 万美元	100 万美元或更高
提交资料	无须纳税申请表或财务报表	需要财务报表
申请方式	通过邮件、网络、电话或柜台	客户经理
担保方式	通常无担保物	通常需要提供担保

注：资料来源于国海证券研究所。

富国银行在对美国小企业市场进行充分细分、准确定位的基础上，充分利用内外部数据源与数学模型，标准化、集约化运作，构建了一套卓有成效的小微企业信贷经营模式，实现了在小额信贷业务上的高赢利和低成本。通过流程简化和提升放款速度，让最为优质的客户能够沉淀在本银行中，有效防止逆向选择。

第一，细分市场明确定位。富国银行将美国 2000 多万家小企业细分为加工作坊、初创企业、家庭工厂、个体创业者、无利润企业、服务型小微企业、一般利润企业、科技型企业、高速成长企业和"现金牛"企业 10 种类型，并分析出前 6 种企业无法在企业客户的传统信贷业务处理流程中实现盈利。富国银行根据市场与行业细分，将原有小企业贷款分为企业通客户和小企业银行客户两大类：针对小企业银行客户，仍由专门的客户经理提供服务；而针对企业通的小额信贷业务，则提供柜台化的标准服务。

第二，申请方式多元化，降低客户申请门槛。富国银行提供多元化的远程申请方式，客户可采用邮件、电话和网络等各类通道申请，无须提供财务报表和报税表，降低了小微企业申请门槛。

第三，贷前差异化定价。富国银行遵循大数法则，充分运用收益覆盖风险原则，确保小额信贷业务总体盈利，富国银行结合不同风险评估来实施差异化定价，如会在基准利率上加 2~9 个百分点来确保收益覆盖风险。

第四，贷中自动审批，降低单位成本。由于目标定位于具备一定经营期限的小微企业，富国银行拥有较多的信用数据来对风险进行评估，从而引入了自动化审批来替代原有的人工审核，大幅降低了操作成本。审批时，包括通过对申请信息的数据校验来判断申请是否存在潜在欺诈，又如通过行业、经营年限、存款余额、收入总额、营业场所、业主信用、业务资产负债等评分卡模型来进行风险统计和排序，从而筛选出"可自动审批流程"和"需人工介入"的两类申请。

第五，贷后动态管理，把控风险。富国银行运用"行为评分"模型，并引入美国个人征信机构、小企业融资信息交换中心、邓白氏等数据源，来监控小微企业的信用状况及变化程度，实现了借款信用状况的动态跟踪。

十、启示：扎根社区和交叉销售

1. 富国银行在社区银行建设上的启示

在中国，社区银行是指按照中国银行保险监督管理委员会（以下简称"银保监会"）相关要求，设立的定位于服务社区居民的简易型银行网点，是支行的一种特殊类型。对社区银行的探索始于龙江银行"小龙人"社区银行，2010 年起各中小银行纷纷跟进，2013 年以后民生银行、兴业银行都曾把社区银行设为发展目标。参考富国银行在社区银行运营方面的经验，我们为想要做好社区银行的机构总结出以下四点：

在定义上，贴近居民区，并以附近居民为主要客户群体的网点，都可以成为社区银行。富国银行以"2.5千米服务圈"进行网点布局，考虑到国内住宅结构与美国不同——多为城市中心高层建筑，人口相对密集，在网点布局上可以依照各地情况进行调整，但只要是以社区居民为主要服务对象的，都可以成为社区银行。

在产品与服务上，社区银行应当有取有舍，应主要提供齐全的个人金融产品线与服务。社区银行面对的客户群体主要是个人客户，个人金融需求包括账户开立、存取款、小额外汇兑换、财富管理、住宅抵押贷款等。只有建立健全个人银行产品线，才能充分挖掘社区银行的客户需求，在让个人客户享受"一站式"金融服务的同时，提升交叉销售的能力。

在经营模式上，社区银行需要因地制宜，与普通网点有所区别。部分城市新区居住者以中青年上班族居多，白天不在家，网点可以适当调整营业时间，如缩短工作日日间营业时间，延长晚间或周末营业时间。考虑到上班族时间宝贵，服务上尽量采取方便客户操作的模式，为客户节省时间。而部分老城区以老年退休人群居多，针对他们的金融需求可以重点推介养老相关产品，在服务上需要一定耐心，拉近客户经理与老年人的关系，建立信任。

最重要的是，社区银行应当成为社区的中心，这需要"走进来"和"走出去"。社区银行不应当只是办理银行业务的场所，更可以成为社区活动的中心，让暂时不需要办理业务的居民"走进来"。例如，在幼儿园或小学附近，社区银行可以开辟家长休息区，给等孩子放学的家长一个休息的地方；针对老年人关心的话题，银行内可以定期开展讲座等活动；在青年人聚集区，可以通过派送一些奖品吸引年轻人参加相亲会、电竞比赛、粉丝线下见面会等年轻人喜闻乐见的活动。同时，要让银行员工"走出去"，提升社区银行的参与度与话题度。银行员工一方面可以成为社区义工，包括参与社区清洁、老年人帮扶、幼儿教育等工作，提升对社区的了解，拉近与居民间的距离；另一方面，也可以通过在街头派送免费零食、水果等活动提升门店的话题度。

2. 富国银行在交叉销售上的启示

通过学习富国银行交叉销售经验与教训，我们对于想要实行交叉销售的银行提出以下四点建议：

在人员培养上，注重全能型员工的打造，提升服务意识。交叉销售的前提是销售人员对银行产品都有相应的了解，这样才能根据客户的潜在需求进行产品推介。职员培训时，应模糊高低柜的界限，统一进行产品学习。更重要的是要提升交叉销售服务意识，主动挖掘客户的潜在需求。在这一点上，银行职员可以从快餐店、便利店员工身上寻找灵感。另外，银行可以在薪酬上对交叉销售做出适当激励，激发员工的服务热情。

在产品上，开发多种优惠产品包，适应不同人群需求。富国银行通过将联系紧密的产品打包优惠出售，提升了单个客户持有产品数量。最初，客户可能并不会使用产品包内所有服务，相比分拆出售而言，银行损失了部分服务费用。但是产品包策略占领了潜在市场，为未来的业务增长提供了更大的空间。

重视住宅抵押贷款对交叉销售的带动作用。对于大多数人来说，住宅抵押贷款是一生中最大的一笔金融项目，各家银行应重视其对于交叉销售的带动作用，利用优惠利率将住宅抵押贷款与多种产品捆绑，有利于实现交叉销售目标。同时对用户产品使用情况进行监控，可以给住宅贷款贷后管理提供一定帮助。

加强员工道德管理，对于交叉销售的考核与激励要适度。"账户门"反映出交叉销售虽然是银行增长的"法宝"，却不能滥用。富国银行对于交叉销售过于严厉的考核是其雇员铤而走险、欺瞒客户开立虚假账户的原因之一。所以，在推动交叉销售时，银行要加强员工的道德管理，对制度上的考核与激励应有适度的把控与平衡。

3. 富国银行在并购上的启示

在美国利率市场化的过程中，银行业竞争加剧，资源向头部银行集中，将近一半的中小银行破产。学习富国银行的崛起之道，有志于做大的中小银行首先应苦练内功、做优做强，在大变局和转型期活下来，借鉴和研习先进银行成功的并购战略，学会在"弯道"中果断"超车"。

结合富国银行等国外先进银行的成功经验，发起收购的银行应该具备以下几个条件：

第一章
强者突围

核心竞争力和成熟、可复制的模式。富国公司原董事长约翰·斯坦普提出："企业成长有3种方式：从现有客户手中获得更多业务（加强交叉销售）；从竞争对手那里挖到客户；收购其他企业。"他认为，"如果做不到第一点，也就必然做不到第二点，更不用说第三点了"。因此，中小银行发起收购兼并首先要自立于自身强大的核心竞争力和成熟、可复制的商业模式。

充足、可及时补充的资本。资本充足是发起兼并收购的先决条件。在这方面，强大的股东背景、良好的公司治理结构和通畅的股东沟通机制有助于提升资本的保障能力。同时，中小银行应该着重培养资本的内生能力，并在资本充足的情况下保持一定的空间和弹性。

并购原则和技巧掌握。由于其专业性，银行业的并购具有较高的技术含量。有志于通过并购其他银行实现快速扩张的中小银行必须尽早确立自己的并购原则和并购目标，加快学习和掌握并购技巧。富国银行有著名的"并购六原则"：文化兼容性、项目可操作性、有助于改善客户关系、充分认清风险、内部收益率达15%、3年内实现并购增值。

并购时机和并购政策。约翰·斯坦普坦诚："某个时候，为了促进收购的成功，富国银行往往都要关注和跟进目标银行数年之久。"富国银行的"超级收购"大都选择在经济萧条和金融动荡的危急时刻，这是为了有效降低目标收购成本和排除收购阻力。如果没有足够的实力、对并购目标的了解、对并购政策的精研，显然做不到这一点。

同时，通过对富国银行并购案例的解读，我们需要特别注意以下并购风险：

业务系统的衔接风险。富国银行与第一洲际银行合并案例反映出，不同银行业务系统的电子化水平与规格参差不齐，合并途中双方业务系统的合并录入可能会拖慢合并进度，造成计划外的开支。

经营模式不兼容风险。一般来说，并购发生之后，被并购方最终会统一采用并购方的经营模式。在对被并购方的改革中，应把控节奏，特别注意模式转变造成的客户流失风险。

企业文化的融合风险。企业文化是企业的灵魂，在不同企业中成长起来的员工也会体现出不同的行事风格与职业素养。企业文化不相容，将会使并购双方员工合作不畅，新企业难以产生效益。在并购克罗克银行的过程中，富国银行管理层早早意识到这一点，果断采取措施，保证了并购的成功。

财务上的道德风险。富国银行认为危机中的收购具有较高性价比，但是收购方需要警惕收购过程中的道德风险。危机中，被收购方为了提高身价，有可能修改财务数据以掩盖不良资产。在收购时，收购方需要认真做好财务调查，警惕财务造假产生的道德风险。

4. 富国银行在科技投入上的启示

无论是在 20 世纪 90 年代初积极布局 ATM，还是 1995 年首先上线网上银行，富国银行一直积极拥抱新型科技。有些银行业者认为，对新技术的投入一方面会造成银行研发成本的上升，另一方面会打乱现有的业务体系。但是我们认为，任何有条件的银行都应该积极参与新技术的研发布局，富国银行的案例向我们反映出新技术带给银行的以下几点好处：

新技术可以提升银行运作效率，降低运营成本。虽然对物理网点有所坚守，富国银行近几年一直在进行网点的轻量化、小型化转型，ATM、智能柜员机、电子产品、线上业务通道是转型的重要推手。目前，国内部分银行已经实现了线下业务的全面电子化，减少了纸质文件的运输存档需求，运营效率大大提升。未来银行运营从电子化向智能化进一步推进，率先采用新技术可以进一步削减前后台冗余人员，带来成本优势。

新技术可以提升客户办理业务过程中的"舒适感"。运用新技术，不代表要对原有经营方式的完全抛弃，而是补充。为客户提供更多样的业务渠道选择，有助于提升业务办理速度，增强接待能力。特别是运用线上渠道提升新一代年轻人办理业务过程中的"舒适感"。

新技术可以帮助银行把控业务风险。富国银行在小微企业贷款中充分运用了数学模型与信用大数据，有效降低了小企业贷款风险与单位审批成本。随着国内银行业竞争加剧与政策指引，小微企业与个人贷款必将成为下一块竞争高地。合理运用新技术，可以使小微贷款变成"香饽饽"。贷款审核技术上的领先，则意味着领域内的先发优势。

银行内控需要与新技术应用同步跟进。阿里公司侵吞公款案告诉我们，银行内控与新技术的脱节会造成管理上的漏洞。研发业务系统的同时，银行应当注重内控系统的更新，为企业的健康运作保驾护航。

5. 富国银行在企业价值观上的启示

"永远不要把马车放到马前"是富国银行的价值格言。在这里，"马车"代指利润，"马"代指客户。是客户而不是利润在推动富国银行前进，永远要将客户的需求放在第一位。我们都知道"客户是上帝"，在银行业如何实现"以客户为中心"的问题上，富国银行给了我们三点启发：

以客户为中心，重视企业信誉。100多年里，无论是在洪水暴发时、在大戈壁上、在地震后，还是在挤兑潮中，富国银行（公司）尽管面临损失，但始终如一地坚持为客户提供服务。这种无论何种情况都将客户的业务需求放在第一位的经营理念，给富国银行带来了极高的企业信誉，也是富国经历数十次危机、百次并购却招牌不倒的根本原因。

以客户为中心，重视长期客户关系和长期利益。以客户为中心，即不能为了短期利益向客户推介与其需求不匹配、不适宜的产品，银行利润增长不以损害客户的利益和信任为代价。富国银行不与新客户做"一锤子买卖"，而是在长期关系中逐渐挖掘满足客户需求，培养了一批忠实客户，最终带来了更丰厚的长期利益。

以客户为中心，适当做一些"分外的事情"。在银行业务之外，客户可能有一些其他需求，在条件允许的情况下银行应当尽力为客户着想。富国银行融入社区的过程，也是网点不断满足社区居民其他需求的过程。在对居民的帮助中，富国银行构建了良好的客户关系，最终为自己带来了业务上的回报。

十一、富国银行大事记

1852年，亨利·威尔斯和威廉·法戈在美国旧金山，创立了富国公司。公司提供银行业务（买入黄金和卖出相应纸质银行汇票）和快递服务（黄金和其他任何价值物的快递）。

1866年，富国公司合并了主要的西部马车线路。从加州到内布拉斯加州，从科罗拉多州到蒙大拿州和爱达荷州的矿区，带有富国公司标志的驿马车踏遍了约4828千米的路程。

1869年，横贯美国大陆的铁路通车，富国公司越来越多地使用铁路提供快递服务。

1888年，富国公司沿着新的铁路网络向东北扩张至纽约后，成为美国第一个全国性快递公司。企业愿景是"从海洋到海洋"，展现其覆盖25个州的2500多个社区的广泛服务。

1905年，在旧金山，"富国公司的银行"（1852—1905年的称呼）正式和富国快递公司分离。

1906年，富国银行大本营所在地旧金山遭遇地震和水灾，富国银行遭受严重损失和沉重打击，赫尔曼（Herman）电告："建筑被毁，拱顶完好，信用不受影响"。

1918年，富国银行成为美国1万个社区的一部分，这一年联邦政府接管了富国公司的快递业务，仅留下富国银行在旧金山的一家银行。

20世纪60年代，富国银行成为区域银行，在加州北部，从沿海到山区，有人们生活和娱乐的地方就有富国银行的支行。

20世纪80年代，富国银行扩张成为一家全国性银行，成为美国第七大银行，并推出了在线服务。

1986年，富国银行收购了克罗克银行，收购后不久就解散了克罗克银行的原管理队伍。

1989年，富国银行针对零售银行业务，创建了小企业业务集团，并在旗下创建小企业贷款部，为年销售额低于1000万美元的小企业提供贷款。同年，巴菲特开始投资富国银行。

1994年，富国银行推出"企业通"，采用简化流程向年销售额低于200万美元的企业提供小额度贷款，大获成功。

1996年，富国银行敌意收购加州第一洲际银行，成功清除了州内最大竞争对手。

1998年，富国银行与西北银行合并，新银行沿用富国银行的品牌，在全美50个州和海外地区拥有5777家分支机构。

2003年，富国银行收购太平洋金融服务集团。

2005年，美国政府数据显示，富国银行小企业贷款市场份额超过花旗银行和摩根大通银行的总和。

2007年，富国银行成为美国第一家为商业客户和企业客户提供移动金融服务的银行。

2008年，富国银行并购美联银行成为横跨美国东西海岸最大的"社区银行"，并拥有北美最大的金融分支机构。

2009年，富国银行走出危机阴影，偿还了联邦政府250亿美元的资金，并附上了14.4亿美元的投资红利。

2010年，针对71个行业3.35万位客户开展的独立品牌调查显示，富国银行品牌忠诚度在美国银行业中排名第1。

2011年，富国银行在中国上海设立了分支机构。

2012年，在现金捐赠方面，富国银行成为美国最大的慈善企业。该年6月底，富国银行市值全美第1、全球第2。

2013年，富国银行首次成为全球市值最高的银行，之后与中国工商银行（以下简称"工行"）4次交替头把交椅。富国银行尝试小型化网点方案。

2014年，富国银行成为"盖洛普最佳雇主奖"获得者。

2016年，富国银行虚假账户事件被披露，从全球金融机构市值冠军的宝座跌落，原董事长约翰·斯坦普黯然离职。

第二节 时代终将奖励极致专注的机构——招商银行的一路坚守

改革开放40年，中国已经成长为世界第二大经济体，中国银行业也和中国经济一道，用短短二三十年的时间取得了西方银行上百年才取得的瞩目成就，以"中农工建"为代表的国有大行按照资产规模排名已经位列世界第一梯队。

但是在国有大行之下，我国的股份制银行更值得讨论。他们大多没有历史基础，白手起家，紧紧抓住历史机遇，在各自的道路选择上完成强者的突围，取得了不俗的成绩，它们是中国艰苦钻研、主动进取精神的代表。接下来我们将介绍坚守于零售业务的招商银行。

在利率自由化改革、金融脱媒的大背景下，客户黏性高、利润率高的零售业务已经成为各家银行的主战场。提到银行零售业务的优秀者，人们通常会想到招商银行。招商银行信用卡发卡量比肩国有大行，交易额更是国内之首。它能取得今日的成就，与其20多年对零售业务的坚守和重视分不开。接下来，我们将逐步剖析招商银行在零售业务上的制胜因素，以及企业成功背后的经营哲学。

一、招商银行速览

20世纪80年代的中国，是改革开放的中国，深圳又是改革开放的代名词和前沿阵地。没有先例、没有经验，一切都要"摸着石头过河"。在深圳这个不到2000平方千米的试验场上，人们凭着一腔热血和对美好生活的向往，书写着"中国梦"的传奇。深圳有一个地方叫蛇口，在1979年成为中国第一个外向型经济开发区,走在深圳改革开放的最前方。

招商银行就在这样的背景下,从蛇口工业区走出来。1987年,在蛇口领导特别是袁庚先生的努力下,蛇口结算中心和财务公司独立,成立招商银行。它由招商局轮船股份有限公司根据中国人民银行(以下简称"央行")批文,在深圳市招商局蛇口工业区设立,是我国境内第一家完全由企业法人持股的商业银行。与当时承载着不同政策使命的五大行(中国银行、中国农业银行、中国工商银行、中国建设银行、交通银行)不同,招商银行自设立伊始便立足于在政策领域外开辟更为商业化、零售化的市场领域,并坚持这条发展路径至今。1994年,招商银行根据深圳市人民政府经济体制改革办公室、深圳市证券管理办公室相关文件批准,进行股份制改组并调整新增发行股份数量和股权结构,正式成为招商银行股份有限公司。2002年,招商银行成功登陆A股;2006年,招商银行H股成功发行。截至2017年,招商银行已成长为拥有境内外分支机构1800余家(其中包括6家境外分行和3家境外代表处,员工7万余人)并全资控股招银金融租赁、招银国际金融控股有限公司、招商基金管理有限公司、永隆银行有限公司,参股合营招联消费金融、招商信诺人寿保险有限公司的大型银行集团(招商银行股权结构见图1-2-1)。

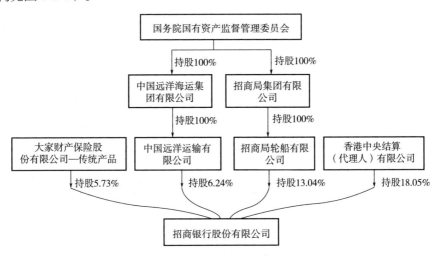

图1-2-1 招商银行基本股权结构

(资料来源:Wind,国海证券研究所)

回顾招商银行的成长历程，我们将企业的发展分为以下几个阶段：
1987—2002 年：敢为人先，零售业务"第一个吃螃蟹者"；
2003—2009 年：曙光初现，零售业务成为经营核心；
2010—2016 年：因时而变，在转型中依然坚守零售根本；
2017 年至今：竭尽全力，将零售带入数字科技时代。

二、1987—2002 年：敢为人先，零售业务"第一个吃螃蟹者"

20 世纪 80 年代中期，中国金融体制改革正在陆续推进。央行陆续批准在我国部分经济特区和沿海开放城市建立商业银行，加快我国商业银行体制改革步伐。这为招商银行的诞生提供了一个难得的历史机遇。不同于早期成立的五大国有股份制商业银行，招商银行多了一份改革开放初期特有的"敢为人先"的市场化气息。

1. 改革开放浪潮下的蛇口基因

招商银行成立于深圳蛇口工业园区。提到蛇口，那就不得不提蛇口基因，也就不得不提"中国改革开放实际运作第一人——袁庚"。1978 年 6 月，袁庚受时任我国交通部部长叶飞委派，赴香港做调查学习，并起草《关于充分利用香港招商局问题的请示》。10 月，袁庚被任命为香港招商局集团常务副董事长，主持招商局工作。次年 7 月，蛇口工业园区正式设立，被誉为中国改革开放的第一声"开山炮"，一根注入外来经济因素来对传统经济体制进行改革的"试管"正式诞生。

1985 年 10 月，袁庚主持创立了全国第一家由企业创办的保险机构——蛇口社会保险公司，1988 年 3 月更名为平安保险公司，也就是如今的中国平安保险集团的前身。可以说，蛇口就是当年改革开放浪潮的中心，而招商银行从成立伊始就带着"敢想、敢言、敢试、敢闯、敢为天下先"的基因。伴随着深圳地区的快速发展和改革开放浪潮下我国经济的整体复苏，招商银行也迎来了一段资产规模快速扩大、客户群体迅速积累、盈利能力不断提升的黄金时期。

第一章
强者突围

1987年，招商银行由招商局轮船股份有限公司根据央行银复（1986）175号文、银复（1987）86号文在深圳市招商局蛇口工业区北十栋正式设立。创立伊始，招商银行创始人袁庚先生就提出："要为中国贡献一家真正的商业银行"。在袁庚的推动下，招商银行从开始就完全按照股份制商业银行的模式运营，其中包括创始股东招商局集团不单独持股，而是引入6家企业和单位作为股东等。

与大多数天生带有国家或地方财政背景的银行不同，招商银行是国内第一家完全由企业法人持股的股份制商业银行。当时，深圳作为改革开放的桥头堡，承接了大量"下海"人员，民营企业如雨后春笋般涌现。位于蛇口这一深圳工业中心区的招商银行迎来了属于自己的发展机遇：立足民营企业市场；承接深圳地区业务，并逐步扩大至"珠三角"及"长三角"等发达地区；利用深圳地区改革开放红利集中的优势快速成长。

因为资料并未公开，早期招商银行的财务状况难以探查。但是招商银行在短短几年时间，实现跨越式发展是毋庸置疑的。1999—2002年，招商银行的资产规模从1566亿元快速增长至3717亿元，营业收入从72.6亿元增长至118亿元，净利润更是由4.8亿元爆发式增长至17.3亿元（见表1-2-1）。

表1-2-1 1999—2002年招商银行经营情况

	1999年12月31日	2000年12月31日	2001年12月31日	2002年12月31日
营业总收入（万元）	726,401.1	873,804.8	1,049,252.1	1,179,614.0
同比增长（%）		20.29	20.08	12.42
营业利润（万元）	75,553.7	119,621.8	208,502.50	254,838.6
同比增长（%）		58.33	74.30	22.22
利润总额（万元）	71,153.8	119,715.9	211,012.0	257,027.0
同比增长（%）		68.25	76.26	21.81
净利润（万元）	48,178.5	80,381.2	143,112.0	173,427.0
同比增长（%）		66.84	78.04	21.18
未分配利润（万元）	-380,910.2	-55,697.2	87,414.8	53,912.9
资产总计（万元）	15,660,639.6	21,950,798.8	26,631,715.5	37,165,991.2

注：资料来源于Wind、国海证券研究所。

招商银行在蛇口站稳脚跟、资本实力不断增强的背后，是"珠三角"地区在改革开放浪潮下的快速崛起（见图1-2-2）。可以说在改革开放的时代背景下（见图1-2-3），凭借第一代"蛇口人"的开拓进取精神和"五敢精神"，招商银行抓住了时代机遇，在20世纪90年代至2000年初经历了飞速的发展，并为未来数年的发展奠定了坚实的企业文化和业务基础。

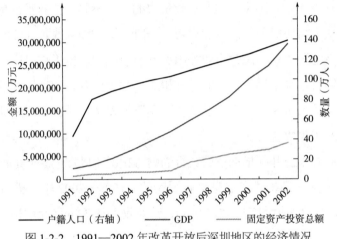

图1-2-2　1991—2002年改革开放后深圳地区的经济情况

（资料来源：Wind、国海证券研究所）

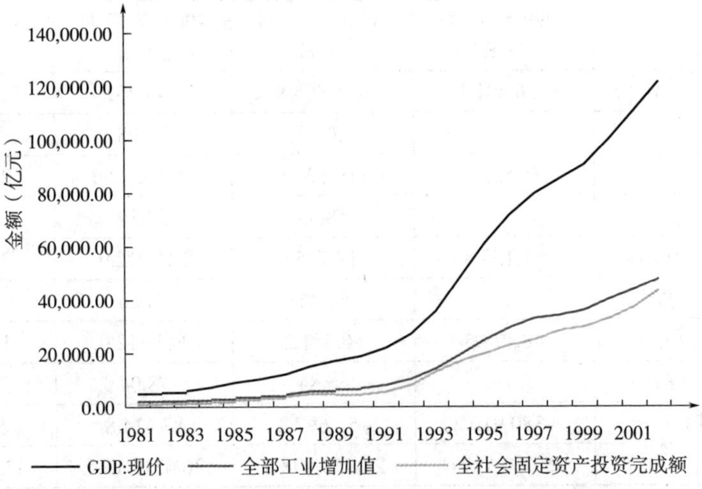

图1-2-3　1981—2001年改革开放后全国经济增长情况

（资料来源：Wind、国海证券研究所）

2. 登陆 A 股，进一步增强资本实力

2002 年 3 月 27 日，招商银行成为继深发展、浦发、民生之后的第四家上市银行，首次公开发行人民币普通股（A 股）15 亿股，每股面值 1 元，以人民币 7.3 元发行，共募集资金净额 107.7 亿元。其中，股本增加 15 亿元，资本公积增加 92.7 亿元，资本实力进一步增强（见表 1-2-2）。

表 1-2-2　1999—2002 年招商银行资本情况

	1999 年 12 月 31 日	2000 年 12 月 31 日	2001 年 12 月 31 日	2002 年 12 月 31 日
总资产（万元）	15,660,639.60	21,950,798.80	26,631,715.50	37,165,991.20
净资产（万元）	288,150.40	368,531.60	511,643.60	1,603,182.10
资本充足率（%）	17.33	11.71	10.26	12.57
一级资本充足率（%）	16.81	4.03	4.23	8.42

注：资料来源于 Wind、国海证券研究所。

根据 2002 年招商银行上市公告书所提供的数据，截至 2000 年 12 月 31 日，四大国有银行总资产规模 9.48 万亿元人民币，占全市场总资产份额 69.04%；四大国有银行贷款总计 7.6 万亿元，占据全市场贷款总额 74.62%；四大国有行存款总额 7.75 万亿元，占全市场 69.31%。同时，其他商业银行总资产共计 1.2 万亿元，招商银行总资产 2195 亿元，占其他商业银行总资产的 18%，处于商业银行中四大国有银行以外的同业领先地位，而登陆证券市场有助于招商银行继续巩固并提升行业地位。同时，2001 年年末，招商银行资本充足率为 10.26%，一级资本充足率仅为 4.23%，仅略微高于监管要求，这在一定程度上限制了招商银行未来的扩张步伐。因此，登陆证券市场还有助于招商银行积累资本实力，为未来发展积蓄能量。

3. 业务创新，初步确立技术领先优势

1995 年，招商银行在国内率先推出了"一卡通"。"一卡通"是国内首张集本外币、定期活期、多储种、多币种、多功能服务的高科技电子货币卡，也是境内第一个基于客户号进行管理的借记卡，这标志着招商银行成为在零售业务上

"第一个吃螃蟹的人"。

1997年,招商银行推出网上银行大众版,真正让网上支付、结算、转账成为可能。很难想象,现如今高度发达的网上支付结算业务早在20年以前便已由招商银行率先实现。

1998年,"一网通"网上支付系统成功运行,标志着国内首家使用银行卡进行网上购物付款结算的电子支付系统正式开通。自此,"一网通+一卡通"的"双卡通"业务为招商银行奠定了业内零售领域领先地位。

至2002年年末,在"双卡通"业务的带领下,招商银行的手续费及佣金净收入已经由1999年年末的1.45亿元上升至3.72亿元,3年时间翻了一番,同时存款余额达到3,003.9亿元,其中储蓄存款1,166.87亿元。可以说,招商银行成立初期创新推出的"一卡通""一网通"为其奠定了良好的零售基础,并在日后成为招商银行"获客"的重要渠道之一。

4. 招商银行的战略重点

(1)立足深圳,地域开拓

1987年招商银行创立伊始,仅是面向深圳地区民营企业及个人客户的地区性股份制商业银行。随后,根据"建设全国性商业银行"的指导方针,招商银行立足深圳,稳步进军"珠三角""长三角""环渤海经济圈"等发达经济区以及各省份重点城市,最终达到辐射全国的效果。截至2002年年底,招商银行机构建设取得良好进展,除深圳总行外,招商银行已在33个城市设立分支机构,并成立了境外分行和代表处,机构总量达到331家。其中分行30家、代表处2家、异地支行3家、同城支行295家,另有离行式自助银行140家,基本做到全国重点地区和城市的全覆盖,其员工总人数达到1.2万人。

(2)沉淀大型集团客户,弥补先天弱势

自1987年成立以来,招商银行从深圳蛇口走向全国。区别于"中农工建交"这5家自成立之初便承担国家各类型大型项目的商业银行,也有别于浦发银行等因特定地区建设所设立的商业银行,招商银行并无先天客户沉淀优势。但是在成立后,招商银行便主动开拓大型集团客户,在大胆创新个人业务的同时,弥补先天客户不足的弱势。经过几年经营积淀，到 2000 年前后，招商银行成功招揽了中国网通集团辽宁省通信公司、山东电力集团公司、山东省电信公司、中国铁道部（2013 年撤销）、南方航空集团公司、中国华润总公司等一系列国内大型企业集团。截至 2002 年年末，招商银行对包括上述大型企业集团在内的前 10 大客户贷款余额约为 99 亿元人民币，占全行期末贷款余额的 4.78%。

（3）查漏补缺，完善业务架构

1989 年 5 月，招商银行经央行和国家外汇管理局批准正式成为国内第一家经营离岸金融业务的银行。立足于改革开放背景下中国"对外开放"主要窗口的深圳，基于对"走出去"与"引进来"企业跨境金融需求的准确把握和深入理解，招商银行成功地为企业的全球化经营提供专业、高效的一站式"离岸＋在岸"联动服务。

1990 年，深圳开始全面推进农村城市化建设。由于产业空间巨大，招商银行总部也从蛇口搬迁至深圳福田区。针对深圳福田地区大量民企为出口外贸型企业的特点，招商银行为客户提供出口保理、对外担保、进口押汇、买方信贷等一系列跨境业务，成功地完善了业务条线，成为国内银行业跨境业务的专家。

2002 年，招商银行已经基本形成个人业务板块、公司业务板块、信用卡板块三大业务板块。其中，个人业务包括：个人贷款、存款、金葵花理财、"一卡通"、财富账户；公司业务包括：国内业务（贷款、存款、贸易融资、结算服务、票据）、跨境业务（跨境贸易融资、跨境财富通）、离岸业务（离岸公司注册及账户服务、离岸公司基础财务管理服务、离岸公司贸易链金融服务），其基本的业务体系架构已完善。

（4）高瞻远瞩，开拓理财业务广阔蓝海

2002 年上半年，根据招商银行数据统计，当时招商银行"一卡通"存量客户约 4000 万人次，卡均存款余额约 5000 元人民币。其中，日均存款达到 50 万元人民币以上的客户约 4.5 万户。彼时国内大部分商业银行尚没有发现针对"高净值"客户的市场前景，更遑论推出针对性的理财产品甚至成立私人银行，而招商银行却恰恰高瞻远瞩，2002年下半年，在南京、上海、沈阳等地为这一部分日均金融资产50万元以上的客户推出"金葵花理财"，首开中国银行业客户分层服务的先河。充分得益于"金葵花理财"、招商银行信用卡、"一卡通""一网通"等个人业务领域的创新，以及随之带来的大量客户沉淀及客户忠诚度培养，招商银行在2002年内实现个人贷款余额203.47亿元，年度新增102.44亿元，增幅超过了1995—2001年总和。

三、2003—2009年：曙光初现，零售业务成为经营核心

到2003年，经过十余年的积淀，招商银行已经形成了较为成熟和完善的业务体系架构，并且通过"金葵花理财"、招商银行信用卡、"一网通""一卡通"等产品初步建立起扎实的零售基础。到2002年年末，招商银行零售贷款203.47亿元，占全部贷款余额的9.8%，初步奠定了进行零售化转型的基础。但是，从整体市场环境上看，彼时银行业尚未形成重视个人业务的氛围，大量的资金和人力资源仍旧集中在对公业务上。但招商银行敏锐地察觉到，随着中国入世与民营经济的快速发展，一批新富阶层即将崛起，针对个人的零售业务蛋糕将越做越大。

1. 战略层面确定零售条线地位

当时间转到2004年年初，招商银行认为，随着未来宏观经济的高速发展和包括房地产在内的国内投资快速增长，人民群众的个人财富积累将会进入一个快速的上行通道，信用卡业务、私人银行业务领域也将会迎来广阔的发展空间。为了另辟蹊径，招商银行率先全行业提出"不做对公，今天没饭吃；不做零售，将来没饭吃"，开始了招商银行的第一次零售转型，在招商银行历史上也称作"一次转型"。2009年，在零售转型推行5年后，招商银行在国际金融危机的大环境下，除配合国内扩大内需的政策推行以外，进一步开启第二次零售转型，将小微企业条线划入零售条线统一管理，开启了小微企业贷款条线的快速增长，也进一步奠

定了招商银行在零售领域的同业领先地位。

2. 招商银行主要发展战略

（1）"一次转型"，全面奠定零售银行基础

2004年，招商银行做出了一个银行同业难以理解的决定——取消分支行存款指标考核，转用理财指标替代，这一考核指标转变的背后是招商银行在商业银行盈利与客户利益之间的再平衡。2004年，招商银行实现了个人银行业务大规模增长，报告期内信用卡增发222万张，全年累计消费136亿元；"金葵花理财"客户从2002年开始初期的3万余户增长至5.8万户，户均余额110万元；"一卡通"新增发卡560万张，累计发卡超3300万张，卡均余额4500元。与此同时，在开启第一次零售转型之后，招商银行2004年全年零售贷款在贷款总额中的占比已经达到14.57%。

2009年，招商银行的消费金融、财富管理等零售核心业务基础已经打牢，但是需要重新加固小微业务。彼时招商银行经过几度行内协调，最终决定把小微业务划于零售条线下，并在数次调研后着手研发基于自然人贷款的小微业务模式，成立征信中心，建设前台接单报单、全国集中审批的信贷工程。到2009年年末，招商银行贷款总额达到1.19万亿元，其中零售贷款3819亿元，同比增长64.15%，占贷款总额的32.20%，相较于5年前首次零售转型时的14.57%明显提高。可以说，经历了两次重大零售战略转型的招商银行已经在错综复杂的市场环境下站稳了脚跟，初步奠定零售领域领头羊的地位。

（2）优化贷款结构，重点扶持中小企业客户

2007—2009年，面对复杂多变的经济环境，招商银行坚持了向中小企业业务转型的战略。通过积极开展客户动态管理、调整业务品种、改革中小企业管理机构、建设营销渠道等各项工作，加强了业务的管理能力和弹性。2009年，招商银行中小企业贷款余额快速上升，占比大幅提高。截至2009年年末，招商银行境内中小企业贷款余额为3084亿元，同比增加878.33亿元，占境内企业贷款的47.68%，同比增长4.58%。

为推动中小企业业务发展，招商银行主要采取了以下措施：

第一，继续大力推进适应中小企业业务发展需要的机构建设和机构改革。首先，小企业信贷中心取得了快速的发展与成长。招商银行于2008年6月18日在苏州成立了小企业信贷中心，由总行直属管理，并于当年12月22日正式开展业务。小企业信贷中心业务范围覆盖全国，专门针对小型企业客户提供金额在1000万元以下的各类信用、担保、抵押、质押等融资服务。截至2009年12月31日，小企业信贷中心已累计发放贷款61.17亿元，贷款余额55.12亿元，贷款平均利率较基准利率上浮20%左右，表现出了较好的业务拓展能力和市场定价能力。2009年年末，小企业信贷中心拥有贷款客户930户，客户群主要分布在长三角地区。其次，2009年招商银行试点了分行层面的中小企业专业化经营改革，首批在7家试点分行成立中小企业金融部，探索市场营销管理和风险审批有机结合的专业化经营模式，大幅提高了中小企业业务的审批效率，有效促进了试点分行中小企业业务的发展。

第二，积极开展产品创新，大力加强产品管理。首先，通过梳理中小企业的产品体系，将重点发展的融资产品概括为物业抵押类、动产质押类、应收账款融资类、担保类、"1+N"融资等5个业务大类。其次，开发了应收账款质押融资、专业担保公司担保融资、国内信保融资、旅行社质量保证金等新业务品种，通过新产品赢得市场竞争优势。

（3）增强盈利能力，大力拓展非息业务收入

在2002年上市至2009年零售二次战略转型完成这一时间段内，招商银行面临着2007年A股大热带来的资金流出以及2008—2009年国际金融危机带来的冲击等不利的外部环境因素。因此，在进行零售转型、优化资产结构的同时，招商银行大力拓展非利息收入业务。对于公司非利息收入部门，招商银行主要精力放在促进现金管理、对公理财产品销售、债务融资工具代理承销、资产托管、企业年金、财务顾问、商务卡等新型业务的发展，尽管外部环境严峻，2009年仍实现公司非利息净收入人民币39.13亿元。其中，个人非息收入成为亮点，主要包括银行卡手续费收入、代理基金收入、受托理财收入和代理保险收入等，至2009年招商银行实现零售非利息收入合计58.66亿元，继续保持增长并领先

同业。

（4）转变经营模式，充分挖掘信用卡盈利潜力

2009年是信用卡业务实施全面转型的第一年，总体业务经营模式从获取新客户为主的"跑马圈地"模式，逐渐向平衡化、多元化、以客群为导向的"精耕细作"模式转变。截至2009年年末，信用卡累计发卡3073万张，当年新增发卡347万张，累计流通卡数1728万张，累计流通户数1160万户，本年累计实现信用卡交易额人民币3008亿元，流通卡每卡月平均交易额1471元，循环信用余额人民币134亿元。信用卡计息余额占比由上年末的37.34%降低至33.50%。信用卡循环客户占比为22.67%。信用卡利息收入23.22亿元，比去年同期增加25.31%；信用卡非利息业务收入人民币25.28亿元，同比增加11.07%。

四、2010—2016年：因时而变，在转型中依然坚守零售根本

2010—2016年，招商银行根据内外部形势变化，在快速发展的同时不断"因时而变、因势而变"。2010年，招商银行首次提出"二次转型"的基本概念；2014年，招商银行将"轻型银行"确立为深化"二次转型"的具体目标，在不断改革转型、创新的道路上，招商银行从未停下脚步。但是，无论经营之"术"怎样变化，其始终坚守着零售这颗立行之"心"，在古老的枝蔓上结出了新潮的花朵。

2010年年初，在国际金融危机余波未消、国内经济形势复杂多变的情况下，招商银行提出了以降低资本消耗、提高贷款定价、控制财务成本、增加价值客户、确保风险可控为目标的"二次转型"，通过继续推进并深化经营战略调整，促进经营方式向内涵集约化转变。

2013年年末，彼时的招商银行总资产达到4.02万亿元，其中对外发放贷款和垫款总额2.20万亿元，客户存款总额2.78万亿元，全年营业收入1326亿元，

同比增长 16.97%，净利润 517.4 亿元，同比增长 14.29%。

进入 2014 年，中国经济进入新发展阶段：增速趋于放缓，经济结构进入重要调整期，增长动力转换。经济结构的转变也促使了传统金融转型升级，同时，非传统金融跨领域竞争也对银行业的境遇形成挑战。在形势复杂多变的背景下，招商银行因时而变，提出"轻型银行、一体两翼"的发展战略，即以零售金融为主体，公司金融和同业金融为两翼，打造"轻型银行"；改革组织架构，优化业务流程，激发"制度资本"力量，释放改革红利，提升经营效率。

1. 二次转型，开启招商银行内涵式发展

2010 年年初，金融市场已步入"后危机"时代，国内金融监管不断加强，客户需求升级，直接融资快速发展，同业竞争日趋激烈，来自监管机构、股东、客户、同业以及员工等各方面的约束日趋刚性。为此，招商银行提出了以降低资本消耗、提高贷款定价、控制财务成本、增加价值客户、确保风险可控为目标的二次转型，通过继续推进并深化经营战略调整，促进经营方式向内涵集约化转变。到 2010 年年末，招商银行资本充足率为 11.47%，同比提高 1.02%；新发放的批发贷款与零售贷款利率浮动比例显著提高；通过市场开拓与交叉销售，大额私人银行客户（日均金融资产 50 万元以上）与优质企业客户（综合效益 10 万元以上）分别提高 20% 和 40%，从而带来了成本收入比的下降与资产收益率的提升；同时实现不良贷款余额和不良贷款率的双降，拨备继续提升。可以说，2010 年开始的"二次转型"帮助招商银行顺利度过了后金融危机时代，并为其未来的增长积累了新动能。

2. 全面打造"轻型银行"，优化资产结构

2014 年，招商银行提出"轻型银行"的转型方向，力争调整整体资产负债和经营结构，为适应新的经济发展模式做准备。"轻型银行"战略主要包含：轻资本、轻资产、轻负债和轻运营。

轻资本——实现资本内生增长，大力发展轻资本业务，显著改善资本效率，力争以更低的资本消耗换取更高的利润增长。

轻资产——优化信贷资产的行业布局和客户结构，提高资本使用效率，避免

集中化、系统性风险，大力发展投行、资管、托管、财富管理等业务，提高资产流转率。

轻负债——大力发展支付结算、托管、交易银行业务，获取更多活期资金沉淀，提供低成本资金。

轻运营——建设数字化渠道，利用人工智能、智能设备等前沿科技提高经营效率，追求运营精益化，杜绝人员、流程和系统浪费，降低成本。

截至2016年年末，招商银行的"轻型银行"转型基本完成，主要有以下几点体现：

第一，资本更轻。大力发展轻资本业务，改善资本效率，力争以更低的资本消耗换取更高的利润增长。截至2017年年末，招商银行权重法下资本充足率和一级资本充足率分别为15.48%和13.02%，分别较2016年年末上升2.15%和1.48%，资本充足水平持续提升。与此同时，招商银行资产盈利能力持续增强，截至2018年第一季度末，净资产收益率（Rate of Return on Common Stockholders'Equity，ROE）为19.97%。相较于2017年年末的16.54%继续提升。

第二，资产更轻（见图1-2-4）。优化信贷资产的行业布局和客户结构，大力发展投行、资管、托管、财富管理等业务，提高资产流转率。截至2016年年末，零售贷款占贷款总额50.45%，"压舱石"和"稳定器"作用进一步凸显；个人住房贷款余额较上年末增加2,290.39亿元，信用卡透支余额较上年末增加959.66亿元，分别占零售贷款总额的47.37%和26.89%。同时，大幅压退对公风险资产，为优质资产进入腾挪空间。2016年，压退风险资产781亿元，传统的制造业、批发零售业贷款余额分别较上年末下降9.68%和8.24%，新兴的信息传输、软件和信息技术服务业贷款余额较上年末增长167.42%，文化、体育和娱乐业贷款余额较上年末增长61.88%；总行级战略客户数达135户；在对公信贷敞口中，高评级客户敞口为59.97%，较2016年年初提高了7.10%。

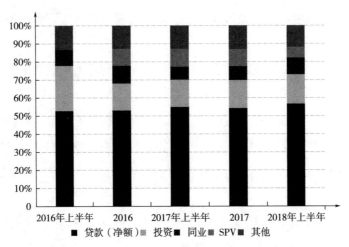

图 1-2-4　2016 年上半年—2018 年上半年招商银行资产结构一览

（资料来源：Wind、国海证券研究所）

第三，负债更轻（见图 1-2-5）。大力发展支付结算、托管、交易银行业务，获取更多活期资金沉淀，提供低成本资金。优化存款定价和差异化授权机制，2016 年压缩高成本协议存款 262.80 亿元，期末协议存款余额为 484.00 亿元；期末活期存款余额为 23,313.33 亿元，活期存款占比提升 6.97 个百分点至 64.00%。

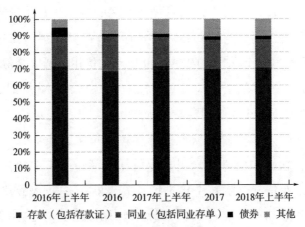

图 1-2-5　2016 年上半年至 2018 年上半年招商银行负债结构一览

（资料来源：Wind、国海证券研究所）

第四，运营更轻。建设数字化渠道，利用人工智能、智能设备等前沿科技提高经营效率，追求运营精益化，杜绝人员、流程和系统冗余，降低成本收入比：聚焦"移动优先"战略，实现手机银行5.0上线，"摩羯智投"率先起跑，手机端打通"W+"平台、智慧营销系统和个性化推荐系统，以手机为中心的网点O2O服务流程初步构建。截至2016年年末，网上企业银行客户总数较2016年年末增长32.75%，网上企业银行累计交易笔数和累计交易金额分别同比增长72.87%和22.39%；企业手机银行用户达29.05万户，全年通过企业手机银行完成的账务查询、支付结算等各类业务操作为2469万笔。全行网点租赁面积压缩39,356.34平方米，年租金节约5,726.42万元。成本收入比为27.62%，保持较低水平。

3. 推行"一体两翼"，全面提升盈利能力

在招商银行进行"轻型银行"战略转型的同时，"一体两翼"战略定位也同样重要。"一体两翼"主要指：建设以零售金融为主体，公司金融、同业金融为支撑的业务体系；形成"一体"和"两翼"间的相互统一、相互协调、相互促进，打造三大盈利支柱。在零售金融业务领域打造最佳银行——以财富管理、消费金融、小微金融三大业务为方向；在公司金融领域打造专业银行——构建交易银行和投资银行两大业务体系，聚焦现金管理、贸易金融、跨境金融、并购金融四大业务重点，形成具有显著优势的业务特色；在同业金融业务领域打造精品银行——以大资产管理和金融市场交易双轮驱动形成新的盈利增长点。

截至2016年年末，招商银行总资产5.94万亿元，同比增长8.54%；营业收入2090亿元，同比增长3.75%；实现净利润624亿元，同比增长7.52%。与此同时，得益于财务管理、资产管理、投资银行、金融市场等的优秀表现，招商银行当年非利息净收入达到744.3亿元，同比增长16.51%，占整体收入比35.61%，大幅领先同业。

五、2017年至今：竭尽全力，将零售带入数字科技时代

2017年，招商银行管理层提出要举全行之力打造"金融科技银行"，作为"轻

型银行"战略的深化。通过对标金融科技企业,在理念和方法上做出根本性转变,推动自身经营模式的转变,实现向"金融科技银行"的转型,让金融科技成为战略转型下半场的"核动力"。

1. 招商银行战略重点

(1) 全面推行"金融科技立行"

招商银行在推进"金融科技立行"战略中,具体工作主要集中在以下几点:

第一,推动全行金融科技基础能力的提升。在基础设施方面,对标金融科技公司,提升 IT 基础能力,在移动技术、云计算、大数据、人工智能、网络安全、区块链等领域加大投入,推动招商银行金融科技基础设施向互联网转型。在业务发展方面,对标金融科技公司,建立 IT 双模研发体系,引入项目制,形成全新形态的科技与业务的融合机制,不断深化 IT 与业务的融合,提升业务敏捷能力,不断提升组织对于客户需求的响应速度和服务的持续迭代、改进能力。在创新孵化平台方面,对标互联网企业创新机制,在内部建立金融科技创新孵化平台,为金融科技创新项目提供全面孵化支持,为创新项目注入新能力和新资源。在外部引进金融科技资源,通过与科技企业、高校建立联合实验室,或通过金融科技创新项目基金引进外部资源,提升银行金融科技能力。

第二,零售金融全面推进业务的"网络化、数据化、智能化"。截至 2017 年年末,实施"移动优先"策略,实现零售 APP 月活跃用户超 4500 万户。全面推动零售服务从卡片迁移到 APP。招商银行 APP 开启"网点 +APP+ 场景"模式,打造线上线下一体化客户的经营模式,从前端的个性化服务,到后台流程的自动化、智能化,进一步提升零售服务的客户体验;"掌上生活"APP 围绕"打造第一消费金融 APP"的目标,持续推进移动端消费金融产品创新,提升流量经营和价值输出能力。通过对 APP 客户的经营提升客户流量,两大 APP 月活跃用户数已经达 4509 万户,40.35% 的本银行持卡客户已经迁移到手机渠道,81% 的客户往来已迁移到手机,实现了巨大的流量数据累积,为后续客户流量经营夯实基础。同时,在"移动优先"策略下,持续探索普惠金融业务创新,截至 2017 年年末,招联消费金融累计核批客户 1,662.1 万户,较 2016 年年末增长 135.93%;累计发放贷款 2,268.04 亿元，较 2016 年年末增长 297.36%；期末贷款余额 468.29 亿元，较 2016 年年末增长 157.46%。

第三，批发金融加快中后台的自动化、智能化转型。利用金融科技提升业务后台流程的自动化水平。一是在信贷流程处理方面，建立风险管理的中台，向前依托移动一事通实现客户经理、经营主责任人、风险经理、审贷官、产品经理的移动全流程协同；向后打通整合中后台系统，通过人脸识别、光学字符识别（Optical Character Recognition，OCR）、印控一体机等技术手段简化一线人员的现场操作，提高服务流程的效率。二是在运营管理方面，率先在国内金融业引入机器人流程自动化（Robotic Process Automation，RPA）技术，提高运营的自动化水平，在对 188 个 RPA 技术应用场景梳理的基础上，在运营管理中选取内部账户余额核对、人民币账户备案、外汇网上申报三个场景开展试点，单笔业务处理耗时缩短 65%~95%，后续 RPA 技术将全面扩展到整体后台运营环节。利用大数据和人工智能提升业务管理的智能化水平，进一步整合入数据客户画像，在内部数据基础上，扩展了对 3000 万家企业、每月 25 万多条商机信息的持续抓取和推送，提高了对客户的实时感知能力。在客户营销方面，依托大数据技术开展客户信息的数字化追踪与分析，提高营销的精准性。在风险监控方面，尝试引入人工智能和深度学习，搭建客户关联知识图谱，提高公司风险的预警能力。

第四，塑造"端到端"客户旅程提升客户体验。通过以客户为中心的"端到端"流程再造，充分利用金融科技，打造以客户为中心的服务体系。在客户服务接触层，以客户需求和体验为出发点，利用线上平台和线下实体网点实现 O2O 场景服务，同时运用自然语言处理和深度学习技术，打造机器人服务平台，客户服务响应及时率、有效率明显提升。在客户服务支撑层，利用大数据和人工智能技术，打造更加高效、智能的服务支撑体系，承接前台的服务流程。一方面，运用大数据与人工智能技术，打造契合国情的"人 + 机器"智能化投资模型，为更广泛的客户提供了低门槛、高质量的专业理财投顾服务；另一方面，打造基于大数据分析和实时风险的决策模型，实现一站式授信自助办理，全年服务超 4 亿人次，初步实现纯数字化交付的信用额度服务。

2. 今日成绩

（1）资产扩张，盈利能力持续提升

首先，从总体来看，截至 2017 年年末：招商银行资产总额 6.30 万亿元，同比增长 5.98%；实现营业收入 2,208.97 亿元，同比增长 5.33%；实现归母净利润 701.50 亿元，同比增长 13%；不良贷款率 1.61%，较 2016 年下降 0.26%，不良贷款余额下降 37.28 亿元。2018 年国内外宏观经济形势更为复杂，银行业市场化改革持续推进，政策红利逐渐消失，招商银行进一步推动结构转型、业务转型，表现亮眼。截至 2018 年二季度末：招商银行资产总计 6.54 万亿元，同比增长 3.81%；实现营业收入 1261.46 亿元，同比增长 11.75%；实现归母净利润 447.56 亿元，同比增长 14%；实现净利息收入 770.12 亿元，同比增长 8.63%；实现非利息净收入 491.34 亿元，同比增长 17.04%；不良贷款率 1.43%，较 2017 年年末下降 0.18%，不良贷款余额下降 20.11 亿元。

其次，近年来招商银行资产盈利能力持续提升：2017 年年末，招商银行 ROE 达到 16.54%，是自 2012 年招商银行 ROE 开始下滑以来首次触底回升。为深入探究，需对招商银行近年来的利润表进行杜邦分解，将所有利润表科目除以平均总资产（见表 1-2-3）。

表 1-2-3　招商银行 ROE 驱动因素杜邦分解

杜邦分解	2016 年	2017 年	2018 年第一季度	2018 年上半年
平均资产（百万元）	5,708,644.5	6,119,974.5	6,274,938	6,417,489
利息收入/平均总资产	3.77%	3.95%	4.12%	4.09%
利息支出/平均总资产	1.42%	1.59%	1.70%	1.69%
净利息收入/平均总资产	2.36%	2.37%	2.42%	2.40%
净手续费收入/平均总资产	1.07%	1.05%	1.21%	1.17%
其他非息收入/平均总资产	0.25%	0.20%	0.28%	0.36%
净非利息收入/平均总资产	1.32%	1.24%	1.49%	1.53%
营业收入/平均总资产	3.67%	3.61%	3.91%	3.93%

第一章
强者突围

（续表）

杜邦分解	2016 年	2017 年	2018 年第一季度	2018 年上半年
税金及附加/平均总资产	0.11%	0.04%	0.03%	0.03%
业务及管理费/平均总资产	1.02%	1.09%	1.05%	1.06%
其他业务成本/平均总资产	0.01%	0.02%	0.03%	0.03%
营业费用和税费/平均总资产	1.14%	1.15%	1.10%	1.11%
营业外净收入/平均总资产	0.01%	0.00%	0.00%	0.00%
拨备前利润/平均总资产	2.54%	2.46%	2.81%	2.82%
资产减值损失/平均总资产	1.16%	0.98%	0.94%	0.98%
税前利润/平均总资产	1.38%	1.48%	1.87%	1.84%
所得税/平均总资产	0.29%	0.33%	0.42%	0.44%
ROA（调整后年化）	1.09%	1.15%	1.45%	1.39%
权益乘数	14.96	14.42	13.81	14.06
ROE（调整后年化）	16.27%	16.54%	19.97%	19.61%

注：资料来源于 Wind、国海证券研究所。

资产盈利能力，即 ROA 的实质改善是 ROE 回升的主要推动力之一。2016 年至 2018 年第二季度末，权益乘数呈现下降态势（2018 年二季度微弱回升，但仍处近年低位），这表明招商银行并非以加杠杆来推动 ROE。

再次，"净利息收入/平均总资产"一般近似看作商业银行的净息差，从表 1-2-3 中可以看出，招商银行近年来净息差开始温和提升，从而推动 ROE 反弹。在考虑"营改增"的数据扰动后，目前各大商业银行的净息差水平皆已调整至一个相对平稳的水平，对招商银行来说，未来净息差的温和抬升将会继续利多资产盈利能力。在银行业理财监管趋严、表外资产回表压力加大、中间收入快速萎缩的大环境下，招商银行净非息收入在 2018 年实现反弹正是得益于其强大的零售业务端。

最后,"资产减值损失/平均总资产"自2016年以来明显下降,表明招商银行资产质量的边际提升同样推动ROE反弹。资产减值损失的减少,意味着招商银行信用成本下降,这将会直接提高税前利润。考虑到银行业在近年来强监管、去杠杆、宏观经济下行筑底、国际环境变化加速的大背景下经受的信用风险压力有所上升,资产质量的改善对于商业银行资产盈利能力的提升将会更为重要。招商银行近年来不良余额与不良率双降便体现了这一变化(见图1-2-6)。

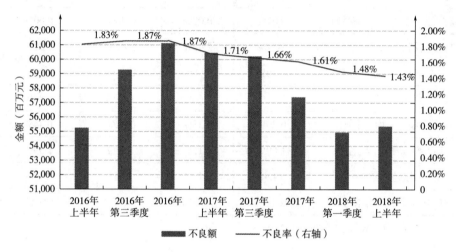

图1-2-6 2016—2018年招商银行不良贷款率情况

(资料来源:Wind、国海证券研究所)

(2)招商银行近年来净息差持续温和回升

2018年第一季度招商银行净息差为2.55%,环比提升0.12%;2018年上半年净息差为2.54%,环比微降0.01%,但仍实现同比提升0.11%,净息差自2017年四季度以来开始触底回升。

具体来看,2018年上半年净息差同比快速提升的主要原因在于生息资产收益率的涨幅大于付息资产成本率的涨幅。根据财报,2018年上半年生息资产收益率相较于2017年上半年整体快速上行,由4.00%提升至4.32%;同时付息资产成本率仅由2017年上半年的1.69%上升至2018年上半年的1.9%。更进一步,观察近年来单季招商银行资产端及负债端组成比例变化情况可以发现，招商银行资产端贷款所占比重处于温和上升态势负债端存款占比同样处于上升态势。在当前宏观经济形势下，资产端贷款收益率明显高于同业拆借等业务的收益率，负债端存款成本也明显低于其他负债方式。一正一负，招商银行未来净利差仍有一定上升空间。

六、启示：认识比较优势，始终突出"零售"重点

1. 对股份制银行的启示

（1）突出经营重点和比较优势

纵览招商银行30年成长历史，"零售基因"贯穿始终。从1992年的"一卡通"、1995年的"一网通"、2002年的"金葵花理财"到2007年的私人银行，在奠定零售领先位置的道路上，招商银行的每一步都走得很扎实。也正是零售端积累下来的大量客户、优质资产和低成本负债，使得招商银行在各经济环境下能够从容转型。这一切都得益于招商银行从始至终的明确战略目标和规划，这使其能够在不同经济背景下始终抓住核心发展点。相较于其他股份制银行来说，目前通过大规模加杠杆来外延扩张，抑或是大量盲目投入成本来追求零售端的优势赶超，其实都已经失去了最好的时机。对于其他银行或金融机构来说，在短期转型成本较高的情况下，必须立足各自的比较优势并将其充分挖掘。例如，中国建设银行目前在租赁住房业务有着先发优势、中国银行在外汇市场有着充足的资源、中国农业银行具有广阔的农业产业基础和客源等。

（2）重视人才培养，重视信息科技系统构建

招商银行在2017年年度报告中提出，未来将以"金融科技立行"，其行长在年报中阐明："我们看到了：在百年未有之变局的时代趋势下，苹果、Alphabet（谷歌母公司）、微软、亚马逊、Facebook、腾讯、阿里巴巴等互联网科技企业昂首跨入全球上市企业市值前十，而一些没有跟上时代步伐的传统'巨

无霸'企业则黯然陨落。我们无法预测未来还会发生什么,但发生什么我们都不会意外。"一家大型银行集团的行长在年度报告中以此话作结,遍览商业银行,实属先例。对招商银行来说,投资科技就是投资未来,因此招商银行大规模重视金融科技人才的培育和挖掘。招商银行"一体两翼"战略的成功,使其在投资银行、交易银行、理财、金融市场业务纷纷获益,这背后离不开大量的专业人才储备和强大的技术支撑。我们不能只看到招商银行 APP 在线上形成集群效应并锁定大量客户资源,我们也应该看到招商银行领先的"互联网"思维。国内很多商业银行在招揽科技人才,提高内、外部信息系统运转效率,开发更人性化、更便捷的线上客户端方面还有巨大的提升空间。

（3）做好客户服务

客户服务永远是银行的生命线。银行做的是资金生意,更是"人"的生意。不论是对公业务还是个人零售业务,不论是贷款业务还是理财业务,都要遵循服务至上原则。

做好客户服务指的是业务全流程上的客户服务:前期接洽、产品设计、合同谈判、条件落实、后续管理服务、多方资源整合运用各个流程都涉及客户服务。像招商银行一样用互联网企业的思维服务客户群体、建立线上客群未必适用每一家商业银行,但是强调前台、中台、后台人员在推进客户业务时都以服务的心态一定是必要的。

2. 对中小银行的启示

（1）定位特定区域,避免盲目扩张

中小银行与股份制银行的规模不同,决定了二者定位的巨大差别。规模不同带来的直接后果便是负债成本和负债来源渠道不同。对中小银行来说,在经济有较大下行压力的背景下（并且短时间内未看到确定性、全面性的向上机会）,追求资产和规模扩张已经不是最优选择。当前,国内信贷市场格局基本定型,宏观经济下行叠加国家对房地产市场的严格管控,个人住房贷款增速放缓,中小银行通过做大资产负债表来实现经营效益的路径暂时也缺少机会。因此,对很多中小型银行来说,尽管当前没有招商银行这般强大和稳定的获客渠道,最好的选择也还是在保证风险可控和资产质量的前提下,通过细致的服务尽可能维系个人客户、服务当地客户,并提升用户黏性。

(2)发挥区位特色,深耕细作

当前背景下,通过做大规模来挤占大型银行市场的想法并不适合所有中小银行机构。参考招商银行的发展史,其成功最重要的一点就是做了其他大型银行并未广泛涉足的零售行业,并以此为基础,结合不同经济发展阶段对金融市场的不同需求调整自身经营。对于中小银行来说,现在什么比较优势是大型股份制银行所不具备的?那就是中小银行特有的区位优势和深耕能力。大型商业银行在某一地区、城市的深耕能力弱于中小银行(多数为地方银行)。中小银行可以如当年招商银行拓展零售领域一般,拓展大型银行尚未触及的下辖地区,如乡镇、农村等。参考招商银行借助深圳地区改革开放红利快速成长的经验,中小银行也应抓住某地区的发展机会,深耕某一区域,发掘业务机会。

七、大事记

1987年3月31日,招商银行由招商局轮船股份有限公司在深圳市招商局蛇口工业区设立。

1994年,招商银行进行股份制改组,正式成为招商银行股份有限公司。

1995年,招商银行"一卡通"正式向公众开放办理。

1998年,招商银行"一网通"线上交易平台正式运营。

2002年,招商银行登陆上海证券交易所。

2004年,招商银行开启"一次转型",全行范围内以理财指标取代存款指标考核。

2006年,招商银行登陆香港联合交易所。

2007年,招商银行私人银行正式开启设立。

2010年,招商银行开启"二次转型",强调内涵式发展。

2014年，招商银行开启"轻型银行、一体两翼"战略。

2017年，招商银行开启"打造金融科技银行"战略转型。

第三节　瞄准细分跑道，闯出一片天下——浦发银行的差异化之路

没有银行会说对公业务不重要，对公业务"体量大、见效快"，是商业银行扩大资产规模的利器。但是，很少有银行会像上海浦东发展银行（以下简称"浦发银行"）一样，对待对公业务如此地认真。有人说，浦发银行的成功是借助了政策红利和上海浦东新区这个高速发展的平台，早期浦发银行的成长的确脱离不了这个因素。然而，上海不是只有浦发银行，而浦发银行也不只有上海，今日的浦发银行已经成为一家全国性的股份制大行，依靠的远远不止于此。

浦发银行还在襁褓之时，就流淌着对公业务的血液。伴随着自身的成长，浦发银行将对公金融服务做到了极致。它庖丁解牛般将公司业务细细分类，在不同场景下将产品组合，达到了服务个性化、定制化、差异化的高峰，并确立了业内对公业务强者的地位。

今天，面对着金融脱媒化与宏观经济形势的严峻考验，浦发银行以往的模式遭遇前所未有的挑战。浦发银行面对新形势调整身位，转变发展道路，确立未来发展的新方向。

一、浦发银行速览

中国改革开放的代名词不仅有深圳，上海浦东新区——中国金融中心之一——书写了另一个传奇。

第一章
强者突围

在浦东新区这个寸土寸金的地方,一栋栋摩天大厦拔地而起,在雨天时若隐若现,仿佛将人带入幻境与未来。谁能想到,如今车水马龙的浦东新区在 30 年前是一片的农田。"宁要浦西一张床,不要浦东一栋房"的民间俗语诉说着这里曾经的荒凉。然而就在这一片荒芜之中,浦发银行诞生了,它与比它早一年开工的东方明珠电视塔一道,成为浦东的名片,见证着上海的变迁。

上海浦东发展银行股份有限公司是于 1992 年 8 月 28 日经央行批准设立,1993 年 1 月 9 日开业,1999 年 11 月 10 日在上海证券交易所挂牌上市,总部设在上海。时至今日,浦发银行已经成为中国股份制银行中的佼佼者。

通过对浦发银行的发展历程进行梳理,总结出浦发银行成立至今 25 年主要经历的五个发展阶段:

1993—1998 年:吃上海国企"百家饭",与浦东共同成长;

1999—2005 年:从上市到"入世",主攻大型企业;

2006—2010 年:细化产品服务,笑傲对公市场;

2011—2015 年:集齐金融牌照,组成综合化银行集团;

2016 年至今:控制对公信贷风险,扩大零售与非息收入。

二、1993—1998 年:吃上海国企"百家饭",与浦东共同成长

正如其名字一般,浦发银行拥有深刻的上海印记,它从无到有再到发展壮大都与改革开放后上海经济的发展息息相关。党的十四大报告提出,以上海浦东开发开放为龙头,进一步开放长江沿岸城市,尽快把上海建成国际经济金融贸易中心。在中央思想的指导下,浦发银行应运而生。1993 年,距离中央指导浦东新区开发,给予经济特区政策已经过去三年,浦东新区也已于 1992 年刚刚成立,城市建设日新月异,上海企业活力进一步释放,对本地化、结合特区政策的金融服务需求日益增长。

1993 年 1 月 9 日,浦发银行在宁波路 50 号正式揭牌营业,成为经央行总行

批准组建的长江流域首家区域性、综合性的股份制商业银行。注册资本金 10 亿元人民币（内含外汇 5000 万美元），采取内部定向募集方式，首期不溢价发行 8 亿元股份，至 1992 年 11 月 8 日验资审定为止，第一批认股单位 88 家，认股金额 7.94 亿元。

截止 1999 年 6 月 30 日上市之前，浦发银行各项存款余额达 731 亿元，总资产达 872 亿元，净资产 38.4 亿元，实现利润 6.37 亿元（见表 1-3-1）。

表 1-3-1　1994—1998 年浦发银行各项指标年增长率

时间	总资产（%）	存款（%）	利润（%）
1994 年	159	123	146
1995 年	112	101	118
1996 年	54	80.9	78.57
1997 年	9.9	29.3	6.72
1998 年	5.4	10.9	-13

注：资料来源于 Wind、国海证券研究所、《上海金融》。

1. 浦东开发带给上海的历史机遇

在 20 世纪最后一个 10 年，浦发银行紧紧抓住了浦东崛起的历史机遇，实现了自身发展的跃进。上海带给浦发银行的早期区位优势有下列三点：

第一，上海工商业历史底蕴丰厚，浦发银行起点高。改革开放前，上海就已经拥有一批诸如上汽集团这样的大型国有制造企业，为上海贡献了全国首屈一指的 GDP。改革开放后，"长三角"地区以纺织业为代表的外向型民营企业如雨后春笋般出现，而上海是它们首选的外贸窗口。坐落于上海，当地大量的国有、民营企业成为浦发银行的潜在客户，市场前景广阔，银行业务起点颇高。

第二，浦东开发与政策红利加速上海发展的同时，也加速了浦发银行的扩张步伐。1992 年，上海市 GDP 为 1,114.32 亿元，截至 1998 年，上海市 GDP 总量达到了 3,801.09 亿元，六年间增长 2.5 倍，年均增长率高达 22.7%（见图 1-3-1）。经济形势一片大好，政府与企业投融资需求异常旺盛，加速了浦发银行的扩张步伐（见图 1-3-2）。

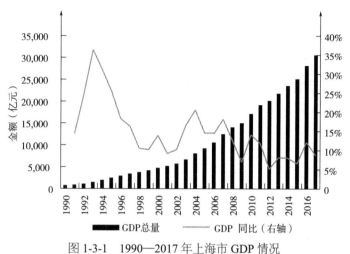

图 1-3-1　1990—2017 年上海市 GDP 情况

（资料来源：Wind、国海证券研究所）

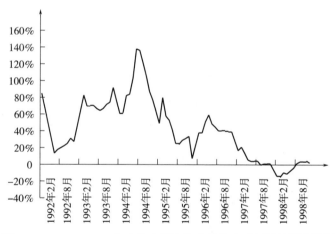

图 1-3-2　1992—1998 年上海市固定资产投资完成额累计同比情况

（资料来源：Wind、国海证券研究所）

第三，定位金融中心，同业交流频繁。党的十四大后，国家给予上海全国性金融中心的地位，证券交易所、清算中心纷纷入驻，政策红利吸引众多中外金融机构在上海设点办公，上海逐渐拥有了较为完整的金融生态体系，金融机构间业务往来更加便利，有利于内地商业银行学习西方银行业先进的管理、经营经验，弥补自身先天不足，进行业务的完善与创新。

2. 浦发银行战略重点

（1）为上海城市建设与周边大型国有企业提供信贷支持

浦发银行的早期股东包括上海市及江浙两省地方财力及资金雄厚、管理良好的 92 家大型企业和金融机构。可以说，浦发银行是吃着上海市政府以及"长三角"地区大型企业的"百家饭"长大的，而浦发银行的早期业务也主要是向上海市城市建设提供信贷支持，以及向"长三角"地区国有企业注入流动资金。

到 1998 年，浦发银行累计向上海地区投放贷款 1300 亿元，其中投向基础设施、能源交通、大型企业、原材料、粮棉油等重点项目 731 亿元。为改善城市建设，浦发银行先后以贷款的形式支持了浦东国际机场、地铁一号线延伸段、二号线浦东段、延安东路隧道复线等重要项目，并且发展了华能电力、宁波宝甬特钢、温州龙湾电厂、浙江通信等大中型国有企业客户。

同时，浦发银行为积极服务上海周边地区大中型企业客户，主要拓展"长三角"区域网点。1994 年 3 月，浦发银行杭州分行成立，成为浦发银行在上海地区以外的第一家分支机构。1995 年 6 月，浦发银行南京分行成立。截至 1999 年上市前，浦发银行在上海、北京、南京、杭州、重庆、广州、宁波、苏州、温州、绍兴、萧山、嘉兴、无锡、南通、江阴等地开设了分/支行，共计 160 家对外营业机构。除北京、重庆、广州以外，其他分/支行均坐落于"长三角"内，具有鲜明的地域特色。

（2）发展外汇业务，与国际接轨

作为国家外汇指定银行，浦发银行早期重点发展外汇业务，接轨国际市场，服务企业的进出口需求。到 1998 年，浦发银行已经与近 500 个境外银行建立代理行关系，加入环球金融通信系统 SWIFT。期间作为牵头行、安排行、代理行，组织了上海航空公司购买波音飞机等多个国际银团贷款；参与由法国里昂银行牵头的国际银团，为上海旧城建设项目"外滩京城"筹资 3000 万美元；并于 1997 年 9 月在香港地区发行了 5000 万美元的 1 年期浮动利率存款证。在国际交往方面，先后派遣学员赴美国、日本、德国、法国、加拿大等国访问培训，参与当地项目开发，并多次接待国际金融机构代表团，加强国际交流。

（3）开发私营、个人业务，完善业务链条

浦发银行一直致力于业务创新，完善业务链条，填补了中国商业银行在私营企业、个人金融领域上的空白。1994 年，浦发银行在上海率先开展私营企业贷款业务。1995 年，在国内率先推出第一张实际投入使用的智能型信用卡——东方卡，集代理付费、转账消费、内部管理等应用于一身。1997 年，浦发银行在上海 40 所普通高校全面试点高校助学金贷款，在开拓个人消费金融、推动高校教育体制改革方面起到积极作用。

三、1999—2005 年：从上市到"入世"，主攻大型企业

1999 年 10 月 11 日，浦发银行股票在上海证券交易所上市交易，成为第一家规范后上市的股份制商业银行，首次发行 4 亿股，筹集资金达 40 亿元，并在当时创下证监会批准发行规模最大、募集资金数量最多、一级市场锁定资金数量最大、投标竞争承销商数量最多等多项纪录。成功上市使浦发银行克服了当时东南亚金融危机带来的负面影响，筹得资金并积极向全国扩张网点，于 2005 年初步构建成全国性的渠道框架，取得了不错的经营成绩。

2003 年 1 月，浦发银行与美国豪门花旗银行强强联合。花旗银行出资 6753 万美元，取得浦发银行 5% 股权。花旗银行与浦发银行重点在风险控制、信用卡等领域展开深度合作。

截至 2005 年，浦发银行存、贷款业务飞速增长，总资产达到了 5735 亿元，是上市前的 7 倍，同时盈利能力位居同业前列（见图 1-3-3、图 1-3-4）。在 2005 年《经济时刊》评选出的"上市企业 100 强"中列第 12 位，同年在《银行家》杂志评选出的"全球银行 1000 家"中位列第 270 位。

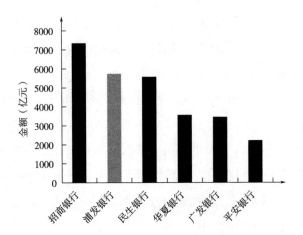

图 1-3-3　截至 2005 年浦发银行总资产同业比较

（资料来源：Wind、国海证券研究所）

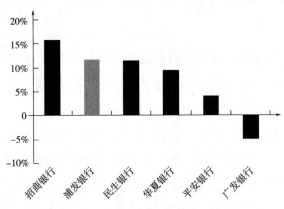

图 1-3-4　截至 2005 年银行营业净利率同业比较

（资料来源：Wind、国海证券研究所）

1. 上市，基于政策改革与财务的考虑

1999 年浦发银行上市，成为上海证券交易所第一只银行股，这是基于政策改革与银行自身财务情况两方面的考虑。

20 世纪 90 年代末，东南亚金融危机暴露出其他国家银行业的潜在风险，而上市补充核心资本是抵御风险的重要途径。浦发银行作为银行业中的新锐，适合

第一章
强者突围

作为股份制银行上市的探路者。当时我国上市公司近千家,而上海证券市场还没有一只银行股。一家状况良好、前景广阔的当地银行上市,有利于引导股市结构优化,提高上海辐射全国的能力,进一步推进证券市场改革。

从银行自身财务情况考虑,1993—1998年,浦发银行凭借良好的经营状况,抓住了历史的机遇,实现了总资产、存款、利润三项指标年均60%以上的速度增长,但资本金增长速度却有所放缓。虽然1997年经央行批准,浦发银行注册资本从10亿元扩充至20.1亿元,但截至1999年6月末,浦发银行资本充足率仅为8.88%,接近8%的临界值,限制了其扩张速度。另外,根据1996年央行颁布的《资产负债比例管理办法》规定,同一借款人贷款集中度不得超过10%。在法规要求下,规模较小的浦发银行无法一次性满足特大企业客户的信贷要求。对于浦发银行来说,选择通过上市扩大资本金的道路,具有重要的财务意义。

2. 联姻花旗,顺应改革浪潮

2001年,中国加入世贸组织极大地振兴了我国的外贸出口产业,同时对银行业的国际业务提出了更高要求。为了更快与国际接轨,向国际化迈进,保证我国银行业的竞争力,20世纪初我国商业银行掀起了引进境外投资者的浪潮,浦发银行是这一浪潮中的先行者(见表1-3-2)。

表1-3-2 中国银行业引入境外投资者浪潮

中资银行	时间	境外机构	入股比例(%)
光大银行	1996年10月	亚洲开发银行	3.29
上海银行	1999年9月9日	国际金融公司	5
	2001年12月29日	汇丰银行	8
		上海商业银行	3
		国际金融公司(增持)	2
南京银行	2001年11月28日	国际金融公司	15
	2005年10月12日	法国巴黎银行	19.20
浦发银行	2003年1月1日	花旗银行	5

(续表)

中资银行	时间	境外机构	入股比例（%）
兴业银行	2003 年 12 月 17 日	香港恒生银行	15.98
		新加坡政府直接投资公司	5
		国际金融公司	4
深圳发展银行	2004 年 5 月 29 日	美国新桥投资集团	17.89
	2005 年 9 月 28 日	通用电气金融财务（中国）有限公司	7.30
民生银行	2004 年 7 月 2 日	国际金融公司	1.08
	2004 年 10 月 16 日	新加坡淡马锡控股子公司亚洲金融	4.55
交通银行	2004 年 8 月 6 日	汇丰银行	19.90
中国建设银行	2005 年 6 月 17 日	美洲银行	9.10
	2005 年 7 月 1 日	新加坡淡马锡控股子公司亚洲金融 AFH	5.10
中国银行	2005 年 8 月 18 日	苏格兰皇家银行集团	10
	2005 年 8 月 31 日	新加坡淡马锡控股子公司亚洲金融 AFH	5
	2005 年 9 月 27 日	瑞士银行 UBS	1.55
	2005 年 10 月 1 日	亚洲开发银行 ADB	0.24
中国工商银行	2006 年 1 月 27 日	高盛集团	7
		安联集团	2.50
		美国运通	0.50
广发银行	2006 年 11 月 16 日	花旗银行	20
中信银行	2006 年 11 月 22 日	西班牙毕尔巴鄂维茨卡亚对外银行 BBVA	5

注：资料来源于国海证券研究所、《管理世界》。

  花旗银行入股浦发银行后，协助后者在内部设立独立的信用卡中心，开展信用卡业务。双方合作推出了"一卡双币"、符合国际标准、具有浦发银行与花旗银行双标识的信用卡——浦发银行信用卡,除了信用卡的一般功能以外,还引入了花旗银行反欺诈系统,并将金卡持有人加入花旗银行全球优惠计划等。同时,花旗承诺将在个人金融、风险管理、财务管理、IT系统改造、稽核及合规性管理和人力资源等领域对浦发银行提供技术支持和帮助。作为战略股东,花旗银行提名的董事当选董事会下属风险管理和关联交易控制委员会成员。

遗憾的是,随着2006年入股广发银行,花旗银行在中国的工作重心逐渐转移,浦发银行与花旗银行渐渐"貌合神离"。2012年,花旗银行向几家机构投资者转让了5.06亿股浦发银行股份,清空其持有的浦发银行股份,双方的深入合作正式画上句号。

3. 浦发银行战略重点

(1)拓展全国渠道,以大型企业合作为起点

上市之后,浦发银行迅速向全国拓展分支机构,将证券市场中募集到的40亿元资金中的15.75亿元用于增设营业网点,扩大资产规模。以成本收益原则,优先在"珠三角""环渤海经济圈"以及其他中心城市设立分行。截至2005年,浦发银行已经开设26家直属分支行,共350个分支机构,"立足上海,服务全国"的业务布局初步达成(见表1-3-3)。

表1-3-3 浦发银行一级分行成立时间

时间	当年新设一级分行
2000年	深圳、昆明
2001年	郑州、天津、大连、济南
2002年	成都、西安、沈阳、武汉
2003年	青岛
2004年	太原、长沙、哈尔滨
2005年	南昌、南宁
2006年	长春、乌鲁木齐、温州
2007年	呼和浩特、合肥

⊖ 温州分行为1996年成立的直属温州支行;香港分行为1992年成立的香港办事处。

（续表）

时间	当年新设一级分行
2008 年	兰州、石家庄
2009 年	福州
2010 年	贵阳
2011 年	厦门、香港、西宁
2013 年	海口、上海自贸区
2014 年	银川
2015 年	拉萨
2017 年	新加坡

注：资料来源于国海证券研究所。

在分支机构设立之初，浦发银行优先与当地大型、特大型企业集团及其下属公司进行合作，为整个集团提供全面的结算、融资等一揽子服务，"总对总"（浦发银行总行对企业集团总部）签署授信协议，并由总行对下属企业进行日常额度管理。浦发银行先后与中国石油化工集团有限公司、中国中化集团有限公司、中国海运（集团）总公司、鞍钢股份有限公司、中国联通等企业集团开展了良好的合作，使下属分行在成立之初能够站稳脚跟，确保了稳定的存贷款业务来源和盈利能力（见表1-3-4）。

表1-3-4　浦发银行各项指标增长率

时间	总资产（%）	存款余额（%）	贷款余额（%）
2000 年	26.78	31.23	29.66
2001 年	32.87	39.71	38.99
2002 年	60.80	64.50	79.49
2003 年	60.80	32.06	46.30
2004 年	22.77	22.75	21.87
2005 年	25.80	27.87	21.33

注：资料来源于Wind、国海证券研究所。

（2）重建风险控制体系，规范内部管理

由于20世纪90年代国企改革淘汰"僵尸企业"以及东南亚金融危机的影响，

我国银行不良贷款率阶段性上升。2000年，浦发银行不良贷款率达10.7%，相较于国际3%以下的不良贷款率良好水平相差甚远。为了尽快提高竞争力，与国际接轨，应对"入世"冲击，浦发银行加强了事前风险控制与事后追责两方面管理。风险控制体系改革后，浦发银行资产质量明显好转。

2001年，浦发银行撤销了原有的信贷审批部，在总行成立风险管理委员会，下设风险管理部、资产保全部与审贷中心。通过"授权授信管理""风险预警""专业审贷""贷后检查"等机制的建设与推广，逐渐降低了不良贷款水平（见图1-3-5）。

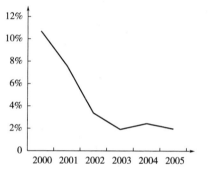

图1-3-5　2000—2005年浦发银行期末不良贷款率

（资料来源：浦发银行公司年报、国海证券研究所）

2005年，浦发银行成立风险管理总部，由花旗银行高管担任要职，全面引进国际先进的风险管理理念，对信贷政策提供指导，根据产业周期调整信贷投放结构。同年，公司成立合规部，弥补了以往银行合规风险的"盲区"。为强化内部控制和审计监督，公司打破原总、分行二级管理的审计模式，建立了由总行统一领导、垂直管理的审计组织体系。

四、2006—2010年：细化产品服务，笑傲对公市场

2006—2010年是中国经济高速发展的黄金时期，虽然2008年、2009年受金融危机影响经济增速有所下降，但得益于财政政策刺激，期间GDP实际增速仍

然高于9%。经济的快速发展给了银行业提供了巨大的增长空间。浦发银行抓住机遇，下沉渠道、细分市场，在对公个性化服务上逐渐占据了优势地位。同时期，在9家同类型股份制银行排名中，浦发银行公司存款余额位列同业第1，公司类贷款余额排名第2，成为对公市场中的佼佼者。

2006年，浦发银行实行股权分置改革，对流通股股东以每10股送3股的方式进行补偿，对价安排执行后，公司总股本不变，原流通股股东持有股份将增至11.7亿股，原非流通股股东持有股份则减至27.45亿股。非流通股股东向流通股股东支付的股票总数为2.7亿股。

2010年3月10日，中国移动子公司广东移动与浦发银行签订股份认购协议，广东移动以人民币398亿元人民币有条件对价认购浦发银行向中国移动定向增发的每股18.03元的22.1亿股股份，占浦发银行全部股份的20%，成为第二大股东。

截至2010年年末，浦发银行总资产达到21,914亿元，规模在12家全国性股份制银行中位列第2（见图1-3-6），5年内年均增长率高达30%。浦发银行在快速扩张的同时依然保持较好的盈利能力，38.46%的营收净利率同样位于第一梯队（见图1-3-7）。2010年，浦发银行荣膺《银行家》杂志"世界银行品牌500强"第76位，内地银行第7位。

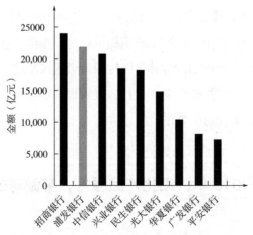

图1-3-6 2010年年末股份制银行总资产规模

（资料来源：Wind、国海证券研究所）

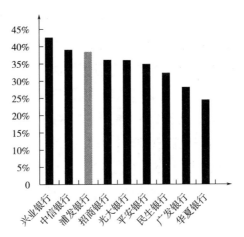

图 1-3-7　2010 年年末股份制银行营收净利率

（资料来源：Wind、国海证券研究所）

1. 浦发银行股权改革

成立之时，浦发银行认股单位多达 88 家，其中多为上海市国有企业，导致了公司在上市时股权结构非常分散，无一家机构持股超过 10%。随着浦发银行走向全国，为了便于上海市国资委行使对浦发银行的决策权，进一步优化股权结构、完善企业治理，由上海各国有企业持有的股份逐渐收归于上海国资委，也为之后的股权分置改革打下基础。

2006 年，股权分置改革前夕，上海国际集团有限公司受让上海国有资产经营有限公司、上海久事集团等 25 家公司持有的浦发银行非流通股份，上海国际信托受让上海汽车工业有限公司等 4 家公司持有的浦发银行非流通股份，使得上海国际集团持有股改后 23.573% 的股份，并与持有 7.286% 股份的上海国际信托形成一致行动人。

2. 携手中国移动，强强联合

入股后，广东移动向浦发银行提名两名独立董事（不参与后者的日常管理），双方签署了《战略合作备忘录》，并于 2016 年 1 月重新签署"新五年战略合作协议"，在协议中约定：在支付结算、理财业务、产业链合作和客户服务等领域开展深度融合和规模化推广。中国移动的入股带给浦发银行四大好处：

第一，中国移动现金入股，提升了浦发银行资本充足率。根据《商业银行资本充足率管理办法》，银行计入附属资本的长期次级债务不得超过核心资本的50%，而浦发银行在2009年6月的次级债券和次级定期债务占到核心资本的54.5%。此间浦发银行曾公告："通过次级债来补充附属资本已经没有空间。"2009年9月，浦发银行曾通过非公开发行方式进行了一轮股权融资，发行规模未超过150亿元，目的是满足监管要求，并释放风险。然而，在150亿元的资金到位后，浦发银行的核心资本充足率为6.22%，资本充足率也仅为9.65%，在上市银行中仍处于较低水平。中国移动入股后，浦发银行核心资本充足率超过10%，资本充足率近12.4%，风险得以化解。

第二，中国移动为浦发银行提供巨量现金存款。中国移动总客户数接近9亿，拥有大量的客户预付款以银行存款的形式存放。根据2018年年中财报，中国移动持有定期存款近3000亿元，流动资金超800亿元，共计3800亿元的资金托管相当于一个大型分行，为浦发银行的负债端扩张贡献颇多。

第三，中国移动为浦发银行提供对公、零售客户群渠道。在中国移动与浦发银行合作的"和金融"品牌下，针对中国移动上下游产业链供应商融资需求，浦发银行推出"和利贷"专属授信方案，依靠中国移动的历史往来数据核定授信额度，为供应商提供融资便利的同时，进一步深挖客户在投行、资产托管等其他业务上的价值。另外，中移动还帮助浦发银行在旗下支付平台"和包"上销售理财产品，充分利用互联网金融渠道优势。

第四，浦发银行利用中国移动的技术优势，落地更多金融科技应用。在"通信＋金融"理念下，2013年浦发银行与中移动联合推出全国首款NFC手机支付产品，将银行卡植入SIM卡中，开启了无卡数字化支付时代；浦发银行也是首家将中国移动4G技术应用在远程视频柜员机的银行，助力VTM（远程智能银行）的推广。中国移动还拥有庞大的用户通信数据，未来在大数据技术的加持下，能够为浦发银行的信贷审批、风险管理、个性化理财等诸多业务领域提供支持。

3. 浦发银行战略重点

（1）细化融资产品，提供对公个性化服务

2005年，浦发银行在行业内率先推出了对公服务品牌——"浦发创富"。

其旗下包括企业现金管理、投行业务、供应链融资、资产托管、企业年金五大业务，打破了资产、负债、中间业务的传统划分，全面整合了公司各项产品与服务。

2006年，浦发进一步着力创新研发金融产品，在"浦发创富"推出了旗下"助推器"产品系列，致力于为不同阶段、不同业务领域、不同业务模式的中小企业提供专业化服务，推出了组合授信通、动产融资速、票据融资流、循环融资易、供应链融资、企业按揭宝、账务安心理、财务智多星、网上贸易行、网上自助贷十大产品。该系列以融资类产品为主，针对中小企业在正常生产经营、扩大再生产以及经营升级等各阶段的特点，结合企业的采购、生产和销售等环节，设计出一系列的金融产品套餐。

2008年，浦发银行通过"财务顾问+托管"模式，率先推出业内首个"PE（私募股权投资）综合金融服务方案"，为成长型企业与PE机构搭建合作共赢的桥梁。2009年，浦发银行建立了针对中小企业业务的专营机构——中小企业业务经营中心。在全行的业务侧重下，浦发银行中小企业客户快速发展（见图1-3-8）。

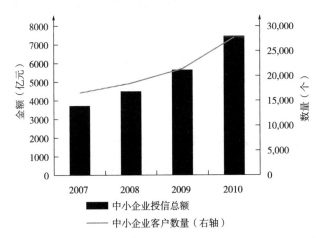

图1-3-8　2007—2010年浦发银行中小企业客户数量与授信总额

（资料来源：浦发银行公司年报、国海证券研究所）

针对不同行业领域、不同业务模式、不同成长阶段的企业融资场景，浦发银行倾注心血打造了一整套、业内最全的公司金融产品库。各产品有不同的申请门槛、审核要求、产品价格、服务模式,可以满足各种规模企业的全方位金融需求。在各式产品组合中,浦发银行可以对不同公司进行个性化定制金融服务,达到了"因企制宜"的效果,形成了独特的竞争优势,一炮打响了"浦发创富"这一品牌。

(2)完善个人金融产品库

在以对公业务为主体的同时,浦发银行也在不断完善个人金融产品库。在个人存款方面,浦发银行加强与公司金融联合营销,增加代发工资客户,拓宽个人储蓄来源。在个人贷款方面,以购房类贷款为营销主体,同时促进经营类、消费类贷款的发展。在个人理财方面,浦发银行自主开发与引入第三方代理类产品并存,实现了"天天有产品,长短期搭配"的格局。在电子银行方面,浦发银行实现了网点、自助银行、网上银行、电话银行、手机银行、电视银行"六位一体"的新格局,全部电子渠道的交易占比超过3/4。

五、2011—2015年:集齐金融牌照,组成综合化银行集团

随着利率自由化改革的深入,一方面,商业银行之间传统信贷业务竞争加剧,大型企业的议价能力提高,传统信贷业务利润空间被压缩;另一方面,直接融资市场的发展使得金融脱媒化成为趋势,投行、第三方托管业务的市场空间不断增长。在这种市场背景下,《2011—2015发展战略规划》提出以"综合化、轻型化、国际化"作为浦发银行的发展方向,为客户提供传统信贷、投行、资管的一站式服务,提升综合竞争能力。

到2015年,浦发银行总资产达到了50,444亿元,在股份制银行中排名第4,同时营业净利率位列榜首,体现了浦发银行在业内首屈一指的竞争力(见图1-3-9、图1-3-10)。根据2015年《银行家》杂志"世界银行1000强"榜单,按照核心资本排名浦发银行位列第35位,在上榜中资银行中排名第8位。根据《财富》杂志2015年"世界财富500强"排行榜,按照营业收入排名,浦发银行位列第296位,居中资企业第59位。

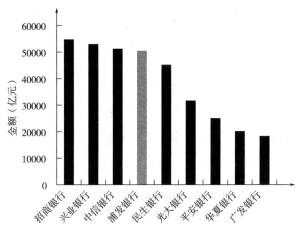

图 1-3-9 2015 年年末股份制银行总资产对比

（资料来源：Wind、国海证券研究所）

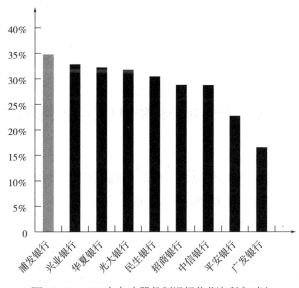

图 1-3-10 2015 年年末股份制银行营业净利率对比

（资料来源：Wind、国海证券研究所）

1. 综合化——打造全能型银行集团

在"综合化"的战略目标下，发挥金融控股平台的合作优势。2011 年年末，浦发银行共设立13家村镇银行；到2015年，这一数字扩大至25家。同年，香港办事处升格成为香港分行，积极拓展在港中资企业与本港客户基础。2012年，浦发银行下属浦银金融租赁公司和服务创业企业的浦发硅谷银行成立。2014年，专注于国际投行与资管业务的浦银国际成立。2015年，浦发银行收购上海信托，进一步拥有了信托牌照，并间接获得上海信托旗下上投摩根、国利货币另外两块金融牌照，初步形成综合金融控股平台。收购上海信托丰富了浦发银行的产品设计，打通资管产业链上游，整合业务销售渠道，提升协同效应。

2. 轻型化——提升网点运营效率

随着网上银行、手机银行的日渐普及，银行网点承载的基础金融服务和交易功能越来越少，浦发银行提出"轻型化"口号，推动网点从"传统核算型"向"销售服务型"转变。网点轻型化的具体措施包括：重新规划网点布局，减少高柜柜台，增加理财工位与自助机器数量；对网点员工进行再培训，将柜台内员工转变为理财销售与大堂员工；充分利用远程监控与线上通道，将授权、外汇、对账、批量业务部分剥离至分行，解放网点人力，增加销售时间。

六、2016至今：控制对公信贷风险，扩大零售与非息收入

考虑到市场环境发生深刻变化，浦发银行近些年走出了一条"深耕上海，辐射全国，优化信贷结构，扩大非息收入"的发展道路。

1. 深耕上海，辐射全国

凭借良好的政企背景及市场信息优势，浦发银行在上海及"长三角"地区率先发力，拓展业务，建立稳定的客户关系。成立20多年以来，逐渐成为上海及周边地区银行业龙头，形成品牌与规模效应。

上海及周边地区一直是浦发银行收入与利润来源大头。根据2018年中报，总行与"长三角"地区分行合计贡献营业收入490亿元，占总营业收入的60%（见图1-3-11），在版图中占绝对多数。总行与"长三角"地区分行更是贡献了超过

80%的营业利润（见图1-3-12），更加证明浦发银行在"长三角"地区深耕多年的努力，带来较高的品牌溢价与回报。

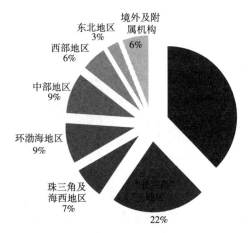

图1-3-11　2018年浦发银行地区收入分布

（资料来源：浦发银行公司年报、国海证券研究所）

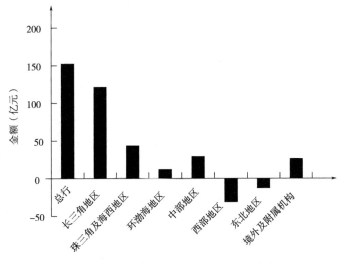

图1-3-12　2018年浦发银行地区利润分布

（资料来源：浦发银行公司年报、国海证券研究所）

尽管财报中并未细分"长三角"地区沪、苏、浙三地各自的营业收入与利润，但根据上海分行占"长三角"地区分行资产规模的比例粗略估算（见图1-3-13），仅上海地区（含总行）就贡献了大约50%的收入，作为浦发银行的"大本营"，名副其实。

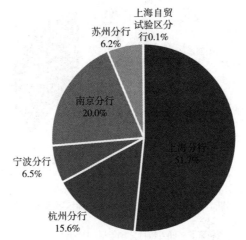

图1-3-13　2018年"长三角"地区各分行资产分布

（资料来源：浦发银行公司年报、国海证券研究所）

立足区域，助力浦发银行早期的快速发展。但作为全国性商业银行，拘泥于一地势必会给银行发展带来瓶颈。近几年来，浦发银行全国扩张的方向主要向南方沿海地区倾斜，"珠三角"地区近年来大量新兴制造业、互联网企业崛起，信贷需求旺盛，发展前景良好，市场蛋糕做大，尽管地区间银行竞争较为激烈，浦发银行仍取得了亮眼的成绩。2016年和2017年，"珠三角"地区及海西地区贷款账面余额增长率分别为34.73%、18.95%，增长速度连续两年领先全国其他地区（见图1-3-14）。2017年年末，"珠三角"地区与海西地区贡献营业利润75.82亿元，较2016年同期增长133.51%，以较少的信贷投放撬动出仅次于总行与"长三角"地区的利润收入，体现了该地区广阔的市场前景（见图1-3-15）。未来浦发银行势必会继续加大投入，拓展"珠三角"地区的盈利空间。

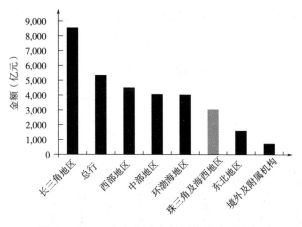

图 1-3-14　2017 年年末各地区贷款账面余额

（资料来源：浦发银行公司年报、国海证券研究所）

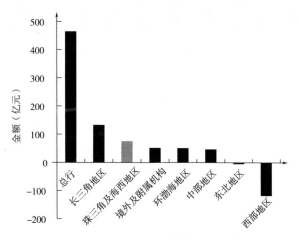

图 1-3-15　2017 年年末各地区净利润贡献

（资料来源：浦发银行公司年报、国海证券研究所）

2. 浦发银行战略重点

（1）优化信贷结构

浦发银行以对公业务起家，20余年间迅速做大至如今规模，已经成为业内公认的对公业务较为出色的机构之一。在 2014 年之前，浦发银行公司贷款一直占到总信贷额的 75% 以上。但在 2014 年之后，浦发银行公司贷款占比被迅速压缩；相反的，零售贷款份额逐渐扩大，地位举足轻重。浦发银行 2018 年中报中显示，浦发银行公司贷款占比 55.38%，比 2017 年年末下降 1.52%；个人贷款占比 40.04%，比 2017 年年末提升 1.16%（见图 1-3-16）。

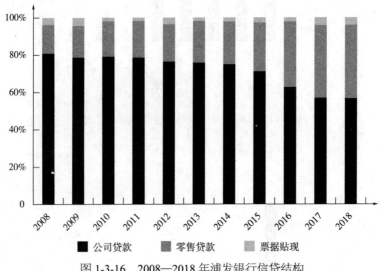

图 1-3-16　2008—2018 年浦发银行信贷结构

（资料来源：浦发银行公司年报、国海证券研究所）

贷款格局的变化主要有两方面原因：一方面，2014 年之后不良率的快速上升，限制了对公贷款的扩张步伐。2014 年后随着企业信用状况有所恶化，对公贷款不良率从 2013 年年底的 0.79% 攀升至 2018 年年中的 2.84%；与之相对的，零售贷款不良率仅从 0.62% 上升至 1.22%。出于对潜在风险的控制，浦发银行更愿意提升零售贷款规模（见图 1-3-17）。另一方面，随着 2013 年、2014 年利率市场化改革，对公贷款边际收益降低。因为有较强的议价能力，信用良好的企业利率随着改革逐渐放低，利润空间缩小。如其 2018 年中报中披露的，公司贷款的平均收益率为 4.57%，而零售贷款的平均收益率高达 6.45%。在这种情况下，浦发银行将资源向零售贷款倾斜，从风险与收益两个角度优化了信贷结构。

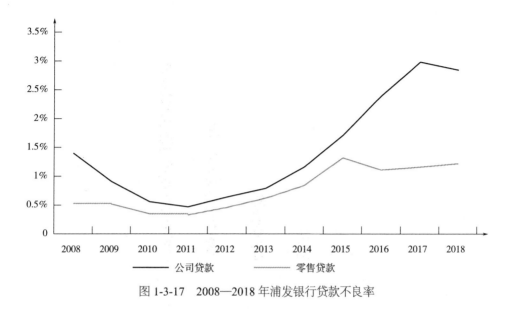

图 1-3-17　2008—2018 年浦发银行贷款不良率

（资料来源：浦发银行公司年报、国海证券研究所）

（2）扩大非息收入

在整体风险水平上升、传统信贷业务遭遇瓶颈时，扩大非息收入成为银行调整收入结构、支撑利润增长的重要途径。浦发银行非息收入在营业收入中的占比从 2013 年年末的 14.84% 提升至 2017 年的 36.6%，其主要在以下三方面进行了突破：

第一，推广信用卡、消费金融业务，提升手续费收入。发行信用卡不但能够通过使用者的日常消费获取交易手续费，更是个人资金的获取窗口。招商银行作为国内信用卡龙头，一直以来凭借着领先地位获取低成本的个人资金和高额的消费佣金。浦发银行近两年也大力发展信用卡业务，推出了"万用随借金""梦想贷"等高利润现金贷业务，并且客户群体突破了浦发信用卡持卡人，打通了线上线下渠道，后来居上，在银行卡手续费收入上实现对招商银行的超越（见图 1-3-18）。

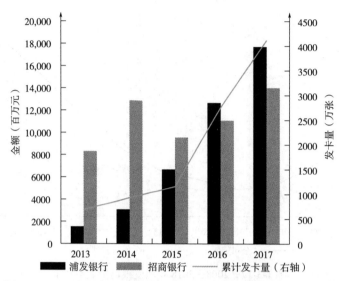

图 1-3-18　2013—2017 年浦发银行银行卡手续费与招商银行对比

（资料来源：Wind、国海证券研究所）

第二，依托金控平台，整合资产托管。在收购上海信托之后，浦发银行充分利用自身全金融牌照的优势，整合旗下信托、基金资源，发展资金托管业务。2016 年受托业务佣金翻一番，2017 年更是增长两倍以上，综合金融平台的效果初步显现。

第三，做大理财产品管理规模。在原有的公司、个人客户储备基础上，浦发银行借着 2017 年之前理财产品政策红利的东风，迅速做大了理财产品管理规模，余额从 2013 年年底的 2500 多亿元迅速攀升至 2016 年年底的 15,000 多亿元，产品销售、管理费成为非息收入的重要来源。随着资管新规的出台，浦发银行目前在管理转型、老产品压降方面面临一些挑战。但不可否认的是，资产管理业务未来仍会是浦发银行重点发展的业务之一（见图 1-3-19）。

（3）未来重点向数字化转型

根据《2016—2020 年发展战略规划》，浦发银行要在这 5 年期间"全面提升综合化金融服务能力，打造高绩效全能型银行集团"，为了达到这一目的，需要"加快构建银行控股的集团经营架构,持续推进上海金融中心金融旗舰企业建设,推动多牌照金融业务的融合与协同发展。"在此基础上,为未来发展提供了六个方向,即"六化"——集团化、专业化、数字化、轻型化、国际化、集约化。从这些文字中我们可以看出,在 2016 年制订 5 年规划时,银行高层当时将未来发展重点放在整合刚刚收购的上海信托、打造综合金融平台上。

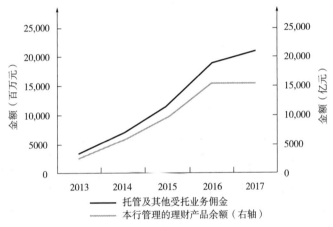

图 1-3-19　2013—2017 年浦发银行托管佣金与理财产品规模

(资料来源:浦发银行公司年报、国海证券研究所)

时至今日,浦发银行的综合平台体系已初具规模,而数字金融、互联网金融正在成为时代的潮流。面对这种情况,浦发银行提出未来要以"数字化"作为突破口,"重点聚焦科技突破"并"加快推进数字生态银行 2.0 建设"。在这种指导方针下,浦发银行与中国移动、阿里巴巴、腾讯等企业联手打造"通信+金融""消费+金融""社交+金融"等多样化服务模式,充分利用互联网信息渠道优势服务客户;内部管理流程全面数字化,利用人工智能、VR/AR、区块链技术打造智能银行;以大数据为基础建立风险控制体系,并逐步提高行内信息技术人员比例。

3. 今日成绩

在所有权结构上,浦发银行 2018 年中报显示,其实际最大股东是上海市人民政府国有资产监督管理委员会（以下简称"上海国资委"），后者通过上海国际集团有限公司（持浦发银行21.57%股份）、上海上国投资产管理有限公司（持浦发银行4.75%股份）、上海国鑫投资发展有限公司（持浦发银行3.22%股份）等间接持有浦发银行超过29.54%的股份。2010年3月，中国移动（广东）斥资398亿元认购浦发银行20%股权，成为不参与日常经营管理的战略投资者。目前，中国移动（广东）仍持有浦发银行18.18%的股份，是后者的第二大股东（见图1-3-20）。

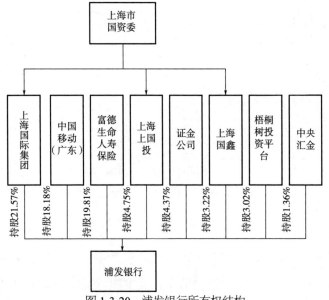

图1-3-20 浦发银行所有权结构

（资料来源：Wind、国海证券研究所）

截至2018上半年，浦发银行总资产规模为60,917.59亿元，增长率较2017年度同期下降至2.98%（见图1-3-21）。与同业相比，浦发银行总资产增速仍属稳健，在股份制银行总资产规模排名中，由2016年的第4位上升至第3位，仅次于兴业银行和招商银行（图1-3-22）。截至2018年年底，浦发银行已在境内外设立了41家一级分行、约1700家营业机构，拥有超过5.5万名员工，在《财富》杂志2018年"世界500强"榜单中位列227位，中资银行第7位。

第一章
强者突围

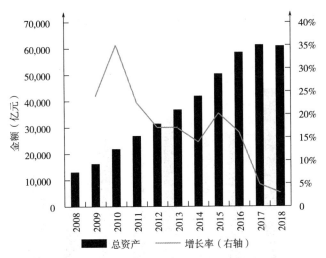

图 1-3-21 2008—2018 年浦发银行总资产增长情况

（资料来源：浦发银行公司年报、国海证券研究所）

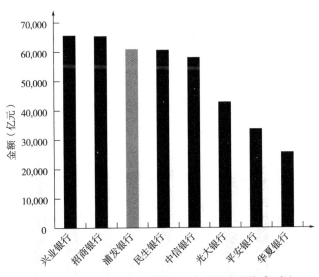

图 1-3-22 2018 年第二季度部分商业银行总资产对比

（资料来源：Wind、国海证券研究所）

净利润方面，2018 年二季度浦发银行销售净利率为 34.73%，在全国性股份制商业银行中表现良好（见图 1-3-23）。在资产质量方面，浦发银行的不良贷款率在 2016 年和 2017 年有较为明显的上升趋势，但总体依然可控（见图 1-3-24）。

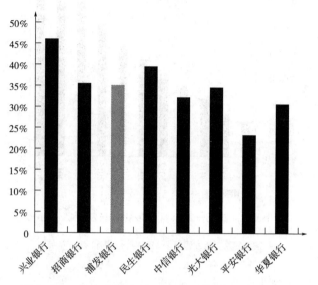

图 1-3-23　2018 年第二季度部分商业销售净利率对比

（资料来源：Wind、国海证券研究所）

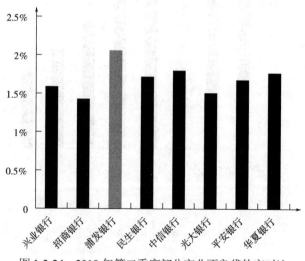

图 1-3-24　2018 年第二季度部分商业不良贷款率对比

（资料来源：Wind、国海证券研究所）

七、启示：创新细分领域，个性化产品组合

纵观浦发银行的发展历史，我们可以得出四点成功秘诀：

第一，抓住历史机遇。作为顺周期行业，银行的发展速度一定是与宏观经济状况相匹配的。银行业管理层能做的，是在经济下行时期积蓄力量，做好革新的准备，在经济扩张时期快速抓住市场需求，一举做大做强。浦发银行一直贯彻这一理念：在浦东开发时期与上海市政府进行合作；入世后与国际接轨，按照国际先进标准改革自身；在经济危机后的基础设施建设大潮中，下沉市场拓展中小企业客户；在金融脱媒化形势下，增强自身的综合实力，打造全能型银行。

第二，不断进行市场细分与个性化产品组合是创新的有效途径之一。创新是一个银行的核心竞争力，在银行逐渐强调差异化的今天，创新是银行拓展新市场、做强品牌最重要的手段。浦发银行将创新刻在了骨子里，从第一笔私企贷款、第一张实际应用的信用卡，到今天个性化的融资产品、逐渐落地的数字应用，浦发银行在政策允许范围内推陈出新，做出了自己在业内、在民众心中的品牌。每家企业、每家银行都在讲创新，但更重要的是如何创新。浦发银行将金融业务市场根据实际应用场景细分成不同的领域，在每一个领域推出最符合客户需求的产品。这种创新不仅更贴近客户的需求，更是通过各种产品的组合体现出了定制化和差异化思维，从而提升了品牌的独特性。

第三，善于借用外力。不是说银行不能凭借自身的实力壮大，而是若善于借用外力，发展改革的路径将大大缩短。在机会稍纵即逝的今天，准确借助外力可以迅速形成局部优势，抓住市场机遇。无论是上市融资、引入花旗银行和中国移动，还是合并上海信托，浦发银行都在不失自身独立性的情况下，充分发挥了外部力量的优势，取得了发展的捷径。

第四，重视金融科技。"科技是第一生产力"，这句话在银行业同样适用。金融科技可以帮助银行削减后台运营成本、改善工作效率，也可以提升前台服务质量、增加客户满意度。浦发银行过去是金融科技应用的先行者，并且提出未来

同样要以金融科技为突破口（见表 1-3-5）。

表 1-3-5　浦发银行部分金融科技落地时间

时间	金融科技
1995 年	第一张智能型信用卡——东方卡投入使用
1997 年	内部交互网（intranet）正式开通
2000 年	推行视频会议系统
2001 年	"网上银行"试运行
2001 年	资产管理系统、信贷管理系统、SAP 人力资管管理系统上线
2003 年	"628 项目"（核心系统信息平台）已经在全行各分行上线
2004 年	银保通、银企直连、现代化支付系统、省辖汇票业务系统
2004 年	SWIFT 网络的全面改造及 SWIFTNet 系统上线运行
2006 年	推出了国内首张将借贷功能合二为一的轻松理财卡
2008 年	打造远程学习平台
2010 年	业务集中系统和运营内控系统在各分行全面上线
2010 年	电视银行上线
2011 年	全新手机银行客户端
2012 年	推出理财版个人网上银行
2014 年	率先建成全能微信银行
2014 年	实现 NFC 手机在上海地铁支付应用
2015 年	所有零售银行业务均已完成互联网化改造，实现"SPDB+"入驻
2015 年	与中国银联推出 HCE "云闪付"，成为苹果 Apple Pay 首批合作银行
2016 年	创新"刷脸登录""财智机器人"等数字化金融服务新模式
2017 年	推出全新的智能投顾"极客智投"

注：资料来源于国海证券研究所。

1. 对股份制银行的启示

深挖客户需求，拓展非传统信贷领域。金融脱媒化是历史的方向，未来信贷收入在银行业中的比重很可能进一步下降。商业银行应当把握这一方向,深挖客户需求,不止步于信贷业务,而是构建自身的综合金融品牌,在投行、资管等领域也要有所斩获。

积极进行数字化转型,或能实现弯道超车。数字化金融的潮流对所有传统商业银行是一种挑战,更是机遇。股份制银行相对于国有银行网点数量少,在过去是一种很难逆转的劣势。但在数字化时代,大部分线下金融服务向线上转移,股份制银行应当抓住这一机遇,积极参与数字化建设,进行外部合作或者引入互联网企业作为战略投资,充分利用互联网低成本、高受众面的渠道特性,打造特色金融科技,在数字金融时代实现弯道超车。

2. 对中小银行的启示

因地制宜,充分发挥本地优势,参与地区建设。通过回顾浦发银行的早期发展历史,我们总结出浦发银行早期的快速成长正是得益于抓住了浦东开发的历史机遇。目前,国内经济已经由20世纪90年代末、21世纪初的高速增长转变为强调质量的中高速增长,但区域性、结构性机会仍存,以粤港澳大湾区、京津冀一体化、中原城市群为代表的区域经济建设仍在如火如荼地进行。各中小银行也是从区域性机构转型而来,应当充分利用已有的政府关系、客户储备以及信息优势,参与地区建设,制定具有本地特色的发展策略,充分享受地方经济建设带来的红利,掘出"第一桶金"。

八、大事记

1993年1月9日,浦发银行于上海市宁波路50号开业。

1994年3月28日,浦发银行杭州分行成立,第一家上海地区以外的一级分行。

1995年,浦发银行通过置换得到中山东一路12号(外滩12号汇丰银行大楼),总行入驻办公。

1996年4月20日,浦发银行北京分行成立,第一家"长三角"地区以外的一级分行。

1999年10月11日,浦发银行于上海证券交易所上市,是第一家规范后上市的银行企业。

2003年1月,花旗银行出资6753万美元,取得浦发银行5%股权。

2004年,浦发银行上海总部搬入上海市浦东南路588号浦发银行大厦。

2005年9月28日,履任5年的董事长张广生卸任,行长金运担任浦发银行董事长。

2006年4月19日,上海浦东发展银行上海地区总部正式更名为上海浦东发展银行上海分行。

2006年5月12日,浦发银行股权分置改革完成。

2007年5月底,浦发银行前董事长金运退休,吉晓辉接掌后在任长达十年。

2010年3月10日,中国移动子公司广东移动入股浦发银行,占浦发银行全部股份的20%。

2013年,浦发银行首次跻身《财富》杂志"世界500强"榜单,位于460位。

2016年3月中旬,浦发银行收购上海信托正式完成。

2017年4月12日,浦发银行董事长吉晓辉辞去在浦发银行的全部职务,原中国太保董事长高国富接任。

第四节 异军突起的同业之王——兴业银行的红海突围

在中国的股份制银行中,兴业银行或许是最具独特性、话题性最高的银行之一。兴业银行凭借着在同业与金融市场业务,走出了和其他股份行不一样的发展道路,并一度被冠以"同业之王"的美誉。而后随着政策监管的来临,市场上也出现了不少质疑的声音。

但是,我们更应当注意到的事实是,与诞生于深圳的招商银行和背靠上海的浦发银行不同，兴业银行出生于普普通通的二线城市——福州，福建省在经济总量上来讲更是无法与"珠三角"和"长三角"地区匹敌。从这一点上考虑，兴业银行走向金融市场与同业联合，或许是必然的选择。

与上述两家银行相比，兴业银行像是一个没有依靠的"穷小子"，凭借着福建人"爱拼才会赢"的闯劲，在强者环伺的银行业杀出重围，取得辉煌的成就。2017 年，按照总资产规模排名，兴业银行一度在股份制银行中摘得冠军。除此之外，兴业银行还有为人津津乐道的绿色金融业务。早在大众环保意识还未觉醒的年代，兴业银行就开始探索节能减排、环境保护治理在金融项目上的可行性，与国际率先接轨。在"绿水青山就是金山银山"的指导思想下，兴业银行在绿色金融上的提前布局显示出它的高瞻远瞩。

通过研究兴业银行，我们不但可以捋顺兴业银行从成立至今的经营历程，还能初探银行资管行业的变迁历史。在 2018 年"大资管"行业面临新的金融监管形势之下，银行业合作的方向和破局的可能性仍值得探讨。

一、兴业银行速览

在计划经济时代，福建省多山的地形，也不利于开展大规模工业建设。在建国后的 30 年时间里，福建省似乎始终没有找到"存在感"，既没有"十里洋场"般的深厚经济基础，也没有"共和国之子"般光辉的社会主义建设成果。然而，在改革开放后，福建省发生了翻天覆地的变化。随着经济发展，拥有漫长海岸线的福建找到了自己的突破口：一方面，福建省成为众多三资企业落户中国的第一站；另一方面，福建人充分发挥"爱拼才会赢"的进取精神，白手起家成为中国外向型经济的模范代表。翻阅福建人的创业故事，兴业银行或许是其中最有代表性、最浓墨重彩的一笔。

兴业银行股份有限公司 1988 年 8 月成立于福建省福州市，前身为福建省福兴财务公司，是经国务院、央行批准成立的首批股份制商业银行之一，也是中国首家"赤道银行"[一]（见图1-4-1）。2001年，福建兴业银行更名"福建兴业银行股份有限公司"，2003年正式更名为"兴业银行股份有限公司"并沿用至今。2007年2月在上海证券交易所挂牌上市。

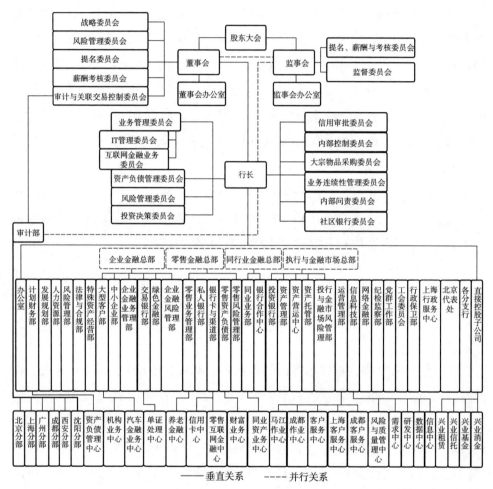

图 1-4-1　兴业银行组织架构图

（资料来源：兴业银行官网、国海证券研究所）

[一] "赤道银行"是指已宣布在项目融资中采纳赤道原则的银行。
赤道原则是参照国际金融公司（IFC）的可持续发展政策与指南建立的一套自愿性金融行业基准，旨在判断、评估和管理项目融资中环境和社会风险，倡导金融机构对项目融资中的环境和社会问题尽到审慎性核查义务。

第一章
强者突围

兴业银行从福建省的山环水转中走出,近十年走出了独具特色的发展道路,2017年,兴业银行按照总资产规模一度坐上股份制银行中的头把交椅(2018年被招商银行超越)。回望兴业银行的发展历程,我们将其30年的营业历史分为五个阶段:

1988—1995年:放开手脚,大胆探索;
1996—2003年:二次创业,迈向全国;
2004—2013年:同业之王,绿色先锋;
2014—2017年:大资管时代的领跑者;
2018年至今:面临挑战,回归传统。

二、1988—1995年:放开手脚,大胆探索

兴业银行的故事要从1988年8月讲起。根据国务院国函(1988)58号文件《国务院关于福建省深化改革、扩大开放、加快外向型经济发展请示的批复》,经央行(1988)347号文件《关于成立福建兴业银行的批复》批准,由原福建省福兴财务公司、福建省投资企业公司和福建华兴信托投资公司三家金融机构联合发起的福建兴业银行是一家股份制、区域性、综合性商业银行,注册资本15亿元人民币,于1988年8月26日开业,总部位于福州市。它的前身福建福兴财务公司起步平台很小,兴业银行成立时仅继承了福建省各地市的少量办事处。据老员工回忆,兴业银行开业时,漳州办事处仅有员工2人。当时中国改革开放如火如荼,福建是中国改革开放的试验区。兴业银行正是在这种新形势下组建的首批股份制银行之一。

成立之初,兴业银行面对的主要问题是怎么活下去。在制度上,以改革激发股份制企业活力,摒弃老国企的一些沉疴陋习,奠定了良好发展的制度基础。在营销上,发挥福建省的地域优势,在国有客户之外重点发展外资客户,为初期创业提供了资金保证。在产品上,优化信贷期限结构、降低长期贷款比例,积极拓

展国际业务，降低了经营风险。

兴业银行起步时期发展迅速，成立之时仅有人民币存款9577万元，两年时间就招募股金50,678万元，奠定了创业家底。1995年，兴业银行当年实现利润4.99亿元，各项人民币存款余额达121.61亿元，与开业时相比增长126倍，年均递增83.3%；各项人民币贷款余额为86亿元，比开业初增长9倍。截至1995年年末，总资产达197亿元，股东权益13.5亿元，在福建省内设立189个营业机构，并全资附属福建兴业证券，省外设立北京代表处。

1. 制度改革：股份制结构、经营制度、劳资制度

兴业银行虽然成立时设定为股份制银行，但由国资财务公司改制而来，又叠加当时历史背景的影响，身上具有一些当时国资企业的通病：产权结构不明晰、缺少银行经营经验、吃"大锅饭"等。在创业之时，兴业银行锐意改革，成功解决了历史遗留问题，为后来的腾飞打下了制度基础。

在股份制结构上，兴业银行根据1992年出台的《股份制企业试点办法》以及《股份有限公司规范意见》等配套文件和金融法规，修订《福建兴业银行章程》，进一步充实股份管理，股东的权利和义务，股东会、董事会、经营管理机构和监事会的职责和议事规则。在股东结构方面，积极吸收除各级财政资金外的境内企事业单位、港澳台企业、个人股金，优化股东结构。

在经营制度上，兴业银行学习与完善资产负债管理体系，确立"自主经营、自求平衡、自担风险、自负盈亏"的经营原则。在存贷比、贷款期限结构、大额集中度等方面根据先进经验设立自己的标准。在管理体制上进一步下放权限，限额下贷款、固定资产购置、出纳短款报损等审批权交由地市行自行处理，进一步激发分支机构活力。

在劳资制度上，采用合同制，员工"能进能出""能上能下"，打破曾经的"铁饭碗"。另外，部门效益分开核算，经济效益与部门经理奖金挂钩，实现制度激励，并相应调整奖金分配，向技术性强、责任大、工作量多的一线与柜台岗位倾斜。在该制度影响下，兴业银行一线工作人员以服务为核心，通过加强宣传、上门拜访、定期座谈、改进服务、分片包干，为吸收存款与优化贷款客户做出卓

越的贡献。

2. 发挥区域优势，服务外向型经济

"一方水土养一方人"，天时、地利、人和造就了福建省在沿海省份中独一无二的对外环境，而兴业银行成立时身上也有着深刻的福建印记。

天时，1842年之后，福州、厦门即成为清朝除广州外首批对外开放口岸，对外交流积累时间最长，当地经商、外贸文化底蕴丰厚。

地利，福建省与台湾省隔海相望，也临近港澳地区，是资本投资的首选之地。

人和，经历明末、清、民国多次下南洋热潮，福建人遍布东南亚各国，福建省的闽、客文化也与台湾省同根同源，在情感上对台胞与海外侨胞有号召力。

根据它的性质和特点，兴业银行最初的发展目标是"致力于办成一家立足福建、面向海外、辐射内地、功能齐全、网络健全、资金雄厚、充满活力，与福建经济发展相适应的外向型商业银行"，致力于吸收利用境外资金、华侨资金等，促进加快地方外向型经济和商品经济的发展。信贷方向上，考虑地区结构、行业结构、企业结构，在多元化安排中向经济发达地区、高效企业、朝阳产业倾斜。

3. 优化信贷期限结构，开展国际业务

开业之初，兴业银行固定资产贷款比重高达91.91%，为服务地方建设，支持国家产业政策先后发放基础设施建设、技术改革、投资贷款，客户包括厦门三集大桥、三明钢铁厂、顺昌水泥厂、福建炼油厂等。然而，随着存贷规模的逐渐扩大，兴业银行领导层逐渐认识到，为了银行的健康发展，长期贷款规模需要与长期资金来源相匹配。开业初期的兴业银行尽量降低特大项目的参与程度，优化长期贷款比例。1991年，5年以上长期贷款比重即下降到71.89%，长远目标不超过50%。

为了适应外向型经济的需要，兴业银行对外业务从无到有。一方面，其积极展开国际结算业务，加强对外交流，到1995年已经与127家银行机构建立了代理业务关系，当年办理国际结算121,794万美元，较1994年增长52.15%，办理结汇、售汇69,395万美元。另一方面，逐年扩大外汇资产在总资产的比例，在扩大外汇股金的基础上，重视外汇负债经营业务，1995年年末，外汇存款余额19,552万元、贷款余额 20,942 万元，外汇存款贷款市场占有率在福建省位居第 4 位。

三、1996—2003 年：二次创业，迈向全国

至 1995 年，在成立的 8 年间，兴业银行飞速发展，在总规模做大的同时也面临着原有股本不足的限制。1995 年出台的《商业银行法》对银行商业银行的规范经营做出法律规定。为了保证资本充足率合规，提高抵御经营风险的能力，兴业银行从 1996 年开始筹备，并于 1997 年成功实现增资扩股。之后又于 2000 年和 2003 年两次增资扩股，总股本从最初 4 亿多股扩大到 39.99 亿股，股东包括中国电子信息产业集团、宝钢集团、招商局、平安保险、湖南电力等国内知名企业以及恒生银行等数家国际知名机构。

借助增资扩股的契机，兴业银行管理层喊出"自我扬弃，二次创业"的口号，摒弃福建地方银行原有的经营思路，向着创立全国性股份制银行的目标迈进。兴业银行以全国化网络渠道铺设为主要手段，分支机构优先进入沿海与区域中心城市，并创造性地提出了以收购地方银行代替新设机构的思路。同时加快信息系统建设，更好地实现跨区域管理，辅以企业形象的再造，摆脱地方银行的定位。

1994 年，兴业银行在原有证券部的基础上设立全资子公司——福建兴业证券公司，由此形成兴业银行与兴业证券母子公司的经营体系。截至 1998 年，兴业证券已经成为在全国有较大影响力的专业证券经营机构，拥有 14 个营业网点和近 500 名员工，年证券交易额与承销量分别达到 1461 亿元与 15.6 亿元。但是，根据 1995 年《商业银行法》规定，商业银行不得从事股票业务，不得向非银行金融机构投资。因此，兴业银行与兴业证券逐渐切断持股联系。一方面，兴业证券改制向其他机构增资扩股，降低兴业银行持股比例；另一方面，兴业银行所持股份上缴至福建省财政厅。至 1999 年，兴业证券股份有限公司成立，与福建兴业银行正式脱钩。

在这 8 年间，兴业银行借着全国化的东风，积累了一批诸如中国石化、中国

电信、中国移动、宝钢集团等龙头企业作为重要客户。特别是 2001 年之后,在当时宽松的货币与财政政策的宏观背景下,兴业银行领导班子破除了以各经营单位自求资金平衡的传统做法,取消了各分行的存贷比管理,坚持以优质资产带动负债、中间业务的发展。三年内累计向各类客户投放贷款 8800 多亿元,重点参与了东北电网、杭州湾跨海大桥等国家、省市重点项目,并深度投入到海峡西岸经济区建设格局当中,与福建省 40% 以上重点企业和建设项目都有紧密往来。2001—2003 年兴业银行总资产、存款、贷款实现三级跳,年均增速分别达到 53%、65%、60%(见图 1-4-2)。2003 年,在《银行家》杂志"全球银行 1000 强"榜单排名中,兴业银行的一级资本和资产总额分别名列 400 位和 73 位。

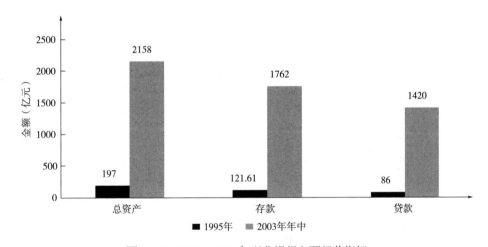

图 1-4-2　1995—2003 年兴业银行主要经营指标

(资料来源:兴业银行公司年报、国海证券研究所)

1. 走向全国:新设分行、并购与总部转移

依托增资扩股吸收的资金与利润积累,兴业银行在这 8 年间主要完成了全国化格局的初步配置。1996 年之前,兴业银行在福建省外机构只有北京办事处一家。从 1996 年兴业银行上海分行开始至 2003 年,兴业银行在福建省外累计设立 14 家分行,在 23 个城市拥有 266 家分支机构、366 台 ATM。分行所在地包括上海、北京、重庆、天津这 4 个直辖市,以及广州、深圳、武汉、成都、沈阳等区

域中心城市。

在全国化布局当中,兴业银行还开创性地采用了以收购代替新设的方法。例如,2000年兴业银行传达了收购义乌市商城城市信用社的意向并获得通过。后者改制为兴业银行义乌支行并于2001年6月挂牌。

在收购对象的选取上,兴业银行主要有当地经济环境、协同效应与成本三方面考虑。在当地环境考察上,义乌当时作为全国最大的小商品流通中心与百强县市,当地企业所有制结构合理,金融秩序良好,经济快速发展,业务机会增多;在协同效应上,义乌位于闽浙中间地带,与闽北、闽东区域经济贸易频繁,设立义乌支行有利于兴业银行依托经贸联系向"长三角"逐渐渗透;在成本上,义乌商城城市信用社因为20世纪90年代末亚洲金融危机等宏观因素面临支付风险,收购成本低廉。收购逐渐成为兴业银行扩展经营网络的重要补充(见表1-4-1)。

表1-4-1 兴业银行收购情况

时间	被收购银行
2001年	义乌市商城城市信用社
2002年	温州市瓯北信用社
2003年	台州市迅达城市信用社
2004年	佛山市商业银行

注:资料来源于兴业银行公司年报、国海证券研究所。

除了分支机构,兴业银行同样对总行部门进行全国化,一些与市场联系程度紧密的总行部门(如总行资金运营中心、产品研发中心、信用卡中心)均于2004年之前移师上海。兴业银行走向全国成绩显著,在2000年年末,兴业银行的省外机构只有32家;到2004年上半年,福建省外机构增加到141家。2002年12月,央行特批"福建兴业银行"更名为"兴业银行",在名称上去除地域性色彩,是对兴业银行全国化成果的肯定。

2. 机构精简,以信息化推进渠道网络建设

由于先天资源的差距,兴业银行销售网络铺展不可能达到国有大行一样的水平,于是兴业银行喊出"打造现代精品银行"的口号。在福建省外全国化布局的

同时（见图1-4-3），对福建省内机构进行精简。先后撤并省内机构84个，分流员工1200多名，占省内员工的30%以上，在业务保持高速增长的同时，机构、人员数量实现"零增长"。

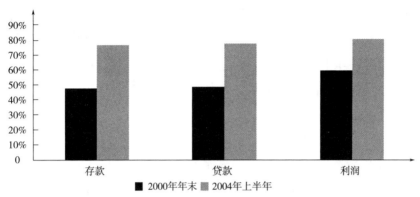

图1-4-3 兴业银行省外机构存贷、利润占比

（资料来源：兴业银行公司年报、国海证券研究所）

在调整物理网点的同时，兴业银行加大科技改革力度与投入，运用现代信息技术超越地域限制。管理层面上，改革原有分行科技部门，将人员集中到总行，组成总行科技部，下设计算机运营中心，对软硬件进行运作与维护；设研发中心，专门针对各业务部门需求进行信息产品开发；设管理中心，进行项目规划、标准制定与信息安全等工作。

在对外业务技术方面，2001年兴业银行在全国范围内首先实现了全行的数据集中，集成了统一的电话平台、ATM平台、POS平台及中间业务代理平台。2000年，网上银行"在线兴业"正式运行；2002年，交易金额达到了4000亿元，同时，全国统一电话银行"95561"也投入使用。在对内办公方面，兴业银行在全国银行中首批建成以办公自动化系统、视频会议系统、行内IP电话为主体的全行办公通信网络，实现了"零时差"远程管理。

3. 形象更新：广告营销与品牌造星

在由区域性银行向全国性商业银行转变的过程中，兴业银行需要树立自己的全新形象。

2002 年，兴业银行分别以"服务源自真诚""发展中我们共同成长"为主题，推出两则电视广告。在"服务源自真诚"广告里，大雨中青年业务员将雨伞送给带着孩子的母亲，独自顶着公文包离去，较好地传达出兴业银行专业与亲和的形象，但较难体现出与其他机构的差异化。而"发展中我们共同成长"广告里，从小男孩推小木舟进入小溪，到一队青年驾驶赛艇逐浪江中，再到巨轮驶向大海，体现了兴业银行正在快速壮大，在这一过程中与企业实现双赢并共同成长的主旨。自此之后，"真诚服务，相伴成长"成为兴业银行的经营理念，贯穿企业经营与品牌营销活动之中。

与兴业银行形象广告投放几乎同时，2003 年兴业银行决定推出公司业务产品组合"兴业财智星"，涵盖了"在线兴业星""贸易直达星""票据快车星""全能保理星""融资顾问星""投资管家星""财税助手星"七大板块，将已有的公司业务整合包装，重新上市推广吸引话题。宣传上"点面结合"——前期集中在全国性媒体发布广告提升知名度，后期有针对性地在专业财经杂志、地方报刊、大客户账单夹寄广告上，推出更详细的产品说明。

四、2004—2013 年：同业之王，绿色先锋

兴业银行走向如今特色化的发展道路从 2004 年左右开始。这一时期，兴业银行发生了两个标志性事件：兴业银行资金营运中心于 2003 年 11 月在上海成立，这是一家总行级别的资金运营机构。2004 年 11 月，当时的中国银行业监督管理委员会（以下简称"中国银监会"或"银监会"）批准资金营运中心的开业申请，从而其作为非法人的营业机构，办理工商登记，接受银监会上海监管局的监管，这是国内银行第一家领取金融许可证的综合性资金运营机构。第二件事是兴业银行在 2004 年提出以"联网合作，互为代理"为理念的"银银平台"发展构想，并于 2005 年、2006 年实现一、二期开发上线。

资金营运中心与"银银平台"的成立，标志着兴业银行在资产与负债端经营

第一章
强者突围

理念的创新与差异化，同业与金融市场业务形成新的盈利点，并逐渐引导兴业银行获得"同业之王"的称号。传统业务中，抓住中国城镇化机遇，以资产特别是住宅抵押贷款带动零售业务，以房地产贷款、信托受益权带动对公业务，两者与同业业务相结合，使兴业银行在2004—2013年迎来了其发展的"黄金十年"。在资产规模扩张的同时，为了摆脱资本束缚，实行多元化融资手段，从引入战略投资者、发行次级资本债到上市均有所尝试。

2004—2013年是兴业银行发展的黄金十年，乘着城镇化的东风，在总资产、利润方面均取得突破性进展（见图1-4-4），点布局进一步扩展（见图1-4-5），省外分行数量达30个，较2003年增加16个。除青海、西藏等少数地区外，分行与网点基本覆盖我国主要省份。在2013年《银行家》全球银行排名中，兴业银行总资产规模排名首次跻身全球50强，在国内同类型银行中排名第2，一级资本排名第55位，紧跟在中信银行、招商银行、浦发银行与民生银行之后。

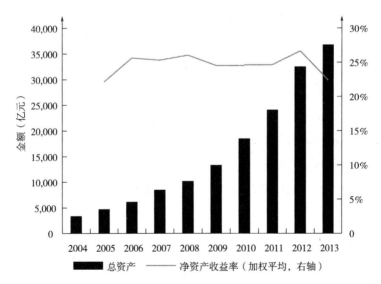

图1-4-4　2004—2013年兴业银行总资产增长与净资产收益率

（资料来源：兴业银行公司年报、国海证券研究所）

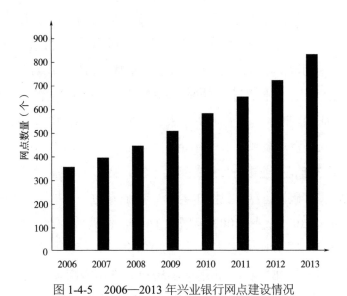

图 1-4-5　2006—2013 年兴业银行网点建设情况

（资料来源：兴业银行公司年报、国海证券研究所）

1. 资本金补充：从引资、发债到上市

规模的扩张离不开资本的扩张，特别是对资本充足率有着严格要求的银行业。兴业银行早期的股本扩张主要依靠原有股东与关联企业，但随着资产规模越来越大，一般企业已经很难满足银行的融资需求。在这一时期，兴业银行扩充资本金的方式主要有三个：引资、发债、上市。

在 2000 年之后的政策宽松时期，兴业银行以资产带动负债取得了年均 60% 以上的增长。到 2002 年年末，兴业银行的资本充足率仅为 8.14%，距离监管线仅一步之遥，其急需找到补充资本金的手段。时值 2001 年入世后国内银行引入境外战略投资者的浪潮，2003 年 12 月，兴业银行敲定与恒生银行、国际金融公司、新加坡政府直接投资公司三家境外投资者达成总额近 27 亿人民币、股份占比 24.98% 的投资入股协议，创下了当时国内商业银行一次性引入股东最多、入股比例最高、定价比例最高的交易（见图 1-4-6）。此后，兴业银行与恒生银行就信用卡业务、零售业务等薄弱项目展开合作。恒生银行与兴业银行的合作持续了 12 年。2015 年，因为多种原因，恒生银行分批清空了所持有的兴业银行股份，第二大股东位置由中国人民保险集团股份有限公司接手。

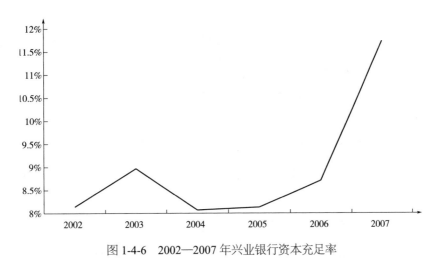

图 1-4-6　2002—2007 年兴业银行资本充足率

（资料来源：Wind、国海证券研究所）

2003 年境外投资者的入股并未从根本解决问题，2004 年兴业银行的资本充足率又有所下降。幸运的是，2003 年年底，当时的银监会出台了《关于将次级债务计入附属资本的通知》。数天后，兴业银行就提出了发行次级债的具体方案，并获批 30 亿元发行总额，成为国内首家根据该通知获得资本补充的商业银行。2004 年年底，兴业银行再次发行 30 亿元次级债。2006 年中期，兴业银行资本充足率掉到 7.17%，为了满足上市要求，其于 2006 年 9 月发行 40 亿元混合资本债券，涉险过关。

对资本的渴求使得兴业银行很早就动了上市的念头。2003 年 1 月，兴业银行即发布公告，称接受上市指导已过半年。但由于当年年底引入了恒生银行等新投资者，上市辅导被推迟到新股募集结束。遗憾的是，由于当时 A 股上市审核排队严重，叠加 2005 年股权分置改革，上市审批暂停，兴业银行直到 2007 年 2 月 5 日才实现上市的愿望。首次上市，兴业银行发行流通股 100,100 股，发行价格 15.98 元/股，募集资金近 160 亿元。上市使当年资本充足率上升至 11.73%，从根本上缓解了兴业的资本金约束，并为未来提供了更多融资渠道。

2. 兴业银行战略重点

（1）绿色先锋，绿色金融的领跑者

除了"同业之王"的标签外，兴业银行最重要的形象莫过于中国第一家赤道银行——绿色金融的领跑者。兴业银行从2005年开始布局环保、节能产业，2006年5月与境外股东国际金融公司签订能效融资项目合作协议，为兴业银行绿色金融之路打开了局面。协议中，兴业银行以国际金融公司认定的节能、环保型企业和项目为基础，按照自身的信贷审批流程，向符合条件的企业和项目发放贷款，国际金融公司对相关项目提供损失分担、技术援助与业绩激励。2008年2月，兴业银行与国际金融公司签订第二期合作协议，将融资适用范围从能效项目扩展至所有节能减排的相关项目，并在全国14个省市开办节能减排相关项目。

与普通项目贷款相比，绿色金融项目属于中长期项目贷款，具备较独特的差异化特征：一是以项目自身的收益权为贷款考量核心，弱化对抵押品与担保人等第二还款来源的要求；二是在传统经济可行性为主的评价基础上引入对技术、设备的专业评价机制；三是对中小企业给予4年的较长期贷款，也可采用分期还款的形式，突破了中小企业贷款难、中长期贷款更难的处境；四是经济效益与社会效益并重，在评估项目对银行带来经济效益的同时，也注重项目实施产生的能源节约和环境效益。

2008年10月，兴业银行宣布成为国内首家采用"赤道原则"的银行，并于2009年设置可持续金融中心，负责能效、环境金融、碳金融产品的开发和推广。采用"赤道原则"的金融机构应担负的责任有：一是在全球范围所有超过1000万美元的项目融资都必须符合"赤道原则"的各项要求；二是在授信风险管理体系中增加环境风险评估体系；三是须适当地向公众披露实施"赤道原则"的过程和经验。

从项目结构与发展时间上来看，2010年之前，兴业银行绿色金融主要为能源效率改造；2010年之后，项目领域多元化；2010—2012年，固体废物处理与水资源节约项目增长幅度较大；2013—2016年，重心转为污水处理项目；2017年，各领域项目均有明显增幅（见图1-4-7、表1-4-2）。

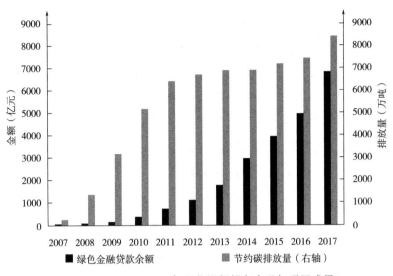

图 1-4-7 2007—2017 年兴业银行绿色金融与项目成果

（资料来源：兴业银行公司年报、国海证券研究所）

表 1-4-2 兴业银行绿色金融项目成果 （单位：万吨）

时间	节约标准煤	节约碳排放量	减排化学需氧量	固体废弃物利用	节水量
2007 年	83.51	263.95			
2008 年	324.42	1,373.1			
2009 年	1,039.34	3,178.04	43.91	47.25	
2010 年	1,871.41	5,165.08	76.84	673.76	4,389.1
2011 年	2,231.06	6,397.48	83.89	816.26	9,563.56
2012 年	2,316.03	6,683.47	88.65	1,501.29	25,579.06
2013 年	2,344.34	6,868.76	90.12	1,504.38	25,579
2014 年	2352	6880	123	1711	26,229
2015 年	2,553.86	7,161.99	138.74	1,729.04	28,565.06
2016 年	2,646.4	7,408.31	168.04	1,877.87	30,390.06
2017 年	2,912.23	8,378.23	385.43	4,479.48	40,842.37

注：资料来源于兴业银行公司年报、国海证券研究所。

随着中国在巴黎气候大会上做出"二氧化碳排放 2030 年左右达到峰值并争取尽早达峰，单位国内生产总值二氧化碳排放比 2005 年下降 60%~65%"的承诺，及十九大中提出的"绿水青山就是金山银山"的总体指导思想，在领域内具有丰富实践经验的兴业银行绿色金融业务未来会大有可为。

（2）个人负债另辟蹊径，资产业务带动零售业务扩张

兴业银行在零售业务领域起步晚于招商银行等同业竞争对手，业务经验和客户资源也相对薄弱，零售业务一直以来都不是兴业银行的优势业务。2003 年恒生银行入股兴业银行之后，双方在零售领域展开重点合作。恒生银行为兴业银行培训技术骨干，派出专家顾问和管理团队参与兴业银行信用卡业务的经营管理工作，帮助兴业银行在较短的时间里获得了先进的信用卡业务技术和管理技术。但由于零售领域竞争激烈，恒生银行的帮助并未从根本上扭转兴业银行在信用卡业务的劣势。

兴业银行在零售负债管理上另辟蹊径，押注交易清算、交易资金代理业务。早在 20 世纪 90 年代兴业银行就与上交所合作，代理当时被其他银行视为"鸡肋"的交易资金清算业务。

近年来，兴业银行又紧跟市场趋势，快速成长为代理上海黄金交易所挂牌品种最全、交易量最大、代理个人客户数量最多的商业银行，确立了行业领先地位。此类业务通过交易账户的沉淀资金，拓展了兴业银行的同业和零售存款来源，个人存款在客户存款余额中的占比从 2006 年的 9.3% 上升至 2009 年的 16.3%，并在 2015 年之前一直维持在这一水平。

为了提升零售业务的行业地位，改善业务格局，2004 年兴业银行实行战略转型，与招商银行、民生银行等以负债业务拉升零售业务不同，主要依靠资产业务即零售信贷业务拉升零售业务，特别是以按揭贷款为切入点，着重优先发展优质客户群体，逐步带动零售业务的全面发展。兴业银行抓住了中国城镇化的历史发展机遇，在房地产热潮中让零售贷款业务快速上了一个新台阶（见图 1-4-8）。

第一章
强者突围

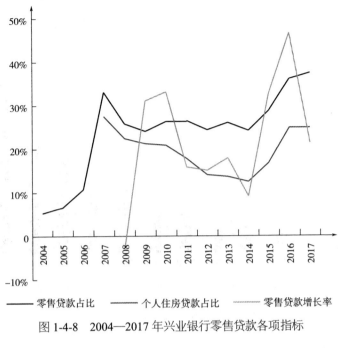

图 1-4-8　2004—2017 年兴业银行零售贷款各项指标

（资料来源：兴业银行公司年报、国海证券研究所）

（3）"银银平台"：柜面互通、产品融通与技术支持

兴业银行是国内较早开展同业业务的银行之一，1996 年即以证券资金清算介入同业业务，但随着 2000 年后证券市场的波动，兴业银行将目光放向更广泛的同业合作。2003 年兴业银行实施"大同业"战略，开始广泛开展与证券公司、各类银行金融机构、信托、保险、基金等同业合作。

2004 年，兴业银行提出以"联网合作，互为代理"为理念的"银银平台"发展构想，通过与中小机构的联网的方法弥补自身网点不足，延伸服务渠道，率先在行内开发银银互为代理技术平台。2005 年，"银银平台"一期完成，一期系统包括"个人柜面通""银银邮路"和代理接入现代化支付系统。2006 年，二期系统完成，推出联网行间资金汇兑及代理理财产品销售。2007—2008 年，兴业银行成立银行合作服务中心，专职为国内银行提供服务，同时"银银合作"品牌成熟，"银银平台"被注册商标（见图 1-4-9、图 1-4-10）。

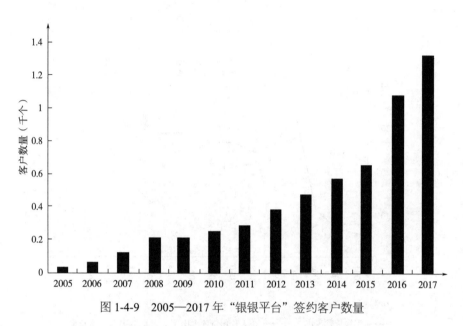

图1-4-9 2005—2017年"银银平台"签约客户数量

(资料来源:兴业银行公司年报、国海证券研究所)

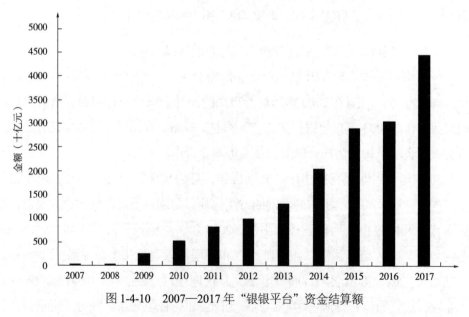

图1-4-10 2007—2017年"银银平台"资金结算额

(资料来源:兴业银行公司年报、国海证券研究所)

总体来看，兴业银行"银银平台"主要业务有三方面：

柜面互通。这是"银银平台"的基础业务，利用兴业银行网点覆盖全国中心城市，与地区银行在所在地网点齐全的层次化差异，双方优势互补，通过系统联网实现了双方客户在对方柜台的通兑通存。

资金融通。在较为宽松的宏观形势下，中小银行负债端吸收资金充足，但是由于牌照、地域限制资产端配置能力较弱。兴业银行利用自身齐全的产品线，为中小银行提供表内外的产品融通。表外，中小银行代销兴业理财产品、代理贵金属交易，丰富了自身产品，稳住了高端客户，提升了中间收入。表内，兴业银行利用资产端较强的定价能力，发行具有吸引力的同业理财产品，或提供同业存放，吸收了中小银行多余资金，为中小银行带来可观回报的同时也壮大了自身规模。

技术支持。"麻雀虽小，五脏俱全"。商业银行信息系统开发投入巨大，研发难度较高，一般中小银行难以负担。兴业银行在银行合作中心整合行内技术团队，依靠自身强大的科技研发力量，为中小银行提供科技输出服务。

（4）不变的房地产，从房地产开发贷到信托受益权

在为同业业务提供稳定负债的同时，兴业银行资产业务重点方向由房地产开发贷向信托受益权的转变。在2008年之前，兴业银行押注城镇化带来的房地产热潮，房地产开发贷占信贷比重持续扩大，最高峰时零售加对公房地产业贷款超过40%，"半个地产股"战略对兴业银行资产规模扩张具有重要意义。随着2008年金融危机带来的流动性短暂收缩，兴业银行房地产战略就此完成历史使命。然而，随着大规模经济刺激计划的出台，2009年开始房地产业再次大幅反弹，房地产调控如期而至，监管层开始对房地产贷款提出窗口指导。

为了继续获取参与房地产业的利润，兴业银行开始对房地产信贷进行"创新"。一是对房地产企业以"假股权，真债权"的方式进行夹层融资（见图1-4-11），多用表外非标融资注资房地产企业，未来融资企业承诺股权回购，2011年，兴业银行还收购了夹层融资的发明者福建联华信托，并改名兴业信托。二是投资信托受益权（见图1-4-12），特别是开发出买入返售信托收益权。

一般是银行 A 有客户,但不想给其办理贷款,便找一家信托公司打造一个信托受益权,这时银行 B 买下信托受益权,而银行 A 则担保在信托受益权到期之前,按照约定价格回购受益权。通过操作买入返售,逆回购方的信贷资产转化为同业资产,不受存贷比限制,风险资本仅为 25%,而正回购方的担保可不入表。

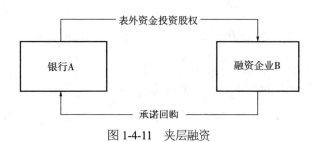

图 1-4-11　夹层融资

(资料来源:国海证券研究所)

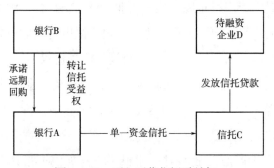

图 1-4-12　买入返售信托受益权

(资料来源:国海证券研究所)

2010—2012 年,同业存放增幅分别是 76.22%、50.08%、42.69%。源源不断的同业负债自"银银平台"而来。兴业银行买入返售规模于 2013 年达到顶峰,仅表内信托受益权资产就占总资产近 20%,全口径房地产融资规模若置换表内,可占贷款余额的 1/3(见图 1-4-13)。

监管层于 2013 年 3 月出台《关于规范商业银行理财业务投资运作有关问题的通知》,其中规定:商业银行理财投资于非标债权的不得超过产品余额的

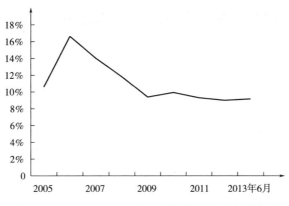

图 1-4-13 2005—2013 年 6 月年房地产开发贷占比

（资料来源：兴业银行公司年报、国海证券研究所）

35%，以及上一年度总资产的 4%。受限上述规模限制，很多表外非标资产转业到表内，很多银行应收款类投资和可供出售类金融资产暴增，大幅挤压了流动性，间接造成了 6 月"钱荒"。2014 年，《关于规范金融机构同业业务的通知》对同业资金投资非标也进行了监管。兴业银行在这场监管寒流中也不能例外，很多创新而来的金融手段自此戛然而止，买入返售项目在 2013 年之后快速收缩（见图 1-4-14）。

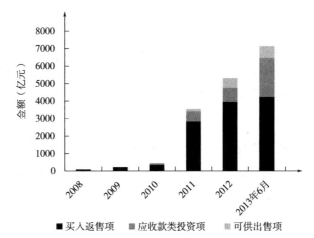

图 1-4-14 2008—2013 年 6 月金融资产各项目下信托受益权规模

（资料来源：兴业银行公司年报、国海证券研究所）

五、2014—2017年：大资管时代的领跑者

2013年，监管层出手治理"影子银行"，兴业银行曾引以为傲的买入返售信托受益权被叫停，银行业务亟待转型，资产端需要重新配置。兴业银行股票经历多次跌停，很多投资者对其未来发展持悲观情绪。然而，仅一年之后，兴业银行的资产再次恢复快速增长态势（见图1-4-15），大资管时代的到来，为兴业银行资产配置提供了新的去处。

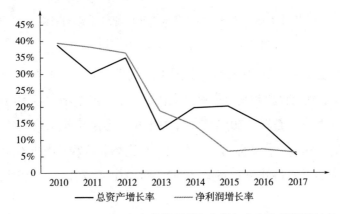

图1-4-15　2010—2017年兴业银行总资产增长率和净利润增长率

（资料来源：Wind、国海证券研究所）

这一阶段，在负债端从同业平台中吸收中小银行剩余资金，在资产端将这些资金配置在以通道业务为主的资管计划中，兴业银行搭建了同业链条并成为其中最重要的一环。

兴业银行的中间业务也多有亮点，个人财富管理业务凭借多层次的营销渠道、丰富的产品链、出众的投研实力成为业内领导者；投行业务则因为集团齐全的牌照优势，一直在股份制银行中处于领先地位。

通道业务的兴盛给了兴业银行短暂的"第二春"。2014—2015年，兴业银行恢复了较高速的增长，并于2015年超越招商银行，在总资产规模上位于国内股份制银行首位（见图1-4-16）。然而，由于中国经济增长速度的下降，兴业银

行也与它的同业们一样不可避免地经历了盈利能力收缩。特别是 2017 年，金融监管形势严峻，兴业银行以往较为激进的经营策略被叫停，增长模式面临挑战。但兴业银行在零售领域的进步值得肯定——社区银行布局加速，网点数量有了跳跃式的提升，银行卡手续费收入也较 2013 年增长 2 倍（见图 1-4-17）。根据 2017 年《银行家》杂志排名，兴业银行一级资本排名在国内超过民生银行，位于招商银行、中信银行、浦发银行之后，在全球排名中位列第 28 位。

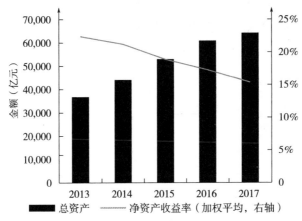

图 1-4-16　2013—2017 年兴业银行总资产增长与净资产收益率

（资料来源：兴业银行公司年报、国海证券研究所）

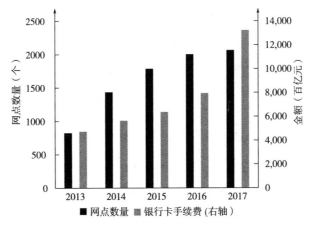

图 1-4-17　2013—2017 年兴业银行网点建设与银行卡手续费收入

（资料来源：兴业银行公司年报、国海证券研究所）

1. 通道业务剖析：表内同业资金对接资管计划

通过分析兴业银行的资产负债表发现，在 2013 年之后兴业银行资产端"应收款项类投资"占比迅速扩大，并于 2015 年达到峰值，当年该项占比超 1/3，甚至超过贷款占比。"应收款项类投资"下，主要包含债券、同业理财、信托及其他收益权三大项。其中，信托及其他收益权占比超六成，其解释为："系购买的信托受益权、资产管理计划等，该等产品的主要方向为信托公司，证券公司或资产管理公司作为资金受托管理人运作的信托贷款或资产管理计划等。"考虑到过去两年资管行业中通道产品占比非常高，兴业银行所持有的大量信托及其他收益权很可能是借券商资管、基金子公司通道投资的非标资产（见图 1-4-18）。

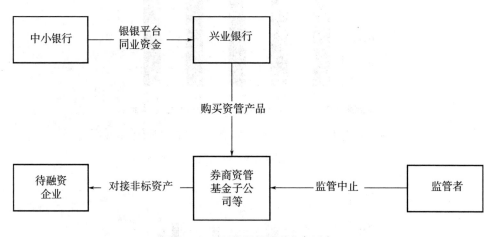

图 1-4-18　兴业银行通道业务链条

（资料来源：国海证券研究所）

在负债方面，兴业银行本着"资产带动负债"的传统思路，在这一段时间，同业负债随着资管产品投资规模高涨。直到 2017 年，央行通过宏观审慎评估体系（Macro Prudential Assessment，MPA）考核对同业负债占比作出规定，兴业银行的资金源头才开始受到限制（见图 1-4-19、图 1-4-20）。

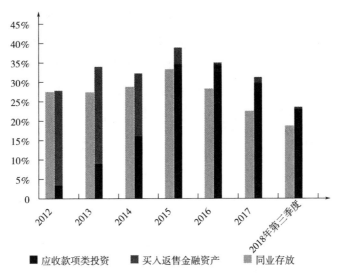

图 1-4-19 2012—2018年第三季度兴业银行各项资产负债占比

（资料来源：Wind、国海证券研究所）

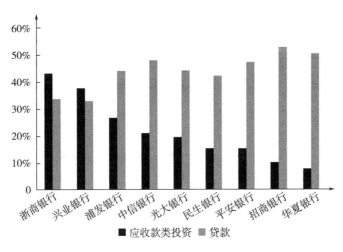

图 1-4-20 2016年中银行应收款类投资同业对比

（资料来源：Wind、国海证券研究所）

2. 兴业银行战略重点

（1）个人财富管理：互联网时代的头把交椅

全民理财时代，面对互联网对传统商业银行个人存款业务的冲击，兴业银行从销售与开发管理两方面入手,积极布局财富管理业务。根据第三方金融数据研究机构普益标准发布的年度报告《银行理财能力评价》,2014年后的几年里,兴业银行一直稳坐国内商业银行综合理财能力排名头把交椅。该综合性考评基于理财产品的发行能力、收益能力、风险控制、理财产品的丰富性、信息披露规范性和评估问卷6个项目。兴业银行各项考核指标均衡发展,并在收益能力和风险控制方面位居全国前五。在银登中心发布的2017全国银行理财综合能力评价中,兴业银行综合能力全市场排名第2,股份制银行排名第1。

在开发管理方面,兴业银行依托10余年资金营运经验所积累下来的投研实力,保证了同等理财产品收益高于行业平均水平,提高了理财产品的吸引力。

2015年,兴业银行旗下全国首家独立的银行系研究公司兴业研究成立。从首家总行级别资金运营中心到首家研究公司,体现出兴业银行对于银行自身投资研究建设的重视。强大的投研能力带来强大的开发能力,2010年兴业推出开放式理财产品"现金宝",其流动性强、收益递增、投资风险低,相对于同类互联网理财收益更稳定,推出即成为兴业银行的明星产品。2014年,兴业推出首款真正意义上的结构性产品"智盈宝",一时间成为业界标杆。此外,兴业银行还针对不同群体推出个性化理财方案,如专门针对退休人群推出"安愉人生"养老金融服务。

在销售方面,兴业银行线上线下并重。针对高净值客户群体,兴业银行持续加强理财师队伍建设。截至2014年,兴业银行持有金融理财师资格(AFP)逾3100人,国际金融理财师资格(CFP)持证400多人,所有理财经理持证上岗,并通过每年参加各种培训和理财师大赛,提高专业水平。

针对线上渠道接触较少的中老年客户,兴业银行率先设立普惠金融部,从2013年推出全国首家持牌社区支行。到2017年年末,社区支行达到981家。社区支行将理财服务送到家门口,在推出社区支行专属理财产品的同时,还深入社区开展金融知识和反假币、防金融诈骗等消费者权益保护宣传。

在线上,兴业基于"银银合作",于2013年12月创新推出互联网理财代销平台"钱大掌柜";又于2014年3月推出兼具财富管理和支付功能的"掌柜钱包"。到 2017 年年末,"钱大掌柜"注册用户达 942 万,面向终端客户销售规模达 6221.22 亿元(见图 1-4-21、图 1-4-22)。

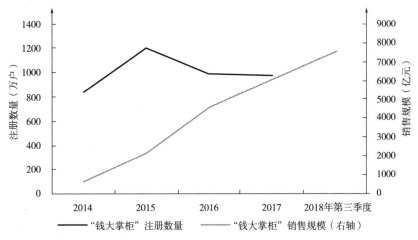

图 1-4-21　2014—2018 年第三季度兴业银行理财销售渠道建设

(资料来源:Wind、国海证券研究所)

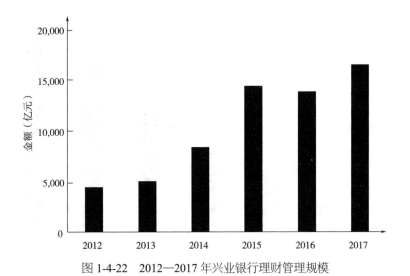

图 1-4-22　2012—2017 年兴业银行理财管理规模

(资料来源:Wind、国海证券研究所)

（2）投资银行：牌照齐全，综合金融平台优势明显

自2010年成立全资子公司兴业金融租赁以来，兴业银行集团化、综合化进程持续提速，与浦发银行走出了相似的道路。目前，兴业银行拥有9块金融牌照、4家全资子公司、6家间接控股子公司、5家投资参股公司。旗下公司包括兴业国际信托、兴业金融租赁、兴业基金、兴业消费金融、兴业期货、兴业国信资管、兴业财富资管、兴业研究、兴业数金等。

通过集团式的联动发展，兴业银行在集团层面推动资源共享，促进了资源的集约利用，为客户提供全方位综合金融服务，拉升了中间业务特别是投行业务收入占比。2017年年末，兴业银行非金融企业债务工具主承销额升至全行业第2，连续六年位居股份制银行首席；资产证券化保持领先地位，市场首单扶贫债、"一带一路"债、PPP资产证券化项目及银行间首单房地产信托投资基金（Real Estate Investment Trust,REITs）、消费金融资产支持票据（Asset-Backed Medium-term Notes,ABN）创新落地（见图1-4-24）。资产托管规模超过11万亿元，继续在市场上名列前茅（见图1-4-23）。

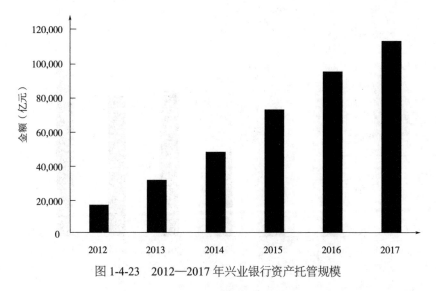

图1-4-23　2012—2017年兴业银行资产托管规模

（资料来源：兴业银行公司年报、国海证券研究所）

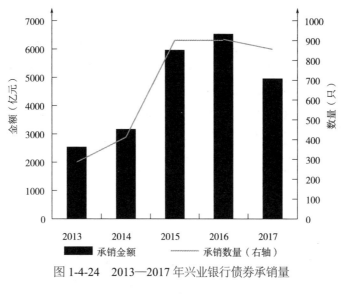

图 1-4-24 2013—2017 年兴业银行债券承销量

（资料来源：兴业银行公司年报、国海证券研究所）

六、2018 至今：面临挑战，回归传统

2018 年，金融监管有了新的形势。资管新规、理财新规在底层穿透、产品嵌套等方面做出了严格规定，叠加 2017 年 MPA 监管对同业负债的要求，兴业银行以同业资金对接通道产品的旧时做法，在资金来源与资产去向两头均被严格限制。在可以预见的一段时间内，兴业银行将在老产品压降上面临阵痛，银行资产与利润增长将会受到影响。但是从长远来看，严格按照监管要求进行调整，才是化解经营风险、确保银行可持续发展的正确做法。兴业银行应该抓住这一机遇，大刀阔斧地进行业务与经营思路的改革。

未来资管行业将会回归"受人之托，代人理财"的本质，商业银行主动投资实力将是产品竞争的核心。兴业银行在 2015 年就已开始积累投研经验，在这一方面具有先发优势，未来应当继续加强投研团队建设，扩大领先水平，做出兴业银行主动投资的品牌。

1. 兴业银行战略重点

2017 年，兴业银行管理层提出"商业银行 + 投资银行"战略。一方面，回归商业银行的本源，意识到不能一味追求创新而忽视了商业银行的核心——信贷业务，并且已经取得了进步。2018 年第三季度，兴业银行贷款占比已经由 2015 年的 32.55% 上升至 41.71%。同时，扩大在绿色金融、普惠金融、同业结算代理、科技输出等细分市场上的优势，有的放矢，为优势业务筑起更宽的护城河。另一方面，在投资银行领域把握金融脱媒的历史趋势，继续加强集团内公司合作，在适当时机谋求保险、券商牌照，做大平台，创新产品。

2. 今日兴业

（1）股东结构

目前的兴业银行股权结构相对分散。根据 2018 年中报，作为第一大股东的福建省财政厅持股仅为 18.78%。第二大股东为中国人民保险集团有限公司，以集团（0.84%）、中国人民财产保险股份有限公司（5.91%）、中国人民人寿保险股份有限公司（6.14%）的名义合计持有 12.9% 的股份。第三大股东为中国烟草总公司，以总公司（5.34%）、福建烟草海晟投资有限公司（2.13%），湖南中烟投资管理有限公司（1.09%）、福建省公司（0.64%）、广东省公司（0.48%）的名义持有 9.68% 的股份。

兴业银行于 2014 年 12 月和 2015 年 6 月分两期发行优先股补充资本，截至目前，优先股持有者除福建省财政厅外，其余均为平安保险、交银施罗德等境内金融机构（见表 1-4-3）。2019 年 4 月，兴业银行拟再次定向增发不超过 3 亿股优先股，募集总金额不超过 300 亿元，增发对象为烟草系公司，预案已获银保监会核准。

表 1-4-3　兴业银行十大股东

股东名称	持股数	占股比例（%）
福建省财政厅	3,902,131,806	18.78
中国烟草总公司	1,110,226,200	5.34
中国人民财产保险股份有限公司 - 传统普通保险品种	948,000,000	4.56
中国人民人寿保险股份有限公司 - 分红 - 个险分红	801,639,977	3.86

第一章
强者突围

（续表）

股东名称	持股数	占股比例（%）
天安财产保险股份有限公司-保赢1号	798,420,149	3.84
梧桐树投资平台有限责任公司	671,012,396	3.23
中国证券金融股份有限公司	621,148,540	2.99
阳光控股有限公司	496,688,700	2.39
中国人民人寿保险股份有限公司-万能-个险万能	474,000,000	2.28
福建烟草海晟投资管理有限公司	441,504,000	2.13

注：资料来源于兴业银行2018年中报、国海证券研究所。

（2）行业地位

兴业银行在规模与盈利能力上，均在股份制银行中排在头部。截至2017年年末，兴业银行总资产达6.42万亿元，较年初增长5.44%，位于全国性股份制银行首位（见图1-4-25、图1-4-26）；实现净利润572亿元，同比增长6.22%；加权平均净资产收益率15.35%，总资产收益率0.92%，继续保持同类型银行前列（见图1-4-27）；不良贷款率1.59%，较年初下降0.06个百分点，拨备覆盖充足，拨贷比达3.37%，拨备覆盖率达211.78%，均保持同业较高水平（见图1-4-28）。

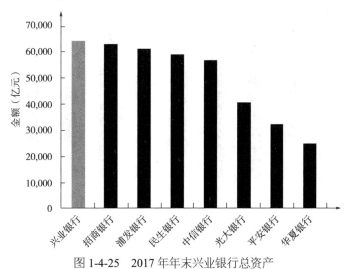

图1-4-25 2017年年末兴业银行总资产

（资料来源：Wind、国海证券研究所）

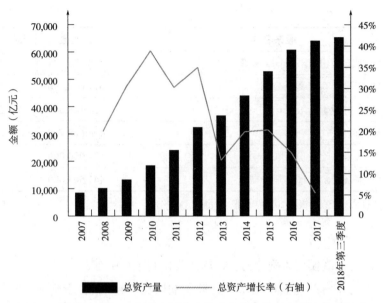

图1-4-26 2007—2018年第三季度上市十年间兴业银行总资产增长率

（资料来源：Wind、国海证券研究所）

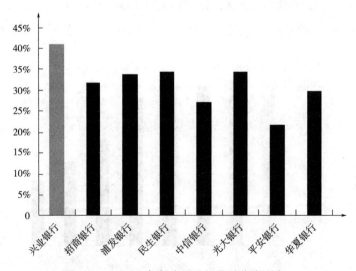

图1-4-27 2017年年末兴业银行销售净利率

（资料来源：Wind、国海证券研究所）

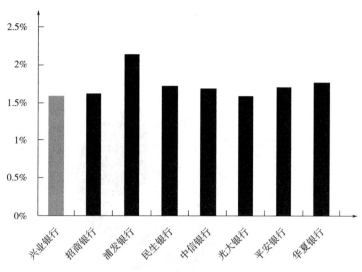

图 1-4-28 2017 年年末兴业银行不良贷款率

（资料来源：Wind、国海证券研究所）

成立 30 年来，兴业银行市场地位和品牌影响力节节攀升。根据 2018 年《银行家》杂志"全球银行 1000 强"排名，兴业银行按一级资本排名第 26 位，中资银行第 9 位，按总资产排名全球第 28 位。在 2018 年美国《财富》杂志"世界 500 强"榜单中，兴业银行排名第 237 位。同时，在国内外权威机构组织的各项评比中，兴业银行先后获得"亚洲卓越商业银行""年度最佳股份制银行""中国最受尊敬企业"等多项殊荣。

（3）区域分布

在经营区域分布上，兴业银行较好地完成了全国性布局，摆脱了福建区域性银行出身的早期影响。兴业银行考虑到总部所在地福州非一线城市，同业、人才资源相对缺乏，因此将资产管理部、资产托管部、零售资产管理部、信用卡中心等重要利润部门与直属机构搬迁至上海，投资银行部搬迁至北京，信息科技部、运营管理部等技术支持部门部分搬迁至上海、成都。根据重要性和可比原则，兴业银行 2018 年中报将地区分布划分为总行、福建、北京、上海、广东、浙江、江苏等共计 10 个分部。从营业收入来看，兴业银行营业收入主要来源于总行与东部沿海经济发达省份（见图1-4-29）；从贷款余额来看，各个地区贷款余额结构相对平均且稳定（见图1-4-30）。

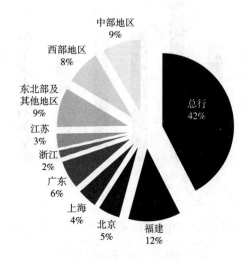

图1-4-29 2018年中报兴业银行收入分布

（资料来源：兴业银行公司年报、国海证券研究所）

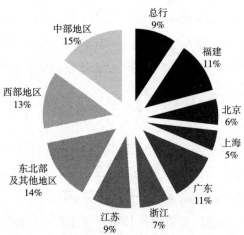

图1-4-30 2018年中报兴业银行贷款余额分布

（资料来源：兴业银行公司年报、国海证券研究所）

七、启示：分工与合作是时代的规律

兴业银行成长到今天股份制银行第一的规模，核心有两点：分工与合作。

做出差异化、做出特色对银行来说是十分关键的。因为社会分工是生产力水平发展的结果，国家越发展，社会分工就会越细。改革开放之前，银行几乎就是金融的代名词。时至今日，金融领域不但分化出银行、证券、信托、基金等机构，未来在银行内部也将进一步细分。对于一个银行来说，只有找准自己的定位，重点突破，在细分领域成为龙头，才能在未来的竞争中立于不败之地。毫无重点，什么都想做，很可能造成资源分配不足，最终一事无成。没有特色的银行，各个业务领域都将会被细分市场的龙头挤占，终将会被淘汰。兴业银行早在2004年就认识到了这一点，提前布局同业合作，做出了"银银平台"这一品牌。尽管后来监管对同业资金做出了限制，但是同业平台带给兴业的不仅仅是资金，还有更多的渠道代理、技术输出机会。与此同时，在银行自营都是买入债券并持有到期的时代，兴业银行也早早地认识并进行了投研实力建设。今天，资管行业正在经历由被动投资向主动投资的转变，兴业银行过去对于投研能力的投入必将带来丰厚的回报。

有分工就有合作，差异化的结果使自身在部分领域获得领先的同时，可能也会造成部分领域的落后。这时候多与其他企业合作，可以实现优势互补，获得共赢。兴业银行差异化的历史，也是合作的历史。无论是早期同地方银行在渠道网点上的合作、中期资金上的合作，还是未来在投资管理、信息技术上的合作，都是如此。

1. 兴业银行对股份制银行的启示

作为股份制银行，最重要的是找准自己的定位。很多股份制银行都很"大"，却又不够"大"——基本上可以做所有的银行业务，却不能做好所有的业务。现在银行业不断有新的玩家闯入，股份制银行在上要与国有大银行的竞争，先天资源不足；在下面要面临优秀城商行陆续冲击，规模上的界限已经逐渐模糊；领域外还被互联网企业不断敲打。特别是中国经济增长速度已经由高速转变为中高速，银行业的游戏规则从"一起做大蛋糕"向"怎么分蛋糕"转变。只有找准自己的定位,提前出击,创造局部优势,把自己的"蛋糕"看牢,才能稳住阵脚,徐徐图之。

兴业银行已经向我们证明,中小银行是股份制银行的天然盟友,"银银合作"可以成为今后重点发展方向之一。对于全国性股份制银行来说,由于在传统业务时代起跑较晚,网点渠道的缺乏已经成为先天劣势,与中小银行在支付结算、产品代销上的合作可以弥补这一缺点,形成多层次的渠道结构,并有利于将资源集中到可以集中化、总部化的金融市场、投行业务中来与国有大行抗衡。对于中小银行来说,股份制银行全国性的网点布局,丰富的总部实力也是它们所缺乏的,和股份制银行合作同样可以完善它们的产品结构,提升客户吸引力。从这一角度来看,由于网点上的利益冲突,中小银行和国有大行很难形成合作,股份制银行可以抓住机会。

当前形势下,股份制银行应当积极投入金融创新的浪潮中。兴业银行今日的成就大半应归功于其在"银银合作"、金融市场上的创新。在创新业务上,股份制银行和国有大行是同一起点,由于规模过大,潜在成本较高,国有大行在业务转型上甚至落后于股份制银行。

当前,中国正处在金融发展的分水岭,一方面,互联网信息技术的进步,带来了线上渠道的大发展,也带来了智能投顾、大数据风险控制等新技术;另一方面,金融业对外开放正在加速,国际业务迎来新的契机,资产管理行业融入更多内容。这些都可能成为未来颠覆中国银行业的因素,只有抓住了创新,才能后来居上,在银行业格局的再造中成为领头羊。

2. 对中小银行的启示

在发展早期,中小银行最核心的需求就是活下去。回顾兴业银行的早期历史,它增长最快的阶段就是踩准了宏观宽松与城镇化进程的那一段时间。银行业是一个顺应周期的行业,对于中小银行的领导层来说,研判宏观形势重任在肩。在经济扩张早期做好准备,才能在周期上升时达到事半功倍的效果;而在经济扩张末期提前收场,对于规避风险、健康经营来说同样重要。

随着中国经济从高速向中高速增长转变，过去银行业粗放发展的时代一去不复返，但是区域性、结构性机会仍大量存在。地方银行可以找准区域优势，利用当地的信息优势，多参与国家区域建设，趁机做大规模。面对金融业的创新形势，中小银行要量力而行，有实力的积极参与，与国有大行、股份制银行一同赛跑，暂时没有实力的也可以与优势机构合作，一方面可以完善业务结构，另一方面也可以在合作中学习，不至于在创新中落后。

八、大事记

1988 年 8 月 26 日，兴业银行在原国内第一家地方国营金融机构——福兴财务公司的基础上改组成立。

1991 年，兴业银行的第一家分行——厦门分行开业；到 1993 年年底，兴业银行在福建省各地市均设立分行，基本完成在福建全省的机构布局。

1994 年 8 月，兴业银行全资设立的专业证券公司福建兴业证券公司开业；1999 年，应金融监管要求，兴业银行与兴业证券脱钩。

1996 年 3 月，兴业银行上海分行开业，迈出跨区域经营、走向全国的第一步。

1996 年 7 月，基本实现开业初期"求生存"目标的兴业银行，实施"自我扬弃，二次创业"战略。

1996 年，兴业银行进入证券资金清算领域。

1996 年、2000 年，兴业银行先后完成两次增资扩股，实收资本达 30 亿元，资本实力大大增强。

1997 年 12 月，兴业银行发行首张银行卡——兴业顺通卡，并在国内首批实现储蓄业务全行通兑通存。

2000 年 12 月，兴业银行网上银行投入运营。

2003 年 3 月，福建兴业银行正式更名为兴业银行。

2003 年 8 月，兴业银行本外币核心系统上线运行。

2003年11月，兴业银行资金营运中心成立。2004年11月，经原中国银监会批准，兴业银行资金营运中心成为中国第一家领取许可证的综合性资金营运机构。

2003年12月，兴业银行成功引入恒生银行、国际金融公司和新加坡政府直接投资公司三家境外战略投资者，创下当时"一次性引入外资股东家数最多""入股比例最高""定价比例最高"的纪录。

2003年12月，正式开通全国热线"95561"；兴业银行总行客户服务中心成立。

2004年1月，兴业银行推出"万汇通"外汇资产管理顾问业务，进入财富管理业务领域，此后相继取得衍生产品交易、人民币理财、证券投资基金托管、短期融资券承销发行、人民币做市商等业务资格，产品线不断丰富，业务领域快速延伸。

2004年2月，兴业银行2004年全行工作会议在福州召开，在银行业中率先提出并推进业务发展模式和盈利模式"两个转变"，确立"一流银行、百年兴业"的宏伟目标。

2004年4月，兴业银行正式推出"兴业财智星"公司业务组合产品，涵盖"在线兴业星""贸易直达星""票据快车星""全能保理星""投资管家星""融资顾问星"和"财税助手星"七大服务版块。

2004年7月，兴业银行在上海举行新闻发布会，发行第一张信用卡。

2005年5月，兴业银行在银行间展开合作业务平台"银银平台"上线试运营，开创国内"银银合作"新模式。2007年12月，兴业银行正式推出"银银合作"业务品牌"银银平台"。

2006年5月，兴业银行与国际金融公司就中国公用事业能源效率融资项目签署合作协议，推出绿色信贷新产品。

2006年9月，推出手机银行，全面建成电子化服务网络。

2006年10月，兴业银行与山东省东营市商业银行签订技术管理服务协议，此举开创了国内商业银行向金融同业输出核心业务技术管理的先河。2007年6月，"兴业银行东营市商业银行核心系统合作项目"成功上线运行。

2007年2月5日，作为我国金融全面开放元年首只大盘金融股——兴业银

第一章
强者突围

行在上交所挂牌上市,成为一家向社会公众公开发行股票并上市的商业银行。

2008年10月,兴业银行公开承诺采纳赤道原则,成为中国首家、全球第63家"赤道银行",由此进一步树立"可持续发展"的公司治理理念。2009年12月,中国银行业首笔适用赤道原则项目在福建永安落地。

2010年5月,兴业银行与恒丰银行在烟台举行"全面战略合作协议以及柜面互通和理财门户业务合作协议"签约仪式,前者成为首家签约"银银平台"的全国性股份制商业银行。

2010年8月,独资子公司兴业金融租赁有限责任公司获批开业,标志着兴业银行综合经营战略迈出实质性步伐。随后,旗下兴业信托、兴业基金、兴业期货、兴业消费金融、兴业研究、兴业数金、兴业资管等子公司相继成立,形成了以兴业银行为主体的综合金融服务集团。

2012年,兴业银行推出国内首个面向老年客群的养老金融服务方案"安愉人生",是国内较早对养老金融业务开展专业化运营的商业银行。

2013年,兴业银行开展"2013年美丽中国行·绿色金融系列活动",历经224天,横跨12个省市,提供累计近3000亿元绿色融资支持。

2013年6月,兴业银行福州联邦广场社区支行正式开业,成为首家持牌经营的社区支行,目前兴业银行社区支行网点近千家,服务社区居民超过350万人。

2013年12月,兴业银行"银银平台"理财门户全新升级,推出互联网理财品牌——"钱大掌柜",发力互联网金融。

2014年1月,兴业银行成功上线运行贸易金融业务系统,成为国内首家同步建成覆盖预付、存货、应收三大产品系列作业系统的商业银行。

2014年3月,兴业银行首家境外机构——香港分行正式开业。

2014年3月,兴业银行在北京举行新闻发布会,宣布正式推出"寰宇人生"出国金融服务,业务覆盖旅游、留学、健康医疗、移民等多个领域金融服务。

2016年4月,兴业银行新一代核心业务系统(V3项目)升级上线,系统单日交易笔数处理能力实现了从千万级到亿级的飞跃。

2016年6月,兴业银行签署《金融机构能源效率声明》,成为首家加入该声明的国内金融机构。

第五节　从滨海小城走出的"带头大哥"——不甘平庸的宁波银行

在中国商业银行体系中，城商行是国有大行与全国性股份制银行之下非常重要的一个层级。20 世纪 90 年代，城商行的前身——城市信用社为了适应市场化改革，纷纷转身重组联合，并建立现代化治理制度。20 年后，130 余家城商行在不同的区域中完成了各自的蜕变，其中不乏比肩全国性股份制银行、跻身"世界银行 500 强"的优秀者。

宁波银行就是上述优秀者中的一员，一个从滨海小城走出的"带头大哥"。论资产规模，宁波银行或许不比北京银行、上海银行等坐落在一线城市的同侪。但是论盈利能力，宁波银行是当仁不让的强者。作为一家规模已经上万亿的商业银行，其 ROA、ROE 不但在总资产 5000 亿元以上的上市城商行中名列第一[一]，领先幅度也是十分明显——即使与规模较小、还在高速成长期的长沙银行、郑州银行站在一起也毫不逊色。

宁波银行能有今天的成就，完全是其在困境与危机中自我革命的结果。我们能看到宁波银行在成立初期所挥洒的汗水，在浙江这样一个民营经济发达的地方，宁波银行如何融入本地经济，创造出新的经营思维。在时代的洪流下，宁波银行如何调整航向顺势而为，最终完成了强者的突围。

一、宁波银行速览

谈起宁波，人们通常会对其近些年的经济发展竖起大拇指。作为五个"计划

[一] 据《宁波银行 2017 年年报》

单列市"之一，宁波是"浙江模式"的代表，中国私营经济的窗口。1988—1999年，宁波 GDP 总量翻了 10 倍——从 100 亿元增长至突破 1000 亿元。但与宁波经济的辉煌相比，同一时期成立的宁波银行似乎就少了点幸运，多了些荆棘。然而，通过 20 年的努力，今日的宁波银行已经轻装上阵，突破了地域的藩篱，开始在更广阔的中华大地上施展拳脚。

宁波银行股份有限公司成立于 1997 年 4 月 10 日，是由宁波市 17 家城市信用合作社、1 家城市信用合作社联社及市联社重组设立而来，于 2007 年 7 月 19 日成为首家在深圳证券交易所挂牌上市的城商行，总部设在浙江省宁波市。

成立 20 余年来，伴随着浙江经济的快速增长，宁波银行的各项业务取得了长足发展。由于金融市场等多元业务顺利开展，宁波银行的净利润依然保持高速增长态势：2017 年度实现净利润 93.34 亿元，同比增长 19.50%；2018 年前三季度实现净利润 89.24 亿元，同比增长 21.12%；资产规模也迅速壮大：截至 2018 年 9 月末，宁波银行总资产 10,861.63 亿元，各项存款 6,450.02 亿元，各项贷款 4,032.61 亿元。

在优秀业绩增长的背后，宁波银行的蜕变有着怎样的故事和可借鉴的管理经验？我们根据宁波银行短期、中长期战略规划以及业务发展特点，将宁波银行成立至今划分为五个发展阶段，通过回溯不同阶段的历史，寻找其中的蛛丝马迹，以供管中窥豹。

1997—2000 年：包袱沉重，披荆斩棘；
2001—2006 年：轻装上阵，施展拳脚；
2007—2011 年：有的放矢，崭露头角；
2011—2015 年：乘势而行，多点开花；
2016 年至今：全面发展，开源节流。

二、1997—2001 年：包袱沉重，披荆斩棘

成立之初，宁波银行就承接了参与重组的城市信用合作社的大量不良资产。

如何通过改革和业务重整消化城市信用合作社时期累积的不良资产，并使城商行的业务正常开展起来是这一阶段的首要任务。1997年，宁波银行旗下的城商行开始统一更名；2000年年末，宁波银行净资产仍为负数，多项监管指标没有达标，依然在尝试和摸索经营方向、化解历史包袱中艰难前进。

1. 城市信用合作社改制与城商行的设立

宁波银行承接了城市信用合作社的大量不良资产，负重前进。城市信用合作社是如何产生的，为何累积了如此巨额的不良资产，城商行与城市信用合作社的关系又是怎样的？这些都要从城市信用合作社的设立说起。

随着城市经济的改革和发展，各类经济主体的金融服务和融资需求急剧增加，集体经济和个体私营经济构成的"两小经济"在开户、结算、融资方面存在严重困难。1984年，十二届三中全会通过《中共中央关于经济体制改革的决定》，城市信用合作社由此诞生。1986年1月，国务院下发《中华人民共和国银行管理暂行条例》，明确了城市信用合作社的地位。同年6月，央行下发《城市信用合作社管理暂行规定》。自此，我国的城市信用合作社设立速度加快。截至1989年年末，城市信用合作社数量激增至3330家，总资产达284亿元，较1986年以前增长9倍之多。

然而，城市信用合作社在经营过程中出现了政企不分、资产质量低、监管力度不足等问题。对此，央行曾在1989年对城市信用合作社进行过一次系统的清理整顿，但没有从根本上解决问题。自1995年开始，央行完全停止了城市信用合作社的审批工作。同年9月，国务院决定在全国35个大中城市分期分批组建由城市企业、居民和地方财政投资入股的地方股份制性质的城市合作银行，并在1996年和1997年两次扩大组建城商行的范围。1998年，城市合作银行统一更名为"城市商业银行"。

城市信用合作社从诞生、数量激增到政策整顿、停止审批这一过程，在浙江省亦可窥见其全貌。与其他地区不同的是，浙江省地处东南沿海，中小企业众多、民营经济发达（见图1-5-1、图1-5-2）。在中国加入WTO之后的外向型经济扩张时期，承接了不良资产的浙江省各家城商行能够相对更快地走出不良"阴影",同时在卸下历史包袱之后能够借助地区经济的蓬勃发展较快地实现内生资本积累。宁波银行就是在这一背景下设立、化解不良和逐步壮大的。

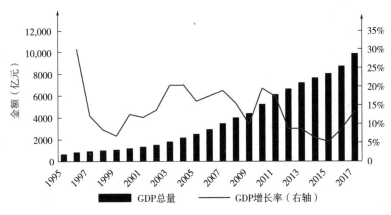

图 1-5-1　1995—2017 年宁波市 GDP 及增长率

(资料来源：Wind、国海证券研究所)

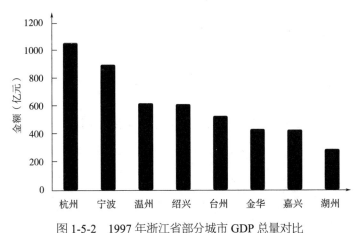

图 1-5-2　1997 年浙江省部分城市 GDP 总量对比

(资料来源：Wind、国海证券研究所)

2. 宁波银行战略重点

在诸多亟待解决的问题中，处理总行与支行的关系极为重要。一方面，由各家城市信用合作社翻牌而来的支行仍保留较大权力，对总行新制定的各项管理制度存在抵触情绪；另一方面，总行在开展工作时缺乏权威性和充足的资本金支持。

对此，城商行的对策之一是适当集中经营权限，如调控支行的资金流向、调整支行资金运用权限和支行的贷款权限等。在经过几番尝试和努力之后，总行和支行的关系才逐步理顺。

在探索经营模式的同时，宁波银行自力更生，依靠每年微薄的利润消化不良资产。1997年，宁波城市合作银行（即宁波银行前身）成立时，其资产不到40亿元，不良资产超过16亿元。2000年，当时新上任的董事长陆华裕接管时，宁波银行仍有近12亿元的不良资产。2000年之后，宁波银行用每年3亿~5亿元的盈利核销坏账，股东每年分红仅在2%~3%，最终顶住各方压力在5年时间里化解了历史包袱。自此之后，宁波银行的经营开始明朗化。

除上述问题外，公司治理结构的建立也很棘手。在整合城商行时，绝大多数城市信用社的股东转为新成立的城商行股东。就股东类型来看，涵盖了市区两级财政、国有公司、民营企业、个体工商户、工会、事业单位以及个人；就持股比例来看，从占比高达30%到仅持有百余股。这种复杂、特殊的股权结构使得城商行连股东大会都难以正常召开，更不要说建立基本的"三会一层"公司治理架构。

现代公司治理结构的建立是一项长期战略，2006年宁波银行引入战略投资者华侨银行。在华侨银行的帮助下，宁波银行不断完善公司治理结构。

三、2001—2006年：轻装上阵，施展拳脚

在这一阶段，宁波银行的各项监管指标逐年达标，业务开展步入正轨。2001年和2004年，宁波银行分别为开展国际业务和达到资本监管要求两次增资，其单一最大客户贷款比例和最大十家单一客户贷款比例分别于2005年和2006年首次符合监管要求。2006年，宁波银行引入的战略投资者新加坡华侨银行在风险管理、内部审计、个人银行业务、资金业务、信息技术领域等方面向宁波银行提供技术协助，加快了宁波银行的业务革新。

1. 引入战略投资方华侨银行，业务支持促发展

2004年年初，当时的银监会提出审慎重组和改造城商行的基本思路与原则，

鼓励合格境外战略投资者参与我国银行业的重组与改革。宁波银行选定新加坡华侨银行展开合作，双方于 2006 年 1 月 10 日签署《技术协助协议》，据此华侨银行将向宁波银行提供培训项目和技术协助，并通过股权渗透、人员派驻等方式帮助宁波银行建立起较为现代的公司治理机制。

具体来看，华侨银行对宁波银行的战略协助从以下五方面展开：

人力资源方面。宁波银行贯彻"引进来"和"走出去"的思想，一方面，通过华侨银行人才管理渠道和平台，从境外邀请优秀的银行高管和国际化的管理团队入驻，通过"传帮带"的方式提高该行管理人员水平；另一方面，实施"五年百人培养计划"，每年派出 20 名员工到华侨银行总部进行为期 1~2 年的跟班学习。

银行运行体系方面。宁波银行通过学习考察华侨银行的经营管理模式，深入了解国外先进银行的管理流程和业务运行机制；借鉴华侨银行的运作经验，在 2005 年实施业务和管理流程改革的基础上，进一步整合业务和管理的运行体系，推进前台、中台、后台分离制约、垂直为主、扁平化的运作和管理模式，深化条线管理，调整和完善业务管理组织架构。

市场定位方面。宁波银行根据华侨银行业务发展的经验，结合区域经济特点和自身的经营实践，进一步调整业务结构。明确强化以中小企业为主体的公司业务，大力发展小企业业务，全面推进个人业务发展方向。

技术协作方面。华侨银行协助宁波银行做好 IT 建设的规划，并协助进行包括开发财务管理信息系统和客户信息关系管理系统等在内的了解客户需求并及时转化为实际的解决方案。

业务合作方面。宁波银行和华侨银行相互给予对方一个授信额度；宁波银行利用人民币的资金头寸优势，华侨银行利用外币的资金头寸优势，双方就此开展本外币资金方面的有关合作。同时，双方还开展了银团贷款和贸易融资方面的业务合作。

2. 宁波银行战略重点

（1）增资补亏化解历史包袱，业务合规化轻装上阵

宁波银行的员工持股比例是城商行中较高的，对员工起到了一定的激励作用。然而，据宁波银行董事长陆华裕透露，如今成为优势和激励举措的员工持

股策略，却是在 2004 年增资扩股时的无奈之选和艰巨任务。

为满足监管要求和正常业务开展，宁波银行在 2001—2006 年三次增资。2000 年年末，宁波银行资本金严重匮乏，远不及监管规定开办国际业务所需的 2000 万美元。为此，宁波银行于 2001 年增资 1.81 亿元，参与此次增资的股东为原股东宁波市财政局和五家新入股的公司。

增资之后没过多久，经历 2003 年规模扩张，宁波银行资本金消耗严重。为适应业务发展需要、满足 8% 的资本充足率要求，宁波银行进行了第二次增资，此次增资共计 13.8 亿元。增资后，内部员工持有宁波银行 20.14% 的股份。据董事长陆华裕介绍，由于盈利微薄，最初银行职工持股的热情并不高，迫于资本充足率的监管压力，在公司高管的动员之下，宁波银行才勉强完成了增资扩股任务（见表 1-5-1）。

表 1-5-1　宁波银行 2001—2006 年历次增资概况

时间	增资金额（亿元）	增资后注册资本（亿元）	目的	主要出资人
2001 年	1.81	4.20	获得国际业务资格	宁波市财政局、宁波市电力开发公司、宁波市市场投资有限公司、宁波轻工控股（集团）有限公司
2004 年	13.80	18.00	满足资本充足率 8% 要求	宁波市财政局、宁波杉杉股份有限公司、雅戈尔集团股份有限公司、宁波华茂投资控股股份有限公司、内部员工等
2006 年	2.50	20.50	引入战略投资者华侨银行	新加坡华侨银行

注：资料来源于宁波银行招股说明书、国海证券研究所。

增资后经过几年努力，宁波银行的各项监管指标终于在 2006 年全部达标（见表 1-5-2），各项业务开展逐渐步入正轨。为学习先进的管理经验、提升自身经营管理水平，宁波银行引入战略投资者——华侨银行，完成第三次增资。此次增资意义重大，在华侨银行的帮助下，宁波银行形成了以个人业务、中小企业业务为特色的核心竞争力，风险管理、内部审计等领域的构建也日渐完善。

表 1-5-2　2004—2006 年宁波银行各项监管指标达标情况

监管指标		监管标准	2004 年 12 月 31 日	2005 年 12 月 31 日	2006 年 12 月 31 日
资本充足率（%）		≥ 8	10.81	10.81	11.48
核心资本充足率（%）		≥ 4	8.38	8.68	9.71
流动性比率（%）	人民币	≥ 25	80.42	82.59	62.61
	外币	≥ 60	188.11	132.37	108.91
拆借资金比例（%）	拆入资金	≤ 4	0.00	0.10	0.00
	拆出资金	≤ 8	0.06	0.03	0.00
存贷款比例（本外币）（%）		≤ 75	58.13	52.26	57.79
不良贷款比率（%）		≤ 5	0.96	0.61	0.33
拨备覆盖率（%）		≥ 60	200.69	271.48	405.28
单一最大客户贷款比例（%）		≤ 10	13.52	9.18	5.55
最大十家单一客户贷款比例（%）		≤ 50	83.66	77.23	48.92
单一最大集团客户授信比例（%）		≤ 15	不适用	不适用	9.10

注：资料来源于宁波银行招股说明书、国海证券研究所。

2001—2005 年，宁波市 GDP 的年复合增长率为 16.9%，高于全国平均 13.6% 的水平；进出口额的年复合增长率为 39.3%，高于全国平均 29.2% 的水平。其中，以中小型企业为主体的民营经济是宁波市经济的主角和增长的主要动力。截至 2006 年 6 月，宁波市包括个体工商户、私营企业和其他混合型企业在内的民营经济实体占全市 37 万余户各类经济主体总数的 96%。

宁波银行集中精力化解不良为其此后的业务开展和规模扩张争取到了宝贵的时间，自此搭上了宁波市民营经济高速增长的顺风车。截至 2006 年年末，宁波银行的总资产、存款余额和贷款余额分别为 565.5 亿元、461.9 亿元和 277.6 亿元，本外币存款和贷款业务在宁波市金融机构中分别位列第 4 名和第 5 名，占有 9.8% 和 7.2% 的市场份额。

在消化不良贷款的同时，宁波银行还将多项新的业务资格收入囊中。2001—2006 年，宁波银行先后获准开办外汇业务、保函业务、衍生工具交易业务等（见

表 1-5-3）。2006 年，宁波银行加权平均净资产收益率为 23.79%，资产收益率为 1.28%，高于 A 股上市银行平均 17.33% 和 0.65% 的水平，盈利能力已位居全国前列。

表 1-5-3　宁波银行 2001—2006 年业务资格取得情况

时间	业务资格
2001 年	外汇业务
2002 年	保函业务、中国外汇交易中心会员
2003 年	网上银行业务、贷记卡业务
2004 年	债券结算代理行
2005 年	债券远期市场会员
2006 年	衍生工具交易业务

注：资料来源于宁波银行招股说明书、国海证券研究所。

（2）探索中小企业信贷经营管理新模式

宁波银行的"金色池塘"中小企业信贷品牌于 2006 年建立，然而其中小企业信贷业务经营早在成立之初便已开始，并成为银行的核心竞争力。尤其在 2001—2005 年宁波市民营经济高速增长时期，宁波银行有效地打下了中小企业客户基础，形成了一套自己的信贷审批和风险管理方法。2006 年，公司业务的营业利润贡献了宁波银行全部营业利润的 73.5%。

2006 年引入战略投资者华侨银行后，宁波银行开始学习华侨银行的管理方法。在原先积累的中小企业服务基础之上，通过试运行新的经营方案和管理模式，宁波银行逐步形成了针对中小企业客户的、比较完整的业务发展理念和客户管理措施。

在目标客户选择和产品设计上，宁波银行将中小企业细分，选择产品前景良好、主业突出的中小企业作为目标客户，设计针对中小企业客户特点与需求的产品——存货抵押贷款、出口退税账户托管贷款等。截至 2006 年 12 月 31 日，宁波银行的中小型企业授信客户占全部公司客户的 94.8%，对中小企业贷款占宁波市中小企业贷款市场的份额为 14.9%。

四、2007—2010 年：有的放矢，崭露头角

1. 上市，规模扩张新契机

城商行的资本补充途径受其自身经营状况、外部监管环境的约束，可行方法有限。宁波银行的三次增资扩股过程非常艰难。在各项业务步入正轨、监管指标逐年达标后，宁波银行首先考虑的资本补充方式便是公开发行股票。这一次增资与前三次的目的、效果都有显著不同。重要的是，由于政策原因，上市后城商行设立分行的条件放开，跨区经营的门槛随之降低，上市将有利于宁波银行推进跨区域扩张策略。2007 年 7 月 19 日，宁波银行圆了"上市梦"，募资逾 40 亿元，并成为首家在深圳证券交易所挂牌上市的城商行。

2. 宁波银行战略重点

"中小企业银行"+"个人银行"——资本支撑、战略投资护航，传统信贷业务品牌建设与规模扩张。宁波银行传统信贷业务的高质高速发展在这一时期正式拉开序幕。定位中小企业和高净值个人客户，宁波银行建立起公司、个人两大传统信贷业务品牌（见图 1-5-3、图 1-5-4、图 1-5-5、图 1-5-6）；抓住中小银行跨区经营政策机遇设立异地分行，开始了以"长三角"地区为主体，以"珠三角"地区、环渤海经济圈为两翼的跨区经营布局，而与贷款增长相匹配的风险管理体系也在这一时期得以完善，保证了资产质量。

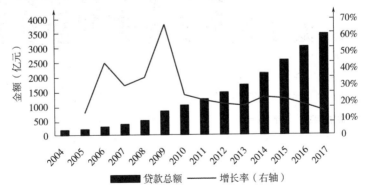

图 1-5-3　2004—2017 年宁波银行贷款总额增长

（资料来源：Wind、国海证券研究所）

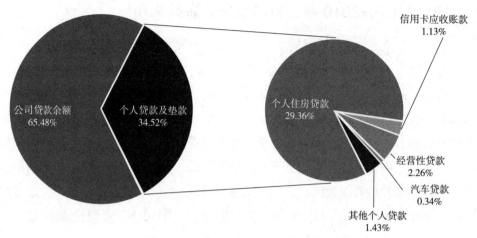

图 1-5-4　2007 年宁波银行贷款结构

（资料来源：Wind、国海证券研究所）

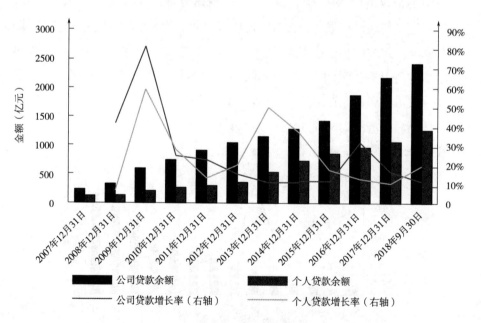

图 1-5-5　2017—2018 年宁波银行公司贷款及个人贷款增长

（资料来源：Wind、国海证券研究所）

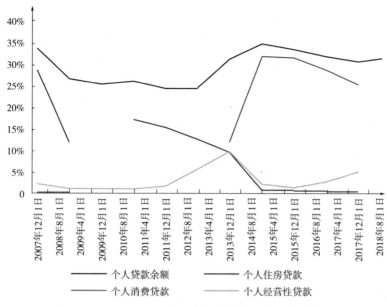

图 1-5-6　2007—2018 年宁波银行个人贷款结构变化

（资料来源：Wind、国海证券研究所）

之后，"中小企业"+"个人客户"融资服务成为宁波银行的特色业务和差异化竞争、专业化经营的领域，即使因利率市场化推进，宁波银行为适应新的形势布局多元利润中心，增加了非息收入占比。本时期搭建起的公司、个人两大传统信贷业务模块和品牌影响力仍然贯穿未来的银行发展历程，是银行基础，更是核心的业务"大本营"。

（1）"金色池塘"中小企业服务品牌建设与个人业务拓展

宁波银行构建了公司银行、零售公司、个人银行、金融市场、信用卡五大利润中心，其中零售公司和个人银行为两大重点发展的板块。

2006 年，国家出台支持小企业融资政策，宁波银行将发展中小企业融资服务作为一项长期战略，借鉴华侨银行的经验和方法创立了"金色池塘"中小企业服务品牌。根据小企业融资需求"短、小、频、急"的特点，宁波银行开发了"便捷融""贷易融""押余融""发保融""专保融""诚信融""透易融"等融资类产品，为小企业客户提供资金融通新渠道。用董事长陆华裕的话说，宁波银行这几年在中小企业业务领域所做的尝试与政府所倡导的事情不谋而合。

然而,中小企业信贷业务并不因其服务的对象规模小、业务单一而操作起来更容易。部分中小企业财务信息披露不规范甚至没有财务信息披露,加大了风险控制难度。对此,宁波银行采用"忽略财务报表"打分卡主导的专业化风险控制体系,在信贷审批上专门设计开发信贷审批打分卡,打分卡中包括水电费缴纳情况、企业生存年数在内的8个要素,在了解企业所在行业发展规律、借款人身价、风险、资金用途等信息后放款,降低了信用风险。

宁波银行在两年时间里建立起了一支有450人的专业化品牌建设队伍,同时建立了分层次、多样化的员工培训体系。与高校合作成立宁波银行大学,其中的零售公司学院重点负责各个岗位的人员培训。

宁波银行董事长陆华裕曾在采访中表示:宁波银行发展中小企业业务并不是因为政府倡导,完全是生存的需要。尽管如此,宁波银行小企业信贷业务却恰当地填补了市场空缺,切实解决了经营前景向好但短期急需资金周转的小企业融资难问题。

以宁波市美的电器总代理宁波市华禾商贸有限公司(以下简称"华禾")为例,该企业的经营具有季节性,每年临近年终都需要大量流动资金购进存货应对各大商场的年末促销活动,而在资金回笼状况不佳的年份,即使有大笔订单需求,也会因流动资金不足而无法及时备货。华禾通过国有银行贷款存在折后抵押贷款额度不足以填补融资缺口、贷款期限不合适两个问题,而宁波银行的"贷易融"、"押余融"恰好能弥补这个缺陷,为华禾解决了燃眉之急。

拓展高端个人业务服务。信贷业务的另一重要分支是个人业务。宁波银行将个人业务定位在高端个人客户,并针对这一人群推出了许多创新贷款产品,如面向高端个人客户的"个人VIP""白领通"和针对个体私营业主的"贷易通"和"个私通"。同时,宁波银行首创性地推出以家庭为核心的个人理财品牌,围绕家的理念全面推广六大计划,以满足不同家庭成员对金融产品和服务的需求。在个人银行业务中,个人消费类贷款比最高,截至2011年年末,宁波银行高端客户数量达到25,320户。

第一章
强者突围

完善风险管理体系，提高信贷资产质量。在规模扩张的同时，不能忽视资产质量。上市时的宁波银行90%以上的贷款都投放给了中小企业，风险较高，因而信贷审核和风险管理体系的完善极为重要。宁波银行在这一阶段依照小企业和个人客户的特点建立了信贷审核机制，完善了自身的风险管理体系，为资产质量保驾护航。

在公司信贷业务上，宁波银行重点考虑中小企业的特点制定信贷政策，明确了中小企业授信主体的选择和行业投向，以及存量客户的调整和新客户的准入原则。在授信审查审批中，对不同规模的企业采取不同措施。例如，对于小企业申请办理一定金额以下的抵押贷款，如果能够全部以房地产抵押且抵押额充足，一级支行即可审批。

在个人业务上，建立包含贷前调查、贷中审查审批、贷后跟踪检查的一套完整的信贷审批机制。同时，建立个人授信业务的风险预警机制，通过客户资金账户信息、授信后检查、职业变化、家庭变化等信息发现风险预警信号，及时采取有效措施控制和化解风险。

在运行信贷审批机制和完善风险管理后，宁波银行的资产质量得到改善。不良贷款率在2009年之后降到0.8%以下，2017年年末也仅为0.82%，低于多数城商行（见图1-5-7、图1-5-8、图1-5-9）。

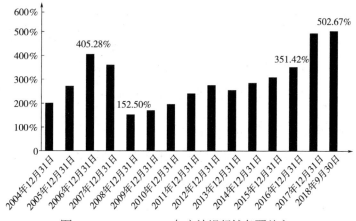

图1-5-7　2004—2018年宁波银行拨备覆盖率

（资料来源：Wind、国海证券研究所）

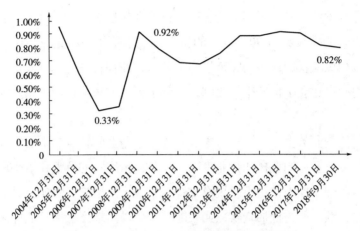

图 1-5-8 2004—2018 年宁波银行不良贷款率

（资料来源：Wind、国海证券研究所）

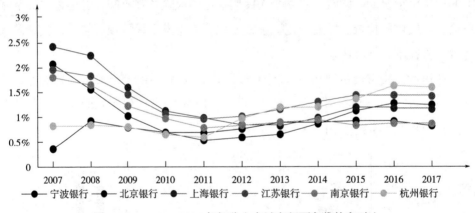

图 1-5-9 2007—2017 年部分上市城商行不良贷款率对比

（资料来源：Wind、国海证券研究所）

（2）设立异地分行，试水跨区经营

城商行设立的初衷是化解地方城市信用合作社的不良资产，为所在城市的中小企业提供金融服务。随着不良资产逐步被消化，城商行资本规模日渐增长，业绩优秀的城商行增长受到经营地域的限制，向外扩张的需求愈加强烈。2006 年，宁波银行尝试设立异地分行，进行跨区经营战略布局。

然而，相较于网点遍及各个城市的全国性银行，城商行资本规模小，人、财、物各项资源不及大型银行，跨区经营管理经验匮乏，设立异地分支机构会增加收入还是会增加风险仍是问号。宁波银行对此抱着谨慎的心态，于 2007 年 5 月设立上海分行"试水"。最终，上海分行的成功经验使宁波银行将长期区域规划确定为"以'长三角'地区为主体、以'珠三角'地区和环渤海经济圈为两翼的'一体两翼'经营格局"（见图 1-5-10）。

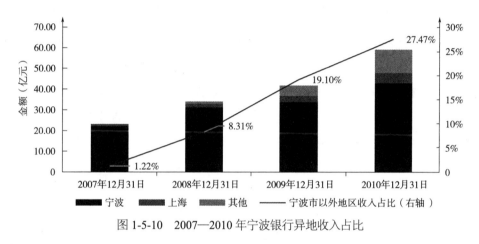

图 1-5-10　2007—2010 年宁波银行异地收入占比

（资料来源：Wind、国海证券研究所）

在异地分行的市场定位方面，宁波银行同样是专注中小型企业，着重为中小型企业与个人客户提供优质的金融服务。宁波银行通过将当地的中小型企业细分，选择产品前景良好、主业突出的企业作为目标客户，大力发展有自营进出口权的中小型企业客户。另外，在个人业务方面，同宁波本地发展定位一样，宁波银行重点选择中高端个人客户和个体私营业主作为目标客户。

五、2011—2015 年：乘势而行，多点开花

面对利率市场化和传统信贷业务方面，宁波银行在实施信贷业务零售转型的

同时，开展了多元业务以对冲风险。即在稳步推进"大零售"转型的同时，逐步调整生息资产结构，降低贷款类资产比重；新增利润中心多元化收入结构，对冲息差收窄对利润增长的负面影响。宁波银行在宏观环境变化时及时、迅速地制订了应对方案，对盈利模式做了相应调整。这一时期的宁波银行攻下了利润新增长点，守住了传统业务不掉队，攻守兼备实现了业绩逆流而上。

1. 调整资产负债结构，建设多元利润中心

2012年，央行进一步扩大存贷款利率浮动区间，随后利率市场化进入加速阶段。贷款利率和存款利率限制分别于2013年和2015年放开。中小银行相对大行在规模上没有竞争力，在利率市场化的新形势下只能依靠价格竞争赚取收益，因而导致息差下降。宁波银行的净息差自2012年开始持续下降（见图1-5-11、图1-5-12、图1-5-13），依靠传统信贷业务净利息收入增长的时代一去不复返，中小银行面临盈利模式改革的考验。

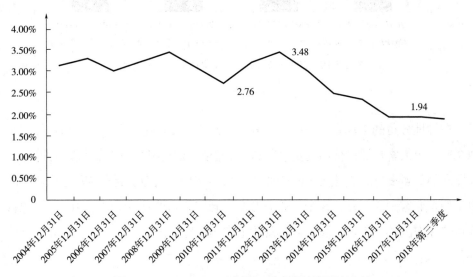

图1-5-11　2012—2018年第三季度宁波银行净息差

（资料来源：Wind、国海证券研究所）

第一章
强者突围

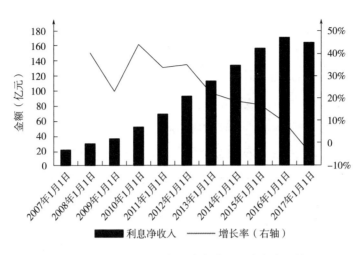

图 1-5-12　2007—2017 年至今宁波银行净息收入情况

（资料来源：Wind、国海证券研究所）

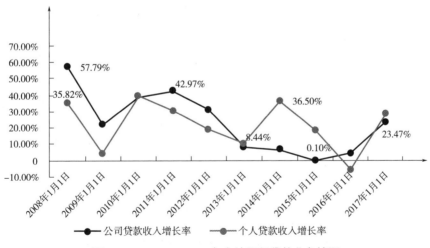

图 1-5-13　2008—2017 年宁波银行贷款业务情况

（资料来源：Wind、国海证券研究所）

为了保证盈利在新的市场形势下持续稳健增长，宁波银行从资产端、负债端、部门机构设置三个角度入手，提高非存贷类资产负债占比，增加信贷业务以外的利润中心，降低自身对信贷业务的依赖度、降低利润对利率市场化的敏感度，效果显著。具体有以下措施：

第一，资产端提高债券投资类资产占比。从 2011 年开始，宁波银行大力发展金融市场业务，在城商行中较早行动，也最先体现在业绩中。2014 年，债券类投资资产取代贷款类资产成为宁波银行最大的生息资产项。金融市场业务的发展主要从产品设计、业务资格、客户群拓展和同业合作三个维度展开。

2011—2015 年，宁波银行的金融市场业务发展迅速（见表 1-5-4）。

表 1-5-4 2011—2015 年宁波银行金融市场业务发展情况

时间	新产品开发及业务范围	同业业务	业务资格
2011 年	同业代付、资产池理财、跨境贸易人民币结算等 19 款	与境内外近 200 家同业建立了联系	获得黄金交易所特别通道资格、交易商协会信用风险缓释工具（CRM）交易商资格、人民币外汇期权交易资格、非金融企业债务融资工具承销资格、交易所债券交易业务资格
2012 年	开发新产品 17 项	拓展非银交易对手 22 家	获得跨境贸易人民币购售限额 2 亿元、人民币外汇远掉期正式做市商资格、国债期货仿真交易资格
2014 年	深入涉足境内外利率、汇率市场，覆盖债券、外汇、融资负债、金融衍生、资产管理等业务	同业客户各类业务合作关系发展到境内外 400 余家，包括政策性银行、全国性商业银行、外资银行、地方性商业银行、信用社、登记结算公司、证券公司、基金管理公司、保险公司、信托投资公司、企业集团财务公司、期货公司、金融资产管理公司等	获得同业存单业务资格、上金所金融类会员、债券市场做市商资格等

第一章
强者突围

（续表）

时间	新产品开发及业务范围	同业业务	业务资格
2015年	深入涉足境内外利率、汇率市场，覆盖债券、外汇、贵金属、融资负债、金融衍生、资产管理等业务	同业客户发展到境内外500余家	获得B类主承销商资格、上海期货交易所白银自营交易资格、大额存单发行资格、债券借贷资格等

注：资料来源于宁波银行公司年报、国海证券研究所。

在产品设计上，宁波银行推出了同业代付、资产池理财、跨境贸易人民币结算等30余款新产品，在进一步丰富产品体系、带动传统资产负债业务的同时增加了中间业务收入。

在业务资格上，宁波银行于2011年取得人民币外汇期权交易资格、非金融企业债务融资工具承销资格等，于2012年取得人民币外汇远掉期正式做市商资格和国债期货仿真交易资格，于2013年取得同业存单、上金所金融类会员等重要业务资格，于2015年取得B类主承销商、上海期货交易所白银自营交易、大额存贷发行等多项业务资格。

在客户群拓展和同业合作上，宁波银行借助公司的业务资格和产品优势，致力于中小银行以及非银金融机构客户的拓展，实现合作者生态圈构建。在这一阶段，宁波银行各类交易对手数量和代客业务客户数均明显提升：2012年，共拓展非银交易对手22家，与中信产业投资基金管理有限公司、中国出口信用保险公司等多家非银机构签署了战略合作协议，与中国海关、全国中小企业股份转让系统、地方国税局等单位确立了长期的合作关系。

第二，负债端：提高主动负债比例，降低利率变化影响。宁波银行制订了资产负债管理系统建设计划，该系统于2015年完成建设并上线运行，用以提高公司银行账户利率风险的精细化计量水平和前瞻性管理能力。主动负债中，应付债券占比从2011年的3%上升到2015年的23%，资产负债结构优化明显。

第三，部门机构设置：构建和持续建设多元化利润中心。2014—2015年，宁波银行加快了多元利润中心布局,在原有五大利润中心的基础上,于2014年新增了票据业务、投资银行、资产托管利润中心三大利润中心,2015年新增了资产管理利润中心,初步形成了九大利润中心格局。

推进多元化非银机构布局。宁波银行分别于2013年和2015年设立了永赢基金管理公司和永赢租赁公司,此外还计划设立消费金融公司、资产管理公司、法人直销银行等。这一期间,宁波银行的非息收入占比迅速提升,截至2014年第三季度末,宁波银行的资产扩张速度和利润增速均位居行业前列(见图1-5-14、图1-5-15、图1-5-16、图1-5-17)。

2. 稳步推进零售业务转型

宁波银行积极谋划大零售转型,从根本上解决存贷业务增长乏力的问题。转型后的"大零售"与传统零售业务相比,在服务理念、服务渠道、产品设计等方面都更加贴合客户需求。"大零售"转型的实施挽救了原已接近零增长的存贷业务,公司贷款和个人贷款营收增速分别在2015年和2016年之后触底反弹,主动适应市场需求变化让宁波银行业绩逆势增长(见图1-5-18)。

图1-5-14 2004—2018年宁波银行非息收入占比

(资料来源:Wind、国海证券研究所)

第一章
强者突围

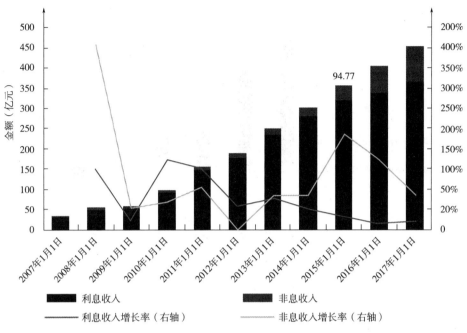

图 1-5-15　2007—2017 年宁波银行利息收入、非息收入情况

（资料来源：Wind、国海证券研究所）

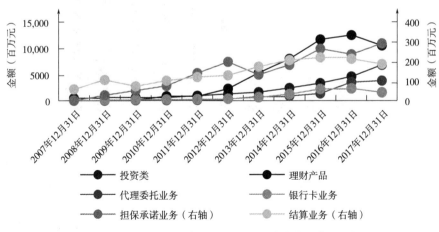

图 1-5-16　2007—2017 年宁波银行各类非贷款业务收入增长

（资料来源：Wind、国海证券研究所）

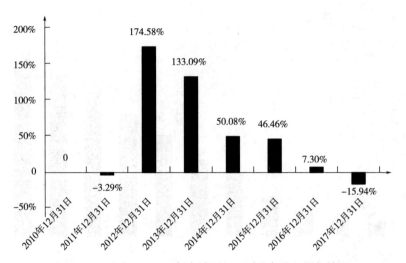

图 1-5-17 2010—2017 年宁波银行理财业务收入增长情况

（资料来源：Wind、国海证券研究所）

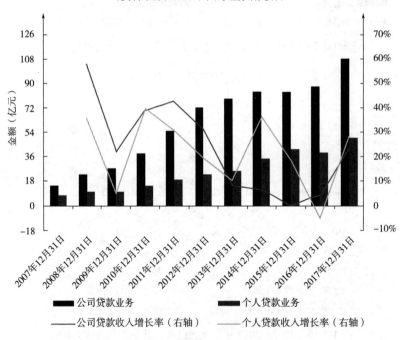

图 1-5-18 2007—2017 年宁波银行贷款收入情况

（资料来源：Wind、国海证券研究所）

这一转型成效不得不归功于宁波银行明确的战略规划及其在各业务条线的创新举措。宁波银行于 2011 年提出公司中长期发展的"三个三年"计划，宁波银行着力构建业界领先的大数据平台及配套系统，实现大数据获客和挖掘；针对不同客户的不同需求设计个性化的产品；开发网上银行等电子服务平台；推出直销银行。

大数据精准获客。宁波银行将科技放在银行发展的重要位置，每年投入大量资金持续深化 IT 系统建设，为业务发展和经营管理提供有力支撑。2014 年年初，初步建立适应业务发展需要的数据中心和业务支持系统，2015 年规划实施新数据中心建设，构建"数据双中心结构"。在此期间，宁波银行形成了以大数据平台为中心，以数据挖掘和"E 销平台"为支撑的自动化营销模式。

个性化产品设计。在零售公司业务上，宁波银行通过推出"捷算卡""分期融""转贷融""通存灵"等新产品，进一步完善了现金管理、融资产品体系，逐渐形成套餐化的产品销售模式，产品实用性和针对性不断增强。在个人银行业务上，宁波银行通过推动现金管理、财富管理、"白领通"等各类基础业务，使客户数量快速增长。

便捷融资服务。2013 年宁波银行推出微信银行，形成了网上银行、移动银行和微信银行三位一体的电子金融服务体系，2014 年上线的直销银行为投、融资客户提供实时撮合的资产交易服务。宁波银行还相继开发了"白领投""直投系列"等普惠金融产品。截至 2015 年年末，宁波银行直销银行业务交易量突破 200 亿元，融资端累计客户数超过 18 万户。

六、2016 年至今：全面发展，开源节流

"收入端核心业务特色化、多元业务齐头并进，支出端调结构、控成本，资本消耗轻型化"，是未来宁波银行的战略基调和主攻方向。

随着利率市场化的完成和近年来经济下行压力的加大，银行整体资产质量下降，依靠扩大规模实现盈利增长的传统模式开始侵蚀银行的利润；同时，社会融

资结构的变化，股票、债券等直接融资占比逐年稳步提升，对银行的信贷业务也构成威胁，同质化竞争严重的银行业进入微利时代。

宁波银行作为一家中小银行，主动适应银行业经营新形态，通过建设多元利润中心、发展投资银行等低耗资本业务增加非息收入，以取代过去依靠存贷款扩张实现增长的粗放的经营模式，取得了显著成效。净利息收入在经历2012年的增速放缓后开始企稳回升。

1. 宁波银行战略重点

（1）深化多元化利润中心建设，提升优势业务核心竞争力

这一阶段，宁波银行将工作重心放在了建设资产管理、资产托管、投资银行等多元利润中心上，非息收入显著增长。

宁波银行重点发展资产管理业务，提升资产管理能力。在产品优化方面，积极促进资管转型，丰富产品形态，推出了多款开放式和净值型理财产品；在投资能力方面，大类资产配置呈现多元化布局，积极拓展资本市场业务，搭建完善的投资研究团队，有效运用信用债风险评价机制，建立投后管理联动机制，提高了把握风险的精准度和有效性。

2016年，宁波银行理财产品运作资金余额2116亿元，同比增长23.5%；2017年，开放型和净值型产品规模1461亿元，同比增长32.3%。在《中国经营报》"2017年卓越资产管理银行"评选中，宁波银行荣获资产管理"金琥珀奖"。

除资产管理业务外，这一阶段宁波银行的资产托管、投资银行、国际业务也快速发展。截至2017年年末，宁波银行的资产托管业务总规模达2.67万亿元，位居城商行之首，托管费收入同比增长23%。投资银行业务获得《国际金融报》2017年"年度ABS先锋银行"奖项，国际业务交易客户和收益同比增长超过18%（见图1-5-19、见图1-5-20）。

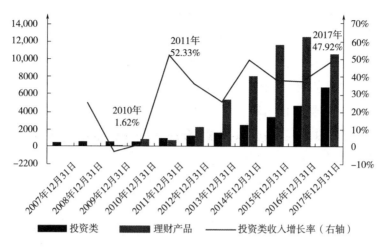

图 1-5-19 宁波银行投资收入增长情况

（资料来源：Wind、国海证券研究所）

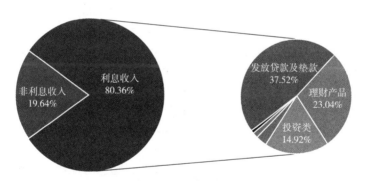

图 1-5-20 2017 年年末宁波银行营业收入结构

（资料来源：Wind、国海证券研究所）

在深化多元利润中心发展的同时，宁波银行仍在持续构建自身的核心竞争力。自 2006 年开始构建的零售公司和个人银行业务相比，其他利润中心有着更加完善的体系和更丰富的管理经验作为指导，是核心竞争力不可或缺的一部分。

（2）资产轻型化

我国企业最主要的融资方式为间接融资，也就是银行居于金融体系的中心位置。在过去经济高速增长时期，企业旺盛的融资需求一方面助推了银行的资本积累和规模扩张,另一方面却使一些银行形成了粗放的经营模式。由于过去宏观经济增速仍处于高速时期,企业经营收益可以保证贷款偿还,银行对资产质量把控和风险管理的重视不足没有造成太大问题,以至于内部风险不断积聚,最终导致资产质量问题在经济增速换挡时期浮出水面。

2015 年,宁波银行提出轻资本战略,旨在化解风险,提高资本利用效率:在资本运用方面,先于其他城商行调整资产结构,减少了非标投资,降低了表外风险加权资产规模,提高了资本集约度;在资本计量方面,于 2016 年申请使用资本高级计量法;在资本补充上,为应对业务发展形成的风险加权资产增长,每三年修订一次"中长期资本规划"。

宁波银行在 2018 年 12 月 8 日发布的《2019—2021 年中长期资本规划》中(见表 1-5-5)提出"不断优化业务结构,持续完善资本管理,着力提升资本使用效率,大力拓展低资本消耗业务,推动公司向资本节约型发展转型"的目标。在风险计量上,提出通过深化 IT 建设来加强对风险管理的支持,不断提升各类风险的识别、评估和计量水平。

表 1-5-5　宁波银行中长期资本规划(2019—2021 年)资本管理措施

资本管理措施	具体变化
提升资本配置和使用效率	提出"提升资本配置和使用效率"管理目标
加强资本充足状况的评估和检测工作	无
深化内部风险管理体系建设,稳步推进新资本协议项目建设	新增"通过深化 IT 建设来加强对风险管理的支持,不断提升各类风险的识别、评估和计量水平"
不断完善资本补充机制	无

注:资料来源于 Wind、国海证券研究所。

截至 2018 年 9 月末,宁波银行年化加权平均净资产收益率为 21.03%,同比上升 0.28%,一级资本充足率为 9.65%,核心一级资本充足率为 8.96%,分别较 2018 年年初上升 0.24%、0.35%,资本使用效率进一步提升(见图 1-5-21、图 1-5-22)。

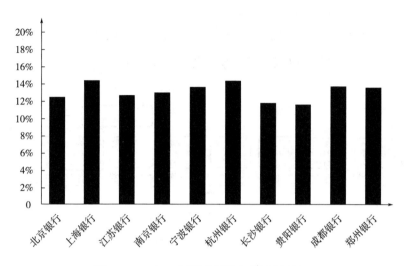

图 1-5-21　2017 年城商行资本充足率对比

（资料来源：Wind、国海证券研究所）

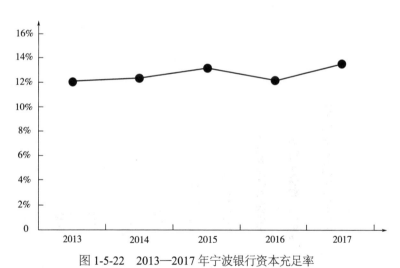

图 1-5-22　2013—2017 年宁波银行资本充足率

（资料来源：Wind、国海证券研究所）

2. 今日宁波银行

截至 2018 年第三季度末，宁波银行的实际最大股东为宁波市人民政府国有资产监督管理委员会,通过其全资子公司宁波开发投资集团有限公司间接持有宁波银行 20% 的股份,第二大股东为其于 2006 年引入的境外战略合作方新加坡华侨银行,持有宁波银行 18.58% 的股份(见图 1-5-23)。

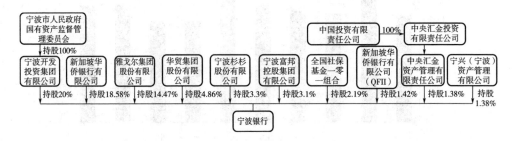

图 1-5-23　2018 年第三季度宁波银行股权结构

(资料来源:Wind、国海证券研究所)

在《中国商业银行竞争力评价报告(2018)》中宁波银行居城商行首位,并获得"最佳城市商业银行"称号(见图 1-5-24、图 1-5-25、图 1-5-26、图 1-5-27、图 1-5-28)。

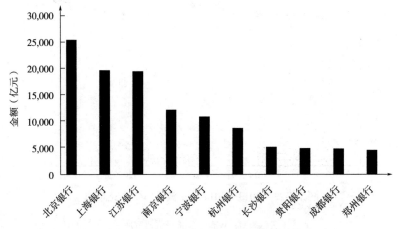

图 1-5-24　2018 年第三季度部分上市城商行总资产对比

(资料来源:Wind、国海证券研究所)

第一章
强者突围

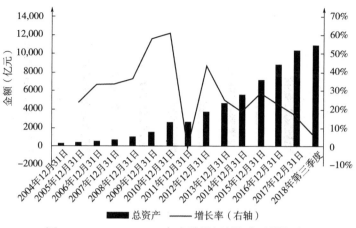

图 1-5-25　2004—2018 年宁波银行总资产及增长率

（资料来源：Wind、国海证券研究所）

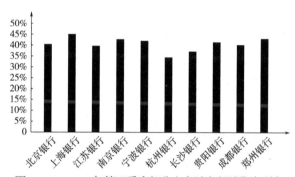

图 1-5-26　2018 年第三季度部分上市城商行销售净利率

（资料来源：Wind、国海证券研究所）

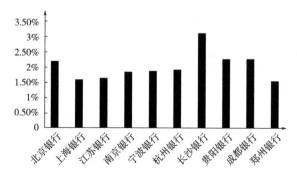

图 1-5-27　2018 年第三季度部分上市城商行净息差对比

（资料来源：Wind、国海证券研究所）

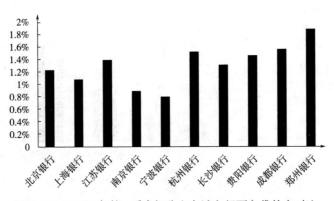

图 1-5-28 2018年第三季度部分上市城商行不良贷款率对比

（资料来源：Wind、国海证券研究所）

宁波银行在城商行中有以下突出的特点：

业务布局多元化。宁波银行于2015年形成了公司银行、零售公司、个人银行、金融市场、信用卡、票据业务、投资银行、资产托管、资产管理九大利润中心格局，多元业务齐头并进，其中金融市场业务发展迅猛。

专注中小企业和高端个人客户。宁波银行的传统信贷业务始终定位于中小企业和高端个人客户，多年的积累使其形成了自身的竞争优势。

"一体两翼"的跨区域发展格局。经过多年跨区发展探索，宁波银行已形成"一体两翼"的跨区域发展格局，在上海、杭州、南京、深圳、苏州、温州、北京、无锡、金华、绍兴、台州和嘉兴设有12家分行，营业网点327家。

七、启示：正视挑战，改革要不畏艰难险阻

在重组设立至今的20余年里，宁波银行背着历史包袱上路，经历了多次宏观政策的变化，也遭遇了严峻行业形势的考验，最终以亮眼的业绩在城商行中脱颖而出。

回顾这段历史我们发现，宁波银行抓住了几个重要关口的发展机遇：成立初

期致力化解不良,搭上地区经济发展顺风车;近年来率先改革,应对利率市场化新形势。

从宁波银行的发展历程中,我们可以总结出以下几点经验。

1. 对股份制银行的启示

在规模扩张时期,兼顾发展的量和质。中小银行的信贷客户资源不及股份制银行,大多为中小企业、个体经营户,其贷款质量管理难度大。但包括宁波银行在内的一些中小银行,不仅享受较高的风险溢价,也维持着较低的不良率。股份制银行的企业客户信用风险整体低于中小企业,但在不良率的控制方面仍然可以借鉴中小银行的管理方法,在规模扩张的同时,兼顾发展的量和质。正如宁波银行的经营理念之一——减少不良就是增加利润。

2. 对中小银行的启示

(1)集中力量攻坚克难,为长远发展扫清障碍。与其他城商行一样,宁波银行由多家城市信用合作社重组设立而来,尚未开展业务就积累了大量的不良资产,在成立之初的几年里不断侵蚀其微薄的利润。然而,宁波银行顶住了股东等利益相关方的压力,将大部分的利润用于消化不良,最终在5年时间里解决了历史问题,从此轻装上阵。由于宁波银行及时化解了历史包袱,抓住了利率市场化开始前2006—2012年浙江省民营经济迅速发展、融资需求旺盛的好时机,积累了传统信贷业务的客户基础,借此扩张了规模。

(2)抓住历史时机分享区域经济和民营经济高速增长的成果。良好的经济发展环境为城商行的成长提供了基础和空间。宁波银行所在的"长三角"地区是我国经济最发达的地区之一,经济资源丰富,经济增长始终保持较高水平,市场机制建设相对完善,金融生态环境良好,为银行业的快速发展奠定了良好基础。民营企业在快速发展过程中对金融服务需求旺盛,宁波银行有机会参与并分享了区域民营经济高速增长的成果,形成了资本的早期积累。

(3)选择外资银行作为战略投资者。中小银行在经营管理、人才储备、科技水平等方面都远远不及大型银行,想要取得全方位的提高,仅仅依靠自身的努力往往收效甚微,而最简单快速的方法就是引进战略投资者,获得相关领域的协助,实现跨越式发展。而战略投资者的选择比引入战略投资者本身更加重要。选择外资银行作为战略投资者有诸多好处,尤其在中小企业业务方面,境外的银行有更成熟的经营管理方法,这与主要客户群体为中小企业和个人客户的中小银行需求非常契合。

宁波银行于2006年引进新加坡华侨银行作为其战略投资者,借鉴了后者中小企业信贷业务的经营模式和优质客户识别方法,建立了"金色池塘"中小企业信贷品牌。除了中小企业服务领域,在风险管理方法、IT大数据系统建设等业务及支持服务领域、员工培训、高管引进等人才素质提升方面,华侨银行都为宁波银行提供了帮助。

(4)集中资源发展中小企业信贷业务,挖掘优质客户,无论从中小银行的信息优势还是规模劣势的角度出发,这一道路均为优先选择。

就优势而言,一方面,中小银行对地方的小企业和个体客户更熟悉,双方联系更密切,有能力、有把握发掘优质客户;另一方面,中小银行从多年小企业信贷业务经营中形成的一套风险管理体系能够保证资产质量。

就劣势而言,无论是规模还是品牌,中小银行都不及股份制和大型银行,所拥有的人力、财力、技术支持、能获取的客户资源也无法与之匹敌。因此,寻找到属于自己的细分市场,集中有限的资源重点发展自身擅长的业务,并做到业内领先、树立起特色业务品牌,才是中小银行的生存之道。

中小银行应当重点发掘优质中小企业和个人客户,建立良好的客户关系,形成一套有特色的业务发展模式。宁波银行将自身定位在中小企业和高端个人客户,也是出于自身发展的考虑。由于"长三角"地区中小企业居多,宁波银行主动放弃大企业客户,专注于发展中小企业客户,从长远来看,对其"一体两翼"的区域战略布局、集中资源形成中小企业服务竞争优势、树立中小企业服务品牌、扩大中小企业市场份额大有裨益。

(5)保持对市场的敏感度,发挥灵活机制的优势。利率市场化的逐步推进使得银行传统业务盈利空间一再被压缩,这对于只能依靠价格竞争的中小银行而言更是雪上加霜。然而,宁波银行从五大利润中心到九大利润中心的转型升级不仅帮助宁波银行度过了信贷业务接近零增长的寒冬，更贡献了亮眼的收入增长。以宁波银行为代表的中小银行都有着灵活的决策机制，正所谓"船小好调头"，因此应当保持对市场的敏感度，充分发挥这一优势。

（6）巧用股权激励机制，提供高薪待遇。宁波银行员工持股比例较高，适当的股权激励能够将员工的权益和公司的权益结合起来，让员工与公司共同成长，分享公司发展的成果。此外，宁波银行的薪酬水平领先于其他城商行，2016—2018 年，员工平均薪酬在所有上市银行中均位列前 4 名，位居城商行之首，对员工有一定的激励作用。2018 年上半年平均为 25.61 万元，同比增长 19.26%，仅次于招商银行、南京银行和平安银行。

（7）及时和持续的资本补充。银行的贷款等多项业务需要充足的资本金支撑，在发展的过程中需要及时补充资本，保证规模持续增长。宁波银行 2001 年以来包括上市在内共有四次大的增资行动，为公司未来发展提供足够的资金支持。中小银行应当保证及时和持续的资本补充，为各项业务的发展提供保障。

八、大事记

1997 年 4 月 10 日，宁波城市合作银行成立。

1998 年 6 月 2 日，经央行浙江省分行批准，宁波市城市合作银行更名为"宁波市商业银行股份有限公司"。

2000 年，陆华裕担任宁波银行董事长。

2006 年 1 月 10 日，宁波银行与华侨银行签署了《股份认购协议》，华侨银行以当时相当于人民币 5.7 亿元的等值美元认购宁波银行新增 2.5 亿股股份，成为持股 12.20% 的战略投资者。

2007 年 4 月 13 日，经当时的银监会批准，宁波银行更名为"宁波银行股份有限公司"。

2007 年 4 月 29 日，宁波银行上海市分行成立，标志着"一体两翼"的跨区经营布局迈出第一步。

2007年7月19日，宁波银行在深交所挂牌上市，成为国内首家在深圳证券交易所挂牌上市的城商行。

2013年11月，宁波银行发起设立永赢基金管理有限公司。

2015年5月，宁波银行全资子公司永赢金融租赁有限公司正式开业。

2017年8月18日，宁波银行与华侨银行续签10年战略合作协议。

2018年，《中国商业银行竞争力评价报告》显示，宁波银行居城市商业银行首位，并获得"最佳城市商业银行"称号。

第二章
巨人陨落

在强者的丛林中,没有永远的成功

银行经营是强者的游戏。作为现代金融体系的基石，商业银行在各国的经济运行中都有着举足轻重的地位。也正因此，每个时代都会有一些真正拥有雄厚实力的机构和个人涉足银行业。

然而，这个在外部看来处于金字塔顶端的行业，其内部则俨然是一个诸强争霸、弱肉强食的丛林。回望历史，无数时代的强者曾深入这片丛林之中，书写属于自己的商业传奇。这个争抢"食物链"顶端王座的游戏，却没有永远的赢家。

如果把时间轴拉长，在现代银行业波澜壮阔的发展历史之中，有许多曾风光无限的巨人最终难逃落魄离场的宿命。看他起高楼、看他宴宾客、看他楼塌了……在风起云涌、浪涛迭起的现代商业银行市场，有太多的机构经不起时间的淘洗，也有太多的机构消逝在经济的周期轮回之中。这不禁让人慨叹，为什么曾经那么强大的巨头会顷刻间垮塌？为什么许多在后人看来显而易见的深渊，当事人就视而不见？为什么野心和梦想在成就伟大的同时，最终也吞噬了伟大？到底什么才是银行基业长青的秘诀？

日本长信银行曾一度跻身全球商业银行百强的行列，但由于它在日本地产的泡沫扩张期选择了大举扩张，最终无奈出局。在20世纪美国利率市场化的背景下，曾在美国银行排名中位居前列的伊利诺伊大陆银行，喊出了做大做强的口号，但经济危机的冲击最终将其击倒在地。"百年老字号"英国巴林银行，在标榜自己投资交易业务强大的盈利能力时，却最终被一个小小的交易员推向破产的边缘……这不禁让人思考：伟大的银行，未来还有多少能够继续伟大呢？

在强者的丛林中，没有永远的成功。对于银行这个跟金钱直接打交道的行业来说，有太多的诱惑和压力迫使经营者们不得不在追求短期利益的同时增强对风险的把控，那些忽视风险的机构，很多最终又被风险所吞噬。那些稳扎稳打、步步为营、敬畏风险、管理风险的机构，通常会通过考验。

第二章
巨人陨落

第一节 曾经的巨人不堪一击——轰然垮塌的日本长信银行

作为与金钱和货币流动最接近的行业，金融业居于行业金字塔的最上层，而银行业作为金融业的中心更是站在了塔尖、企业链条的最高峰。商业银行"欲戴其冠，必承其重"，不但要抵挡下方竞争者的冲击，更要直面宏观经济的波动，甚至要经受金融改革的雷鸣闪电。这其中有一部分企业，修炼数十年内功，面对挑战波澜不惊、见招拆招，终成一代强者。然而还有一部分企业，它们曾经辉煌一时，但终在时代的狂风中倾倒。其中有很多曾叱咤风云的世界大行，因为对经济方向的判断出现根本性失误，一脚踏空，坠入深渊。

让我们以曾经的世界第九大银行、日本的"国家开发银行"——日本长期信用银行（以下简称"长信银行"）开篇。长信银行组建于日本战后百废待兴的时代，承载着政治任务和经济复兴的期望，见证并参与了20世纪60—80年代日本的复苏、增长和繁荣，承蒙国家雨露恩泽，但不图变革，盲从于时代洪流，沉迷在20世纪90年代日本房地产泡沫中，最终在曲终人散时倒下。这是一家典型的踏错经济周期，在危机中承受巨大损失以至于倒闭的大型银行。在长信银行的身上，我们能看到20世纪下半叶日本经济社会的缩影，以及"政企结合""人情关系"这些日本特色的非市场化因素对于一家市场企业的损害。

一、长信银行速览

二战之后的日本，面对的是大轰炸后的一片废墟，重工业基本被摧毁殆尽。

临时占领期间，美国对日本的经济发展处处忌惮。但随着当时全球政治、军事局势的日渐紧张，美国发现日本作为在远东桥头堡的"价值"，对日政策由压制转向扶持。日本政府抓住这一机会，于20世纪50年代开始了日本经济与产业复兴计划，长信银行就在这样的背景下诞生了。它在政府的帮助下成立，一直与政府的关系十分密切，先后多位大藏省（日本中央政府财政金融机关）退休官员在长信银行担任要职。它的经营目的就是服务日本产业政策，为关键行业企业提供金融支持，堪称日本版的"国家开发银行"。

1952年，长信银行在原日本劝业银行的基础上成立，政府以认购优先股的方式提供了50%的资本金，在成立后的三年内，大藏省认购了长信银行全部金融债券的40%。拥有深厚政府"基因"的长信银行可以说算是半个国家银行。经营期间，长信银行主要通过发行债券获得资金，并将资金贷给特定行业的方式赚取借贷差。

20世纪60年代初，伴随着日本经济的腾飞，长信银行业务发展迅速。1963年，长信银行为国内制造业提供了几千亿日元的资金，放贷对象包括丰田集团、东丽集团、川崎钢铁、东京电力、桥石轮胎和东芝集团等行业巨头。同时，长信银行帮助这些企业进行海外拓展。

20世纪80年代，长信银行制定改革措施，希望将工作重点从传统的信贷转向投资银行业务，但并未获得外部监管部门和内部保守派的支持。随着日本泡沫经济的产生，长信银行完全投入到泡沫资产"击鼓传花"的游戏当中。1989年，按照资产规模统计，长信银行列全球第9位。

1996年，大藏省检查时长信银行时发现其掩盖了4万亿日元的不良债权，随着问题的加剧，1998年长信银行破产并收归国有。1999年，日本政府将长信银行出售给瑞博伍德(Ripplewood Holdings)集团，并于次年更名为新生银行。

我们将日本长信银行从重生到倒闭分为四个时间段进行了梳理、总结：

1945—1955年：废墟之上重生，服从国家政策；

1955—1985年：经济增长转轨，变革山雨欲来；

1986—1991年：镀金时代，纸醉金迷；

1992—1999 年：泡沫破裂，大厦将倾。

二、1945—1955 年：废墟之上重生，服从国家政策

1. 日本的战后复苏

1945 年 8 月，日本战败投降，战争经济宣告结束。战争破坏加上军事需求戛然而止，日本工业遭受严重打击。当年 10 月，普通钢材的产量仅为战前的 1.4%，被工厂解雇的失业人数达 413 万余人，物价亦急剧上涨。

为了使日本经济得到复苏，政府着手救助金融机构，将 1946 年一般财政预算中的 20% 作为产业经济费，对因政府停止发放"战时补偿"等而蒙受损失的银行给予补偿，以防破产；成立复兴金融库，为国家基础产业的设备投资和企业运营提供资金；1947 年实施"倾斜生产方式"方案，将紧缺资源重点划分给以煤炭、钢铁为中心的基础产业。这些举措使得基础产业的生产能力逐渐得到恢复和发展（见表 2-1-1）。

表 2-1-1　1946—1948 年工矿业生产情况

时间	普通钢钢材产量（千吨）	煤炭产量（千吨）	工业用煤炭配额（千吨）	工业生产指数*
1946 年	296	20310	6104	39.2
1947 年	480	27170	8467	46.2
1948 年	1027	33722	12184	61.8

＊工业生产指数包括工矿业和公益事业在内，是综合生产指数（企划厅公布），以 1934—1936 年平均为 100 的指数。

注：资料来源于小林义雄《战后日本经济史》、国海证券研究所。

尽管基础产业得到恢复，但倾斜的策略使中小企业困难重重，并发生恶性通货膨胀，随后美国占领军对日本实施了"道奇路线"，对外设置单一汇率制⊖，

⊖ 将日本对美元的汇率定为 1 美元兑换 360 日元。

对内实行平衡预算①，这一举措在抑制通货膨胀、改善了日本财政收支平衡的同时也带来了经济萧条。尽管抗美援朝战争对军需的需求增长，日本获得了短暂的"朝鲜景气"，但随着战争的结束，直至 1954 年底吉田内阁的崩溃，日本经济都处于动荡不安之中。

2. 长信银行的成立

在 20 世纪 30 年代，考虑到银行较其他市场更容易控制，日本军方要求绝大部分的金融流通需经过银行。1952 年，时任大藏省大臣的池田勇人召开金融政策委员会，采用易控制的银行而不是资本市场将稀缺资源供应给能够迅速重振经济的产业。池田勇人的金融计划将银行作为主要融资来源，并将不同金融功能划分给不同的机构。经纪公司专门负责股票市场、城市银行为消费者服务并向大型企业提供短期贷款、信托银行专门负责资产管理业务、地区银行为小客户服务。

除此之外，1952 年日本政府制定了《长期信用银行法》，创造了一种全新种类的银行——长期的信用银行。池田勇人认为，长期的信用银行应通过自己发行债券融资，并向钢铁、造船、电力等特定行业提供长期贷款。在这样的背景下，战前半官方性质银行——日本劝业银行一分为二：一半成为普通的商业银行，仍沿用日本劝业银行的名称②；另一半则改组为长期信用银行（即后来的"长信银行"）。长信银行成立之后，政府以认购优先股的投资方式提供给长信银行 50% 的资本金，在成立后的 3 年中又认购了长信银行发行的全部金融债券的 40%。

在资金来源上，和其他长期的信用银行一样，长信银行主要通过发行债券获得资金，在长信银行的资金构成中，有近 80% 是通过债券进行筹集的，其中附息债券和贴现债券的比例约 3∶1。根据《长期信用银行法》，长期的信用银行发行的债券分为五年期限的附息债券和一年期限的贴现债券，前者多由机构购买，

---

① 日本原来仅在以租税收入、发行国债为财源，推动一般行政工作而提供经费的一般会计账目上采取收支平衡的形式，而"道奇路线"要求的平衡预算则将含有隐蔽的补贴金额的特殊会计账目也计算在内。

② 日本劝业银行成立于 1897 年，是专向农业和工业提供长期低息贷款的半官方性质的银行。随着日本战败，日本劝业银行逐渐势微。1971 年，保留下来的日本劝业银行与第一银行合并为第一劝业银行。

而贴现债券多为个人购买。在贷款投向上，作为一家具有政策属性的商业银行，长信银行在成立之初主要还是聚焦于符合"国家利益"的行业，服从政府产业政策，如二战初期的造船、电力、钢铁、煤炭等行业，以及后来的汽车制造等工业生产类行业。

在长信银行看来，具有政府支持、符合政府政策导向的企业及这些企业的关联公司，才能够在日本长期生存。因此，长信银行在实际的信贷业务中往往不是根据企业的财务报表作为评判依据，而是更多考虑企业的背景和社会关系。

在这样的背景下，长信银行有着十分稳定的借贷差。1945 年，《临时利息调整法》规定了银行的存款利率、贷款利率、票据贴现利率、账户透支利率等金融机构的利息上限。长信银行向其他机构发放的债券利率，总是固定在比长期优惠贷款利率高 90 个基点之上，而长信银行的放贷利率则固定在高于日本银行贴现率的一定水平之上。

三、1955—1985 年：经济增长转轨，变革山雨欲来

1. 已经不是战后了

从 1954 年 12 月起，日本已不再依赖战后复兴或"朝鲜特需"，而是真正依赖投资和消费等内需的增加来促进经济增长（见表 2-1-2）。到 1960 年，池田勇人内阁提出"国民收入倍增计划"，主要采取促进中小企业现代化、提高国家创新能力、加大基建投入、缩小收入差距的方式推动日本经济发展，日本正式进入腾飞阶段。1967 年，日本提前完成国民收入增加一倍的目标，次年日本成为仅次于美国的世界第二大经济体，1960—1973 年，日本经济处于高速增长期，平均增速 9.7%（见图 2-1-1）。

表 2-1-2　以战前（1934—1936 年）为基期（100）的 1955 年各项指标的水平

指标	指数	指标	指数
人口	129.7	制造业生产指数	189.4
就业人数	133.5	劳动生产率指数	131.3

（续表）

指标	指数	指标	指数
实际国民收入额	139	实际国民总投资额	154.2
人均国民收入额	107.1	出口数量指数	71.6
产业活动综合指数	187.9	进口数量指数	90.1

注：资料来源于小林义雄《战后日本经济史》、国海证券研究所。

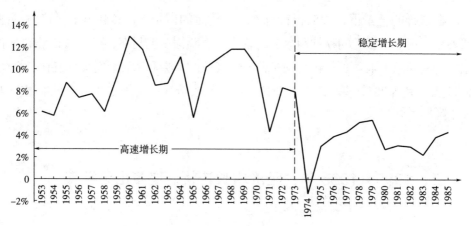

图 2-1-1　1953—1985 年日本实际 GDP 同比增速

（资料来源：日本内阁府、国海证券研究所）

进入 20 世纪 70 年代以后，随着人口结构变化、两次石油危机、日美贸易战等带来的内外部冲击，日本经济增速换挡。1974—1985 年，日本平均增速 3.4%，进入稳定增长期。在 20 世纪七八十年代，日本在利率市场化、资本流动自由化、日元国际化等方面逐渐放开了管制。1985 年，随着《关于金融自由化、日元国际化的现状与展望》的发布和"广场协议"的签订，日本加速金融自由化，这些举措为泡沫经济埋下伏笔。

2. 长信银行的发展与改革困境

随着日本经济的腾飞，长信银行也在不断壮大。20 世纪 60 年代初，长信银行的业务发展迅速，1963 年，为国内制造业提供了几千亿日元的资金，放贷对

第二章
巨人陨落

象包括丰田、东丽集团、川崎钢铁、东京电力、桥石轮胎和东芝等行业巨头，并帮助这些企业进行海外拓展。20世纪60年代中后期，在为丰田向美国进出口银行的贷款提供担保后，长信银行意识到了海外机会的重要性，开始派遣职员学习外语并前往海外的银行进行培训。后来长信银行管理层中的"国际派"，如大野木克信、平尾宏二等，就是在这一时期接受了海外培训后脱颖而出的。

随着20世纪70年代经济发展的放缓和直接融资市场的发展，需要通过长信银行进行贷款的需求越来越少，这使长信银行的长期发展遭到威胁。因此，包括大野木克信在内的"国际派"开始倡议对长信银行进行改革，而大野木克信主张公司向投资银行方向转型的建议，也获得了长信银行高层的认可。1983年底，由于金融监管原因，银行虽然仍不被允许在日本内部介入债券和股票业务，但可以在海外设立分支机构，参加海外市场的债券承销。因此，长信银行计划成立一个"投资银行组"，用以进行债券交易、投资顾问以及系列产品等新业务的开发。

在长信银行1985年发布的战略规划中，改革的领导者马里奥·水上抨击了目前日本金融制度的落后，并指出长信银行的改革方向，其中主要包括：日本金融和经济氛围扭曲，金融制度没有跟上；银行需要转变角色，提供更加先进的金融产品，规模庞大不再意味着利润上升；银行需要建立一个企业融资团队；职员的升迁建立在贡献的基础之上，简化管理层，并在薪酬制度上体现个人贡献。

尽管马里奥·水上的改革受到了长信银行内部"国内派"⊖的反对，但"国际派"们仍为改革做出努力。大野木克信被任命负责"投资银行组"，平尾宏二被派往纽约，开拓长信银行的国际资本市场。后来，他督导购买了美国一家从事企业兼并的公司皮耶斯（Peer's）的一部分股份，又收购了一家主要的债券交易商格林威治资本管理公司（Greenwich Capital）。然而，从1985年起，随着日本房地产和股票泡沫的不断累积，长信银行改革派的努力化为泡影，泡沫经济带来唾手可得的利润使长信银行沉溺于泡沫经济的游戏中，特别是房地产，成为长信银行的新宠。

⊖ 与"国际派"相对，"国内派"为始终在日本工作，未出国进修的保守派长信银行高层。

四、1986—1991 年：镀金时代，纸醉金迷

1. 虚假的繁荣

"广场协议"签订后，日元的升值使得出口大幅下滑，日本经济出现衰退。为了缓解经济下滑和通缩压力，日本开始采取扩张性的财政和货币政策，在 1986—1987 年间的连续降息后，央行贴现率从 1986 年年初的 5% 降至 1987 年 2 月的 2.5%，达到二战之后的最低水平。一系列的金融缓和措施使得日本货币供应量的增速大幅上升。

在升值预期、低利率和宽裕的流动性之下，大量热钱涌入股市和房地产（见图 2-1-2）。日本企业对金融资产的投资由 1985 年前的 7.9 兆日元增至 1989 年的 25.9 兆日元，扩大了 2 倍多；资金运用于土地投资的比率也上升了 2 倍以上。1985—1990 年，与房地产无关的企业所拥有的土地资产增加了 9.8%。由于大量的资金涌向了楼市和股市，日本国内的股价和地价也在 1989 年达到峰值。1989 年 12 月 29 日，日经 225 指数报收 38,915 点，相较 20 世纪 80 年代初已上涨超过 5 倍。

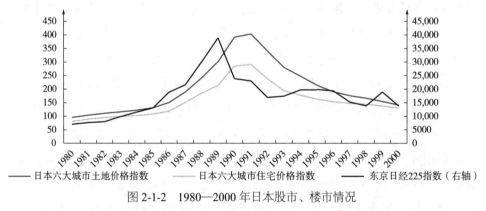

图 2-1-2　1980—2000 年日本股市、楼市情况

注：土地价格指数以 2010 年 3 月末为 100；六大城市为东京、横滨、名古屋、京都、大阪和神户。

（资料来源：Wind、国海证券研究所）

日本的商业银行也加入了这场股市和楼市狂欢。由于激烈的竞争环境，商业银行开始追逐高风险高回报的项目，通过向商业贷款公司贷款的方式迂回向

第二章
巨人陨落

泡沫产业融资。据大藏省统计，日本的商业银行向商业贷款公司的融资在全部融资总额中所占比例约20%，商业贷款公司向房地产的融资在其融资总额中所占比例达40%。

2. 房地产公司，长信银行的新金主

1985—1988年，长信银行的资产由18.4万亿日元增长至22.6万亿日元，相当一部分来自于房地产贷款的大幅提升。1990年，长信银行的市值为248亿美元，位于世界第9。在这期间，标准普尔（Standard & Poor's）和穆迪（Moody's）都对长信银行给出了AAA的评级。房地产的疯狂扩张使长信银行原本向投资银行转型的进程变得不那么急迫，相比投资银行受到的限制和利润的微薄，房地产贷款更加有利可图。因此，新的领导者对马里奥·水上此前制订的战略计划进行了调整：银行应该以投资银行作为长期目标，但短期内仍然应该侧重于作为核心业务的企业借贷；同时要求充分利用房地产方面的新机会，注重发展向中小型企业放贷。

在长信银行的房地产贷款中，对EIE公司（Electronics and Industrial Enterprise）的贷款极具代表性。EIE公司成立于1947年，在高桥治则接管公司以后，成为专门从事电子产品进口的贸易公司。20世纪80年代，高桥治则宣布将EIE公司改造成房地产集团。EIE公司在房地产泡沫时期四处购置土地和建造宾馆，吞并了世界上的许多资产。EIE的房地产业务从购买塞班岛的凯悦旅馆开始，后又于1987年买下了帝豪旅馆管理集团30%的股份。高桥治则出手阔绰，喜欢的旅馆就直接购买。夏威夷一个估价2000万美元的养牛场，高桥治则想在此建造旅馆，竟以1.5亿美元买入。在经济泡沫鼎盛的1989年，EIE搬入了造价高昂的新办公大楼，同期，公司拥有多架私人飞机。

对资金有庞大需求的房地产集团EIE和在日本上层有一定地位的高桥治则获得了银行的青睐。在塞班岛凯悦旅馆的项目中，长信银行和汇丰银行共出借了300亿日元。长信银行对EIE的贷款几近达到无条件批复的地步。1990年，EIE的总借款数达到7000亿日元，其中源自长信银行的借款数目估计超过3000亿日元，成为长信银行当时最大的10家客户之一。

五、1992—1999 年：泡沫破裂，大厦将倾

1. 泡沫破裂

日本经济泡沫不断累积也让日本政府产生了担忧，并开始主动"挤泡沫"。从 1989 年起，日本实施了一系列的金融紧缩的政策。1989 年 5 月—1990 年 8 月，日本 5 次调高央行贴现率（见表 2-1-3），货币供应量也急剧收紧（见图 2-1-3、图 2-1-4）。在房地产方面，日本采取了直接管制土地交易、管制金融机构贷款、完善土地税制、强化城市用地管制四大措施抑制地价。

表 2-1-3　1989—1990 年日本贴现率变动

实施日期	实施内容（%）	提升幅度（%）
1989 年 5 月 31 日	2.5~3.25	1
1989 年 10 月 11 日	3.25~3.75	0.5
1989 年 12 月 25 日	3.75~4.25	0.5
1990 年 3 月 20 日	4.25~5.25	1
1990 年 8 月 30 日	5.25~6.0	0.75

注：资料来源于《前车之鉴：日本的经济泡沫与"失去的十年"》、《日本经济白皮书》、国海证券研究所。

图 2-1-3　1985—1995 年日本 M2 同比增速

（资料来源：Wind、国海证券研究所）

第二章
巨人陨落

在这一系列紧缩政策之下,股市和楼市双双出现下跌。企业股权融资额从 1989 年年末的 25 兆日元减少至 1991 年的 5 兆日元。到 1991 年年末,日经 225 指数已从前期高点跌至 23848.71 点;到 2002 年,仅剩 8,578.95 点。根据日本国土厅的监视报告,日本土地交易总额从 1990 年开始以 20% 的幅度减少,特别是法人企业的土地交易金额减少的幅度在 40% 以上,六大城市㊀地价指数在 1992 年、1993 年和 1994 分别下跌 16%、18% 和 12%。㊁

随着泡沫的破裂,日本经济陷入低谷,投资于股市和房地产的企业的资产负债表恶化,日本失业率大幅上升,GDP 增速走低(见图 2-1-4)。股市和楼市的溃败带来了大量的不良债权。据统计,1992 年 3 月底,日本的不良债权达到近 13 万亿日元;到了 2002 年 9 月底,日本全国 132 家银行的不良债权余额达 40.08 万亿元(见图 2-1-5),这一时期,大量金融机构倒闭(见表 2-1-6)。1997 年,北海道拓殖银行和山一证券的倒闭更是将日本金融危机推向高潮。

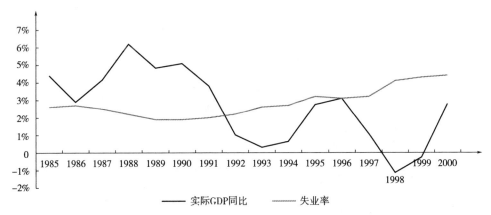

图 2-1-4　日本 1985—2000 年实际 GDP 同比增速、失业率

(资料来源:Wind、日本内阁府、国海证券研究所)

㊀ 六大城市:东京、横滨、名古屋、京都、大阪、神户。
㊁ 数据来源:日本统计局。

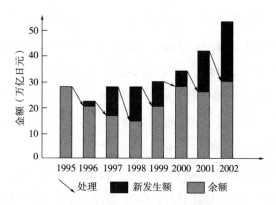

图 2-1-5　1995—2002 年日本银行业不良债权余额和新发生额

（资料来源：刘海龙《日本银行业不良债权问题研究》、国海证券研究所）

表 2-1-4　1995—2002 年日本主要破产银行统计

时间	破产银行名称
1995 年	兵库银行
1996 年	太平洋银行、阪和银行
1997 年	德阳城市银行、北海道拓殖银行、京都共荣银行
1998 年	长期信用银行、债券信用银行、福德银行
1999 年	国民银行、幸福银行、东京相和银行、新泻中央银行
2001 年	石川银行
2002 年	中部银行
2003 年	足利银行

注：资料来源于根据相关新闻整理、国海证券研究所。

2. 长信银行的崩塌和新生

股票和房地产价格的下跌同样对长信银行造成了双重打击。股票投资方面，长信银行报表里的股票投资潜在收益从 1989 年的 3.8 万亿日元降至 1991 年 3 月的 2.3 万亿日元，1995 年 3 月降为 4380 亿日元。而房地产方面，20 世纪 90 年代初期，所有银行贷款中的 25% 直接流向房地产和建筑部门，55% 间接与土地有关。长信银行自然也不例外，以东京为代表的楼市崩盘给长信银行造成了巨额的不良贷款。

第二章
巨人陨落

以 EIE 公司为典型的房地产公司在经济泡沫破裂后遭到重创。在泡沫破裂前期，长信银行相信房地产和股价只是暂时下跌，仍继续对 EIE 追加贷款。到了 1993 年，长信银行发现 EIE 的问题极其严重，宣布与 EIE 切断所有联系，并承认为其提供的 1900 亿日元贷款有一半无法收回。1995 年，EIE 行贿政府的丑闻被国会掌握，高桥治则在国会听证时揭露长信银行出资拯救两家信用社，曾利用这两家信用社暗地里继续向 EIE 追加贷款，并向政治家和黑帮提供贷款的行径。

1995 年 3 月底，长信银行宣布坏账总额达到 7840 亿日元，并使用全年利润核销几乎一半的坏账。1996 年夏天，大藏省认为长信银行有风险贷款为 4 万亿日元，占总贷款的 25%，有风险贷款中 1/3 已无法偿还。而长信银行在 1997 年春天公布有 8400 亿日元的有风险贷款，其中 3500 亿日元为坏账。1997 年 10 月底，正当长信银行制订了债券和股票发行计划准备发行时，北海道拓殖银行倒闭，随后，三洋证券和第四大经纪公司山一证券均宣布破产。寒冬袭来，投资者对日本金融企业的信心跌至冰点。1997 年 11 月底，长信银行股价跌到 200 日元以下，是 10 年来最低水平，瑞士银行（Swiss Bank Corporation,SBC）迫不得已宣布长信银行的筹资计划推迟。㊀

1998 年，日本成立了 30 万亿日元的安全基金用来支持各级银行，其中长信银行得到了 1800 亿日元的资本注入。但随着《现代外刊》对长信银行坏账的公布，市场开始抛售长信银行股票，瑞士方㊁退出的流言传开，股价继续下滑。1998 年 6 月下旬，长信银行宣布与日本住友信托银行股份有限公司（The Sumitomo Trust & Banking Co.Ltd.，以下简称"住友信托"）结盟，但住友信托本身坏账较多，这一结盟让瑞士方彻底愤怒，在买下长信银行在资产管理和投资银行合资企业的股份后退出联盟。而住友信托坚持要在政府先把长信银行的坏账移开，并注入公共资金使长信银行存活的情况下，才会进行合并。遗憾的是国会投票拒绝了这一

㊀ 瑞士银行和长信银行计划相互持股 3%，并建立投资银行、资产管理和私人银行三家合资企业。长信银行计划筹集 2000 亿日元的新资金，其中包括 1300 亿日元的优先股和 700 亿日元的次级债券，SBC 将购买其中一半的优先股。

㊁ 此时，瑞士银行已被瑞银集团（UBS）合并重组。

需要 2 万亿日元资金的计划。

1998 年 10 月下旬，国会同意为金融系统成立 60 万亿日元的安全基金，并为长信银行寻找买主。在这期间，长信银行被国有化托管。此时，长信银行的资本缺口达 3000 亿日元。长信银行倒闭时账上有 23 万亿日元，其中 2/3 是企业贷款。国有化后，政府管理机构逐渐抛售长信银行的金融信贷资产，又将 5 万亿日元的不良资产转移给整理回收机构。1999 年夏天，长信银行账上最终剩下 11 万亿日元贷款。

来自美国的瑞博伍德集团积极地参加接管长信银行的竞价。1999 年 9 月，瑞博伍德提出的第一份商业计划为：以 10 亿日元购买长信银行，注入资本金 1200 亿日元，同时接管长信银行所有贷款。日本方面，政府拿出 5000 亿日元的储备金，提出"取消权"方案；另外再用 2400 亿日元注入长信银行。经过谈判，日本政府将储备金提高到 9000 亿日元。2000 年，经过多次谈判，瑞博伍德接管了长信银行，并更名为新生银行，长信银行的故事就此终结。

六、原因分析

长信银行的发展史某种程度上是日本经济的缩影和产物：其成立即是日本战后倾斜生产资料政策的表现；其改革受挫也是日本在 20 世纪 80 年代忽视银行业改革的体现；其迷失则是日本经济泡沫时期金融机构的集体性盲从；其倒闭则是日本经济崩盘的一个缩影。长信银行的破产并非个例，在 20 世纪 90 年代中后期，日本多家银行发生倒闭，它们的共性大于个性，分析长信银行倒闭的原因，无疑也能从侧面看到日本经济在 20 世纪 90 年代崩盘的原因。

长信银行的主要破产原因可以总结为（见图 2-1-6）：在经济泡沫阶段，长信银行在并没有良好的风险控制系统支撑之下，一味地追求规模扩张，大量放款给房地产公司，导致在经济崩盘之后，产生了大量的不良债权。在面对不良债权的问题时，长信银行对经济形势判断失误：认为经济会转好。一方面，对相关企业追加贷款；另一方面，对不良债权采取隐瞒拖延的问题，不良债权越积越多。最终，在监管的缺失和不作为之下，庞大的不良债权拖垮了长信银行。

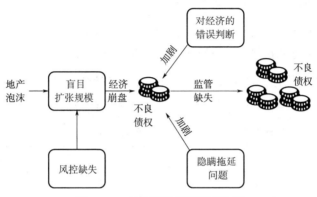

图 2-1-6　长信银行倒闭原因分析

（资料来源：国海证券研究所）

盲目扩张规模是长信银行庞大不良债权的根源。长久以来，长信银行依赖借贷差获利，在借贷差保持稳定的基础上，长信银行只要将规模做大就能扩大利润。但随着日本金融制度的逐渐改革，利率市场化使得稳定的借贷差出现波动，金融脱媒也使得越来越多的企业可以通过银行以外的渠道融资（见表 2-1-5），在这样的情况下，长信银行的利润自然下滑。

表 2-1-5　1950—1989 年日本企业资金来源结构

时间	股票（%）	债券（%）	金融机构贷款（%）	内部筹资（%）
1950 年	3.7	5.1	43.6	40
1955 年	6.3	1.7	30.8	55.3
1960 年	9.2	3	40.6	42.9
1965 年	2.7	2.2	41.1	49.5
1970—1974 年*	3.3	1.7	51.7	43.2
1975—1979 年*	3.3	2.5	42.3	51.9
1980—1984 年*	3.5	1.4	39.3	55.8
1985—1989 年*	4.5	5.9	33.9	53.8

注：* 年份取时间段内平均值。资料来源于《战后日本金融结构变迁》、日本银行、国海证券研究所。

房地产价格的上涨看似解决了长信银行的增长问题,源源不断成立和发展的房地产公司可以为长信银行扩大规模提供新的流量入口,地价的增高也使得土地这一抵押品更具安全性。在这样的情况下,长信银行只需要不断扩张在房地产业的规模就可以解决自身遇到的问题并获得更大的利润。在这样的动力下,长信银行向以 EIE 为代表的房地产企业大量放款(见表 2-1-6)。1990 年,长信银行的资产达到 3000 亿美元,几乎是 1984 年的 2 倍。当泡沫崩溃席卷而来时,在经济过热时规模扩张过快的长信银行自然很快出现不良债权的问题。

表 2-1-6　截至 1998 年长信银行十大借款人

公司名称	所属行业	子公司数量	数额(百万日元)
日本租赁	金融	30	5278
住宅金融债券管理公司	公众公司	1	4554
日比谷综合发展公司	房地产	6	4169
日本兰迪克	房地产	10	3872
EIE 国际	房地产	17	2615
川崎史蒂尔	制造	65	2529
东京电力	电气	15	2385
NED	房地产	9	2340
日本信贷	金融	9	2308
熊谷组	建筑	21	2112

注:资料来源于 Mitsuru Misawa《The Long Term Credit Bank of Japan Litigation》、国海证券研究所。

风险控制的缺失导致了不良贷款率的增加。放贷规模的扩大遇上风险控制的缺失,势必导致大量的不良债权。长信银行的放贷并没有考虑公司本身的经营情况和贷款用处。以前文中提及的 EIE 公司为例,EIE 曾向长信银行的纽约办公室申请一笔 3.5 亿美元的贷款,用以建造位于曼哈顿中部派克大道(Park Avenue)和麦迪逊大道(Madison Avenue)之间的第 57 街上的酒店,但对具体的财务使用并无规划。长信银行位于纽约的办公室通过计算,认为可行贷款上限为 1.5 亿

第二章
巨人陨落

日元。但为了与 EIE 公司构建良好的关系,这笔投资获得了长信银行总部的支持,并要求满足 EIE 的一切要求。到了 1989 年,这座旅馆的预算已远远超过了 4 亿美元。

对形势的错误判断也加剧了不良贷款的扩大。在泡沫破裂的前期,长信银行仍然相信房地产和股市只是暂时的下跌,因此长信银行仍然继续向相关领域放贷。1990 年,日本的利率开始上升的时候,EIE 请求长信银行暂缓增加贷款利率并发放更多贷款以弥补亏空的说法得到长信银行副总裁铃木克制的支持。当年 4 月,铃木又悄悄批准了另一笔"临时"贷款,以 60 亿日元填补资金亏空。同时出于对高桥治则的信任,长信银行也没有重新进行信用审查和要求更多的抵押。

隐瞒的态度使长信银行错失了解决不良债权的最后机会。面对日益增加的不良债权,长信银行采取了隐瞒的方式,长信银行的做法既不是自行解决问题,也丧失了外界帮助银行的机会。在应付检查上,只要日本银行派人来检查,长信银行就提前把与法律有抵触的文件打包装进地下室,长信银行与检查人员就会心照不宣地忽略这些文件。

另外,长信银行对问题的隐瞒还体现在会计处理上。1991 年 12 月,长信银行成立了一家名为 "NR" 的公司,用作储藏不再履行合约的贷款。从 1991 年年末,长信银行向 NR 以账面价值出售资产。NR 只有在长信银行向它贷款时才有能力买下这些高风险贷款,但银行可以将这部分贷款转化为优良贷款。在随后的两年内,长信银行又接连成立了日比谷开发公司、乐町开发公司、新桥开发公司等卫星公司,并抬高价格出售资产。长信银行通过一些正常渠道将贷款分散到已有的子公司,这些公司同时承接股票和房地产。例如 1991 年,日本土地公司以 1000 亿日元价格购买长信银行在大手町的总部大楼,而该大楼的账面价值为 20 亿日元,长信银行得到了 980 亿日元的利润。外国的投行家也参与了隐瞒,他们设计的金融产品可以帮助类似长信银行的日本其他银行短期内在财报上现实利润,而损失被长期掩盖。

这些错误的操作导致了长信银行大量不良债权的产生及不断扩大,最终导致长信银行的倒闭。当然，监管的缺失也是庞大不良债权的帮凶，监管部门对于长信银行的隐藏活动睁一只眼闭一只眼。1991年，日本银行检查时发现长信银行的账上有1.628万亿日元的贷款存在潜在风险，但长信银行发布的报告中的数字为212亿日元。1992年，大藏省检查时计算出的潜在风险的贷款为1.3万亿日元，但检查人员认为没有必要公布这些数字。直至1994年，日本银行发现长信银行的坏账和有风险的贷款膨胀至3.4万亿日元，大藏省和日本银行亦没有对其做出任何惩戒。

七、启示

1. 理解经济的周期性，是银行良性经营的起点

长信银行和众多的日本银行都是随着日本经济泡沫的崩盘而走向破产，可以说，银行是经济泡沫膨胀的重要推动者，也在经济衰退时首当其冲。经济上行时，企业经营状况好转，偿债能力增强，随着地产和股市的行情高涨，企业抵押品的价值也水涨船高。即使银行本身没有降低放贷门槛，满足放贷要求的企业也会增多，银行的资产业务规模自行扩张。如果银行在此时激进地追求利润或和其他银行进行竞争，规模扩张的速度和程度也将随之倍增。然而，一旦经济下行，企业自身的偿债能力和抵押品品质下降，违约率增高，银行的顺周期性又会使它缩减贷款规模。作为银行，要深刻地认识到经济的周期性以及银行在经济中所扮演的角色，在整体业务上都要考虑到周期性。

制定的战略要进行跨周期的考虑：商业银行在制定经营战略时，需要从长远的、跨周期的角度进行思考，既要考虑当前的经济形势，也要考虑周期因素，在考虑利润的同时将防破产作为底线。这需要银行加大在经济周期方面的研究投入，以更好地认识和预测经济周期，把握经济运行规律。

在经济上行期，一方面，银行要有居安思危的意识，提前做好应对经济下行期的准备。例如，做好应对流动性危机等经济下行期可能遇到的问题的预案、提

前进行压力测试、在上行期多计提贷款的损失拨备等。另一方面，银行在经济上行期应少积累问题，这主要体现在信贷业务上。

到了经济下行期，更多是问题的爆发期，其实是在考验银行在上行期的准备工作是否充分，一旦暴露问题，银行能采取措施的时间窗口很小；当然在这一时期也存在机遇。在普遍惜贷的情况下，经营稳定的银行应勇做"秃鹫"，寻找被"错杀"的企业，进行发放贷款或债转股等操作，当然这也需要银行提前储备投研人才，提高鉴别能力。

2. 控制业务的规模与节奏，是银行稳定盈利的前提

经济下行期是银行破产的高发期，而不良债权过高往往是压垮银行的重要因素。从经济周期性的角度，在信贷业务的风险控制方面应该考虑以下因素：

在信贷评估体系中考虑周期因素。在企业经营和偿债的指标标准上，可以进行动态调整。例如，根据经济水平对指标加以一定的周期系数，对总贷款规模或者部分行业的贷款规模规定上限等。

注意贷款的期限和抵押物质量。在经济上行时，银行可能会高估经济上行的持续时间，在这样的判断下，长期贷款更有利可图。然而，一旦经济出现下行甚至崩盘，长期贷款的收回就可能会成为难题。因此，在放贷时要注意贷款期限结构的合理性，并注意资产和负债的匹配性。与此同时，经济上行期间，资产的价格上升，使得抵押品特别是房地产的价值上升；经济下行期间，房地产的价格会随之下滑，侵害银行利益。因此，在对抵押品的价值进行评估时，要考虑周期的因素。

形成严格完善的客户准入和管理体系。首先，形成客户白名单准入机制，在白名单内的企业、行业分布应合理科学；其次，对于白名单中企业的单一授信额度的上限可根据所处的经济环境进行动态调整；最后，尽管白名单中的企业往往资质较好，但仍需密切跟踪，对白名单定期更新，特别是属于周期性行业的企业。

3. 风险控制体系的完善与有效是银行基业长青的根基

一个有效的风险控制体系，是银行能够长期发展业务的根本所在。在长信银行的案例中，过多的不良债权和瞒报现象的存在都与风险控制的缺位有关。

结合长信银行的案例，我们有如下启示：

风险控制要渗透在每一笔业务之中。无论是信贷业务还是投资业务，利润部门的目的都是赚取更多的利润。因此，银行业具有先天的扩张规模和忽视风险的动力，这就需要风险控制部门严格将每笔业务都控制在正确的轨道上。以信贷业务为例，风险控制应提前设置好放款对象的条件，使信贷人员有据可依，当收到放款申请后，应仔细核查放款对象的资质、贷款用途等，在完成放款后，应定期跟踪放款对象。这其中每一步都要有风险控制参与在内。

日常注意培养专业的风险控制人才。长信银行在隐瞒不良债权时多采取会计手段，这就要求风险控制部门培养具有财会、法律等相关专业能力的人才，并与外部审计人员多沟通，以便及时识别问题和解决问题。

完善隔离制度，建立预警系统。这两点主要运用于信贷业务方面，隔离制度要求与某家公司有利害关系的管理层必须回避该公司的信贷审批工作；设置预警系统，要求银行对宏观、行业风险设立跟踪体系，一旦出现拐点，立刻对相关企业采取维持或降低授信额度、调出白名单等操作。

风险控制部门需重视可能存在的瞒报问题。银行业务中可能存在风险控制未能发现的问题。对此，可建立奖惩制度，鼓励相关责任人主动上报问题，对主动报告问题的责任人酌情减免惩罚，对隐瞒不报的行为予以惩处。可以事先授予风险控制部门必要的权限，包括查阅公司重要文件、冻结当事人事权等权力，避免隐瞒拖延的问题有公司高层授意，而风险控制部门无计可施的局面。当隐瞒的事态严重时，风险控制部门可以直接求助监管部门，尽管看似"自曝家丑"，却能及早让银行整体回归正轨。

八、大事记

1952年，长信银行在原日本劝业银行的基础上成立。

1961年，长信银行总部搬入位于大手町的写字楼，业务发展迅速。

第二章
巨人陨落

1963 年，长信银行为国内制造业提供了几千亿日元的资金，放贷对象包括丰田集团、东丽集团、川崎钢铁、东京电力、桥石轮胎和东芝集团等行业巨头，并帮助这些企业进行海外拓展。

20 世纪 60 年代，长信银行派遣职员学习外语并前往海外银行进修。

1985 年，长信银行制定改革措施，希望从传统的信贷转向新型投资银行，被驳回。

1990 年，长信银行的市值为 248 亿美元，世界排名第 9 位。

1993 年，长信银行搬入造价 500 亿日元的办公楼。

1995 年，长信银行爆发丑闻，总裁辞职。长信银行宣布坏账总额达到 7840 亿日元，并使用全年度利润核销几乎一半的坏账。

1996 年，大藏省发现长信银行掩盖 4 万亿日元的不良债权。

1998 年，长信银行获得日本政府 1800 亿日元的资本注入，但随着《现代外刊》对长信银行坏账的爆料，情况急转直下，长信银行最终破产，被收归国有。

1999 年，长信银行出售给瑞博伍德集团，改名为新生银行。

拓银的倒闭与"护送船队"模式

在长信银行破产之前的 1997 年，北海道拓殖银行（以下简称"拓银"）宣布倒闭，这是日本 20 世纪 90 年代泡沫经济崩盘以后第一家倒闭的城市银行。拓银成立于 1900 年，最初为开发北海道而成立的政府特殊金融机构。1955 年，拓银成为城市银行，并开始经营外汇业务。

在倒闭前，拓银共有 5500 名员工，是北海道地区近 40% 企业的主办银行。拓银与长信银行的倒闭原因如出一辙。尽管该行在北海道的市场占有率为第 1 位，但在日本整个城市银行里排名中却是最末的一家，其本身的经营能力一般。在泡沫经济时期，拓银大量地向房地产相关的项目发放贷款。随着经济泡沫的破裂，拓银的不良债权不断累积。此时，拓银与长信银行一样，采取了隐瞒不良债权的手段，问题越积越严重（见图 2-1-7）。

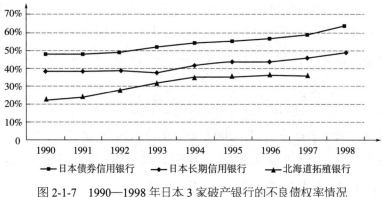

图 2-1-7　1990—1998 年日本 3 家破产银行的不良债权率情况

（资料来源：《前车之鉴：日本的经济泡沫与"失去的十年"》、国海证券研究所）

1997 年 4 月，由于拓银不肯公布经营数据和坏账情况，其与北海道银行的合并宣告失败。1997 年 9 月，拓银的股价跌破 100 日元，当月有 2500 亿日元的存款被银行客户提取。到了 1997 年 10 月，拓银已无法在日本的银行间拆借市场调集资金。1997 年 11 月 17 日，拓银以"短期金融市场急速收缩，难以筹措资金"为名，宣告破产。大藏省和日本银行安排在北海道排名第 3 位的北洋银行以小吃大，承接了拓银的业务。

日本金融监管部门让北洋银行承接拓银的处理办法仍是按照"护送船队"模式进行。"护送船队"是对日本金融监管模式的一种比喻，指日本大大小小的金融机构像是一个船队，监管部门的作用是保证船队中的每一只船都顺利行进，即通过业务管制、隔离外部竞争、由经营健全的金融机构收购处于破产中的机构等行政管理手段以维持稳定的金融环境。这种模式对 20 世纪 90 年代日本银行的倒闭有不可推卸的责任。

"护送船队"模式对银行的经营形式造成了负面影响。"护送船队"模式使得银行经营脱离市场化，监管部门对银行的业务和人事有很大的干涉权力。银行高管们更多考虑的是如何"不犯错"，以保住职位。这种心理一方面使日本银行业不考虑业务创新,而维持传统业务,在利率逐渐市场化的过程中,传统银行的利润下降;另一方面,这种心理也促使了银行高管在面对不良债权问题时采取隐瞒、拖延甚至追加贷款的行为。

"护送船队"模式使日本监管部门与银行形成"利益共同体",共同拖延和隐瞒问题。在"护送船队"模式下,一旦银行发生倒闭,势必会追究监管部门的责任。在这种情况下,监管部门和银行一样抱有侥幸心理,寄希望于股价和地价的回升,使坏账不治而愈。监管部门不仅没有采取行动,甚至帮助银行隐瞒问题,致使问题越来越大。

"护送船队"模式使监管部门没有很好地对问题银行进行处置。监管部门仅仅采取由经营较好的银行出面兼并的方法解决出现问题的银行。早期,经营较好的银行还能被迫或出于讨好的目的协助监管部门。到后期,随着破产银行越来越多,不良债权越来越大,到了拓银和长信银行时,北海道银行和住友信托都无力且不愿意再承接,这一模式宣告破产。政府的做法一方面使存在问题的银行有侥幸心理;另一方面也让早就该破产的银行的问题并不能很好地由市场的力量进行化解,债权仍然由接手的银行和政府承担。

第二节 未读懂经济周期——美国伊利诺伊大陆银行的衰落之路

"以人为镜,可以明得失"。美国、日本等发达国家金融市场改革走过的道路和经验教训,对于我国金融机构具有十分重要的借鉴意义。对于我国当前银行业来讲,以利率市场化转轨和直接融资市场大发展为标志的利率自由化和金融脱媒化,分别从深度和宽度两方面打击了商业银行。

面对挑战,日本长期信用银行疏于改革,被短期利润迷乱了双眼,最终倒在经济危机之中。而在美国还有一家大型银行,当变革袭来时,即表现出雄心壮志——它就是伊利诺伊大陆银行（Continental Illinois National Bank and Trust Company）。面对即将到来的利率市场化改革，伊利诺伊大陆银行决心先人一步成为头部银行，获取规模优势，从而在接下来的银行业混战中利用成本优势打败竞争对手。在扩张计划中，伊利诺伊大陆银行押注石油危机带来的石油业繁荣以及航运业和房地产业，负债端从同业市场获取弹药，资产端大举扩张信贷，最终在巅峰时成为美国第七大银行。

可惜的是，一步登天的伊利诺伊大陆银行败在没有读懂经济周期。在20世纪80年代初美国经济转向时，没有看到种种预警信号，依然保持着扩张惯性，最终成为不良资产的接盘者。在资产质量曝出问题时，同业资金出逃集中迅速，加速了银行的流动性危机，摧枯拉朽般击倒了伊利诺伊大陆银行，没有给后者喘息的机会。从伊利诺伊大陆银行身上，我们进一步看到银行经营者研判经济周期的重要性。在探究美国政府在救助"大而不能倒"银行的方案时，我们尝试回答"不能倒"究竟意味着什么。

一、伊利诺伊大陆银行速览

伊利诺伊州地处美国的中心地带，一边连接着中西部广大农业地区，一边毗邻五大湖，30多条铁路穿行州内，发达的陆路、水路交通使伊利诺伊州成为东西部农产品运输的桥梁。结合州内丰富的铁矿石矿藏和强大的钢铁工业，两者在密歇根湖畔共同孕育了芝加哥这一美国第三大城市和芝加哥商品交易所。伊利诺伊州庞大的经济总量与发达的金融市场为大型银行提供了成长的土壤，伊利诺伊大陆银行就是其中之一。

伊利诺伊大陆集团（Continental Illinois Corporation）是总部位于伊利诺伊州芝加哥的一家银行持股公司，伊利诺伊大陆银行是其附属商业银行。按照存款规模计，该银行曾一度是的美国第七大商业银行，巅峰时总资产近400亿美元（见表2-2-1）。

第二章
巨人陨落

表 2-2-1　1983 年美国银行按资产规模排名

排名	银行持股公司	中文名称	总资产（百万美元）	资产/美国 GDP
1	Citicorp	花旗公司	125,974	3.5%
2	Bank America Corp	美洲银行	115,422	3.2%
3	Chase Manhattan Corp.	大通曼哈顿公司	75,350	2.1%
4	Manufacturers Hanover Corp.	汉诺威制造公司	60,918	1.7%
5	JpMorgan & Co.	J.P. 摩根公司	56,186	1.5%
6	Chemical New York Corp.	纽约化学公司	47,789	1.3%
7	Continental Illinois Corp.	伊利诺伊大陆集团	41,283	1.1%
8	Security Pacific Corp.	太平洋安全公司	38,613	1.1%
9	Bankers Trust New York Corp.	银行家信托纽约公司	36,952	1.0%
10	First Chicago Corp.	芝加哥第一公司	34,871	1.0%

注：资料来源于 Larry D. Wall（2016）、国海证券研究所。

伊利诺伊大陆银行的历史可以追溯到 19 世纪 60 年代成立的商业国民银行（Commercial National Bank）与 1883 年成立的大陆国民银行（Continental National Bank）。

由于过度扩张造成的风险敞口过大，伊利诺伊大陆银行贷款业务从 20 世纪 80 年代开始遭遇偿付问题。1984 年，银行面临巨额亏损与挤兑，迫使美联储与联邦存款保险公司（Federal Deposit Insurance Company, FDIC）⊖ 对其进行救助。由于伊利诺伊大陆银行规模过大，被政府认定为"大而不能倒"，所以 FDIC 对伊利诺伊大陆银行的进行了注资、接管，而不是直接破产清算。1991 年，伊利

⊖ 联邦存款保险公司是大萧条中成立的美国联邦政府的独立金融机构。FDIC 通过为银行和储蓄机构的存款提供保险、识别和监控存款保险基金中的风险、限制银行和储蓄机构倒闭时对经济和金融体系造成的影响，来维持和提高公众对国家金融体系的信心。

诺伊大陆银行经营逐渐恢复正常，FDIC 将所有权卖给私人投资者，重新完成私有化。1994 年，伊利诺伊大陆银行被美国银行（Bank of America）收购，"伊利诺伊大陆银行"这个名字从此消失。（见表 2-2-2）。

表 2-2-2 伊利诺伊伊利诺伊大陆银行信息

行业	银行持股公司
状态	被联邦存款保险公司（FDIC）接管救助
最终接收者	美国银行
成立时间	1910 年
停止运营时间	1994 年
总部	伊利诺伊州，芝加哥
产品	金融服务

注：资料来源于国海证券研究所。

在 20 世纪的大多数时候，伊利诺伊大陆银行都是芝加哥城规模最大两家的商业银行之一（另一家是芝加哥第一银行）。它是两家银行——商业国民银行与大陆国民银行于 1910 年合并的产物。前者在美国内战期间由亨利·F·埃姆斯（Henry F. Eames）创立，20 世纪 70 年代开始一直是芝加哥城中数一数二的银行；后者在 1883 年由约翰·C·布莱克（John C. Black.）创立。到世纪之交时，两家银行合并。合并后，新银行拥有 1.75 亿美元的存款，其名称最初是芝加哥大陆和商业国民银行（Continental & Commercial National Bank of Chicago）。1929 年，银行合并了伊利诺伊商人信托公司（Illinois Merchants Trust Co.）后，更名大陆伊利诺伊国家银行和信托公司（Continental Illinois National Bank and Trust Company）。

在大萧条期间，银行为了维持流动性，接受了金融重建公司（Reconstruction Finance Corp.，大萧条期间成立的政府金融救助机构）5000 万美元救助贷款。二战之后，伴随着美国经济的繁荣，银行持续发展。到 20 世纪 60 年代初，伊利诺伊大陆银行已经拥有了 30 亿美元存款、5000 名员工。20 世纪 70 年代，伊利诺

第二章
巨人陨落

伊大陆银行形成了五大业务线。

一般商业银行服务，为企业与其他银行提供存款等银行服务。以地域分类，其中一部分是区域性的对公存、贷款业务，经营区域包括芝加哥大都会区、伊利诺伊州其他区域、印第安纳州、密歇根州、和威斯康星州；另一部分是全国性同业业务，主要是为全国2600家银行提供服务与资金往来，是强大的银行同业业务平台。此外，还包括国际业务，通过29家外国分行为国外政府、企业、跨国组织提供银行服务。按行业分类，银行内部单独设立特殊行业服务部门，为石油与天然气、采掘、基建、航运四个行业单独提供服务，显示出公司在发展战略上对行业的重视。

信托与投资服务，为个人、企业、组织和政府机构提供财富管理业务。其中包括组合管理、投资咨询、信托、运营、托管、存管、交易经理、注册等一揽子服务。

房地产服务，是对公住宅、工业、商业房地产信贷业务。具体来说就是向房屋建造者、开发商、银行、房地产投资信托等房地产相关方提供信用，进行发放、管理、销售房地产贷款的经营活动。

债券业务，是银行债券一、二级市场相关业务。伊利诺伊大陆银行作为35家主要国债做市商之一，直接与美联储交易柜台对接。它还负责承销地方政府债券、公共住房证券、公司债券，并帮助银行进行组合定价和管理，帮助公司管理利率相关资产等。

个人银行业务，是对个人和家庭的业务组合。包括存款、定期、支票和个人消费贷款、房地产贷款等。在1984年信用卡业务被出售前，还加入了万事达/维萨信用卡项目。除此之外，为高净值个人成立了私人银行中心，全面满足客户的各种业务需要。

从时间上看，伊利诺伊大陆银行从迅猛扩张到狼狈收场不过短短十几年的时间，我们将时间分割成3个阶段，对其进行了详细剖析：

1975—1981年：雄心壮志，成为美国最大工商业贷款者；

1981—1984年：乌云压顶，经营业绩下滑，风险事件频发；

1984—1994 年：谣言四起，银行陷入流动性危机，政府出手救助。

二、1975—1981 年：雄心壮志，成为美国最大工商业贷款者

在 1981 年伊利诺伊大陆银行经营开始出现问题之前，其扩张十分迅猛。从 1975 年开始，为了在利率市场化中早早占领竞争高地，其确立了"成为美国最大工商业贷款者"的雄伟目标。为了这个目标，银行内部专门建立了原油和天然气事业部，在行业繁荣中对能源业敞口不断增大；同时增加了对房地产和航运业贷款；开发了多种国际业务，通过 29 家国际分行向发展中国家发放大笔贷款。

伊利诺伊大陆银行的措施效果十分明显，工商业贷款从 1976 年的近 50 亿美元增长到 1981 年的 140 多亿美元，总资产从 215 亿美元上升至 450 亿美元。伊利诺伊大陆银行的贷款比率从 1977 年的 57.9% 上升至 1981 年年末的 68.8%；同期，其资产收益率保持在 0.5%，股本收益率达 14.4%，经营效益远超美国同业，为伊利诺伊大陆银行带来了市场赞誉。所罗门兄弟公司（Salomon Brothers Inc.）的分析师称其为"最好的货币中心银行之一"，在同期美国大型银行股价只上涨 10% 的时候，伊利诺伊大陆银行股价从 13 美元翻了一番至 27 美元。

1. 利率市场化背景下，银行力争做大做强

诞生于大萧条时期的美国利率管制，在 20 世纪 60 年代后期越来越不适应当时的经济金融环境。一方面，利率管制限制了银行之间的竞争，不利于行业优胜劣汰；另一方面，在高通胀的环境下，存款利率上限使银行存款失去吸引力，资金流向证券市场和海外，对美国经济的信用供给不足。因此，美国自 20 世纪 70 年代开始逐步放松利率管制"Q 条例"。市场化进程先从同业产品开始，改革涵盖了市场利率的大额存单、货币市场基金、大额货币市场存款账户等（见表 2-2-3）。

第二章
巨人陨落

表 2-2-3　美国利率市场化进程

时间	事件
1970 年 6 月	放松对 10 万美元以上，90 天以内的大额存单利率管制
1971 年 11 月	允许证券公司引入货币市场互助基金
1973 年 5 月	放松对所有大额存单的利率管制
1973 年 7 月	取消 1000 万美元以上，期限 5 年以上的定期存款利率上限
1978 年 6 月	允许存款机构引入货币市场存款账户（6 个月期，1 万美元以上），不受支票存款不允许支付利息的限制
1980 年 3 月	取消贷款最高上限规定，提出分阶段取消存款利率上限，设专门委员会负责调整金融机构存款利率
1980 年 12 月	允许所有金融机构开设 NOW 账户业务
1982 年 5 月	允许存款机构引入短期货币市场存款账户（91 天期限，7500 美元以上），并放松对 3 年 6 个月期限以上的定期存款的利率管制
1982 年 12 月	允许存款机构引入货币市场存款账户（2500 美元以上）
1983 年 1 月	允许存款机构引入超级可转让提款通知书账户
1983 年 10 月	取消所有定期存款的利率上限
1986 年 3 月	取消 NOW 账户的利率上限

注：资料来源于国海证券研究所。

在利率逐渐放开的条件下，银行之间的竞争加剧，过去各家银行经营各自"一亩三分地"的状况转变为"赢者通吃"。以往在地域保护与政策限制之下，美国各地中小银行林立，每个城镇几乎都会有当地人成立的小银行。每家银行提供着同质化的服务和产品，依靠人情关系维系经营。而在市场化条件下，银行产品价格成为决定银行胜败的关键因素，部分竞争力强的银行通过提供更高的存款利率、更低的贷款利率，打破以往由人情维系的业务网络，挤压其他银行的生存空间。历史证明，利率市场化将会带给银行业一次大洗牌，让强者愈强，弱者出局。

在这种情况下，大型银行的规模效应、头部效应日益明显，带来的成本优势在市场化条件下更具竞争力。因此，1975 年伊利诺伊大陆银行喊出"做大做强"

的口号,宣称要成为美国最大工商业贷款者,试图在即将到来的竞争中率先脱颖而出。但是,由于各州地方保护主义盛行,银行业经营地域限制并没有放开,在经营网点无法扩张的情况下,个人与企业资金增长不易。这时,对同业产品的放松管制与创新就成为伊利诺伊大陆银行扩张的武器——依靠高息从同业市场招揽资金,为资产端的扩张准备弹药。

1977—1981年,银行核心存款(私人与企业存款)占总存款的比例由30%下降到20%,最高的时期,其负债端同业机构资金一度占到了总存款的90%,近2300家金融同业在伊利诺伊大陆银行有资金存放。

2. 石油业的繁荣中,银行对石油业贷款快速增长

20世纪70年代,整个美国经济都在被两次石油危机所引发的滞胀主导。由于1973年10月第四次中东战争爆发,石油输出国组织(OPEC)为了打击对手以色列及支持以色列的国家,宣布石油禁运,暂停出口,原油价格从1973年的3.29美元/桶飙升至11.58美元/桶。

20世纪70年代末,第二次石油危机爆发。伊朗的"伊斯兰革命"和"两伊战争"的爆发中断了伊朗对全球的石油输出,国际石油供应量急剧减少。1979年下半年,石油价格从13.77美元/桶暴涨到37.29美元/桶。即使在两次石油危机之间,美国提出的紧缩财政政策依然没能有效遏制输入型通胀,1974—1978年,油价依然上升了20%,导致美国年均居民消费价格指数(consumer price index,CPI)达到7%(见图2-2-1)。

尽管高油价、高通胀严重挤压了农业、工商业等行业的利润,但有一个行业在高油价中获益丰厚,那就是与石油联系最紧密的原油勘探与生产业。高油价刺激了高投资,美国石油勘探商都在疯狂的寻找油田增加产量。同时,产油区得克萨斯州与路易斯安纳州人口也因为石油开采和加工业的繁荣不断流入(见图2-2-2、图2-2-3)。1971—1981年,采掘业年增加值从15.2亿美元上涨8倍,至121.50亿元,仅石油和天然气建设这一个行业对美国GDP的拉动在1980年就达到了惊人的2.74%。

第二章
巨人陨落

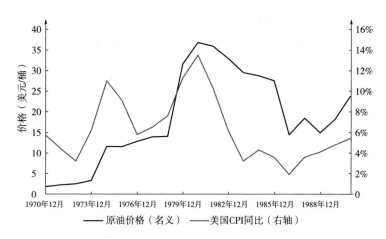

图 2-2-1　1970—1990 年原油价格、美国 CPI 同比

（资料来源：Wind、国海证券研究所）

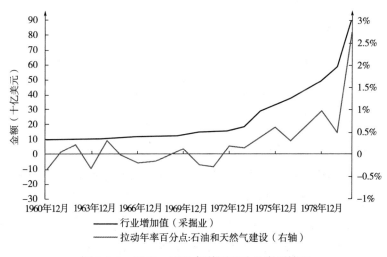

图 2-2-2　1960—1980 年美国石油业发展情况

（资料来源：Wind、国海证券研究所）

在"做大做强"的战略指引下，通过对过热的能源业投放贷款以及从其他银行购买投机性贷款，伊利诺伊大陆银行资产飞速增长。伊利诺伊州并非石油重镇，伊利诺伊大陆银行一边在各产油区成立了销售办公室，联系拉拢石油产业客户，一边与诸多石油产出地的当地银行进行项目合作，拓宽了参与能源业

信贷的通道。此外,从 20 世纪 70 年代末开始,美国资产支撑证券化(Asset-backed Securities,ABS)、抵押支持债券或抵押贷款证券化(Mortgage-Backed Security,MBS)等证券化产品开始起步,通过购买其他银行的信贷资产,伊利诺伊大陆银行可以进一步绕开地域限制,参与能源行业。到 1981 年,伊利诺伊大陆银行石油与天然气贷款额达到 29 亿美元,占银行贷款总量的 10%。

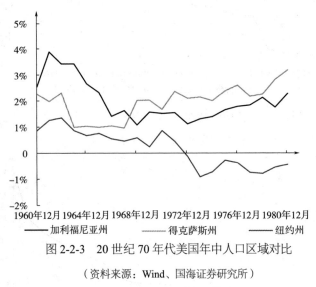

图 2-2-3　20 世纪 70 年代美国年中人口区域对比

(资料来源:Wind、国海证券研究所)

3. 拓展房地产业务与航运业务

从公司的业务版图中就能发现,房地产业务是战略重心之一。从 1975 年开始,在贷款利率管制(低利率)与高通胀的背景下,美国房地产业又经历了一轮发展高峰(图 2-2-4)。美国商业银行通常将房地产作为业务重心,伊利诺伊大陆银行也抓住了这个契机,通过房地产扩充其资产端。到 1981 年,银行房地产贷款接近贷款总量的 10%,是能源贷款外的第二大品种。

石油危机推升油价的同时,促进了煤炭等替代能源的国际贸易。虽然这一时期远洋油运由于石油危机和贸易活动的减少而进入寒冬,但是散干货航运在 20 世纪 70 年代末正经历一波繁荣,散干货船租金和价格的不断上涨让其成为非常让人放心的贷款抵押品。伊利诺伊大陆银行抓住了这个机会,向造船企业和航运公司大量发放船只建造贷款。

图 2-2-4 1971—1981 年后美国房地产市场情况

（资料来源：Wind、国海证券研究所）

4. 快速国际化，参与发展中国家债务

美国对银行业跨地域经营的限制由来已久，1933 年的《麦克法登法案》与 1970 年《道格拉斯修正案》分别限制了银行与单一银行控股公司的跨州经营。然而，扩大经营地域范围是银行推动规模增长的必经之路。在美国境内扩张受阻之后，伊利诺伊大陆银行与花旗银行等华尔街大银行均选择了国际化之路。

20 世纪 70 年代，伊利诺伊大陆银行一直积极拓展海外经营网络。到了 1974 年年末，银行已经在六大洲 39 个地区成立了 122 家办公室，海外定期存款达到 57 亿美元，海外贷款为 26 亿美元，规模在美国同类金融机构中遥遥领先。1975 年后，美国高通胀与低利率的环境加速了美国资本的外流，拥有扩张雄心的伊利诺伊大陆银行充分利用了这次机会，加大了对海外市场的投资，如伊利诺伊大陆银行就是第一批同中国银行组建业务联系的美国大型银行之一。

更重要的是，在大宗商品价格的上涨中，拉美等大宗商品出口国家收益丰厚，出口创汇不断提升，经济增长进入快车道。为了在本国储蓄率较低的情况下保证投资与增长，拉美国家大量发放主权债券，当地矿业、能源公司也在招揽贷款进一步开发资源。以墨西哥为例，1975年资本项目流入规模仅为16.5亿美元，尽管1979—1981年美联储连续加息，但资金流入墨西哥的规模不断上升。1979年流入规模为84.5亿美元，1980年资金流入规模已达到113.8亿美元，1981年更是上升至266亿美元。由于信奉"主权国家不会破产"，伊利诺伊大陆银行与诸多华尔街大银行一道大量参与了拉美国家投资，购买或发放了不少主权债券和贷款，并在20世纪70年代获取了丰厚的利润。

三、1981—1984年：乌云压顶，经营业绩下滑，风险事件频发

1981年，美国第49届总统里根上台，他在位期间贯彻"里根经济学"，实行减税降开支的财政政策，同时严格控制货币供应。这使联邦基金利率在20世纪80年代初一度达到20%的高位（图2-2-5）。流动性的收缩推高了货币资金利率，而负债成本的抬升又挤压了依赖同业资金严重的大型银行净息差。因此，1981年几乎所有大型银行信用评级都遭到下调，但伊利诺伊大陆银行却凭借高速增长和漂亮的财务数据成为例外，各个评级公司维持对它的AAA评级。

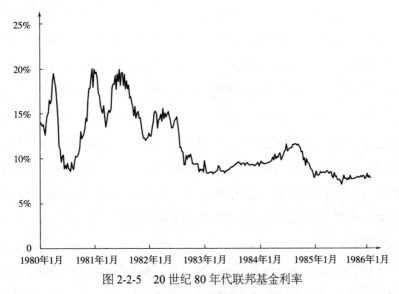

图2-2-5　20世纪80年代联邦基金利率

（资料来源：Wind、国海证券研究所）

第二章
巨人陨落

伊利诺伊大陆银行的这种增长已是强弩之末。20世纪80年代初,各个行业已显露衰退迹象,伊利诺伊大陆银行却忽视了种种警示信号,依然保持高速的信贷投放以维持增长。最终,在行业危机的全面爆发中,伊利诺伊大陆银行在能源、房地产、航运等行业的不良贷款不断积累。此外,发展中国家风险事件频发,也严重影响了银行信誉。

从1982年下半年开始,由于不良贷款增长和利润损失,伊利诺伊大陆银行资产规模开始下滑,并引起负债端连锁反应(图2-2-6)。评级遭遇连续下调,在市场压力下,伊利诺伊大陆银行将自己从芝加哥交易所大额存单可交易银行名单中移除,并不得已转向利率更高的欧洲美元市场寻求资金,进一步加大了自己的负债成本。1983年,两个主要股东清空了自己的股票,显示出投资者对于伊利诺伊大陆银行的失望。

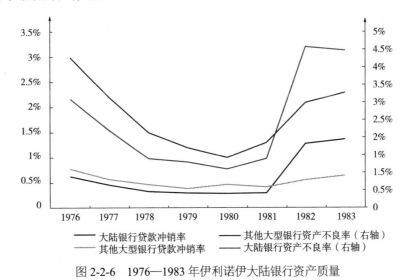

图2-2-6 1976—1983年伊利诺伊大陆银行资产质量

(资料来源:Wind、国海证券研究所)

1. 油价下跌与石油业的衰退

"里根经济学"成功地将美国从滞胀的泥潭中拉出,美国实际GDP增长率从20世纪80年代初的负增长到了巅峰时的8%,失业率从10.8%高点一路下降至5%。美国经济的迅猛发展一扫"布雷顿森林体系"瓦解后美元贬值的阴霾,推动美元在20世纪80年代一路上涨,有效地抑制了以美元标价的大宗商品价格的上涨。

另外,20世纪70年代的石油价格上涨促进了其他非OPEC国家的石油生产能力,除美国外,当时的苏联一跃成为最大石油供应国,挪威、墨西哥、加拿大等国也纷纷增加了石油出口。与此同时,石油使用效率的提升,煤炭、核能、天然气等替代能源技术的研发,共同削弱了石油需求。整个20世纪80年代,石油价格下降了60%,其中,1984年石油价格被腰斩,OPEC几经减产也没有挽回油价的颓势。

石油价格的下跌导致了美国石油业的衰退。从1982年开始,美国石油投资转负,在过剩产能出清的过程中,一批生产成本较高的石油生产商濒临破产或出局。然而,伊利诺伊大陆银行管理层对于石油行业的衰退不以为然,认为油价下跌只是小的价格波动,依然持续对能源业进行投入,其中不乏濒临破产的企业。1981—1982年,银行对能源业贷款从28亿美元增长至52亿美元,占贷款总量的比例进一步提高到15%。

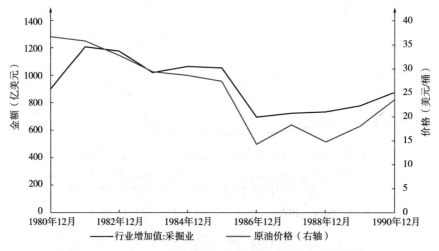

图 2-2-7　1980—1990年美国采掘业行业增加值、原油价格

(资料来源:Wind、国海证券研究所)

然而市场是无情的,没人能从经济规律中幸免,伊利诺伊大陆银行最终成为这次石油业衰退中的牺牲品。1982年,一家名为佩恩广场银行(Penn Square

Bank)——专门发放能源业贷款的俄亥俄州小型银行在行业衰退中破产。在对破产银行进行资产分析时，人们发现伊利诺伊大陆银行是佩恩广场银行贷款的最大买家，前者共向后者投入了10亿美元之多，并且在投资时显然没有尽到认真审查的义务。在此之后，伊利诺伊大陆银行不得不在财报中披露其不良贷款显著增长，而市场也对银行的进取型战略由以往的赞誉转向负面评价，其信用评级从AAA级跌落，股价也在一个月内下跌了60%。

2. 房地产与航运业的衰退

除了能源业，房地产和航运业也在20世纪80年代初先后进入衰退期（见图2-2-8、图2-2-9）。因为美联储控制货币总量而采取紧缩政策，已经市场化的贷款利率也水涨船高，30年期房屋抵押贷款利率一度达到18%。利率敏感的房地产业率先遭受打击，高利率吓退了住房需求，房屋新开工与平均售价在1982年陷入低谷。房屋价格的下跌与建设的停滞，让中小型房地产开发公司资金链断裂，伊利诺伊大陆银行发放的开发贷款也已经覆水难收。在楼市寒冬中，作为抵押品的房屋物业即使折价也难以处理，成为银行手中的烫手山芋。

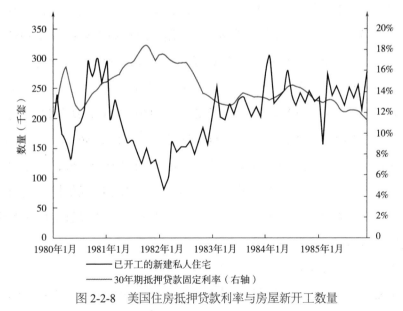

图2-2-8 美国住房抵押贷款利率与房屋新开工数量

（资料来源：Wind、国海证券研究所）

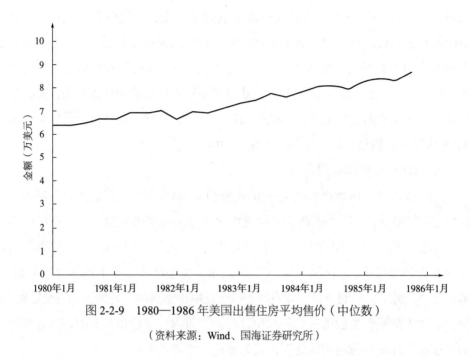

图 2-2-9　1980—1986 年美国出售住房平均售价（中位数）

（资料来源：Wind、国海证券研究所）

干散货航运业务同样在 20 世纪 80 年代初陷入衰退。先是由于 1981—1982 年世界范围经济衰退，各国生产活动减少抑制了总贸易需求；后接 1983—1984 年石油价格暴跌，便宜的石油替代了煤炭的能源需求，致使煤炭贸易几乎停滞。航运需求的萎靡必定传导到造船市场。巴拿马型船的日租金水平在 1981 年 1 月还有 1.4 万美元，到 1982 年 12 月已下跌到约 4200 美元，两年跌幅达 70%。1980 年新造一艘巴拿马船的价格约 2800 万美元，但到 1986 年，5 年船龄的巴拿马二手船价格只有约 600 万美元，下跌 80%。与房地产类似，银行即使拥有船只作为抵押品，在价格的暴跌中也无能为力，特别是船只价格下跌与折旧幅度远远大于房屋物业，让伊利诺伊大陆银行在本轮航运业衰退中累积的损失大幅超过了在房地产上的损失。

3. 拉美国家债务危机

以 1982 年 8 月墨西哥债务违约为标志，伊利诺伊大陆银行在拉美国家债务危机中折戟。拉美国家债务危机有其自身的经济结构原因，但直接原因是美联储大幅加息引发的外汇储备流失,与大宗商品价格下跌导致的出口减少和偿债能力丧失。继墨西哥之后,巴西、委内瑞拉、阿根廷、秘鲁和智利等国也相继发生还债困难,主权债务违约的影响巨大。在政府债务违约之外,私人部门因为政府强制换汇、财政紧缩等举措,也发生偿债和还贷困难。

在债务危机中遭受重大损失,让伊利诺伊大陆银行继佩恩广场银行事件后又一次暴露在市场的聚光灯下,财经媒体开始撰写文章批评伊利诺伊大陆银行的管理、风险控制和产品定价策略。

1982年9月,伊利诺伊大陆银行评级又遭下调。然而,伊利诺伊大陆银行管理层依然在为银行的扩张战略辩护,无意收缩经营。

拉美债务危机对伊利诺伊大陆银行的影响深刻且持久,在1984年一季度银行流动性危机全面爆发前,它的不良贷款达到了创纪录的23亿美元,其中当季新增4亿美元不良贷款的一多半都来源于拉美国家。

四、1984—1994年:谣言四起,银行陷入流动性危机

从1981年开始,风险事件与连续下滑的经营业绩不断冲击着市场对于伊利诺伊大陆银行的信心,1983年伊利诺伊大陆银行甚至只能作价1.57亿美元出售经营良好的信用卡部门来扭转其当年的亏损。1984年5月,伊利诺伊大陆银行将要出售的传言成为压垮骆驼的最后一根稻草,机构投资者纷纷停止在伊利诺伊大陆银行滚动资金或撤回存款,使伊利诺伊大陆银行陷入流动性危机。

考虑到伊利诺伊大陆银行体量过大,关联银行众多,对金融体系稳定十分重要,美国政府机构开始分阶段对其进行临时救助与长期接管。最终,在政府的帮助下,伊利诺伊大陆银行经营逐渐恢复稳定,5年后"恢复自由",并于1991年完全私有化。对于政府来说,救助伊利诺伊大陆银行为自己带来了不小的援助成本,大型银行是否"大而不能倒",花纳税人的钱对其进行救助是否值得,至今仍是一个值得讨论的议题。

1. 市场传言引发挤兑危机

1984年5月,伊利诺伊大陆银行的至暗时刻终于到来。当月7日,日本机构间传闻美国投行在日本打听是否有机构愿意收购伊利诺伊大陆银行,坐实了伊利诺伊大陆银行已经资不抵债的猜测。路透社在5月8日报道了这则消息,9日商品信息服务(Commodity News Service)又报道了有日本银行有意向收购伊利诺伊大陆银行。伴随着新闻的传播,机构挤兑开始了。因为伊利诺伊大陆银行存款保险覆盖率不到15%(见表2-2-4),很多机构资金特别是国外资金没有存款保险,在银行破产时存款人可能遭遇损失,所以机构资金出逃集中且迅速。对于机构来说,只需要将放在伊利诺伊大陆银行的资金停止滚动、不再展期就可以了。10天时间,伊利诺伊大陆银行就失去了20亿美元外国资金、40亿隔夜资金,面临流动性枯竭的危机(见图2-2-10)。

表2-2-4 1984年3月伊利诺伊大陆银行与其他大型银行财务数据对比

财务指标	伊利诺伊大陆银行	中位数	25%分位数	75%分位数
贷款净冲销率	0.29	0.06	0.02	0.1
贷款不良率	9.16	3.61	2.5	5.26
贷款损失准备占资产比值	0.46	0.12	0.09	0.19
股东权益报酬率	1.46	2.83	2.19	3.36
大额定期存单占总负债比率	8.82	6.07	4.4	12.63
外国存款占总负债比例	48.67	33.59	22.41	43.01
联邦资金占总负债比例	13.36	8.51	6.16	12
支付大额定期存单占利率	2.46	2.43	2.4	2.55
支付国内存款利率	2.84	1.63	0.82	3.8
支付联邦资金利率	2.4	2.41	2.39	2.43
股权比例	4.65	4.38	4.12	4.65
贷款资产比率	73.12	63.81	56.96	67.19

注:资料来源于大陆银行公司年报、Wind、国海证券研究所。

第二章
巨人陨落

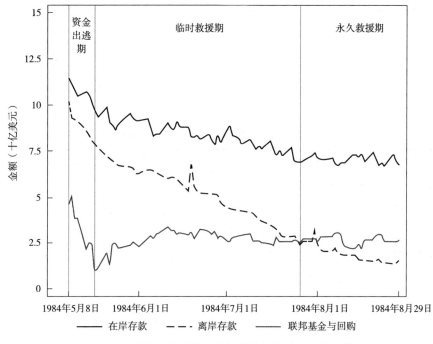

图 2-2-10 在岸和离岸资金从伊利港伊大陆银行出逃情况

(资料来源:Mark Carlson and Jonathan Rose(2016)、国海证券研究所)

伊利诺伊大陆银行展开了一系列自救措施。2天时间,伊利诺伊大陆银行在美联储贴现窗口获得的资金就增加到36亿美元。15日,伊利诺伊大陆银行宣布整合了纽约摩根信托担保公司牵头的16家国内最大银行50亿美元的私人信贷资金。

2.政府临时与长期救助举措

伊利诺伊大陆银行的自救举措没能挽回市场对它的信任,投资者依然在不断撤回在银行里的资金,面临违约与破产的伊利诺伊大陆银行只能向政府寻求帮助。官方机构FDIC考虑到伊利诺伊大陆银行存款中已保险存款只有30亿美元,而未保险存款超过300亿美元,如果任由银行破产清算,则未保险存款部分必遭受冻结和损失,会导致几十甚至上百家资金关联银行倒闭,严重打击美国金融体系稳定性。因此,FDIC将伊利诺伊大陆银行认定为"大而不能倒",并对其进行公开银行救助。

救助包括临时措施与长期措施两部分(见表 2-2-5)。其中,临时措施主要是政府向银行提供临时流动性支持,避免银行被立即破产清算,并为伊利诺伊大陆银行寻找潜在买家提供一定的时间。若寻找买家失败,则是政府注资、接管、国有化银行的长期举措,在较长的时间内消化银行的现有信贷资产,等待经营基本面转好。

表 2-2-5　FDIC 部分临时与长期救助举措

	临时救助	长期救助
时间	1984 年 5 月—1984 年 9 月	1984 年 9 月—1989 年 9 月
担保	FDIC 明确担保所有已投保和未投保存款人,均能得到伊利诺伊大陆银行的偿付	FDIC 重申对所有存款人的担保
资金援助	FDIC 联合银行团体购买 20 亿债券	FDIC 代替偿还 35 亿美元美联储贴现债务,交换同等价值不良资产包
	银行团体援助 55 亿美元同业资金	注资 10 亿美元购买优先股
管理	临时控制管理层	长期控制管理层与董事会

注:资料来源于国海证券研究所。

在为期 4 个月的临时救助期间(见图 2-2-11),FDIC 和伊利诺伊大陆银行都试图找寻潜在收购者。有 3 家美国大型银行派出工作组进行了考察,但最终没有找到愿意以合理价格接管伊利诺伊大陆银行的投资者。妨碍收购交易的主要原因包括:伊利诺伊大陆银行不良资产状况不容易摸清,涉及相当多的诉讼,收购者自身资金不足,法规对跨州设立银行的限制。

与此同时,伊利诺伊大陆银行的资金还在不断流失,为了避免银行破产使 FDIC 不得不偿付存款人损失,FDIC 亲自上阵对伊利诺伊大陆银行从 1984—1989 年进行为期 5 年的接管。在此期间,伴随着美国经济的企稳复苏,伊利诺伊大陆银行经营逐渐稳定,在 1988—1989 年甚至恢复盈利并发放了当年股利。与此同时,业界对于伊利诺伊大陆银行成为国有银行、获得不正当竞争优势的担忧,也迫使 FDIC 尽快将持有的股票出手。1991 年,在接管合同结束两年后,FDIC 卖掉了手中最后一笔伊利诺伊大陆银行股票,使后者重新成为私营银行。但是这次危机让伊利诺伊大陆银行规模不断缩水,信誉严重受损,难以再次在美国银行界称雄。1994年，伊利诺伊大陆银行被欲拓展中西部业务的美国银行收购，它的名字从此告别历史。

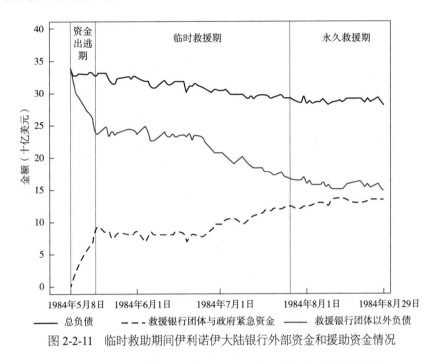

图 2-2-11 临时救助期间伊利诺伊大陆银行外部资金和援助资金情况

（资料来源：Mark Carlson and Jonathan Rose（2016）、国海证券研究所）

回顾整个救助行动，FDIC 手中的不良资产回收不顺利，且没能覆盖用于偿还美联储的 35 亿美元投入，并总计留下 15 亿美元的赤字。结合额外获得的 4 亿美元的股票卖出收益和优先股股利，FDIC 在救助伊利诺伊大陆银行的整个过程中产生了 11 亿美元的处置成本，占伊利诺伊大陆银行总资产的 3% 左右。相较于伊利诺伊大陆银行庞大的资产规模，美国官员对这样的结果还是比较满意的。

五、原因分析

追求增长与规模扩张，是银行经营者的正常诉求，但扩张道路上的经营风险需要注意。回顾伊利诺伊大陆银行失败的历史，管理者没有做好以下风险的防范，最终导致危机。其中包括：经济周期风险、行业与个体风险、海外风险、流动性风险。

1. 经济周期判断失误

银行业稳健经营最重要的是顺应经济形势，伊利诺伊大陆银行管理层对于经济周期判断失误，是造成其失败的根本原因。银行业作为一个顺周期行业，在经济复苏与扩张时期顺势增长，在经济下行风险加大时进行业务收缩是正常的表现。然而，在20世纪80年代初，经济形势显示出种种衰退信号时，伊利诺伊大陆银行依然维持着扩张型的经营政策。此时石油价格已经下跌，贷款利率开始升高，伊利诺伊大陆银行对能源业、房地产业的投入却没有终止。这表现出其管理层对经济周期的判断出现失误。这种失误来源于银行管理层对于历史的惯性认知。美国在整个20世纪70年代一直面临着高通胀、高油价的局面，美联储历史上也从来没有实行过主动的货币政策，因此，银行管理层认为20世纪80年代仍将会简单的重复20世纪70年代的历史。

管理层对经济周期缺乏深刻认识，最终害了伊利诺伊大陆银行。没有踩准经济节奏，最终使银行在该保守经营、收缩风险敞口的时候依然持续扩张，以至于在周期衰退中吸收了过多的不良资产，在经济下行时承受了比其他银行更广泛、更深层的损失，最终倒在了美国经济全面复苏的前夜。

2. 行业集中度、个体信用风险缺乏管控

当存在周期误判的风险时，行业集中度和个体信用风险的管控就成了第二道防线。如果对行业集中度上限做出严格限制，认真审查客户现金流，将贷款发放给信用良好的客户，那么即使衰退来临也不会动摇银行的根基。周期风险只会影响小部分投向顺周期行业的资产，而拥有现金流的客户违约风险不会大幅上升。

伊利诺伊大陆银行没有做好资产组合管理，其贷款集中度过高，放大了周期风险的危害。伊利诺伊大陆银行在快速扩张的几年，没有对行业集中度进行有效管理。贷款发放完全跟随着市场需求变化，这就使得在特定时期，贷款会集中于某些过热行业。在伊利诺伊大陆银行则表现为20世纪70年代末贷款集中在能源业、航运业和房地产业。事实确实如此，在FDIC对伊利诺伊大陆银行52亿美元不良贷款进行审查时发现，50%都是能源领域贷款，20%是国际航运领域贷款，20%是个人、公司贷款与债券，10%是房地产开发领域贷款。

作为一家大型银行，伊利诺伊大陆银行将自己的成败绑定到能源业上。在行业繁荣时，虽然可以分得不少行业"蛋糕"，取得超越同行的经营业绩，但是在行业衰退时，市场就会对伊利诺伊大陆银行的经营状况产生担忧，进而银行与同业间的业务往来也受到干扰，为之后的危机埋下了伏笔。

伊利诺伊大陆银行对客户信用审查不够充分，使其在周期衰退时无法阻挡信用风险。伊利诺伊大陆银行在扩张过程中操之过急，一味为了规模扩张而忽视了个体信用风险。为了尽快抢占客户和市场，将信贷审批权下放并简化流程。这种操作虽然便利了客户，但导致了银行信贷审查时间不足，审查员只能将重点放在开采设备、船舶、房屋等抵押物上，从而忽视了对贷款对象现金流的审查。一旦经济衰退，抵押物价值低于贷款价值，在客户现金流不足不能及时还款的情况下，银行将很容易遭遇损失。

除了忽视个体风险外，伊利诺伊大陆银行的贷款定价策略也存在问题。为了抢占市场，伊利诺伊大陆银行向高风险客户发放低于行业一般利率的贷款。伊利诺伊大陆银行的竞争对手曾对此做出评论："在一般我们要求20%贷款利率的时候，伊利诺伊大陆银行可以向客户提供16%的优惠利率，不知道它们究竟是怎么做到的。"伊利诺伊大陆银行对贷款业务的定价过低，使贷款收益不能有效弥补违约损失，也是其忽视个体信用风险的表现。

3. 海外风险认识不足

国际化经营是很多大型银行的发展路径，但是伊利诺伊大陆银行在国际化期间对于海外风险认识不足，是造成其在海外市场遭遇经营危机的重要原因。

第一，伊利诺伊大陆银行没有对各个国家的经济健康状况做出准确预测。对于主要依靠大宗商品出口的拉美国家，伊利诺伊大陆银行没有预见到它们即将到来的经济衰退，使其在发展中国家的贷款遭受损失。

第二，伊利诺伊大陆银行对于发展中国家偿还主权债务过于自信。它不对拉美国家已有债务杠杆进行分析，甚至没有预料到会有主权国家发生债务违约。因此，过多投资拉美国家国债，最终在发展中国家债务上遭遇"滑铁卢"。

4. 过度依赖同业资金，负债端结构不健康

伊利诺伊大陆银行负债结构极不合理，负债端过多依赖机构资金是导致伊利诺伊大陆银行最终爆发流动性危机，进而被政府接管的关键原因。机构的行为具有高度一致性，当银行经营出现问题时，资金集中挤兑出逃，加速了银行的流动性短缺和破产风险，不给银行留下时间消化和处理经营问题。即使银行经营一切正常，一旦外部因素导致银行间流动性突然收紧，过度依赖同业资金的银行也很可能面临无钱可借的现状，从而导致违约，影响银行信誉。伊利诺伊大陆银行同业负债比例曾达到90%，这一方面是由于历史因素和政策限制，另一方面是银行自身原因——资产端扩张过快，负债端缺乏管理。

除此之外，同业资金比例过高也会削弱银行的盈利能力。除了稳定性差，同业资金一般还会要求市场利率明显高于个人和企业存款。依靠同业资金的银行要么承受着净利差被压缩的痛苦，要么采取"高举高打"的策略。后者虽然保证了净利差，但是考验着银行的市场营销与风险控制能力，如果处理不好就很容易产生不良资产问题。

六、启示

1. 对市场化竞争早做准备，健康、有序扩张

利率市场化及其带来的行业竞争加剧的问题，对于所有银行都是重要的挑战。伊利诺伊大陆银行面对行业变革，想要成为头部银行，获取竞争优势的想法固然好，但想要在五六年内就成为美国最大工商业贷款者的目标，显然是面对变革仓促应战、准备不足的表现。为了达到这个目标，伊利诺伊大陆银行采用粗放式的扩张手段，最终为其带来了隐患。

第二章
巨人陨落

所以面对竞争，商业银行首先是要早做准备。市场化竞争是历史的趋势，没有谁可以逃脱改革的命运，永远享受政策红利。因此，经营者要始终有危机意识，提前应对竞争，对竞争中银行未来的发展方向要有清楚的认识。这样才能为改革争取更多的时间，主动转型，而不是时局所迫地调整。

其次，制订银行战略规划要合理可行，要能带领银行健康、有序地扩张。银行的发展规划，要基于宏观经济和公司自身状况两方面考量。从公司现有的经营情况出发，发挥优势项目并将短板补足，更重要的是增长速度要与宏观经济相匹配，唯有这样，才能让银行在不积累风险的情况下取得增长。

2. 把握经济脉络，分散化资产配置

银行业作为一个顺周期的行业，首先要对经济周期有准确的判断，其次要合理配置资产。两方面都做好，才能推动银行更快、更好地成长。

第一，要对经济周期做出准确判断，考验着银行经营者的管理技能。在经济趋势向好时，采用进取型的增长战略，搭上经济繁荣的顺风车；在经济即将衰退时，采用保守型的增长策略，提前对风险资产做出处置措施，降低风险敞口。

第二，周期误判的风险一直存在，这时就需要第二道防线，即银行资产合理配置。特别是大型银行，应采用分散、有弹性的行业集中度管理，可以根据市场预测适当增加朝阳行业的集中度，但上限不能过高。这样，当行业风险来临时，只会对银行的小部分资产质量产生影响，并不会动摇经营根基。

想要达到以上两点，银行内部就需要协调好风险控制与盈利部门的关系，平衡眼前的利润和未来的风险，谨记安全性原则，依照经济形势制定合理的增长速度和各行业集中度上限。当前，在美国排名前列的银行，无一例外都是百年老店，正是因为重视风险防控，才让他们安然度过各种危机。

3. 始终以核心存款为重点，优化负债结构

大力发展个人、对公存款等核心存款业务是银行成长的必经之路。银行的根本是服务实体经济，其中包括个人与企业的存款项目。想方设法做好服务，满足个人与企业的金融需求，从而获得稳定的核心存款，不但是银行防范流动性风险的方法，更是拓展其他业务，实现可持续发展的关键路径。

同业资金在必要时可以成为业务资金的重要补充，但不应该被放置在主要位置。银行还是应该以服务大众为先，而不是以资金运作为先。我国央行也通过监管做出了方向指导，在 MPA 考核中对同业资金占比设定上限，意在让商业银行摆脱依赖同业资金的惰性，优化负债结构。

4. 不能倒的是存款人，而不是股东

美国政府机构对伊利诺伊大陆银行的救助和接管也引起了社会对"大而不能倒"原则的思考。

对政府来说，"大而不能倒"是他们从大萧条中得来的经验。无论什么原因，在"重要"银行处于危机之时，政府伸出"有形的手"进行干预是必要的。对伊利诺伊大陆银行的救助和次贷危机中对美国各大银行的救助，都印证了这一点。关键是如何对银行的"重要性"进行定义，门槛过高会导致危机来临时政府救助不力，门槛过低又会过度干扰市场规律并加重政府负担。

对存款人来说，"大而不能倒"意味着在大银行的存款资金即使没有存款保险，也可以获得政府隐性担保。这增加了存款人把资金投向大型银行的意愿，压低了大型银行的负债成本，进而增强了盈利能力。

对银行股东来说，"大而不能倒"并不意味着股东权益会被政府保障。相反，正是因为政府在救助伊利诺伊大陆银行时遭遇损失，原股东股份直接清零，银行被国有化。因此，对于银行的股东或是经营者来说，纵使银行做大规模有很多好处，也必须防范风险，稍有不慎就会跌入万丈深渊，而此时"大而不能倒"并不会成为股东权益的保护伞。

七、大事记

1857 年，商业国民银行成立。

1923 年，与伊利诺伊信托与储蓄银行（Illinois Trust and Savings Bank）合并，更名为伊利诺伊商人信托公司。

1924 年，花费 1000 万美元的公司总部大楼竣工，成为芝加哥最大的办公楼。

1961 年，成功通过反垄断检查，与城市国民银行和信托公司合并，成为芝加哥的大陆伊利诺伊国民银行和信托公司。

1981 年，公司资产规模达到巅峰时的 470 亿美元。

1982 年，佩恩广场银行倒闭，伊利诺伊大陆银行开始冲销其在佩恩广场银行的 3.26 亿美元不良资产。

1984 年，公司出售的传闻引发挤兑，政府花费 45 亿美元出手救助，并接管 80% 股份。

1988 年，公司名称简化为伊利诺伊大陆银行集团。

1989 年，FDIC 同伊利诺伊大陆银行的长期接管合同终止。

1991 年，FDIC 出售所有股份，伊利诺伊大陆银行重新私有化。

1994 年，美国银行以近 20 亿美元的价格收购伊利诺伊大陆银行。

第三节 "鸡蛋"都在一个"篮子"里——被经济危机摧毁的美国华盛顿互助银行

发生在最近的一次经济危机——2008 年的次贷危机虽然已经过去了十年，但相信大多数人仍对其记忆犹新。这场危机不但改变了无数人的人生轨迹，留给我们深刻的教训，其影响甚至延续至今。

在这场由美国房价下跌引发的次级贷款信用问题所导致的危机当中，有一家银行处于旋涡的正中央，它就是在危机中倒闭的美国华盛顿互助银行。

华盛顿互助银行（Washington Mutual Bank，以下简称"华盛顿互银"）也是一家拥有百年历史的银行，在 20 世纪 80 年代，美国利率自由化，银行业大变革时期脱颖而出，逐渐成为美国最重要的储蓄与贷款机构之一，按照综合实力，位列全美第 6。更重要的是，华盛顿互助银行的核心优势业务是号称"银行业的未来"

的零售银行,其零售业务占比非常高,客户体验与黏性良好。然而就是这样一家看起来拥有光明前途的银行,却在经济危机之中不堪一击。

早在17世纪初,西班牙著名小说家塞万提斯在他的巨著《唐·吉诃德》中写道:一个明智的人会懂得为未来做准备,而且不会冒险把所有鸡蛋放到一个篮子里。这句话后来成为了理财界的名言警句。但是华盛顿互助银行就在这一方面犯下了致命的错误——其业务模式、客户群体、资产配置高度集中,严重依赖中低收入群体和次级房地产抵押贷款扩张规模,最终在房价下行时期面临资质较差客户违约房贷的窘境,一艘巨轮最终在金融危机的狂风骤雨中倾覆。

一、华盛顿互助银行速览

互助银行模式起源于1810年苏格兰的储蓄与友好社会,通常由慈善家和慈善团体发起,旨在帮助低收入人群,为他们提供一个安全的场所,将储蓄投资于抵押贷款、贷款、股票、债券及其他证券,并优先考虑安全性。这类银行是由中央或地区政府特许的,没有股东和股本,所有存款人存款汇聚到银行基金当中,银行扣除掉日常经营的成本,所有的利润由存款人共同所有。在20世纪七八十年代,随着美国银行业监管松绑,为了应对竞争,数千家互助银行转变为股份制公司,华盛顿互银就是其中之一。然而互助银行帮助少数族裔与穷人的宗旨,依然在转变之后的20年潜移默化地影响着华盛顿互银,这为它的次级贷款在日后出现问题埋下了伏笔。

破产之前的华盛顿互银已经是一家银行控股公司,它的故事要从一百多年前讲起。1889年,为帮助遭遇火灾的西雅图重振经济,华盛顿互银的前身——华盛顿国家建筑贷款和投资协会(Washington National Building Loan and Investment Association)成立。1908年,华盛顿国家建筑贷款和投资协会改名为华盛顿储蓄和贷款协会(Washington Savings and Loan Association),开始实现从单一从事建筑贷款业务的协会开始向互助银行转型。1917年,华盛顿储蓄和贷款协

第二章
巨人陨落

会实现了成为互助银行的转变,再次更名为华盛顿互助储蓄银行(Washington Mutual Savings Bank)。从成立到 1982 年,通过自身的发展和收购,华盛顿互银成为华盛顿州的重要银行。1994 年,华盛顿互银成立了一家华盛顿互助公司,将华盛顿互助储蓄银行中的非银业务拆分,前者更名为华盛顿互助银行(表 2-3-1)。

表 2-3-1 华盛顿互银的名称变化

时间	中文名称	英文名称	性质
1889—1908 年	华盛顿国家建筑贷款和投资协会	Washington National Building Loan and Investment Association	建筑贷款协会
1908—1917 年	华盛顿储蓄与贷款协会	Washington Savings and Loan Association	贷款协会
1917—1994 年	华盛顿互助储蓄银行	Washington Mutual Savings Bank	互助银行
1994—2008 年	华盛顿互助银行	Washington Mutual Bank	银行控股公司

注:资料来源于国海证券研究所。

1990 年,新的 CEO 克里·基林格(Kerry K. Killinger),带领华盛顿互银打开新的篇章。在接下来的 20 多年内,华盛顿互银不断收购和深耕零售业务,规模越做越大。根据《银行家》杂志对总资产的排名,2007 年华盛顿互银为全球第 36 名,是美国的第六大银行。

然而在这段时间中,华盛顿互银在贷款业务上积聚了很多风险。随着次贷危机的爆发,华盛顿互银的问题愈发严重。2008 年 9 月 15 日,标普将华盛顿互银的评级调至"垃圾级",从而引发了挤兑。2008 年 9 月 25 日,FDIC 在美国储蓄机构管理局(Office of Thrift Supervision,OTS)的指示下,与华盛顿互银签订了接管协议。同日,FDIC 将其银行业务出售给了摩根大通银行。2008 年 9 月 26 日,华盛顿互银及其剩余子公司 WMI 投资公司(WMI Investment Corp.)申请破产保险(见表 2-3-2)。

表 2-3-2　华盛顿互银基本情况

行业	银行
状态	被联邦存款保险公司（FDIC）接管救助
最终接收者	银行业务由摩根大通收购
存续时间	1889—2008 年
总部	华盛顿州，西雅图

注：资料来源于国海证券研究所。

这家"老字号"银行建立百年，却终没能从 2008 年次贷危机中幸存下来，回顾百年历史，我们将其发展路径分为三个阶段：

1889—1982 年：互助银行时期，从西雅图启航；

1983—2006 年：摇身一变，开启扩张之路；

2007—2008 年：楼市寒冬，危机袭来。

二、1889—1982 年：互助银行时期，从西雅图启航

1. 为重振西雅图经济而成立的银行

西雅图位于美国西北部的太平洋沿岸，是华盛顿州的重要城市。在 19 世纪中后期，依靠伐木业和淘金热，西雅图发展迅速。然而，1889 年 6 月 6 日的一场火灾将西雅图约 49 万平方米的城市街区全部烧毁。

为了早日重建城市、重振经济，华盛顿互银的前身华盛顿国家建筑贷款和投资协会应运而生。1890 年 2 月，该协会的首批贷款获批，其中包括一笔摊还的房屋贷款。在其后的 20 年中，华盛顿国家建筑贷款和投资协会相继批复了 2000 多笔房屋贷款，有效地帮助了当地的重建。

1908 年，华盛顿国家建筑贷款和投资协会改名为华盛顿储蓄和贷款协会，开始实现从单一从事建筑贷款业务的协会开始向互助银行转型。伴随着华盛顿储蓄和贷款协会的转型，会员费被取消，客户可以随时自由提取存款，任何利息都

可以在提款当天累计。

同时，协会启动了广告计划。1908—1913 年，华盛顿储蓄和贷款协会的贷款数量从 300 个增加到 2700 个，资产从约 35 万美元增加到 400 多万美元，增加了 11 倍之多，协会运营的账户数量从 400 个增加到 2700 个。

2. 西雅图外的收购

1917 年，华盛顿储蓄和贷款协会实现了成为互助银行的转变，再次更名为华盛顿互助储蓄银行。在第一次世界大战期间，银行的资产增长了 68%，利润超过 400 万美元，房地产贷款增长了 250%。美国的经济大萧条并未对华盛顿互银产生较大的影响，它反而在经济暴跌的 1930 年 7 月收购了大陆互助储蓄银行（Continental Mutual Savings Bank）。1941 年，银行与柯立芝互助银行（Coolidge Mutual Savings Bank）合并，合并后存款共计超过 7200 万美元。

1964 年，华盛顿互助储蓄银行开始开拓西雅图地区以外的项目，于当年收购了公民互助储蓄银行（Citizens Mutual Savings Bank）㊀。通过这次收购，华盛顿互助储蓄银行将其业务扩展到了普尔曼（Pullman）和斯波坎（Spokane）地区。1965—1973 年，华盛顿互助储蓄银行通过收购，在西雅图地区和全州各地区开设了 15 个分支机构，成为华盛顿州的重要银行。

三、1983—2006 年：摇身一变，开启扩张之路

1983 年，克里·基林格（Kerry K. Killinger）在华盛顿互银收购穆尔菲·法夫尔公司（Murphey Favre Inc.）的过程中起到了作用，被任命为华盛顿互银的执行副总裁。1990 年，基林格被任命为 CEO，上任后的基林格做出了两项决策：一是通过收购谋求发展，二是深耕零售业务。在之后的 28 年里，这两个决策带

㊀ 公民互助储蓄银行原来是 1902 年成立的公民储蓄和贷款协会（Citizens Savings and Loan Society），主要在 Spokane 开展业务。当时的法律不允许互助银行收购储蓄和贷款协会，因此在收购前的几小时，公民储蓄和贷款协会更改并更名为公民互助银行。

领华盛顿互银不断扩大规模,但其后又将其带入深渊。

1. 华盛顿互银的扩张版图

华盛顿互银的扩张可以分为两个阶段:第一阶段为1983—1999年,华盛顿互银以收购商业银行为主(见表2-3-3);进入21世纪后,在2000—2006年,华盛顿互银的收购方向主要为服务其零售业务而进行抵押贷款公司和信用卡公司的收购。1995年华盛顿互银在纳斯达克上市时,其总资产为866亿美元;到1999年年末,总资产扩张2.2倍达1865亿美元;2006年,其规模较之1999年再次翻了一倍,达3462亿美元。

表2-3-3　1983年起华盛顿互银在商业银行业务方面的收购

时间	收购对象	中文名称	收购金额（美元）	所处地点
1983年4月	United Mutual Savings Bank	联合互助银行	345万	华盛顿州
1984年4月	Lincoln Mutual Savings Bank	林肯互助储蓄银行	450万	华盛顿州
1987年5月	Columbia Federal Savings Bank	哥伦比亚联邦储蓄银行	4000万	华盛顿州
	Shoreline Savings Bank	岸线储蓄银行	750万	华盛顿州
1990年1月	Old Stone Corporation	老石公司	1000万	罗得岛州
1990年6月	Frontier Federal Savings and Loan Association	边境联邦储蓄贷款协会	180万	华盛顿州
1990年9月	Williamsburg Federal Savings and Loan Association	威廉姆斯堡联邦储蓄贷款协会	130万	犹他州
1990年11月	Vancouver Federal Bancorp with its Vancouver Federal Savings Bank	温哥华联邦合众银行及所属的温哥华联邦储蓄银行	2330万	华盛顿州
1991年4月	Pacific Northwest branch offices	太平洋西北分公司	不详	纽约州
1991年8月	Sound Savings and Loan Association	健全储蓄贷款协会	不详	华盛顿州

第二章
巨人陨落

（续表）

时间	收购对象	中文名称	收购金额（美元）	所处地点
1991年9月	GNW Financial Corporation with its Great Northwest Bank	GNW金融公司及其西北大银行	6400万	华盛顿州
1991年12月	World Savings and America of Loan Association of America	世界储蓄与美国贷款协会	不详	加利福尼亚州
1992年8月	Pioneer Savings Bank	先锋储蓄银行	1.81亿	华盛顿州
1992年10月	Pacific First Financial Corporation with its Pacific First Bank	太平洋第一金融公司及其太平洋第一银行	6.63亿	华盛顿州
1994年6月	Summit Bancorp with its Summit Savings Bank	峰会合众银行及所属的峰会储蓄银行	2500万	华盛顿州
1995年6月	Enterprise Bank	企业银行	2680万	华盛顿州
1991年4月	CrossLand Savings Bank	克罗斯兰储蓄银行	不详	俄勒冈州/华盛顿州
1994年4月	Far West Federal Savings Bank	远西联邦储蓄银行	220万	俄勒冈州
1995年10月	Western Bank	西方银行	1.56亿	俄勒冈州
1997年1月	United Savings Bank	联合储蓄银行	不详	犹他州
1994年7月	Olympus Capital Corporation with its Olympus Bank	奥林巴斯资本公司与奥林巴斯银行	5210万	犹他州
1996年3月	Utah Federal Savings Bank	犹他联邦储蓄银行	不详	犹他州
1996年9月	United Western Financial Group Inc. with its United Savings Bank	联合西方金融集团与联合储蓄银行	8030万	犹他州
1996年7月	Keystone Holdings Inc. with its American Savings Bank	拱心石公司及美国储蓄银行	16亿	得克萨斯州

(续表)

时间	收购对象	中文名称	收购金额（美元）	所处地点
1998年3月	H.F.Ahmanson & Company	H.F.阿曼森公司	100亿	加利福尼亚州
2000年8月	Bank United Corporation	银行联合公司	14.9亿	得克萨斯州
2001年6月	Dime Bancorp with its Dime Savings Bank	一角硬币储蓄银行	52亿	纽约州

注：资料来源于国海证券研究所。

扩张的第一阶段，恰逢美国银行业的并购潮，美国在1981—1997年间，平均每年发生400起以上的银行并购案。在1988—1998年，资产排名前八的银行所占的市场份额从22%增加至36%。

华盛顿互银的收购颇有章法，在并购前，基林格会深入调查标的企业是否适应华盛顿互银的文化、是否能在两年内增加收入、是否与华盛顿互银的业务结构相协调。在收购中，他们会快速整合，通过收购达到成为某一地区的市场领导者的目标。

华盛顿互银进入加州市场即采用了收购的手段。1996年，华盛顿互银以16亿美元收购了在加州拥有220个分支机构的美国储蓄银行的子公司，自此打开了加州的大门。这次收购完成后，华盛顿互银所有子公司的存款总额从220亿美元增加到了420亿美元。在随后的1997年、1998年，华盛顿互银又完成了对位于加州的大西部银行和H.F.阿曼森（H.F. Ahmanson&Co.）的收购，跃居美国的第七大银行之位。

到了20世纪90年代末，华盛顿互银决定积极扩大其在次级抵押贷款领域的业务。1999年，华盛顿互银以3.5亿美元收购了位于加州的长滩金融公司（Long Beach Financial Corporation）及其长滩抵押贷款公司（Long Beach Mortgage Company）。其中的长滩金融公司由洛杉矶的亿万富翁罗兰·E·阿诺尔（Roland

第二章
巨人陨落

E. Arnall）创立，他旗下的抵押贷款公司拥有全美最大的次级抵押贷款业务。

进入21世纪后，华盛顿互银继续通过收购推进其次级贷款业务（见表2-3-4）：2000年，华盛顿互银以6.05亿美元收购PNC的抵押贷款部门（PNC Mortgage Corporation and PNC Mortgage Securities Corporation）；2001年，又以6.6亿美元现金收购舰队抵押贷款公司（Fleet Mortgage Corporation）。通过这两次收购，华盛顿互银的抵押贷款业务跃居全美第2。直至2006年，华盛顿互银的并购次贷机构的脚步都没有停歇。2006年4月，以9.83亿美元的现金收购了加州第三大的多户住宅（multifamily）㊀机构——商业资本公司（Commercial Capital）。

表2-3-4 华盛顿互银在抵押贷款方面的收购

时间	收购对象	中文名称	收购金额（美元）	所处地点
1999年5月	Long Beach Financial Corporation with its Long Beach Mortgage Company	长滩金融公司及其长滩抵押贷款公司	3.5亿	加利福尼亚州
2000年1月	Alta Residential Mortgage Trust	阿尔塔住房抵押贷款信托	2300万	加利福尼亚州
2000年10月	PNC Mortgage Corporation and PNC Mortgage Securities Corporation	PNC抵押公司和PNC抵押证券公司	6.05亿	伊利诺斯州
2001年4月	Fleet Mortgage Corporation	舰队抵押贷款公司	6.6亿	南卡罗来纳州
2001年12月	HomeSide Lending Inc.	家庭贷款公司	19亿	佛罗里达州
2002年7月	Bay View Capital Corporation	湾景资本公司	—	加利福尼亚州

㊀ 多户住宅为多个独立住房单元包含在一个建筑物内或者是一个综合体的几栋建筑物内，一般来说，它的形式表现为公寓楼。

（续表）

时间	收购对象	中文名称	收购金额（美元）	所处地点
2006年4月	Commercial Capital Bancorp Inc. with its Commercial Capital Bank FSB	商业资本合众银行及其商业资本银行FSB	9.83亿	加利福尼亚州

注："—"为未披露数据。资料来源于国海证券研究所。

2. 发力零售业务

从2006年年报数据来看，华盛顿互银的收入基本来自于零售银行、信用业务和住房贷款（见表2-3-5）。这样的结果，源自21世纪初华盛顿互银的一系列措施。华盛顿互银通过其打造的"Occasio"柜台（英文Occasion的拉丁语形式译为"机遇"）、"沃尔玛银行"概念下提供的低门槛贷款条件吸引顾客，快速完成贷款。

表2-3-5 2001—2006年华盛顿互银净营业收入情况 （单位：百万美元）

	2001年	2002年	2003年	2004年	2005年	2006年
零售业务	4043	6056	6515	7747	7512	8090
信用卡业务	—	—	—	—	997	4058
住房贷款	3624	—	—	—	4369	2471
其他业务	1836	6542	6964	3981	437	-121
净营业收入	9503	12598	13479	11728	13315	14498

注："—"为当年财报并未单独披露的数据，计入其他业务中。资料来源于Bloomberg、国海证券研究所。

从成立之初，华盛顿互银就常以"家庭的朋友"作为营销口号，旨在贴近与客户的关系。在2000年，华盛顿互银推出了"Occasio"的新式网点。不同于平时我们常见的窗口式的营业网点，"Occasio"采用了开放互动式的结构。顾客会由穿着卡其色制服的"迎宾人员"（类似于现在的银行客户经理）接待，而柜员则站在一个类似于高脚吧台的圆弧形柜台的地方处理顾客的问题。除此以外，"Occasio"也经营一些普通零售商品，如卖给小朋友银行员工形象的芭比娃娃、给成年人推销理财书籍。"Occasio"不仅拆除了顾客和柜员之间的物理隔离墙，将工作人员放置于休闲、温馨的氛围内，也打破了顾客的心理障碍。同时，"Occasio"没有休息室和沙发，也极少让顾客等待，这一模式使得华盛顿互银获得大量的零售存款和住房贷款业务。

随着"Occasio"的成功推行，基林格在2003年提出了"沃尔玛银行"的概念："沃尔玛为他们的行业做了什么，星巴克为他们的行业做了什么，好市多为他们的行业做了什么，就是我们希望为这个行业做的事。我认为，如果我们完成了我们的目标，5年以后，你不会把我们称为银行。"基林格关于"沃尔玛银行"的设想是为了迎合少数族裔与中低收入人群，为其他银行觉得风险太大的消费者提供业务，使得信誉最差的借款人也能获得融资。华盛顿互银为了吸引这部分客户，还率先推出了免费支票账户，ATM机的语音提示功能采用英语和西班牙语双语模式。

四、2007—2008年：楼市寒冬，危机袭来

1. 次贷危机席卷而来

为了减轻"互联网泡沫"[一]和"911恐怖袭击"的影响、抵御可能存在的通货紧缩，美联储在2000—2003年中将联邦基金目标利率从6.5%下调至1.0%（见图2-3-1）。信贷的放松推动了美国房地产业的繁荣，2003年美国进入新的一轮经济复苏，2003年第四季度，GDP重回4%以上。美股结束下跌和震荡行情，道琼斯指数在2003年3月跌至7568点的低点后强势反弹，于2004年2月达到10,737点。

[一] 互联网泡沫指发生在1995—2000年对互联网行业的过度炒作。2000年3月，包括很多互联网公司在内的纳斯达克指数在到达顶峰后崩盘，随后大量互联网公司倒闭或陷入危机。

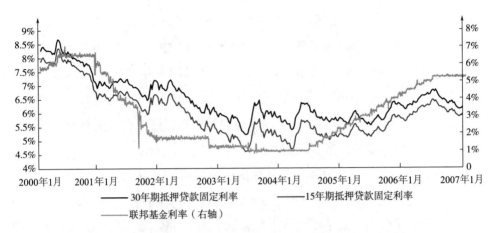

图 2-3-1 2000—2007 年美国联邦基金利率、抵押贷款固定利率

（资料来源：Wind、国海证券研究所）

随后，美联储于 2004 年 6 月开启新一轮的加息周期，加息导致住房抵押贷款利率随之上升（见图 2-3-1），违约率上升，房价由此下降（见图 2-3-2），房价的下降使得贷款者没有动力再去支付每月的还款，进一步推高违约率。2007 年 2 月 20 日，道琼斯指数触及 12,786 点的峰值，现房销售也在当月达到顶峰开始下滑。

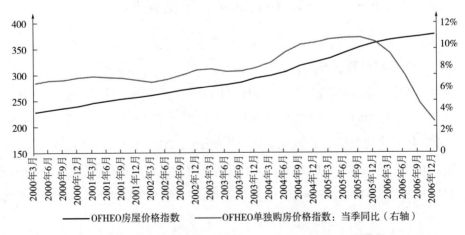

图 2-3-2 2000—2006 年美国房价情况

（资料来源：Wind、国海证券研究所）

第二章
巨人陨落

随着违约率的升高，金融机构的不良贷款越积越多（见图 2-3-3），同时资产证券化的金融工具迅速贬值，金融机构蒙受巨大损失。2007 年 3 月，美国第二大次级抵押贷款公司新世纪金融公司（New Century Financial Corporation）申请破产保护。在随后的两年内，次贷危机愈演愈烈。2008 年 9 月 7 日，联邦政府接管房地美（Freddie Mac）和房利美（Federal National Mortgage Association）⊖，2008 年 9 月 15 日，在美联储拒绝担保贷款后，美国第四大投资银行雷曼兄弟宣告破产。而接下来宣告破产的，就是华盛顿互银。

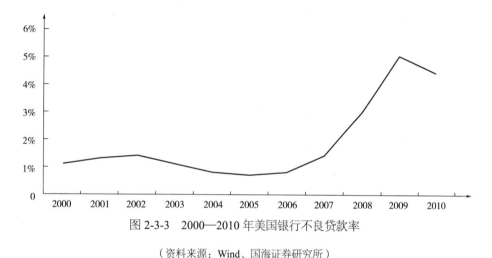

图 2-3-3　2000—2010 年美国银行不良贷款率

（资料来源：Wind、国海证券研究所）

2. 挤兑之下，焉能保全

早在美国次贷危机正式爆发以前，华盛顿互银的问题已经现出端倪。根据 2006 年的年报数据，华盛顿互银对信用卡业务计提了 16.47 亿美元的贷款损失准备，是 2005 年的 3.6 倍，住房贷款计提 1.89 亿元，是 2005 年的 1.7 倍；而 2006 年的实际贷款损失为 5.1 亿元，是 2005 年的 2 倍。

到了 2007 年 5 月，华盛顿互银推出了新抵押贷款产品——"华盛顿互银贷款 +"（WaMu Mortgage Plus），贷款者可以在市场条件发生变化后转变获得一次免费重

⊖ 房利美和房地美是美国最大的两家非银行住房抵押贷款公司，通过向抵押贷款二级市场提供流动性，帮助中低收入者更容易地获得抵押贷款。

置固定费率的机会，以便为住房贷款提供灵活性和适应性。这其实是华盛顿互银为了挽回贷款损失的自救之举。但后来，华盛顿互银的自救就只能通过关停业务和裁员来进行。2007年12月，华盛顿互银表示通过关闭次级贷款业务、裁员和减少股息来减少开支，然而当年净利润仍然表现出自1981年以来的首次转负。

2008年，在次贷危机的影响之下，华盛顿互银的经营出现了较大的问题，半年报显示亏损30亿元。股价方面，2008年7月14日已跌至3.23美元，是1991年2月以来的最低水平。

2008年9月，三大信用评级机构——惠誉、穆迪和标普纷纷下调华盛顿互银的评级，15日标普更是将其评级直接调至"垃圾级"。信用评级的下降直接引发了华盛顿互银的挤兑潮，截至2008年9月24日，客户在9天之内取出了167亿美元的存款，而2007年年末华盛顿互银的储蓄存款为703亿美元。9月25日，美国储蓄机构监管局（OTS）以华盛顿互银"流动性不足，无法满足公司债务的支付要求，因此该行不能安全、稳定地进行业务"为由，勒令其关闭。当日晚间，在FDIC接管的当日宣布将由摩根大通以19亿美元的成本收购华盛顿互银的存款业务、分支机构以及其他业务。

五、原因分析

挤兑潮是导致华盛顿互银破产的导火索。在次贷危机的背景下，华盛顿互银糟糕的经营表现自然引发民众对其承兑能力的怀疑，而信用评级机构对华盛顿互银评级的下调则成为压垮它的最后一根稻草。

但挤兑潮背后还是华盛顿互银糟糕的业绩情况，业绩表现较差的根源在于华盛顿互银长久以来的无序扩张，对贷款重量不重质。而华盛顿互银的业务又集中于零售贷款上，导致经济环境发生改变时大量的个人贷款无法收回，经营能力严重下滑。

1. 无序扩张导致资质下沉

华盛顿互银的贷款在2000—2006年增长迅猛，业绩蒸蒸日上。但在这一现

第二章
巨人陨落

象的背后，是华盛顿互银为了扩张规模，对内将银行的目标客户定位于中低收入人群，并降低贷款门槛，对外又大肆收购次级贷款。在资产价格上行时，业务中存在的问题被掩盖，"只有潮水退去才能发现谁在裸泳"。2007年年底，华盛顿互银的实际贷款损失高达16.23亿美元，是2006年的3.2倍、2005年的6.7倍。因此，华盛顿互银破产的根本原因在于华盛顿互银把银行的规模放在了防风险之上，牺牲安全性以换取收益。

首先，华盛顿互银将银行的目标人群定位于中低收入人群，加大了发生信用风险的可能。的确，中低收入人群无论是从人口结构占比还是从消费潜力上都有很大的业务发展空间，但银行终究不是沃尔玛、星巴克这类一手交钱一手交货的公司，特别是贷款这种金融服务是依托于信用进行交易的，银行先"交货"，之后才能按期"收钱"，而中低收入人群的偿债能力往往偏弱，风险更高。华盛顿互银看似打入了一个被其他银行忽视的新领域，实则是其他银行因为风险控制更为严格、更重视安全性，不敢触碰这一领域而已。

更为严重的是，华盛顿互银鼓励贷款数量而不是质量，更加剧了风险的积聚（见图2-3-4）。华盛顿互银敦促销售代理商批准贷款而不重视借款人的收入和资产，同时，华盛顿互银还建立了一个系统，通过给房地产经纪人超过1万美元的中介费来吸引借款人。而对于招揽贷款量多的内部员工，则有机会成为公司总

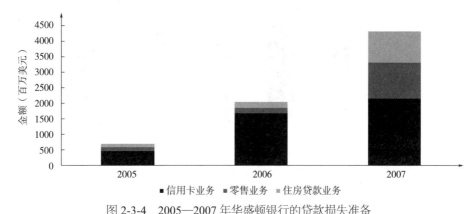

图2-3-4 2005—2007年华盛顿银行的贷款损失准备

（资料来源：Bloomberg、国海证券研究所）

裁俱乐部的成员，该俱乐部会免费向成员提供奢侈旅行。华盛顿互银自上而下都对"规模"极度推崇，将"风险"抛诸脑后。

除了华盛顿互银自身不注重风险外，其盲目收购次级贷款公司的行为也负有责任。华盛顿互银的次级贷款多来自于其收购的企业，但这部分资产质量较差。在后来的调查中发现，其收购的长滩公司的抵押贷款存在较多问题，这些贷款包含过多的风险，存在大量的欺诈和错误信息。华盛顿互银的高管曾在2006年对长滩抵押贷款公司的抵押贷款提出过质疑和警告，但未被采纳。这些有毒资产终究在次贷危机中浮出水面。而华盛顿互银于2005年收购的"次级"信用卡发卡机构普罗威登（Providian），也对华盛顿互银的信用卡业务带来了巨大的损失。

2. 业务过于集中

华盛顿互银的贷款损失之所以会使其遭受巨大影响，与其业务集中在住房贷款、信用卡和其他个人贷款业务上分不开关系。这些业务的风险在次贷危机时期全部爆发。

从2005年开始，华盛顿互银的收入的90%以上来源于信用卡业务、住房贷款及其他的零售业务（见图2-3-5）⊖。而同期以小微贷款闻名的富国银行，其零售业务仅占60%左右（见图2-3-6）。

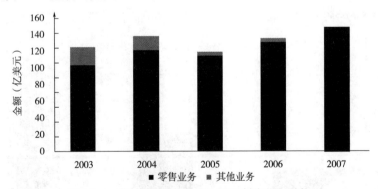

图 2-3-5　华盛顿互银 2003—2007 年净收入结构

（资料来源：华盛顿互银公司年报、国海证券研究所）

⊖ 华盛顿互银每年的披露口径有差异，以其财务报表利润表中的 Retail Banking Group、Card Services Group、Home Loans Group 和 Mortgage Banking 作为零售业务的收入。

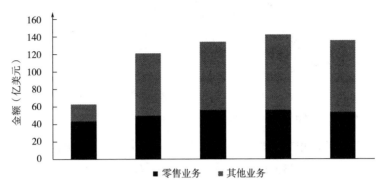

图 2-3-6　富国银行 2003—2007 年净收入结构

（资料来源：华盛顿互银公司年报、国海证券研究所）

除此以外，华盛顿互银其贷款本身也存在一定的风险集中性。通过收购，华盛顿互银的住房贷款多集中于加州，而该地区是次贷危机时的重灾区。在金融危机期间，加州房价的下跌幅度远超全国 9.8% 的下降幅度。截至 2007 年 12 月，全国房屋的库存为 10 个月，而加州达到了 15 个月，在金融危机以前这一数字为 6 个月。在 2007 年年底，华盛顿互银来自于房屋贷款的收入较 2005 年下降 56%，计提的住房贷款损失准备达 9.85 亿美元，接近 2005 年的 9 倍。

六、启示

华盛顿互银的倒闭裹挟在金融危机的洪流之中，但主要还是它发展业务时过于关注规模而忽视风险所致。商业银行在进行规模扩张时，对内通过做大业务量实现，对外则通过收购实现。华盛顿互银在这两方面都有值得我们反思的问题。

1. 不要把鸡蛋放在一个篮子里

华盛顿互银败在业务过于集中，作为商业银行，应将风险分散化。风险分散化可以从业务的多元化、产品的多元化、产品内部结构的分散化考虑。

业务的多元化要求银行除了传统的信贷业务外开展其他业务。一方面，银行可以利用牌照、品牌、资源整合等优势，积极建立和发展旗下的保险、理财、基金等子公司，增加非银业务的比重；另一方面，通过金融创新等方式开展新业务，或通过技术升级等手段改进旧业务。

产品的多元化是指在某一项业务之内开展多种存在差异的产品。例如，在贷款业务中，除了常见的住房类贷款和信用卡业务外，也可以开展其他消费贷款，这样既能分散风险，也能带来新的增长点。一方面，我们应研究开发创新的消费贷款类型和产品，拓宽贷款用途，满足不同人群的需要；另一方面，可以与消费场所（如4S店、奢侈品店面、留学中介机构等）进行合作，通过提供优惠或增设咨询处的方式宣传银行的产品；也可多与电商进行相关合作，实现线上引流。

产品内部结构的分散化是指，某一产品的受众，特别是贷款业务的借款人不应集中于同一地区、行业、收入段等，以免发生系统性风险。华盛顿互银住房贷款集中在加州、借款人集中在中低收入人群的做法并不可取。银行应有全局意识，如果某一方面过于集中，可以适度缩紧这一部分的放贷或其他业务，同时积极开拓其他行业或者地区。另外，如果银行目前的产品受众已经集中，则应该做好各方面的预警和预案工作。

2. 收购不只是为了规模的扩大

银行做大做强离不开对外的兼并重组，华盛顿互银通过扩张得到了规模的扩大，却使得自身贷款的资质下沉，留下祸患。商业银行在进行收购时需注意以下几点：

首先，需考虑收购的战略意义和未来整合的难度。并不是所有的收购都有协同效应，收购方应以符合公司战略目标为基础对被收购方进行仔细甄别，而不仅仅是为了规模的扩大。另外，还应考虑收购后是否会造成人员的冗余、网点覆盖的交叉及不稳定因素等问题。

其次，需要对标的方进行全面审查。对标的方资料的真实性、业务结构、规模和盈利能力有确切的认识。这既利于提供合理的估价，也利于今后的整合。除了报表的真实性需重点审核外，收购应重点关注被收购银行的贷款业务，银行的性质决定了银行并购的最大风险在于标的方的贷款。在收购前，应详尽分析标的方贷款的真实性、区域分布、贷款类型分布、借款人收入分布、抵押品资质以及贷款的不良率。

除此以外，还要考虑到估价的合理性以及银行自身的承担能力。在经济上行期，收购价格往往存在被高估的现象，银行要尽可能地排除经济周期的影响，在估价时以标的方的价值为出发点。另外，需要考虑银行自身的实力，采用合适的收购方法，避免收购对自身经营、现金流产生影响。

七、大事记

1889年，华盛顿互银的前身——华盛顿国家建筑贷款和投资协会成立。

1890年2月，华盛顿国家建筑贷款和投资协会首次在西雅图提供住房抵押贷款。

1908年6月25日，华盛顿国家建筑贷款和投资协会更名为华盛顿储蓄和贷款协会。

1917年9月12日，更名为华盛顿互助储蓄银行。

20世纪70年代，开创了全美第一个共享现金机器网络——The Exchange。

1990年4月，基林格成为CEO，并于次年1月成为董事会主席。

1994年11月，华盛顿互助银行（Washington Mutual bank）成立新控股公司，名为Washington Mutual，并将前者非银行业务部门的业务拆分出来，华盛顿互银继续以WAMU的代码在纳斯达克交易。

2006年，随着抵押贷款发放缓慢，华盛顿互银减少了超过10000个工作岗位以削减成本。

2007年4月，华盛顿互银宣布第一季度利润下降20%。基林格警告次级抵押贷款市场"前所未有的恶化"，但预计房屋贷款部门将在年底前再次盈利。

2007年12月：在将股息削减73%之后，华盛顿互银的股价触及11年低点。

2008年1月17日，由于2007年第四季度亏损18.7亿美元，华盛顿互银宣布遭遇 1981 年来的首次年度亏损。

2008 年 4 月 8 日，德太投资集团（TPG Capital）向华盛顿互银注资 72 亿美元，以每股 8.75 美元的价格收购该公司 50%的股份。华盛顿互银表示将关闭其约 186 个独立的房屋贷款办公室，裁员 2600 名至 3000 名。

2008 年 6 月 2 日，基林格保留 CEO 的职务，免除董事长的职务，由董事会成员史蒂芬·弗兰克（Stephen Frank）取代。

2008 年 7 月 14 日，华盛顿互银股价下跌至 3.23 美元/股，这是自 1991 年 2 月以来的最低水平。

2008 年 9 月，华盛顿互银遭到三大信用评级机构降级，并引发挤兑潮。

2008 年 9 月 25 日，FDIC 在 OTS 的指示下，与华盛顿互银签订了接管协议。同日，FDIC 将其银行业务出售给了摩根大通。

2008 年 9 月 26 日，华盛顿互银及其剩余子公司 WMI 投资公司申请破产保险。

第四节　轻视风险者，终将被风险吞噬——英国巴林银行的快速死亡

很多银行业巨头都是在危机中倒下，其中不乏令人意外的牺牲者，英国巴林银行便是其中之一。巴林银行在危机中破产的最主要原因，并不是经济衰退造成的资产质量下滑，或者危机导致的流动性紧张，而是风险控制机制——银行最基本也最重要的领域——出现了重大漏洞。说它重要，是因为风险控制关乎银行的生死存亡，它就像悬崖边的栏杆，让企业即使踉跄一脚也不会摔下悬崖。但是它经常被银行经营者忽视，因为在很多时候风险控制与追求利润相互矛盾，前者成为急于让人摆脱的枷锁。

巴林银行作为一家拥有 200 多年经营历史的"老字号"，本不会轻视风险

第二章
巨人陨落

控制机制。然而，在 20 世纪末日益加深的全球化和层出不穷的金融创新面前，银行业的经营发生了翻天覆地的变化，巴林银行管理层的经营意识却没有及时跟上形势。此时的巴林银行又急于追求利润，以"人治"代替制度，对受信任、有功绩的"老臣"委以重任——开拓有前景的新业务，却忽略了风险控制机制的建设。

一位名叫尼克·里森（Nick Leeson）[⊖]的交易员，在最初的工作中取得了不错的成绩，但后来因不受监管，最终在日本市场的巨额交易亏损连累了整个巴林银行，可谓"成也萧何，败也萧何"。

一、巴林银行速览

巴林银行由弗朗西斯·巴林爵士（Sir Francis Baring）于 1763 年在伦敦创建，是英国老牌商人银行之一，在伦敦城内历史悠久且名声显赫。在 230 多年的经营历史中，巴林银行以发展稳健，信誉良好闻名，它也成为许多显贵阶层和大型公司的首选银行。

巴林银行成立之后，其业务一直以企业融资和投资管理见长，经营网络遍布亚洲及拉美新兴国家和地区。但与一般商业银行不同的是，巴林银行不开展普通客户存款业务，代之以服务机构客户为主。巴林银行从服务外贸企业，并为其提供贸易融资开始，业务范围逐步拓展至证券、基金、投资、商业银行等方面，并取得良好的发展。

在集团构成上，巴林银行集团主要包括四部分（见表 2-4-1）——巴林兄弟公司（Baring Brothers & Co.）、巴林证券公司（Baring Securities Ltd.）、巴林资产管理公司（Baring Asset Management Limited）以及在美国一家投资银行（拥有 40% 的股份）。

⊖ 尼克·里森：1989 年进入巴林银行伦敦总部工作；1990 年年初争取到了去印尼工作的机会；1992 年开始兼任巴林银行新加坡分行期权与期货交易部门前台交易员及后台清算部经理二职。

表 2-4-1 巴林银行集团

	集团构成	主要业务
巴林银行集团	巴林兄弟公司	从事银行业务、企业融资及资本市场业务
	巴林证券公司	主要从事证券经纪业务
	巴林资产管理公司	主要管理机构和个人资产
	一家美国投资银行（拥有40%的股份）	—

注：资料来源于国海证券研究所。

纵观整个巴林银行的发展历史，我们可以发现它有诸多辉煌"战绩"：在刚步入19世纪时，巴林银行就曾为美国从法国手中购买路易斯安纳地区提供了所用资金；同期，作为英国老牌商人银行之一的巴林银行还成为英国政府证券的首席发行商。仅此两件事就可见其在英国银行中的实力不可小觑。至19世纪80年代，巴林银行发行的"吉尼士"（Guinness）证券[⊖] 上市时，引起了当时疯狂的抢购热潮。再到20世纪90年代初，巴林银行开始向海外发展业务，并先后在中国、印度、巴基斯坦、南非等地开设了办事处，随后又成立了新加坡分行期货与期权交易部门。

随着巴林银行金融市场业务的不断壮大，截至1993年年底，巴林银行全部资产总额已达59亿英镑，盈利达1.05亿英镑。同期，渣打集团（Standard Chartered Plc.）总资产318.83亿英镑，净利润2.29亿英镑；苏格兰皇家银行（Royal Bank of Scotland Group Plc.）总资产374.39亿英镑，净利润1.24亿英镑；巴克莱银行（Barclays Plc.）总资产1,660.51亿英镑，净利润3.1亿英镑。由此可见，巴林银行当时的金融市场业务实力非常强劲，盈利能力远超英国大型银行。

但从1994年年末到1995年年初，巴林银行新加坡分行期货与期权交易部门的交易员兼清算部经理尼克·里森越权进行的期货投机交易连续亏损。问题曝光

[⊖] "吉尼士"证券：巴林银行在1886年帮助吉尼士啤酒厂发行的证券。因巴林银行当时在英国银行中很有影响力，所以看好该证券的人很多，该证券一上市，大家都踊跃来购买。

第二章
巨人陨落

之后，巴林银行陷入破产倒闭的危机之中。1995 年 2 月 26 日，巴林银行的已探明的亏损高达 6 亿英镑，而它的自有资金加上在英格兰银行（Bank of England）的储备只有约 3.5 亿英镑，资不抵债，巴林银行就此破产倒闭。10 天后，荷兰国际集团（ING Group）以 1 英镑的象征性价格将巴林银行收购。总结以上历程，可分为三个阶段：

1990—1992 年：混乱的序曲；

1992—1994 年："88888"的错误；

1995 年：孤注一掷，满盘皆输。

二、1990—1992 年：混乱的序曲

巴林银行其实在 20 世纪 80 年代后期有着不俗的经营成绩，这来源于其在日本创建的从事股票交易的分部。当时恰逢日本股市大幅上扬，日本分部为巴林银行带来了非常可观的收益，巴林银行很快就在该市场上占领了一席之地。随着在日本的业务发展起到了模范效应，巴林银行又继续在新加坡、印度尼西亚等地开展更广泛的海外业务并且获得了广泛认可。

但 1990 年年初，在巴林银行伦敦总部工作的尼克·里森为谋求职业发展争取到了去印度尼西亚工作的机会后，他发现巴林银行的海外业务其实并不像外界传闻中说的那样出色，反而更应该用"一团糟"来形容：公司没有一间独立的办公室；各种不记名债券随意被扔在房间里无人处理；价值 1 亿英镑的股票无法出售给客户等。面对这些并未引起高层注意、也没人知道如何从源头上去处理的问题，尼克·里森主动承担起了解决这些问题的重任。他用 10 个月的时间处理了那些股票和不记名债券，终于在 1990 年年末将巴林银行印尼分部的收支差压缩到了 1000 万英镑。

随后的 1991 年 3 月，尼克·里森回到伦敦，又用了接近一年的时间考察了巴林银行在欧洲和亚洲东部地区的业务，并于 1992 年年初向总部提出申请到新

加坡去开拓期货与期权交易方面的新业务。总部负责人在没有对新业务进行充分了解的情况下，只因听说了尼克·里森之前在印度尼西亚如"救火队长"般的出色功绩，便很快接受了尼克·里森的提议，允许其在巴林银行新加坡分行成立期货与期权交易部门，并任命他兼任前台交易员和后台清算部经理两职。于是，在1992年年初，巴林银行新加坡分行期货与期权交易部门成立，巴林银行走向破产倒闭的序幕也由此拉开。

三、1992—1994 年："88888"的错误

1. 错误账户的建立

在巴林银行新加坡分行的交易大厅中，交易员们在交易的过程中都通过手势交流，交易员难免会犯错，有人可能把买卖合同的份数弄错；有人可能把"买入"看成"卖出"……有些错误是交易员自身原因造成的，却需要银行设法处理。

最初，巴林银行伦敦总部通过一个账号为"99905"的账户来记录这些错误交易，但新加坡分行期货与期权交易部门自建立之后，因为新员工操作不熟练，每天产生的错误交易较多，伦敦总部认为全由他们处理起来过于麻烦，于是建议新加坡分行设立一个新错误账户以便分行自行处理小错误。经理尼克·里森考虑到"8"这个数字比较吉利，于是开设了账号为"88888"的错误处理账户。但在设立完新的错误账户"88888"几周后，伦敦总部又通知新加坡分行，总部所换的新电脑可以统一处理这些错误了，所以还是让新加坡分行将错误交易记录在"99905"的账户中。于是，"88888"账户就这样被搁置了。

2. 错误账户成为隐瞒错误的保护伞

被搁置但并未注销的"88888"账户为巴林银行埋下了巨大的风险控制隐患，直接导致了之后的亏损危机。随着一连串错误交易的出现，"88888"账户被使用的频率越来越高。

第二章
巨人陨落

1992 年 7 月 17 日，错误账户"88888"首次被使用。当天，尼克·里森的一位下属在交易时错把客户要求购进的合同卖了出去，而尼克·里森在当晚进行清算时才发现这个错误，并且这笔失误的交易在日内已造成了两万英镑的亏损。尼克·里森考虑到这个数额并不小，没有及时发现并纠正错误的他有可能担责，于是决定将其计入"88888"账户中进行隐瞒，不向伦敦总部上报。随后的一周内，由于价格的上扬，这笔错误交易所造成的损失已扩大至 6 万英镑，尼克·里森想方设法继续隐藏亏损。但是鉴于头寸未平，尼克·里森为应对亏损，便通过启用客户的浮动资金及使用他个人所赚的佣金来追加错误账户"88888"内的保证金以通过检查。

尼克·里森在使用了"88888"账户几次后，发现这个账户对他来说极为有利。一是该账户能帮他隐瞒数额较大的失误，以避免高层管理者的问责和伦敦总部对他所领导的新加坡金融市场业务的担心；二是该账户还能为他争取不少自行处理错误的时间，以蒙混过内部检查。于是，尼克·里森使用该账户的频次越来越高，到 1992 年底，他已将 30 次差错计入了"88888"账户中。

紧接着在 1993 年 1 月，当尼克·里森还未处理完之前的错误时，又一个交易失误出现了。一位与尼克·里森关系非常好的交易员在上百份合同的操作中出现差错并造成了上百万英镑的损失。由于损失过大，里森担心上报之后自己会受牵连，并因此失去奖金甚至是丢掉职位，于是又将这次错误计入了"88888"账户中。其实将错误计入"88888"账户中对尼克·里森来说只是扬汤止沸，真正棘手的是后面随之而来的三个问题：如何弥补这些损失，如何顺利蒙混过伦敦总部内部审计人员的查账，如何支付新加坡国际金融交易所每天要求他们追加的保证金。

尼克·里森必须要想其他办法赚钱以弥补损失，因为这次已经不能通过操作盈利慢慢填补。于是，他决定冒着巨大的风险进行跨式交易○，希望从交易中赚取期权权利金；再之后利用巴林银行高层对资产负债表的不重视，用赚取的期权权利金来平衡"88888"账户中因期货交易和新加坡国际金融交易所索取

○ 以相同的执行价格同时买进或卖出相同到期日相同标的资产的看涨期权和看跌期权。

保证金而引发的赤字。此外，他利用高层对业务的不了解和高层对他的极度信任来向总部不断地索取运营资金，以解决保证金不足的问题。幸运的是，当时期货市场运行平稳，尼克·里森赌对了方向。到1993年7月时，"88888"账户已被尼克·里森扭亏为盈。遗憾的是，尼克·里森却未就此停止对"88888"账户的使用。

1993年下半年，市场价格接连几天都破纪录地飞涨1000多点，但用于清算记录的荧幕又频繁出故障，导致无法在交易做成后立马将它打上荧幕，许多交易的入账工作积压了起来，只能靠人力录入来完成。但等到清算结束时，尼克·里森发现这期间共造成了300份合同的差错，并且这些损失数额已非常大。尼克·里森在走投无路的情况下，又一次将错误隐藏进了"88888"账户中。

这次尼克·里森却没那么幸运了。他为了赚取可观的收益来弥补账户内的损失，冒着风险进行非套期保值交易，若想赚得更多的收益则必须要承担更大的风险，然而这一次市场行情却不如尼克·里森所预测的那样，他很快就被市场牵着鼻子走了，亏损也自然越来越多。"88888"账户内的损失不断上升，在1994年7月时，达到了5000万英镑。

随后，尼克·里森为弥补"88888"账户中5000万英镑的损失，又开始进行买入日经225股指期货和卖空日本政府债券的操作。然而，结果不尽如人意，市场变动方向恰好与尼克·里森预测的方向相反。1994年年底时，尼克·里森发现"88888"账户内的损失已达1.7亿英镑。面对巨额损失，尼克·里森越来越麻木，无能为力的他决定先混下去。

四、1995年：孤注一掷，满盘皆输

1995年1月18日，日本神户大地震，东京日经225股指期货指数再次大跌（见图2-4-1），日本政府债券价格再次上升，整个市场一片混乱。然而在此种情况下，尼克·里森反而变得冷静起来，因为他认为当时的市场对地震反应过激，所以希

望通过不断地逆势加仓来影响日经指数的变动，使其反弹。但结果又一次跟他预测的相反，随着交易量越来越大，亏损也越来越多。

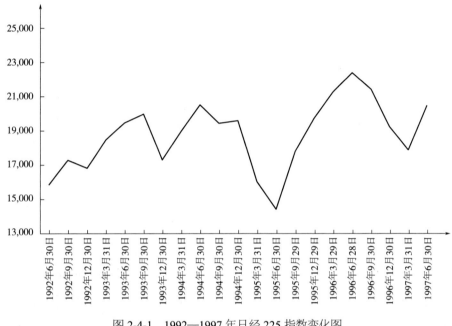

图 2-4-1　1992—1997 年日经 225 指数变化图

（资料来源：Wind、国海证券研究所）

虽已至此，尼克·里森仍未放弃能影响市场走向的赌博式操作，他决定背水一战。在 1995 年 1 月 26 日时，市场终于开始有所回升，但因为账户内的损失额巨大，短期内只能挽回很少一部分的损失。尼克·里森只好又以每天 1000 万英镑的速度从伦敦获取资金，不断买进日经 225 股指期货，并卖空日本政府债券，期待着能挽回损失。

直到 1995 年 2 月 23 日，尼克·里森对影响市场走向所付出的努力还是未能奏效，日经 225 股指期货指数不断下跌，日本政府债券价格一路上扬，巴林银行损失惨重，尼克·里森也放弃了挣扎，问题被曝光。

1995 年 2 月 26 日，英国中央银行——英格兰银行宣布巴林银行不得继续从事交易活动并将申请资产清理。这一天，有着230多年历史且名声显赫的巴林银行破产倒闭。

五、原因分析

巴林银行的破产倒闭在亚洲及欧美都引起了巨大的轰动，并且对东京股市、伦敦股市及纽约道琼斯指数都造成了不小的影响。巴林银行的倒闭从表面上看，是由其交易员尼克·里森的违规操作及投机失误造成的，但究其根本，还是在于巴林银行内部管理制度的缺陷及外部监管的无力与低效。

1. 高层管理者失职

第一，对业务风险认识不清。巴林银行高层管理者对其所开展的金融市场业务没有一个全面的认识，甚至可以说，他们对新兴的衍生品交易业务根本不了解。巴林银行伦敦总部单凭对交易员尼克·里森的信任，在缺乏对该项业务盈利及风险客观分析的情况下就允许其开展新业务。并且在此后的经营过程中，总部更多地只关注到新加坡分行金牌交易员尼克·里森通过这项业务为其带来的账面收益，而没有认识到新业务还带来潜在的亏损风险。

第二，对审计报告过度轻视。早在1994年7月，银行内部审计报告就曾提出：随着交易规模的不断扩大及交易情况的日益复杂化，建议派遣独立的风险控制与税务人员，对其业务进行严格督查。但巴林银行高层管理者并未重视这份建议，仍仅安排总部人员每个季度进行一次检查。另外，审计报告中还记录了"风险委员会"对每日头寸的最高限额建议——200份日经225股指期货、100份日本政府债券期货、500份欧洲货币期货。但自1994年9月起，尼克·里森手头所持有的头寸就远超"风险委员会"所建议的最高限额，达到5000份日经期货、2000份日本债券期货、1000份欧洲货币期货及数额庞大的期权，并且这些数目还在不断增加。

第三，对外部监管不以为然。1994年9月，巴林银行高层在知道其海外资

第二章
巨人陨落

产已超过英格兰银行规定的 25% 限额的情况下,不但没有设法控制风险并调查此事,而且开会决定打破原来内部规定的收支差限额,将收支差限额从原来的 1 亿英镑提高到 1.27 亿英镑。1994 年年末和 1995 年年初,新加坡国际金融交易所曾两次汇报了巴林银行新加坡分行的异常行为,但是巴林银行高层管理者在回信中的态度反映出他们对此的漠视,公司的财务董事也未独立调查整件事情的始末。

第四,对内部员工过度信任。在 1994 年 7 月尼克·里森造成的损失已经高达 5000 万英镑时,高层曾派人调查过尼克·里森的账目,资产负债表中明确记录了这些亏损,但高层对此睁一只眼闭一只眼,并仍然不断满足尼克·里森每天汇入 1000 多万英镑的要求(以便其追加保证金)。

2. 缺乏有效的内部管理制度

第一,分支机构管理权限分离不清。巴林银行新加坡分行期货与期权交易部门成立后,前台交易职务和后台清算职务没有进行有效隔离。一般银行允许其前台交易员持有一定额度的风险敞口,并通过每天后台清算部的结算工作对交易员给予有效监控。但糟糕的是,尼克·里森恰好身兼二职,而他又更注重盈利,忽视风险,清算的风险控制功能完全没有起到应有的作用。

第二,没有健全的内部审计机制。巴林银行高层管理者与员工都过于注重盈利及薪酬待遇,这影响了银行内部审计工作的规范化与独立性,高管和内部审计人员对审计工作的不重视进而影响了内部审计的权威性,而内部审计规范化、独立性与权威性的缺乏导致了内部审计机制的不健全。

第三,缺乏能够胜任工作的人员。首先,巴林银行高层管理者就没能胜任他们的工作。他们对银行所开展的金融市场业务没有全面的认识,没有设定清晰的风险管理目标,以致被利益冲昏了头。其次,内部审计人员业务能力也存在问题。早在 1993 年年底时,新加坡分行就已造成了 1900 万英镑的巨额损失,但审计报告中却显示 900 万英镑的盈利,内部审计部门并未发现有人在谎报利润。

1995 年 1 月,尼克·里森曾做了一个简单的分录来假造巴林银行在花旗银行有 5000 万英镑存款,而实际上这 5000 万英镑已被尼克·里森挪用到"88888"

账户以弥补其中的损失，但内部审计部门查了一个月都没有发现这里面的漏洞，因为根本没有人想到去查花旗银行的账目。

3. 外部监管无力低效

第一，监管条文形同虚设，外部监管松散无力。英格兰银行有规定：英国银行的海外总资金不应超过资产的25%，但从1993—1994年（除1994年4—6月），巴林银行在新加坡国际金融交易所和日本市场每个季度投入的运作资金均已超过限制。并且在1994年5月时，巴林银行的海外总资金超过25%这一行为得到了英格兰银行主管商业银行监管的高级官员的"默许"。

第二，跨国监管信息沟通效率低下，监管真空问题难以避免。巴林银行新加坡期货分部因驻地和其参与市场的缘故，分别受到新加坡金融管理局及日本中央银行的监管，而巴林银行又受英格兰银行的监管，由此形成新加坡、日本、英国三国同时监管同一机构的局面。而三国监管部门之间很难充分共享信息，沟通效率极其低下，加之各国监管内容有所不同，监管真空问题也难以避免。

六、启示

梳理巴林银行倒闭一案，从其海外金融市场业务的无序扩张开始，到新加坡分行期权与期货交易部门不断扩大风险进行越权交易，再到最终的破产。纵观整个过程，为了避免类似事件再次发生，现代商业银行应进一步完善人力资源体系和风险管控体系。

1. 完善人力资源体系

第一，健全培训体系。通过对不同层级员工的分级培训来加强各层级员工的职业道德素质、培养员工的责任意识及风险意识、加强员工的业务能力等。随着金融市场业务的多元化与复杂化，基层员工需要严格按照规章制度办理业务、提高业务能力，加强风险防控意识及合规意识；中层员工需做好监督及稽核检查工作，对全部业务操作流程进行全面审核评价；高层管理人员除了需要把控住经济周期与战略方向之外，还需要对其机构的经营业务及所管业务的经营情况了如指掌，不仅要认识到这些业务能够赚钱，也要认识到这些业务可能给他们带来亏损，以尽可能地做到及时发现风险隐患并将其遏制在萌芽状态。

第二，完善奖惩机制。合理的奖惩制度能调动员工的积极性、激发员工的潜力进而为企业带来利益，但过度的激励或不合理的奖惩则会适得其反。奖金占比过高、惩罚力度不足是造成普通交易员激进投机与高层管理者监管松懈的原因。此外，在这种情况下，基层交易员与高层管理者都抱有更大的侥幸心理，他们会更关注盈利而忽略了稳健性与安全性。因此，一套有效的奖惩体系一方面应涉及自上而下的奖惩机制——团队出现问题，分管领导也应承担相应责任；另一方面，奖惩力度需做好平衡——奖金占比不宜过高，惩罚力度不应过低。

第三，强化管理体系。对银行而言，银行自总行向下应实行分级授权与分级管理。上级分支机构应对下级分支机构有着管理的权责，上级分支机构根据下级分支机构的风险控制能力来对下级分支机构进行授权，上级分支机构仍保留重要决策的把控权。对于同一层级不同职能部门而言，首先，高层管理者的职责需明确，要以身作则，起好带头作用，拒绝凭信任代替管理监督，以确保决策的有效性并加强对风险的监管；其次，各部门及各部门员工之间要做到各尽其责、不越其权、相互制衡、相互监督。

2. 完善风险管控体系

第一，要明确风险管理流程。首先，要设定风险范围、加强风险识别。在银行开展各项金融业务之前，需对该项业务进行充分、客观的分析，除了考虑其能带来的利益，也要考虑其背后所存在的风险，并为各项不同的金融市场业务设定不同的风险范围。内部审计与风险管理委员会需要做好对风险的评估与识别。

其次，要做好风险分析、制定应对策略。商业银行可能面临信用风险、流动性风险、市场风险、国家风险、战略风险等，针对不同的风险类型，银行应提前做好风险分析，制定不同的风险应对策略。

最后，要加强风险监测、做好风险处置。银行可通过监测各种风险因素的变化及发展趋势来关注其可能面临的风险，并在此基础上进行有效的风险规避、风险分散或是风险转嫁，以降低风险发生的可能性。但若风险事件已经出现，银行风险管理组织则应尽快按照此前制定的应对策略来进行有效的处置，以防止因风险所造成的损失进一步扩大，同时也避免其他类型的风险出现。

第二，明确分支机构的职责分工。对于银行而言，各分支机构不相容岗位之间的职责分工必须进行有效隔离，并在层层分级授权下，做好对风险的严格把控。从金融市场业务的投资交易层面来说，前、中、后台应各司其职、不越其权，对风险进行层层监控。前台业务应负责好额度范围内的投资交易，中台业务应负责做好资金划转与风险控制；后台业务应认真进行资金清算与审计。这样，即使中间的某个环节出现问题，也可以被下一个环节及时发现并予以纠正。

第三，加强银行内部的审计监督。金融市场业务的多元化与复杂化带动了风险的增加，而内部审计机构作为银行风险管理的最后一道防线，与银行的安危密切相关。独立、权威且业务能力强的内部审计机构能迅速发现银行内部账目的漏洞并上报管理层，进而通过采取相关应对措施以降低风险事件带给银行的损失。因此，加强对银行内审工作的监督显得尤为重要，可确保内审工作的可靠性与有效性。

第四，完善电子化系统的管控复核体系。如今，随着现代化商业银行业务的不断推进，电子化系统在商业银行中的应用越来越广泛，保障电子化系统的安全性及加强对电子化系统的管控、复核也变得非常重要。首先，银行计算机和网络安全需受到严格保护并应进行定时维护；其次，银行应定时开展账户自查规范工作，及时注销无用账户、及时完成账户对账工作，加强对电子账户的复核。

七、大事记

1763 年，弗朗西斯·巴林爵士在伦敦创建了巴林银行，其业务专长是企业融资和投资管理，不开发普通客户存款业务。

1803 年，巴林银行出资，协助刚诞生的美国从法国手中购买了南部的路易斯安纳州。

19 世纪初，巴林银行成为英国政府证券的首席发行商。

1886 年，巴林银行发行"吉尼士"证券，并且掀起一阵疯狂的购买潮。

20 世纪初，巴林银行迎来特殊客户：英国王室。

20 世纪 90 年代，巴林银行开始向海外发展业务，在新兴市场开展广泛投资活动（先后在中国、印度、南非、巴基斯坦等地开设办事处）。

1992 年，巴林银行新加坡分行成立期货与期权交易部门。

1994 年，巴林银行新加坡分行因"错误账户"问题发生巨额亏损，并且亏损金额不断加大。

1995 年 2 月 26 日，巴林银行破产倒闭，10 天后被荷兰国际集团以 1 英镑的象征性价格收购。

第五节　中国现代银行业第一家倒闭的商业银行——昙花一现的海南发展银行

目光从国外回到国内，在改革开放之后，由于我国各级银行多受到政策保护和政府支持，商业银行倒闭破产的案例很少。但随着我国银行业对外开放速度持续加快，利率自由化改革稳步推进，有更多的国内外竞争者试图分一块蛋糕。除此之外，商业银行还要面对来自行业外非银金融企业和互联网经济的冲击。在竞争加剧、更加市场化的环境中，商业银行将面临以往从未遭遇过的新形势、新情况。这时候，银行破产案例就成为十分珍贵的观察学习样本，正可谓"前事不忘，后事之师"。

作为中国第一家倒闭的现代商业银行，海南发展银行（以下简称"海发行"）就是一个十分具有教育意义的例子。20 世纪 90 年代的海南是中国改革的"试验田",当时我国对于海南的监管松绑和优惠政策,对于开发这一个稍显荒凉的南天小岛、提升当地人民的生活水平至关重要。但是,自由市场也有混乱的一面,过山车式的海南房地产市场就是最明显的例证。

海发行成立于海南楼市即将落幕之时,经营了不到 3 年就因为无法清偿债务被破产清算。海发行失败的原因有很多,或是因为生不逢时,出生时没有面临一个有力的宏观经济形势,被周期无情抛弃;或是因为管理、风险控制机制不健全,违规放贷问题明显,人员合规意识较差,导致意外损失较多;或是因为银行经营者决策过于鲁莽,在经营尚未稳健之时,盲目降低存款利息,导致资金外流,最终引发了挤兑。

总之,从海发行的身上我们能看到很多银行经营者需要警惕的方面,特别是挤兑。在市场情绪紧张时,如何应对挤兑是每一家银行都要学习的一课。

一、海南发展银行速览

20 世纪 90 年代的海南,称得上是当时全国改革发展的微缩版,从 1988 年海南建省并设立经济特区开始,海南成为"冒险家"的乐土。就像美国狂野西部的淘金者一样,自由、机会、利润让数十万人来到海南实现个人梦想,甚至诞生了一个历史名词"闯海"。在海南开发中,房地产业的兴盛和衰落成为 20 世纪 90 年代海南经济最重要的标志,以至于今天谈起房地产市场时,还会追忆 20 年前海南房地产市场的经验教训。当时过度投机的海南住房价格在 1993 年达到巅峰,之后一路向下,多年时间都没有再度抬头。

在一片萧条之中,海南发展银行成立了。海发行成立于 1995 年 8 月,是在以合并海南富南国际信托投资公司、海南蜀兴信托投资公司、海口浙琼信托投资公司、海口华夏金融公司、三亚吉亚信托投资公司的基础上,以募集股本的方式设立的。海发行注册资本 16.77 亿元人民币(其中外币 5000 万美元),由海南省政府控股(出资 3.2 亿元),一共有包括中国北方工业总公司、中国远洋运输集团公司、北京首都国际机场等在内的 43 个股东，其中原 5 家信托投资公司的股东 22 家，以净资产 6.31 亿元入股，占总股本 37.63%（见图 2-5-1）。

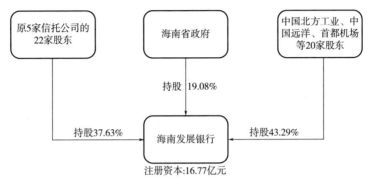

图 2-5-1　海发行股权结构图

（资料来源：国海证券研究所）

截至 1996 年年底，海发行资产规模 86 亿元，比 1995 年增长 26%，比开业前增长 94.3%，增长近一倍。各项存款 40.5 亿元，比 1995 年年末增长 58.8%，比开业前增长 152%，在省内各银行中增长最快。各项贷款 36 亿元，比 1995 年增长 16.1%，比开业前增长 97.8%。1996 年实际利润 1.25 亿元，上缴利税 3924 万元。1996 年经央行总行和广东省分行批准，海发行在广州设立第一个省外分行。

1997 年，海南城市信用社发生支付危机，1997 年 12 月 16 日中国人民银行海南分行（以下简称"央行海南分行"）发布公告，将 28 家城市信用社并入海发行，另外 5 家已经实质破产的信用社的债权和债务关系由海发行托管。而城市信用社的巨大债务压力加速了海发行已有的流动性不足等问题的暴露，央行对海发行进行了多次流动性救助。

1998 年 6 月 21 日，由于海发行不能及时清偿到期债务，央行决定关闭海发行，停止其一切业务活动，由央行依法组织成立清算组，对海发行进行关闭清算，指定工行对海发行的债权债务进行委托管理，保证对其境外债务和境内居民储蓄存款本金及合法利息进行支付，其余债务待组织清算后偿付。

海发行的发展历程见图 2-5-2。

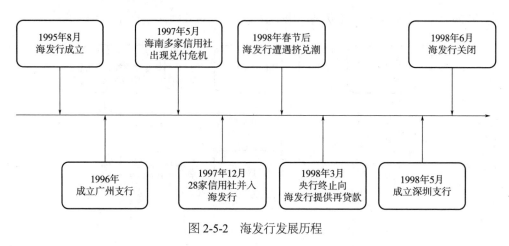

图 2-5-2　海发行发展历程

（资料来源：国海证券研究所）

要分析海发行，就不得不提其建立之前的海南省房地产业的发展，充当了"救火队长"的海发行多次被外界因素裹挟，最终以关闭收场。这短短的几年也可以分成三个主要阶段进行深入探讨：

1991—1993 年：房市疯狂上涨，金融业连带膨胀；

1993—1996 年：泡沫之下一地鸡毛，海发行临危受命；

1997—1998 年：合并信用社节外生枝，挤兑潮带来致命一击。

二、1991—1993 年：房市疯狂上涨，金融业连带膨胀

1991 年起，我国出现经济过热的情况：1991—1993 年，GDP 增速为 17%、24%、31%（见图 2-5-3）；CPI 同比增速自 1992 年 6 月起陡峭上行，一路跃至 1994 年 10 月的 27.7%（见图 2-5-4）；全社会固定投资也步入快车道，1991—1993 年的固定投资完成额增速高达 24%、44%、62%（见图 2-5-5）。

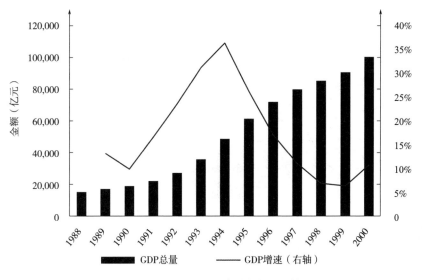

图 2-5-3　1988—2000 年全国 GDP 情况

（资料来源：Wind、国海证券研究所）

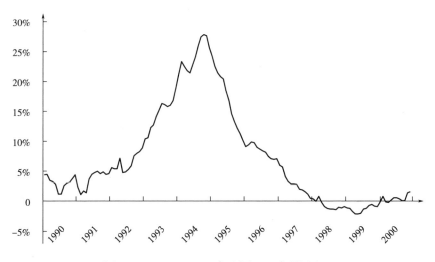

图 2-5-4　1990—2000 年全国 CPI 当月同比

（资料来源：Wind、国海证券研究所）

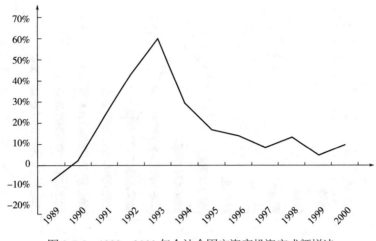

图 2-5-5　1989—2000 年全社会固定资产投资完成额增速

（资料来源：Wind、国海证券研究所）

图 2-5-6　1988—2000 年全国 M2 同比增速

（资料来源：Wind、国海证券研究所）

在 1988 年建省之初，海南省就确立了以市场经济为主的原则，无论是生产资料还是生活资料都基本放开价格，指令性计划指标很少，市场化程度高，同时经济特区的性质使其拥有许多的优惠政策及特权，容易成为投机者的热土。1992 年 3 月 9 日，曾引起争议的中国首例外商投资成片开发区海南省洋浦经济开发区正式成立，与此同时，海南省的投资潜力得到全面释放，各地投机者蜂拥而来，

第二章
巨人陨落

大量热钱涌入，1992—1994 年流入海南的资金达 1000 多亿元，其中多数来自银行借贷资金，海南省从借差省变为存差省，1992 年存差高达 77.29 亿元，而这一统计至 1993 年 5 月已高达 212.2 亿元。

在此背景下，1992—1993 年，海南楼市陷入疯狂。从事与房地产相关行业的公司由 1991 年底的 351 家上升至 1993 年底的 4830 家，商品房建设完成投资额由 1991 年的 12.76 亿元升至 1993 年的 57.2 亿元。在销售方面，1991 年海南房地产平均价格 1400 元/平方米，1992 年升至 5000 元/平方米，到 1993 年上半年涨至 7500 元/平方米（见表 2-5-1）。1992 年，房地产业对海南 GDP 的贡献也由过去的 2% 升至 11%。

表 2-5-1　1988—1993 年海南房地产平均价格

时间	平均价（元/平方米）
1988 年	1350
1989 年上半年	1350
1989 年下半年	975
1990 年	1250
1991 年	1400
1992 年	5000
1993 年上半年	7500
1993 年下半年	4000

注：资料来源于《海南信托业兴衰的启示》、国海证券研究所。

房地产的热潮带动了金融业的规模的扩张。巅峰时期，全省金融机构存款余额成倍增长，贷款余额同比也增长 30% 以上。截至 1993 年年末，全省金融机构及其分支机构和服务网点达到 2068 家，其中信托投资公司 20 家、城市信用社 32 家。信托公司和城市信用社利用全国宽松的货币政策、海南省的优惠政策和自身融资渠道广、方法灵活的优势成为海南省开发建设中最为活跃的投资中介和投资主体。1992 年年末，海南金融信托公司和城市信用社存款余额 71 亿元，贷款余额 60 亿元，占全省社会存、贷款余额的两成以上。全省信托公司、城市信用社的自有资本达 12.5 亿元，是 1987 年 0.67 亿元的 18.7 倍。

1994 年以前，并立于传统金融体制之外的信托业曾是海南省的一个标志，建省 4 年，全省平均每年完成投资 30 多亿元，引进外资、国内投资、本省投资各占 1/3，而在本省投资中，信托投资公司大体占 1/3。在房地产泡沫高潮时，海南信托类公司达 21 家。信托公司 80% 的资金投向了房地产，而贷给企业做实业的款项中又有 80% 间接投资在了房地产行业，房地产行业与信托互相推动，飞速膨胀。后被海发行合并的 5 家信托公司均成立在海南建省前后，在 1992—1993 年，这 4 家公司发展良好，其中几家甚至曾成为典型的先进单位（见表 2-5-2）。

表 2-5-2　5 家信托公司基本情况

公司名称	成立时间	注册资本	实收资本	具体情况
海南省富南国际信托投资公司	1985 年 1 月 1 日	1 亿元	6130 万元	原名富南财务公司，1988 年 6 月 28 日更名，是海南省政府直属企业。1993 年年底，公司累计营运资金 300 多亿元，总资产 15 亿元
蜀兴信托投资公司	1988 年 8 月	6000 万元	3390 万元	1993 年年末，公司各项存款余额 2.3 亿元，各项贷款余额 5.4 亿元，营运资金总额 7.3 亿元，公司资产规模达到 7.3 亿元（1992 年年底为 10 多亿元），固定资产净值 4600 万元，实现利润 1200 万元，上交税利 463 万元。公司被评为海口市 1992—1993 年度外引内联企业先进单位
海口华夏金融公司	1989 年 3 月	6000 万元	7100 万元	1992 年，营业收入 2014 万元，1993 年年末，公司资产总值 3 亿元，税后利润 400 万元
海口浙琼信托投资公司	1988 年 12 月	6000 万元	4000 万元	国有股份制金融机构。1992 年年末，公司营运资金达 4.5 亿元，贷款金额 1.3 亿元，存款余额 2.9 亿元，拆入资金余额 1.72 亿元，拆出资金余额 1.39 亿元，资金利润率 8.26%，自有资金占有率 12.94%。截至 1993 年年底，公司存款 3 亿多元，存款户 2000 多户，资产规模逾 5 亿元。1993 年，公司被海南省政府作为海南省 1992 年十大典型企业之一编入《中国经济特区与沿海经济技术开发区年鉴》

（续表）

公司名称	成立时间	注册资本	实收资本	具体情况
海南三亚吉亚信托投资公司	1989年4月19日	不详	5070万元	不详

注：资料来源于海南年鉴、《海南信托业兴衰的启示》、国海证券研究所。

三、1993—1996年：泡沫之下一地鸡毛，海发行临危受命

当海南地产击鼓传花的游戏还在继续的时候，宏观调控为过热的经济踩起了急刹车。1993年6月23日，国务院宣布终止房地产公司上市、全面控制银行资金进入房地产业。次日，中共中央、国务院下发《关于当前经济情况和加强宏观调控的意见》（以下简称《意见》）。《意见》包括严格控制信贷总规模、提高存贷利率和国债利率、限期收回违章拆借资金、削减基建投资、清理所有在建项目等一系列宏观调控措施，对靠大量外来资金输血的海南房地产带来较大影响。同年9月前后，若干持有土地、房产项目、期房甚至现房的开发商或炒家为缓解资金压力迫不得已开始卖出房产，房价始而回落。1993年8月16日，国务院批转当时的国家计划委员会（现国家发展和改革委员会）《关于加强固定资产投资宏观调控的具体措施》，再次提出对房地产开发投资要加强管理。

调控之下，海南全省房地产市场疲软，商品房交易量和价格双降。至1993年年末，全年全省商品期房、现房销售面积分别比上年下降58%和33%。商品房价格跌幅较大，现房平均下跌15%左右，期房平均下跌25%左右，甚至有价无市。1993—1995年，海南固定资产投资完成额中的房地产开发增速为90%、0%、-32%，海南GDP的增速也由1992年的53%滑落为41%、27%、9%，1994年和1995年增速低于全国水平。

海南房地产降温后，集中在房地产领域的百亿元资金绝大部分被套牢，资产

质量恶化，金融机构不良资产比重逐步上升，一些金融机构只能靠高利吸存、高利拆借和新增负债维持日常周转。1994年年末，海南查出违章拆借金额5.09亿元，占实际拆借金额的12.3%；94笔存款超过规定利率，涉及金额4亿元；68笔贷款超过规定利率，涉及金额1.1亿元。而大部分信托公司因为积压了大量的地皮和在建楼盘，投资收益率低，经营成本居高不下，经营亏损日趋严重。截至1994年年末，信托公司锐减为13家，即使未倒闭的信托公司，如曾叱咤一时的华银信托和赛格信托，在其后只能通过虚假销售债券的方式弥补债务漏洞，最终以倒闭告终。到2003年12月，全国信托公司重新登记时，共有59家信托公司参与了登记，而这其中无一家隶属海南省。1995年8月，海南省信托业所欠岛外债务总和已有200亿元左右。

海南省希望能够申请成立一家海南省的股份制银行，解决海南省金融体系的遗留问题；而当时信托业正面临第四次大整顿，信托公司或停业整顿，或转型成证券公司，或组建商业银行，在央行海南分行的建议下，当时的央行特批海南省富南国际信托投资公司、蜀兴信托投资公司、海口华夏金融公司、海口浙琼信托投资公司、海南三亚吉亚信托投资公司整顿重组，从而使改造信托公司设立一家银行的思路得到国务院同意。

1995年8月，海发行正式成立，至其第一次股东大会为止，海发行实收资本10.7亿元。5家信托公司入股时的净资产经评估为6.31亿元，信托公司转为海发行的支行。开业之初，海发行资本充足率8.8%，存贷比167%，中长期贷款比例859.8%，流动性比率7%，资产负债状态较差。

尽管存在先天缺陷，但海发行的经营却不乏亮点。1996年是海发行第一个完整的会计年度。当年年末，全行各项经营指标均有显著改善（见表2-5-3），收息率在90%以上，未发生一笔呆滞贷款。通过吸收新存款和举新债，已偿历史债务26.4亿元，占债务总额的59.9%。全行实现税前利润1.25亿元，扣除税金和应提款项，可分配利润9350万元，每股红利8.8%。在国际业务上，海发行也取得进展，与境外36家银行及其403家分支行建立代理行关系，外汇资产规模达1.7亿美元。

表 2-5-3　海发行开业时与 1996 年年末各项指标对比

	开业时	1996 年年末	变化幅度
总资产	44.4 亿元	86.3 亿元	94.3%
存款余额	15.6 亿元	39.3 亿元	152%
贷款余额	17.3 亿元	35.1 亿元	97.8%
资产利润率	−0.9%	1.45%	
净资产利润率	−11.6%	7%	
资本充足率	8.8%	29%	
存贷比	167%	93.5%	
中长期贷款比例	859.8%	515.4%	
流动性比例	7%	12.7%	
资金拆入比例	68%	33.9%	
资金拆出比例	24%	11.1%	

注：资料来源于《中国金融年鉴》、国海证券研究所。

然而，亮眼成绩的背后也存在一些经营上的违规操作，比较明显的就是高息揽储和违规放贷。1996 年，海发行 5 年期存款利率一度高达 22%，以后逐步降至 18%，但仍高于国家规定的利率水平。在贷款方面，经查，海发行解放支行违规发放贷款总额 9228 万元，占该行贷款总额的 54%；儋州支行违规账外贷款 3700 多万元，占该行贷款总额的 40%。

四、1997—1998 年：合并信用社节外生枝，挤兑潮带来致命一击

房地产泡沫的破裂波及城市信用社——34 家城市信用社直接和间接用于房地产业的贷款和投资约 50 亿元，占贷款和投资总额的 58.6%，占资产总额的

36.8%，城市信用社投入房地产的大量资金难以收回。城市信用社财务状况恶化，亏损严重，资不抵债。截至1997年5月末，34家城市信用社累计亏损7.39亿元，其中32家累计亏损7.37亿元。1997年7月，经央行稽核核实，海南省34家城市信用社有30家资不抵债。城市信用社长期积聚的风险随着挤兑潮的出现而彻底爆发。

1997年5月，由于海口人民城市信用社主任携款潜逃，引起储户产生恐慌心理，挤提存款，继而琼山金海城市信用社由于股东占用大量贷款无力支付到期债务，也出现支付危机。随后，全省10多家城市信用社被波及，引发了全省城市信用社较大面积的支付危机。

为了维护海南的社会稳定和金融秩序，央行海南分行在信用社支付危机后采取了保支付、清理整顿、派驻工作组等一系列举措，选定海发行兼并接受城市信用社的方法，形成《处置海南城市信用合作社支付危机的实施方案》（以下简称《实施方案》）。

1997年12月1日，央行对《实施方案》进行批复，对海南34家城市信用合作社分别采取以下方式处置：7家有净资产或资不抵债数额较小的城市信用合作社在自愿的前提下予以保留；5家违法违规经营，严重资不抵债，无力支付到期债务的城市信用合作社予以关闭，冲销损失后，其有效资产和相应负债，转由海发行托管；其余22家城市信用合作社并入海发行。

1997年12月16日，央行海南分行发布公告，28家信用社并入海发行。1997年12月22日，海发行恢复对归并的原28家城市信用社储蓄存款和合法利息支付；12月29日，恢复支付被关闭的5家信用社10万元以内的储蓄存款。

兼并信用社后，海发行采取了"限息政策"，即针对原本信用社承诺给予20%及以上利息的个人储户只能确保兑付本金及7%的利息。这使一部分追求高息的储户将资金取出，转投其他平台。而这些储户的行为引发了其他储户的担心，加之出现了一些海发行无力兑付的传闻，加剧了人们的恐慌心理，1998年春节过后，海发行出现了挤兑。

针对挤兑，各方也是积极采取措施：第一，央行给予海发行近 40 亿元的再贷款资金；第二，海南省政府一面动员近 7 亿元资金进入海发行，包括相当一部分的财政资金，并出面协调把过去海发行上缴的 2877 万元税金暂退回海发行，一面组成公检法队伍，于 1998 年 5 月进入海发行，协助追缴债务，海南省高级人民法院甚至发文暂缓收取所有关于海发行债权案件的起诉费用。第三，海发行一度开出 18% 的存款利率，希望能吸收存款。

然而，这些措施并没有缓解公众对海发行的担忧，整体经济环境也无法给海发行提供后续资金，清偿只能靠央行贷款支撑。1998 年 3 月 22 日，央行"断奶"，海发行丧失了清偿能力，在公众和金融同业中的信誉丧失殆尽。1998 年 5 月，海发行在深圳设立分行希望借由岛外资源吸储，6 月初，海发行个人储户每日只能支取 100 元。

1998 年 6 月 21 日，由于海发行不能及时清偿到期债务，央行决定关闭海发行，停止其一切业务活动，由央行依法组织成立清算组，对海发行进行关闭清算，指定工行托管海发行的债权债务，对其境外债务和境内居民储蓄存款本金及合法利息保证支付，其余债务待组织清算后偿付。

1998 年 6 月 30 日，工行划转 50 亿备付额度到工行海南分行，当日兑付原海发行境内居民储蓄存款 3.89 亿元；截至 7 月 27 日，已兑付应付额的 78%，其中 77% 转存工行；8 月，每天的兑付量由一开始的 3 亿多元回落至 2000 余万元，同时，工行海南分行对机构和企业存款者的债权登记确认。

五、原因分析

海发行从成立到倒闭不过 3 年的时间。梳理海发行的倒闭始末，挤兑的发生是其倒闭的直接原因，而更深层次的原因在于过多的行政干预、自身不合规经营和对风险控制的忽视。

1. 风险控制失灵埋下隐患

海发行的风险控制存在问题，致使大量的贷款难以收回，在挤兑潮发生之际无法变现，这是海发行倒闭的一大重要原因。

尽管合并的信用社的贷款质量更差，但原海发行的资产质量也不容乐观，原海发行逾期贷款约占贷款总额的 66%，手续不全的贷款占贷款总额的 3%。在海发行遭受兑付危机之时，海南省政府组织公安、司法部门入驻海发行，协助追缴债务。截至 1998 年 6 月 21 日，海南各级法院受理以海发行为原告案件共 386 件，诉讼标的 54.18 亿元，但无一起判决执行。低质量的贷款对银行运行造成不小的隐患。

海发行的风险控制不完善主要体现在以下几个方面：

风险控制制度缺失，工作人员合规意识差。海发行没有设定严格的风险管理程序和措施，支行对信贷部门、总行对支行在信贷风险管理上存在相当大的漏洞。制度的缺失使得海发行管理混乱，曾参与海发银行托管工作的工银员工提及海发行时表示：一方面，没有统一的贷款操作程序，全行近半数的贷款或贷款手续不全或抵押担保手续不全，甚至有先贷款后办手续的情况；另一方面，总行对分支机构管理薄弱，总行本部和分支机构各做各的业务，基本处于失控状态。总行埋怨支行连累总行，支行抱怨总行未尽管理责任。

违规放贷十分普遍。海发行存在许多违规放贷，这些贷款的用途和债务方的还款能力都无法保障，海发行的违规行为包括人情贷、自批自贷、向同一贷款人发放超过比例的贷款、大量向股东发放无担保贷款等。经查，海发行解放支行违规发放贷款总额 9228 万元，占该行贷款总额的 54%，儋州支行违规账外贷款 3700 多万元，占该行贷款总额的 40%；

贷款投向单一。贷款投向缺乏多元化意识也是海发行风险控制薄弱的一个表现，在海南金融业已经因为与房地产过于紧密而遭受重创后，海发行的贷款仍有 80% 投放于房地产和相关行业。1996—1997 年，海南房地产业继续萎靡，其房地产开发的固定投资额分别下滑 56.3%、52.95%，在这样的情况下，海发行发放的贷款有去无回。

2. 过度行政干预招来麻烦

行政干预往往带有强制性。例如，在《实施方案》中提及"可能出现股东大会不通过并入决议"的可能性和解决方案时，其拟采取的政策包括：央行在董事会、股东大会召开之前分别与海发行大股东进行沟通，讲明原因、利害，说明这一政策的行政强制性。

两次干预对海南本省的金融发展和稳定起到了一定的作用，但对海发行本身来说却种下了其走向覆灭的种子。

第一次干预：合并信托公司，带来债务和公司治理问题的先天缺陷。

海发行成立主要出于两个目的：一是海南建省后就存在着资金规模小与需要建设规模大的矛盾，资金需求上依赖省外力量，因此需要建立一家地方性商业银行；二是银行与信托分业管理要求日益严格，信托公司面临生存问题，特别是遭受房地产泡沫影响的海南信托业，大量信托机构停业，信托机构的债务亟待下家去承接。

合并信托公司的举措直接给海发行带来了很大影响。

首先，海发行成立时即背负大量债务。由于 5 家信托公司的关系，海发行成立之初背负了 44 亿多元的债务以及债务官司。这些债务负担加重了经营压力，空耗公司资源，海发行的违规操作或许与急于还债有关。

其次，信托入股资产高估，激化新老股东矛盾。5 家信托入股时的净资产经评估为 6.31 亿元，但并未充分考虑风险因素，存在高估情况，海发行成立后重新评估，净资产为 4.7 亿元，如果剔除潜在损失 3.62 亿元，净资产仅为 1.09 亿元。由于原有股东资产水分太大的问题一直没有解决，新老股东之间的矛盾也越来越突出，造成公司后期董事会效率低下。

除此以外，尽管海发行的股东实力较为雄厚，但除去省政府和信托公司原有的股东外，其余股东所占比例较小，出手支持海发行的动力不足。同时，公司资源从一开始就存在股东抽逃资本金的情况。海发行开业之初就将到位的资本金以股权做质押向股东发放贷款共计 7.88 亿元，占到位资本金的 66.92%；开业之后，海发行又继续向股东发放贷款 1.32 亿元，公司资源被挤占。

第二次干预：合并城市信用社，重创海发行。

在信用社出现支付危机时，将信用社并入海发行的确能解燃眉之急，但合并信用社对自己的规模扩张意义不大，且为其发展增添了新问题。第一，城市信用社的贷款质量太差。原海发行发放贷款33亿元，其中22亿元出现逾期，约占贷款总额的66%；贷款手续不全的有1亿元，占比3%；28家信用社贷款43亿元，其中42亿元逾期，11亿元贷款手续不全，分别占总贷款比例的98%和26%，这对刚从开业之初的债务泥沼中走出的海发行增加了巨大的压力。第二，信用社并入海发行只是机构间简单的相加合并，没有在统一法人治理结构的基础上对原有业务进行重新整合，而且原信用社员工数量比海发行高出数倍，却也一起并入。这些员工的经营能力、风险意识都有所欠缺。因此，即使没有后续的挤兑，这次的合并行为仍需要海发行花很大的气力消化。

3. 挤兑潮导致崩盘

在制订合并信用社的方案时，央行海南分行主要基于以下考虑：首先，海发行是股份制商业银行，可以向全国的企业募集股金来解决资本金不足的问题；其次，海发行可以在其他经济发达地区设立分支机构，实行跨省经营，可以突破岛内经营的局限性，有利于逐步消化、吸收现有包袱；再次，海发行拥有省政府这样的大股东，有利于依法收贷；最后，海发行作为商业银行，可以利用央行的再贷款支持。但这些都是在海发行运行平稳的基础之上才能实现的。很显然，海发行合并信用社不久以后的发生的挤兑，直接打乱了这个节奏。

在《实施方案》中，央行曾对海发行临近年关可能出现的流动性危机甚至丧失清偿能力表达过担忧。1998年春节前，海发行到期的储蓄存款为2.35亿元，被兼并的城市信用合作社的到期储蓄存款为24.2亿元，被关闭的城市信用合作社的储蓄存款为5.94亿元，合计32.49亿元；截至1997年9月末，被兼并和被关闭的城市信用合作社及海发行的备付金为3.66亿元，准备金为8.32亿元，同业存放在海发行7.35亿元，由海发行同业拆出7.31亿元，由于清算关闭的城市信用合作社将对同业债务打折，加之净欠同业的钱即使有央行政策支持，海发行也很难继续拆入资金。因此，海发行在春节前实际可动用资金仅为12亿元左右，保储蓄支付的资金缺口约为 20 亿元。

为此，央行和海南省政府也采取措施进行预防，主要措施包括：

第一，允许海发行全额动用存款准备金，可以对网上拆借额度给予支持。如这两项措施还不能应付支付需要，必要时央行再考虑给予流动性支持。

第二，央行海南省分行采取措施整治海南的金融秩序。重点是对那些乘城市信用合作社处置方案实施和海发行承受接收压力之机，高息吸收存款、乱拉客户干扰方案实施的金融机构予以严肃查处。1998 年 1 月中旬，央行海南分行对海南省华银国际信托投资公司、海南省赛格国际信托投资公司等 6 个金融机构擅自提高或变相提高存款利率的违规行为进行了处罚。

然而，春节期间无力兑付的传闻致使群众恐慌，"限息政策"致使投机者撤离，这两点交织在一起让前者的担忧变成现实。后期的"限额取款"的操作更是加剧了人们的恐慌。公众信任的丧失使得即使海发行后来用高达 18% 利率来揽储也无济于事。当挤兑发生之际，央行最终提供了近 40 亿元的再贷款，省政府动员近 7 亿元资金进入海发行，海发行在深圳设立分行吸储，但都无力阻止海发行走向倒闭。

六、启示

海发行倒闭已过去 20 年，但它的经验教训仍值得今天的银行学习。海发行倒闭的自身原因和导火索都应引起我们深思。

1. 如何应对挤兑潮

古今中外，挤兑是很多银行破产的序曲。尽管没有熬过挤兑的银行多有自己本身经营上的问题，但挤兑的确是加速银行破产的催化剂。站在银行角度，需对如何应对挤兑潮做好预案工作，提前防范挤兑潮。挤兑潮的发生和发展往往来源于公众对银行兑付能力的恐慌情绪，因此，平息挤兑潮的关键就在于平息公众的恐慌情绪。我们将恐慌情绪的发展分为爆发、蔓延和消退三个阶段，依次进行说明。

（1）恐慌情绪的爆发

传闻的出现是恐慌情绪爆发最普遍的特征，公众对传闻的相信往往基于一些他们看到的事实，这其中可能包括三点：首先是市场环境发生变化。经济环境的恶化或者其他银行或金融机构存在无法兑付的情况，都可能让公众产生不好的预期。其次是银行存在众所周知的问题，如经营恶化、债务压力大等。当银行本身就存在令人担忧的经营问题，那么传闻就变成了佐证，更加让人深信不疑。最后是银行的外部支持较少。对于民营企业或可获取外部支持较少的，公众对银行无力兑付后遭受损失的预期会更大。

海发行的挤兑潮爆发于1998年春节前后，除"限息政策"的原因外，主要是市场上出现海发行无力兑付的传闻。有城市信用社兑付危机的先例，而海发行合并城市信用社的行为将城市信用社的风险转移到自己身上，同时海发行本身经营上也存在问题。当传闻出现时，公众不可避免地选择相信传闻，恐慌情绪爆发。

因此，对于银行来说，要预防或缓和恐慌情绪的爆发则需要有针对性的采取措施。

对市场上已经爆发的问题进行自查自纠，并提前做好压力测试和兑付准备。即使短期内没有出现兑付危机的风险，也要对存在的问题进行防范和纠正。同时，应防患于未然，加强流动性管理，银行可以依据银保监会2018年5月公布的《商业银行流动性风险管理办法》和《巴塞尔协议》等国内国际的流动性管理办法标准，对流动性进行监测和控制。

提高自身经营能力。银行良好的经营能力是对传闻最好的反驳，这不仅仅是预防挤兑的要求，也是公司长久稳定经营的要求。

寻求强有力的外部支持。公众对政府存在天然的信任，公众常将国有银行与政府挂钩，对其具有更强的信心。他们认为，一旦爆发兑付危机，银政关系良好的银行可以通过政府积极的筹措获得帮助，事实上也的确如此。除了政府外，强有力的股东背景也是重要的外部支持来源。因此，特别是中小银行或民营银行，可引入雄厚的国有资本作为战略投资者，同时维护好与地方政府的关系。

（2）恐慌情绪的蔓延

当挤兑发生时，银行的不当措施会加重恐慌情绪的蔓延，越多的个体加入挤兑，银行的兑付压力也就越大。这时较恰当的措施是：

第一，积极寻求外部帮助。我们在恐慌情绪的爆发中提到要有强有力的外部支持，这一点的做法也是为在恐慌蔓延之际能够寻求到外部帮助做铺垫。尽管海发行最终还是倒闭了，但省政府和央行的帮助还是对其引起一系列负面影响起到了缓解作用。加之挤兑对社会稳定的影响本身也会驱动政府提供一定的帮助，因此，挤兑发生之际，可以积极地寻求政府帮助，请求政府背书或间接提供资源，以恢复民众信心和获取资金帮助。

第二，尽力满足兑付要求，切忌采取可能激化蔓延恐慌担忧情绪的措施。在海发行出现挤兑以后，其限制兑付额度和高息揽储的行为都在向外界传递其无力兑付的信息，这对公众的恐慌情绪是火上浇油。尽力满足兑付要求，做到不限额和不限次数，如有能力，可采取24小时随时提供取款的措施，同时尽量不做或少做异于平时或异于其他银行的举动，避免公众疑虑。当公众发现自己的钱能够足额收回时，安全感将战胜恐慌，传闻不攻自破。

第三，关键还是具有兑付能力。考虑到挤兑规模的不可预测，银行除了事前做好流动性管理准备好资金外，其资产端还应该备有一些可快速变现或较为优质的资产，优质的资产则是在长期经营中积累而来的。因此，即时的兑付能力来自公司事前的流动性管理，长期来看，兑付能力来自公司经营能力。

（3）恐慌情绪的消退

一旦银行抵挡住挤兑，需要面临的是信任和经营的修复，这都是长期缓慢的过程。短期看，在挤兑结束之后，银行可以采取一定的优惠措施，如适当提高储蓄利率和采取储蓄送礼品等方式吸引客户回流，增加储蓄量，积累口碑。如果该银行在银行生态中的地位较高，本身竞争能力较强，且挤兑事发偶然，则更能加快储蓄回流的速度。

打铁还需自身硬，银行的综合实力是预防挤兑方案中的核心。只有不断提升自身经营能力、提高银行在金融生态中的地位，才能在恐慌情绪爆发时缓和公众疑虑，在恐慌蔓延时提供兑付的输血能力，也能在恐慌情绪消退后使得储蓄尽快回流。

2. 如何防范信贷风险

海发行对风险特别是对信贷风险的漠视是其走向倒闭的重要原因。如何进行有效的风险控制是一个大命题。防范信贷风险对不同层级的工作人员有着不同的要求，而基层信贷人员大多只是执行上层级的任务。因此，制定风险控制制度、管理统筹的决策层的意识和行为更为重要。我们认为在防范信贷风险时对决策层有以下要求：

培养自身的风险意识，提高经济素养。决策层的观念会影响公司贷款发放的制度、投向、规模等各方面。因此，决策层本身需具有风险意识，同时尊重经济规律。海发行的案例主要在周期性和多元化上给我们以警醒。

重视经济的周期性。海南金融业与单一行业捆绑紧密又忽视周期，导致随着房地产泡沫的破裂，海南金融业也逐渐凋敝。经济具有周期性，银行的信贷往往顺势而为。企业经营绩效向好，融资环境宽松时，银行往往采取激进的策略，降低准入门槛。而一旦经济恶化，就容易产生呆账、坏账，这也是银行破产易发生在经济危机时的原因。如果银行的投向又集中于周期性行业，则风险进一步放大。

在理解周期性的基础上，决策层在安排贷款工作时应注意两点。一是整体上密切关注经济形势的变化，在经济过热时控制贷款规模，不因经济向好而降低贷款准入门槛。在测算贷款人还款能力时不以当前的经济形势为假设前提，做好压力测试，同时在贷款人的担保品上尽量选择优质稳定的资产。例如，如果以存货为抵押，当经济形势扭转公司经营出现问题，导致产品价格大幅下滑时，其价值将大大损失。因此，尽量选择相对保值的担保品。二是注重对房地产、钢铁、煤炭等强周期性行业的防范。在贷款时尽量选择在该行业具有竞争力或者在该地区、该行业具有竞争力的公司，在贷款后密切行业发展动向。

第二章
巨人陨落

　　注意多元化和分散化。海发行贷款投向的单一化情况需引以为戒。分散化一是体现在贷款投向的行业上，注意周期行业与抗周期行业的分布，投向多个行业而非仅几个依赖资金的行业。二是体现在地区上，根据2019年1月14日银保监会发布的《关于推进农村商业银行坚守定位强化治理提升金融服务能力的意见》，农商行机构不出县（区）、业务不跨县（区），因此，地区分散化更多的是针对其他类型的中小型商业银行。大型银行在全国范围内本身布局已较广泛，中小银行则可以根据自身的实力，立足于发迹地，扩散至全国，在其他省市设立网点，提供差异化服务，防止银行注册地发生系统性风险对银行运营造成重大影响。三是对于业务仅能在某一地区进行的银行和大银行在某一地区的支行来说，即使对于当地的重大客户，在授信和贷款上也应谨慎，避免某一业务领域甚至整个机构仅依赖于某几个重大客户。在对公业务上积极开拓新客户，同时重视零售业务。

　　制定和完善风险控制制度。不以规矩，不成方圆，制定合理有效的风险控制制度极为重要。首先，风险制度的设立应该是在制定者本身已经具有风险意识、掌握经济规律的基础上，根据科学的方法和历史经验制定得来的。其次，制度应做到全面。在流程上，要覆盖贷前信审和贷后跟踪监测的全部过程，统一贷款操作程序；在职责上，要明确各层级的管理职责，让各层级有制度可依。最后，要根据实际操作中的情况对制度进行完善补充，因为在银行的发展过程中，时刻有创新的产品和新的风险点出现，制度要与发展匹配。

　　合理安排奖惩体系。基层员工激进放贷的动力来自薪酬与贷款量挂钩，尽管贷款出现问题时，基层员工会受到一定处罚，但处罚不能弥补不良贷款所带来的资金损失。同时，与处罚相比，激进放贷的诱惑更大，特别是经济向好时，基层员工的侥幸心理也就会更大。因此，决策层需要合理安排奖惩体系，从重视数量向保质保量发展。一方面，加大对经手贷款无不良贷款或不良贷款较少的员工的奖励和宣传；另一方面，批评和惩处不能仅以结果导向，在不良贷款发生后才进行处罚，在日常信贷工作中就应严格要求，防微杜渐。

　　提高基层工作人员合规意识。大银行从招聘到培训往往较为系统，这一点对于中小银行及信用社更需关注。提高信贷人员招聘门槛，注意考察信贷岗位人员的法律意识；注重入职培训和日常学习法律制度，并增加考核环节；在工作中采取例行检查和抽查相结合的方式，考察工作人员工作是否合规。

七、大事记

1995 年 8 月，海发行在合并海南富南国际信托投资公司、海南蜀兴信托投资公司、海口浙琼信托投资公司、海口华夏金融公司、三亚吉亚信托投资公司 5 家信托的基础上成立。

1995 年 12 月，央行海南分行对海发行清理股东贷款问题并做出决定：对不符合条件的原股东劝其退股，并按规定重新吸纳新股东，资金要尽快落实，如无力出资可退股；不能将其全部资金补足的，按实有资金入股。

1996 年 3 月，作为全国银行间拆借市场首批会员，海发行加入拆借市场一级网络；海发行成为中国外汇交易中心会员。

1996 年 12 月，央行批准筹建海发行广州分行。

1997 年 12 月 1 日，海南省 28 家城市信用社并入海发行；当月 22 日，海发行恢复对归并的原 28 家城市信用社储蓄存款和合法利息支付；当月 29 日，恢复支付被关闭的 5 家信用社 10 万元以内的储蓄存款。

1998 年春节前后，海发行爆发挤兑潮。

1998 年 3 月，央行停止向海发行提供再贷款。

1998 年 5 月，海发行成立深圳分行。

1998 年 6 月，央行决定关闭海发行，停止其一切业务活动，由央行依法组织成立清算组，对海发行进行关闭清算。

第二章
巨人陨落

射阳农商行挤兑事件

同样是挤兑，海发行因此关闭，而 2014 年江苏射阳农村商业银行（以下简称"射阳农商行"）的结果却截然不同。射阳农商行的挤兑发生于 2014 年 3 月 24 日下午，至 3 月 26 日下午，挤兑情况逐渐缓解。为了更好地分析挤兑对银行的影响，我们将以上两家银行进行了对比。

首先，起因都涉及银行无力兑付的传闻导致的储户恐慌。海发行在 1998 年春节前后传出无力兑付的传言；射阳农商行遭遇了行长卷款跑路的传闻。此外，海发行下调原信用社储户的利率引发投机者撤离；射阳农商行挤兑起因与当地担保公司跑路有关，纯粹来源于公众恐慌。

其次，地方政府都出手救助，但对缓解挤兑的作用不大。在射阳农商行的特庸支行，镇长和书记在现场喊话，镇长以个人名义签了近百万元的担保说明，同时安排人去银行存款，但这些在 2014 年 3 月 25 日上午并没有达到预期效果；在海发行的案例中，海南省政府也是动用了较多的资源来帮助海发行。

再次，平息公众恐慌情绪的根本还是银行本身的兑付能力。与海发行后期每户只能取 100 元的限制相比，射阳农商行在挤兑潮时保障了储户的取款要求，前者是对恐慌情绪来源的验证，而后者能消除恐慌情绪。选择这两种不同的做法的原因，还是基于银行本身兑付能力。据相关新闻报道，只要客户取款，射阳农商行 24 小时就可以办理，政府同江苏省农村信用社联合社和监管机构准备了约 13 亿元的充足资金。

最后，两家银行在当地金融生态中的地位不同。两家银行的实力差异放在当地金融生态环境中更有可比性。相关数据显示，截至 2014 年 2 月下旬，射阳农商行各项存款余额达 120 亿元，比年初净增 20 亿元，其中储蓄存款比年初净增 16 亿元，各项存款净增额名列全县各金融机构之首。在当地，射阳农商行处于一家独大的局面，流失的存款回流的可能性较大。而海发行尽管股东背景雄厚，其定位也立足于解决海南金融问题，但在区域内，海发行的优势并不明显，五大行在海南省的规模都远大于海发行（见图2-5-7），从安全性和收益性上来说，海发行取出的存款再回到海发行的可能性较小。

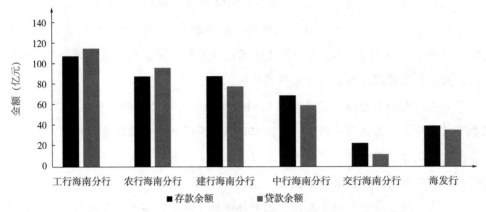

图 2-5-7　1996 年海南主要国有银行存贷款余额情况

（资料来源：海南年鉴、国海证券研究所）

第三章
新贵登场

在大浪的淘洗下,新生力量涌现。

兴盛与衰败的此起彼伏，几乎是所有行业都无法逃脱的宿命轮回。在商业银行的丛林之中，处于"食物链"顶端的机构分享着巨大的行业红利，但与此同时，众多的后来者也在想方设法从大盘之中分一杯羹。残酷激烈的角逐由此展开、兴衰更迭的大戏就此上演！

"各领风骚数百年，你方唱罢我登场"，这既是银行业的真实写照，也是现代企业的真实写照。随着新贵们的陆续登场，那些曾经风光无限的商业银行如果不能审时度势、顺应潮流，终将被遗忘在历史的长河里。所以，衡量一家银行是否伟大的标准不在过去，而在未来；不是利润，而是时间。

中国改革开放之后，在经济蓬勃发展的同时，也经历了一场巨大的商业银行发展潮。在这一过程中，股份制商业银行率先崛起，城商行和农商行紧随其后，从而形成了对传统国有大行的冲击。进入2000年之后，随着互联网浪潮席卷中国，新兴金融科技企业也纷纷崛起。这些抢滩登陆商业银行业务的金融新贵，一步步抢占市场。传统的强者应调整姿态面对激烈的行业竞争。

美国作为近代全球经济实力最为强劲的国家之一，其国内的银行业也经历了数百年的发展历程。其不仅有摩根大通银行、花旗银行、富国银行等老牌商业银行，也有安快银行、硅谷银行等新兴商业银行。这些后来成立的银行尽管在规模上远不及老牌银行，但作为行业的新军，他们无论在业务模式上，还是在经营理念上，都有着与老牌银行明显的不同。那么，美国的现代银行业究竟是以何种方式发展新生力量的呢？

对于新生的银行来说，面对老牌大型银行的规模优势和客户基础，如何破局去抢夺市场份额是十分关键却又令人头疼的问题。

有的银行选择在传统业务中做出新的花样。例如：在零售业务上，安快银行选择重新定位自己，用一家零售商而不是银行的态度来服务客户。在对公业务上，硅谷银行运用与风投合作、投贷联动的新模式来挖掘过去银行很难服务到的初创科技企业客户。有的银行选择另起赛道——道富银行就看到了资管业务发展背景下托管银行这一新蓝海，并用专业化和先进的信息科技技术建立起了壁垒。

第三章 新贵登场

第一节　图书馆还是咖啡厅——不走寻常路的安快银行

作为市场总量最为庞大、盈利前景最为广阔的行业之一，在银行业的战场上，过去与现在正在上演着一幕幕激烈的冲撞与厮杀。在此，我们将观察那些正在向高地发起冲锋的后起之秀，其中有一些已经展现出了强者的素质，并在先发者的层层围堵之中崭露头角。

首先是美国社区银行的优秀代表——安快银行。虽然规模并不大，但安快银行已经蜚声海内外。

让安快银行扬名的有两点：一表一里。"表"是安快银行的服务网点布局完全不同于办事大厅式的银行网点，安快银行将它的网点装扮成了咖啡厅、书吧，具有"网红"气质，令人耳目一新；"里"是安快银行员工的工作热情和服务热情，他们想方设法解决客户的各种问题，令人印象深刻。

但是20多年前的安快银行还完全是一个普通的小社区银行，它能蜕变成如今模样，多亏20世纪90年代上任的领导雷·戴维斯（Ray Davis）。他将安快银行从头到脚进行革新，重新定位包装，并带领安快银行走出小镇与大山，在更广阔的天地间展现自身的魅力。

一、安快银行速览

通常，只有在经济发达地区才会出现实力强劲的银行，因为一个地区庞大的经济规模是当地银行快速成长的重要后盾。这一点从美国华尔街、加州大银行和国内一线城市和地区业绩优秀的股份制银行、城商行的身上都得到了验证。然而在美国俄勒冈州，这样一个经济实力在美国仅位列中游的地区，一家银行从只有伐木业的小镇中崛起，逐渐成长为一家令人敬佩、具有特色零售业务的区域性银行。

它就是安快银行（Umpqua Bank），一家总部位于美国俄勒冈州罗斯堡（Roseburg），经营地域主要为美国西北部的区域性银行（见表3-1-1）。其主要从事商业及零售银行业务和零售经纪服务业务，提供给企业、机构和个人客户一系列金融服务。1953年，安快银行的前身南安快州立银行（South Umpqua State Bank）成立于俄勒冈州的坎宁维尔（Canyonville）。"安快"这个名字来源于公司发源地附近的安快河（Umpqua River）。1997年，安快银行母公司安快控股公司（Umpqua Holding Company）于纳斯达克上市，该控股公司旗下还有另一公司——安快投资公司（Umpqua Investment Inc.）。依托安快银行网点为其客户提供一系列的投资产品和经纪服务，包括股票、固定收益证券、基金、年金、保险等。

表 3-1-1　安快银行基本信息

类型	公众企业
股票交易	纳斯达克证券交易所（Nasdaq Stock Exchange）已纳入标准普尔中型企业400指数（S&P MidCap 400 Index）
行业	银行业
创立时间	1953年
注册地点	美国俄勒冈州坎宁维尔（Canyonville）
创始人	米尔特·赫伯特（Milt Herbert）等
总部所在地	美国俄勒冈州罗斯堡（安快银行）；俄勒冈州波特兰（安快控股）
总裁办公室所在地	美国俄勒冈州波特兰
服务范围	美国西北部
主要负责人	董事长：佩吉·福勒（Peggy Fowler） 首席执行官：奥特·哈弗（Cort O'Haver）
产品和服务	个人银行、企业银行、抵押贷款、私人银行、私人股权投资、财富管理
口号	欢迎来到安快银行，世界上最伟大的银行（Welcome to Umpqua Bank, The World's Greatest Bank.）

注：资料来源于国海证券研究所。

安快银行目前已成长为全美著名的社区银行，连续进入《福布斯》杂志"美国100家最让人愿意工作企业"的年度排行榜；连续10年成为"俄勒冈州最令人羡慕的金融机构"；《福布斯》杂志"2013年美国最佳银行"第19位；2018年按总资产计位列美国银行排名第70位；曾连续两年被美国独立社区银行协会评为"顶级社区银行先锋"。

在经营模式上，安快银行的社区银行模式打出了品牌。从1995年开始，安快银行引入新概念门店并大获成功。经过数年的发展与更新，目前，安快银行门店主要以第二代旗舰店与第二代社区店为主。旗舰店相对于社区店来说面积更大，功能与客户服务项目更多样。安快银行正是凭借着社区银行这一利器，留存并吸引客户，获得了稳定的资金来源。

安快银行自1953年设立以来，已经走过了65个年头，在此过程中历经金融市场的变迁和风雨，但其在始终坚持"做最伟大的银行"的同时，还深耕传统信贷业务，通过创立"store（商店）"门店的形式将零售银行、社区银行做到了极致。通过几十年的金融服务创新实践，安快银行被业界公认为全美最富有革新与创造力的社区银行。

追本溯源，我们将安快银行的发展分为以下几个阶段：

1953—1994年：受困地域，发展停滞；

1994—2003年：新帅上任，改头换面；

2004—2008年：聚光灯下，文化成熟；

2009—2017年：跨越危机，审视自己；

2018年至今："后戴维斯"时代，数字战略启动。

二、1953—1994：受困地域，发展停滞

1953年，我们如今所熟知的安快银行的前身——南安快州立银行，成立于美国俄勒冈州的坎宁维尔镇。坎宁维尔是一个以木材砍伐、加工为主的小镇。南

安快州立银行最初是由几个木材商人集资7.5万美元成立的，主要目的是方便木材工人工资支票的兑现。由于坎宁维尔人口仅有千人，发展潜力极其有限，1972年南安快州立银行将总部搬到了拥有2万人口的城市——罗斯堡。20世纪80年代，它平安地度过储蓄与贷款机构（Savings and Loan Association，S&L）崩溃的危机，并成功地接管了几家经营困难的社区银行。但是，对比隔壁坐拥硅谷的加州与波音总部所在地华盛顿州，俄勒冈州经济以农林业为主，成分单一且缺少亮点。另外，南安快州立银行管理层追求稳定，对于将银行向州内其他区县扩张缺乏兴趣。在双重因素影响下，南安快州立银行增长缓慢。截至1994年，银行仅有6家网点、60名员工，管理着1.4亿美元的资产，可以说是一家非常小的地区性银行。

三、1994—2003年：新帅上任，改头换面

1994年是安快银行发展的转折点。这一年，雷·戴维斯成为南安快州立银行的CEO，开启了他23年的执掌生涯。作为安快银行的灵魂人物，他一手创造了安快银行的企业文化，并将企业带入了发展的快车道。雷·戴维斯于2007年和2016年先后写作的《引领成长》（Leading For Growth）和《穿越风险》（Leading Through Uncertainty）两本书也成为银行业的经典管理著作，让人们能够一窥安快银行企业文化的全貌。

雷·戴维斯任职安快银行CEO之前，在东海岸城市亚特兰大经营一家银行咨询公司，有20余年的金融从业经历，对银行业有着独到的见解。他在任职之初告诉银行董事会：在这个快速变化的时代，企业经营如逆水行舟，只有引领时代潮流和被时代变化所抛弃两种结果，没有所谓的保持不变、追求安稳的第三选项。为了提升企业经营效益，增加股东价值，只能积极拥抱变革。董事会由此开始支持他大刀阔斧的改革。

为了突出自身的独特性，从银行业激烈的竞争中脱颖而出，安快银行实施了

第三章
新贵登场

"三步走"战略：第一步，银行高层脱离传统经营思维，将自己重新定位为零售企业，以服务质量为导向，使安快银行区别于竞争对手；第二步，围绕着全新的价值定位，安快银行在经营层面做出了一系列重大改革；第三步，进行跨界、创意营销，让客户与市场了解全新的安快银行。

1. 重新定位，有别于竞争对手

银行业内竞争非常激烈，想要谋求发展就必须与竞争对手有所不同，做出自己的特色。很多人认为，银行业是一个非常古老的行业，经营模式、产品基本成型，做不出新花样。安快银行却从一个更高的维度，跳出银行业视角，用新定位给予自身不一样的内涵。

作为一家只有6个门店的小银行，安快银行唯一的优势是与当地40年的历史渊源及对本地社区的了解。基于先天具备的比较优势，安快银行一一解决了很多小企业都面临的关于公司战略走向的三个问题，即"我是谁"（企业定义）、"我向哪里走"（企业发展走向与竞争力）、"我要走到哪里"（企业长期目标与愿景）。

安快银行认为，可以选择零售业作为突破口，将自身重新定义为一家银行产品零售商、金融服务零售商。以打造业内领先的服务质量，而不以更低的产品价格作为一家零售商的核心竞争力和可持续发展方向。其目标是成为世界上"最伟大的银行"，"伟大"不仅仅是对自身发展和客户而言，更是对企业品牌、员工、股东、社区的一种承诺。

（1）定义：不只是银行，更是金融服务零售商（Financial Service Retailer）

银行业与零售业相似，只不过一个卖金融产品，一个卖实物商品。以零售企业重新定义与改造安快银行，便能让其跳出同质化的泥潭。

改造的第一步，是向零售业的冠军企业学习。安快银行管理层在诺德斯特龙（Nordstrom）[一]的经营中获得灵感，诺德斯特龙通常会将自家所有的待售商品非常密集地陈列出来，让客户对商品一览无余。每一位顾客都会得到专业导购的帮助，导购会仔细了解客户的需求，并介绍合适的商品，无论是服饰、鞋帽还是家

[一] 美国服装和鞋业巨头，主要贩卖中高档品牌打折商品。

居用品。反观很多银行，既无产品介绍——客户对银行有什么样的产品根本不了解，服务也无法跟上——通常都是客户提出要求并指出明确的产品，银行经理才帮助客户办理。

在银行服务缺乏，业务流程枯燥的情况下，客户办理业务只求越快越好，很多银行便致力于简化流程，缩短客户在银行的驻足时间。安快银行不以为然，因为这并不能增加用户的黏性。由于出色的陈列与服务，很多顾客愿意在诺德斯特龙花上很多时间，甚至能逛一个下午，最终推动了销售额的增长。同理，想方设法让客户办理业务的经历变得轻松愉快，让客户在银行驻足更多时间，成为安快银行改革的目标。当客户认为在安快银行办理业务是一种愉快的体验时，公司业绩自然会增长起来。

（2）发展走向：决定竞争力的除了价格，还有服务

长久以来，银行同业之间的竞争以成本竞争为主，各家比拼谁能提供更高的存款利率、更低的贷款利率，他们让利率成为客户流向的关键导引。安快银行不认同这样的做法，他们认为价格竞争是一个无底洞，在没有规模优势与大量科技投入的情况下，以成本竞争不适于安快银行这样的小银行。为了提供更低的价格，过多地削减成本会牺牲服务质量，对于安快来说不是一个健康的发展路径。

相反，服务才应当是安快银行的核心竞争力，优质的服务可以让消费者支付产品溢价，安快银行可以做到这一点。在这一方面他们又向丽思卡尔顿酒店（Ritz-Carlton）学习，后者是业内著名的高档酒店集团。雷·戴维斯曾经讲述，他在丽思卡尔顿酒店体验过很多令人难忘的优质服务。有一次，他在电梯间无意中向服务生提到要去北非国家摩洛哥旅游，没想到第二天收到了酒店摩洛哥籍主管提供的地图和手写的旅游指引。其实，一件小事就可以让客户印象深刻，极大地增强用户黏性，安快银行若要成为银行业的"丽思卡尔顿"，就需要让客户能在安快银行收获意外的惊喜。因此，安快银行从不追求提供高于同街区其他银行的存款利率，而是追求为客户提供难忘的服务，从而免于落入价格战的桎梏之中。

（3）长期目标：做世界上最伟大的银行

在传统的银行中，银行职员与客户基本隔离，银行职员大都在柜台玻璃窗里

办公，客户在柜台外等待，特别是人多时，大多数客户只能无所事事地排队。这无形中拉开了银行与客户之间的空间距离和心理距离。强调服务与客户体验的安快银行决定改变银行的面貌，并向擅长店内陈列和服务的诺德斯特龙百货店等其他行业优秀企业学习。1996年，在专业品牌设计公司的协助下，安快银行于总部所在地罗斯堡开设了第一家"store"门店。门店里，没有柜台玻璃窗，取而代之的是舒适而时尚的开放空间，店内设有读报区、上网区，并免费提供安快品牌咖啡。最为关键的是，安快银行把所提供的各种服务形象在店内展示，引起了当地居民的好奇和兴趣，拉近了银行与客户之间的距离。

为了做出宣传与自我鼓励，第一家概念门店的经理在银行入口挂上了"欢迎来到世界上最伟大银行"的横幅，这一偶然动作后来被安快银行推广至其他门店。面对竞争对手的嘲笑，安快银行管理层不予理睬。他们认为"取乎其上，得乎其中"，在"世界最伟大银行"的目标下，银行员工自然不会怠慢轻视客户，这是一种承诺，有利于公司所有人的自我督促。后来，这一句话成为安快银行电话热线的欢迎语，其内容也在企业发展中丰富起来。做"世界最伟大银行"逐渐成为安快银行的长期发展方向和企业愿景（见表3-1-2）。

表3-1-2 "世界最伟大银行"内容

客户：我们的客户服务不仅仅是出色，更要带给客户惊喜和愉悦
品牌：我们是如此的特别，致使你踏进我们的门店时，就知道进入的不仅是一家银行，更是一家安快银行
员工：我们是一个优秀的工作场所
社区：在每一个我们服务的社区，我们是负责任的企业公民
财务：我们保持最高标准的财务透明
股东：我们为股东提供出色的回报
自身：我们每天践行我们的价值观

注：资料来源于国海证券研究所。

2. 运营改革，全面推进价值转向

作为服务业，银行最重要的组成部分是员工。为推行"金融服务零售商"的全新定义，打造以服务为核心竞争力的发展模式。安快银行对人员结构做出了大幅度的调整。

对安快银行原有管理层严格筛选，大量淘汰不接纳新价值观的高管，启用有工作热情的新人。作为一家已有40年经营历史的银行，安快银行管理层中很多人已经在银行任职超过20余年，其中部分人完全习惯了改革前安快银行缓慢、安稳的经营模式，对新的激进主张不适应、不欢迎。在雷·戴维斯加入前，安快银行管理层每天甚至在工作时间里有一个半小时的咖啡时间。为了顺利推动新战略，原有的6个分店主管里，3人被辞退，1人退休，只有2人愿意接纳新的发展战略而选择留下。在招聘新人方面，安快银行从不关注候选人银行业从业背景和技能，因为这些都可以学习，他们只聚焦候选人的工作热情，并且更喜欢具有零售服务经验的员工。

所有一线人员重新培训，打造全能营销员，进行交叉销售。一个业务员像导购一样带领客户办理所有的业务，相比于由不同业务员负责不同的产品，更能带给客户轻松、受尊重的业务体验。为了将银行客户经理塑造成诺德斯特龙导购一样的角色，安快银行将所有人员重新培训，并送去知名零售企业参观学习。在培训中，客户经理不仅要领会新的价值观与服务理念，更要学习全部的产品知识，使员工做到能够为客户提供"一人一站式服务"。

安快银行的所有"store"里都只有两个岗位：经理和全能店员。经理负责网点的营销活动组织工作；其他任何一名全能店员，经过完整而全面的培训后，都能够处理所有常规性的零售金融相关业务，除现金操作、办理存款、开通信用卡、处理按揭贷款申请之外，还能为客户解答住房贷款、存款利率以及其他投资产品信息和建议。这样的岗位及职能的转变，使得每一位员工都能出色地同步进行服务和交叉销售，并与客户建立远远胜过"单纯处理交易而已"的关系。

改进组织结构，前后台流程分离，让前台人员有更多时间面对客户。很多银行员工在为客户办理业务期间，总是忙于处理案头文件，与客户的交流非常少。为了改善这一问题，安快银行开设了后台业务处理中心，在银行员工规模不变的情况下，重新调整前后台人员配比，尽可能地将原本属于前台人员的文书工作集中到后台，扮演零售商店出纳的角色，从而让前台营销员解放出来，有更多的时间面对客户。

其次，将产品部设在零售银行部下的市场部内。安快银行认为，"store"一线工作人员，是最了解客户需求的，故将产品部设在零售银行部下的市场部内，通过一线人员的反馈及时调整、更新产品。安快银行这样的设置并不是以产品为导向，而是以客户需求为导向。谁最了解客户的需求？一线人员。因此，市场部通过了解一线的产品需求来开发产品，包括产品的定价。

借用外部力量，打破常规思维。在推动转型的过程中，作为内部人员，银行管理层难免会有思维局限。考虑到这一点，安快银行聘请了零售业咨询公司和设计公司，将服务流程和门店外观重新设计，使安快银行向零售企业更进了一步。

3. 创新营销，重新认识安快银行

与注重服务质量这一价值导向相匹配，安快银行始终坚持以口碑营销为主，不将大量资金投入推广。安快银行通过为客户带来印象深刻的服务体验，让他们将自己的经历告诉亲戚朋友，在当地社区口口相传，从而吸引其他人成为安快银行的新客户。但在转型初期与进入新市场时，为了让更多的人更快地了解安快银行，改变传统银行的死板形象，公司也辅以创意营销广告与一些推广活动，制造新鲜感和话题度。

广告方面，通过跨界创意寻找灵感，提升形象的新鲜感。银行广告向来是行业术语的堆砌，着重描述产品，这种广告不但无聊且听得懂的人寥寥无几。而安快银行广告通过跨界创意，用通俗的话语让人们更容易理解产品。例如，他们在推广支票账户产品时，为了着重推广账户中的联合账户功能，就将婚礼加入广告情境之中。有时，安快银行广告甚至不聚焦于产品，而是更多地推销特色服务，如介绍品牌咖啡，介绍安快门店有趣的背景音乐等。

活动方面，通过免费活动吸引人们来店体验，提升话题度。除了独特的广告创意之外，安快银行也充分利用口口相传的"游击营销"战术来推广自己。波特兰旗舰店开业时，安快银行推出了"周五电影夜"活动，免费放映电影并对所有人开放。另外,安快银行还拥有数台冰淇淋车,在街头巷尾免费发放冰淇淋。"冰淇淋推广法"非常成功,很多社区居民都是因为免费的冰淇淋结识了这个"新银行",以至于冰淇淋变成了安快银行的看家法宝,每开一个新的网点,冰淇淋车就会在网点附近的社区里出现。通过这些多姿多彩的免费活动,安快银行提高了话题度,新顾客也感受到了它独特的服务文化。

4. 阶段成果

经过 8 年的不断革新与创新经营,安快银行网点逐渐向周边地区扩展,特别是经过 2001—2002 年的数次收购,公司于 2002 年基本完成了在俄勒冈州的经营布局,安快银行网点达到 67 家,员工近千人,资产规模较 1994 年扩大了 17 倍,净利润超过 2 亿美元(见图 3-1-1)。最关键的是,优质的服务已经成为安快银行的核心竞争力,公司净息差始终超过业内平均水平 1% 以上(见图 3-1-2)。

随着经营范围的扩展,为了摆脱名称的地域性,南安快州立银行于 1998 年更名为"南安快银行",后于 2000 年再次更名为"安快银行"。

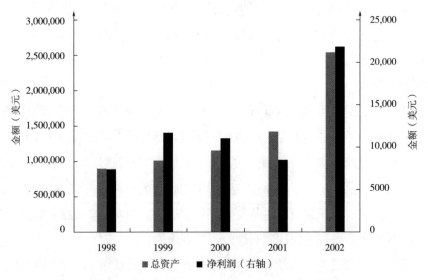

图 3-1-1　安快银行 1998—2002 年总资产与净利润

(资料来源:安快银行公司年报、国海证券研究所)

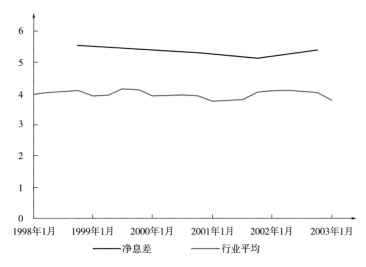

图 3-1-2　1998—2003 年安快银行净息差与行业平均值

（资料来源：安快银行公司年报、Bloomberg、国海证券研究所）

四、2003—2008 年：聚光灯下，文化成熟

2003 年，完成州内布局的安快银行开始将经营触角伸向比邻的加州，直到金融危机之前，一直进行快速的跨区域扩张。在这一时期，安快银行的企业文化逐渐成熟，并且成体系地输出到新设立的门店，大大提升了公司经营效率与扩张步伐。伴随着业绩与规模的上升，其企业文化被各大媒体先后报道，安快银行逐渐进入全美公众的视野，参观学习者络绎不绝。

通过分析，我们将安快银行企业文化分为两大部分：内部员工管理文化与外部社区服务文化。两种文化互相配合，共同围绕着提升服务质量这一核心目标。

1. 内部员工管理文化

在安快银行内部员工管理文化中，我们总结出员工管理的三样法宝：强调职业纪律、启发工作热情和给予员工自主性。其中，纪律好比汽车的结构，热情当作汽油，自主性就是平整的道路，三种要素结合，就可以使安快这辆汽车开得更快更好。

（1）纪律，保证服务的底线

银行业是一个严格监管与防控风险的行业，银行员工需要遵守诸多国家与行业法规，防范道德与操作风险。安快银行也不例外。在法规之外，安快银行还采取了一系列措施，保证管理层和一线员工的行事效率和服务质量。

对于管理层，安快银行强调自我纪律的重要性，同时配合底层监督。只有管理层雷厉风行，才能通过管理体系影响一线人员。每一个安快银行员工都有董事长的邮箱与电话，对于任何不符合安快银行价值观的行为，无论是出于高管还是总裁本人，都可以向上反映，雷·戴维斯本人就表示多次收到过员工对他本人提出的意见。

对于一线员工，安快银行强调员工纪律，保证了品牌质量。安快银行为接待人员制定了一系列操作标准（见表3-1-3），这些标准让安快银行客户可以放心地走进每一家门店，因为每一个门店都有着值得信赖的服务水平。同时，安快银行还会安排专人对一线门店进行不定期检查，使负责接待工作的员工不敢懈怠。决定一家企业品牌信誉的，不是平均水平，而是最低水平，安快银行领悟到了这一点。

表3-1-3　安快银行员工服务标准

每当一个客户走进店门口，我都会立刻微笑并打招呼
我会站起来欢迎我的客户
我会一直佩戴我的名牌
我至少会用姓名称呼我的客户两次
我永远试图为客户提供额外的帮助
我会递上我的名片，以提供后续个性化帮助
我会真诚地感谢每一个来办理业务的客户

注：资料来源于国海证券研究所。

（2）通过可视化指标与奖励，保持员工工作热情

安快银行通过一系列以服务为导向的量化指标（见表3-1-4），将员工的服务结果可视化。在安快银行内，这一评价体系被称为质量回报项目（Return on

Quality Program)——前台门店考核主要根据客户满意度调查,后台部门则是根据前台人员的反馈得出结果。考核分为团队与个人两种,安快银行每年都会根据考核指标排名,对表现优异的团队进行奖励。

表 3-1-4 考核项目指标

前台门店考核	
销售效率比率	每季度银行产品与服务销售平均数,仅针对新客户
客户留存率	关停账户占比
客户服务问卷调查	每个月客户调查问卷评分
新开账户调查问卷	新客户调查问卷评分
电话考察	每月调查员进行三次电话沟通,并对服务打分
新户/人员比率	每个月新开存款/贷款账户与门店全职雇员人数比率
后台部门考核	
员工反馈参与度	衡量每个月接受后台部门服务的员工,对于调查反馈的参与程度
线上调查	接受服务的前台员工参与线上调查

注:资料来源于国海证券研究所。

除了自上而下的考核,安快银行还充分调动员工相互鼓励的积极性。在内部网站——"知情人"(Insider),一线员工可以上传其他同事的服务事例,每个月公司会对优秀事例进行奖赏。另外,每个门店每季度还有员工认同基金,用于员工们之间互赠礼物、请客吃饭。

另外,安快银行还设置了一系列特别奖项,用于表扬员工各种各样的优异服务表现(见表 3-1-5)。所有的奖项,一律授予一线员工而不涉及管理层。对服务表现的量化与奖励,持续激励了员工的工作热情,最终保证了客户高质量的接待体验。

表 3-1-5 安快银行内部奖项

奖项	评选标准	奖品
表扬信箱	员工可以把同事的优秀事迹传到内部网站《知情人》上,每个月筛选优秀事例	50 美元、《知情人》特别标注

（续表）

奖项	评选标准	奖品
零售优胜质量奖	前述质量回报项目前台门店部分	水晶奖杯
部门质量优胜奖	前述质量回报项目后台部门部分	水晶奖杯
杰出精神奖	每个月从员工提名中选出既给客户又给同事做出杰出贡献的员工	100美元、一个奖章、一天带薪假
团队认可基金	每个季度每个门店按人头数划拨，用来奖励其他同事	
文化冠军奖	在某些事业部成立，由行政主管评选	
银行大学认证	通过安快银行大学培训认证	内部通告、毕业典礼、出席午餐
年度杰出表现奖	对当年业绩突出的个人或团队进行奖励，每年奖项会有变化	
年度主席和总裁奖	在践行安快银行核心价值观方面起到表率作用的员工	夏威夷7日游、1500美元、1周带薪假

注：资料来源于国海证券研究所。

（3）通过充分授权，提升员工的服务自主性

面对多种多样的银行客户需求，管理层很难面面俱到地制定服务细则，只有一线人员可以随机应变地为客户提供个性化服务。在安快银行，管理层充分授权一线员工，在活动资金、产品定价、服务收费上都给予员工很大的自由裁量权，有利于营销人员与客户保持特殊的业务联系，也有利于为客户提供超出预期、令人印象深刻的服务。

在资金支持方面，安快银行每个季度都为各个门店提供专门活动资金同时提供当地的餐厅、花店、食品店联系方式，无须审批，一线员工可以自由取用资金为客户购买小礼物。对于没有动用资金的门店，安快银行甚至还派高管去与门店负责人谈话，了解具体情况。如若必要，还会对服务不积极的员工进行重新培训或者撤换。

在产品定价方面，一线员工可以在一定范围内调整重要客户的产品价

格。某次，安快银行一个重要的企业客户要求将他的存款利率从3.5%调整到4.0%，否则就要把业务转移给竞争的对手。安快管理层授权业务经理予以批准，并将这个案例推广开来。虽然安快银行不以价格为竞争手段，但是为了满足客户需求，留住重要客户，安快银行授予一线工作人员适当的产品定价调整权力。

对客户服务收费方面，一线人员有权豁免。有一次，一个客户因为支票透支被处罚700美元违约金。当时操作人员判断这一客户已经基本破产，违约金不可能收全。于是这个员工自作主张减去了500美元罚金，并让客户缴齐了剩余的200美元以示惩戒。这一行为后来受到了管理层的表扬。而在其他企业特别是银行业，员工几乎不可能做太多决定，但是在安快银行可以，只要是对银行和对客户均有利的决定，都会受到鼓励。

2. 外部社区文化

社区银行业务是安快银行赖以生存的根本，为了加深与社区的联系，安快银行在有形的门店设计与无形的社区感情方面都做出了诸多革新，不断加入新的内容以匹配客户需求，加深社区联系。

（1）门店开放式布局与多层次体系

1996年，在定位金融服务零售商之后，安快银行创造了独特的"store"概念，将所有的分支机构统称为"store"。之后，安快银行不断地对"store"的设计和功能进行升级换代，加入科技元素，让门店更加贴合社区顾客的需求，进一步提升了顾客的店内体验满意度。

安快银行在2003年推出了"第二代"银行网点。"第二代"银行网点继承了"第一代"银行网点的开放式设计，在提供安快咖啡、报纸杂志和网络浏览的基础上，为了营造更为舒适惬意的环境，让客户有家的温馨感觉，store模仿咖啡厅的方式摆放报纸，杂志则像图书馆一样摊开。店内的摆设定期更新，并结合客户的兴趣专门购买一些商业管理等方面的书籍。当用户办理完业务时，会赠送一个购物袋、一包咖啡或一顶帽子作为礼物，喜欢书架上的书也可以买走。

目前，安快银行门店已经发展到"旗舰店"和"社区店"两种形式，形成了多层次的接待体系。

社区店内空间较小，店铺中间有"产品搜索墙"，引导客户了解银行所推出的各类产品。"产品搜索墙"通常是由 2 台电脑、4 块高清显示屏和 8 个由 3D 打印技术制作出来的球状按钮组成。当触碰不同按键时，显示屏会自动显示银行的各类金融产品，若客户对这些产品感兴趣，可以点击打印按钮，"产品搜索墙"旁边的打印机会立刻打印出全彩的最新产品手册。

在位置的选择上，安快银行社区门店通常聚焦于当地社区的休闲娱乐区，与咖啡店或者便利店相邻，特别是人们吃早饭和晚饭的地方，并且面积不超过 140 平方米。

旗舰店规模较大，在展示安快银行各类金融产品的同时，通过由 6 块屏幕组成的"灵感创意墙"为银行的小企业客户提供展示自家产品的平台。例如，在安快银行贷款的当地巧克力工厂会将巧克力面包制作视频上传，到店客户还可以试吃样品。它还能提供各种银行产品的模拟和预测。例如，客户希望 55 岁退休，想知道以现在的收入和开支投资哪种产品比较合适，"灵感创意墙"可以根据需求选取适合的产品推荐给客户，以供选择。"灵感创意墙"上还有"数据搜索站"应用，里面有由第三方数据公司提供的各行各业实时更新的信息。在"灵感创意墙"一旁有"数字体验中心"和充电吧台，前者提供平板电脑让客户浏览电子杂志，后者用来给手机充电。同时，旗舰店提供小企业客户专属的客户体验区、商务休闲区等，供到店客户及工作人员沟通时使用。

（2）做好本地化，加深社区感情

社区银行是安快银行的根本，公司主要通过三点工作加深与当地社区的感情联系：本地化决策、充分授权、参加志愿工作。

第一，安快银行尽可能地基于当地社区情况做出本地化决策，无论是在网点选址，还是在网点活动上。

根据当地居民的不同喜好，安快各网点可以自行安排社区活动。旧金山旗舰店内设有自行车停放处，因为当地有很多人喜欢骑公共自行车出行；波特兰旗舰店在平板电脑上下载了雅虎网络相册（Flickr）或照片墙（Instagram）的 APP，因为旗舰店所在的社区里有很多年轻客户；西雅图社区店因为周围社区家庭妇女很多，所以每周会举办瑜伽课、缝纫培训课、插花课等。

安快银行还通过本地咨询委员会与社区建立联系，会中委员都是当地的社区、商业领袖，安快银行每年与委员们见面3~4次，通过他们的反馈改进经营方法，使之更贴合社区需求。

第二，安快银行通过充分授权一线员工，让员工自主决策，使之与社区客户保持紧密的个人关系，从而联结了每个门店和社区。

第三，安快银行一直积极参加社区志愿活动，展示了安快银行尊重社区、融入社区的价值观。雷·戴维斯曾说："银行的员工不但是你的理财顾问、是帮你开户的人，更是你生活社区的志愿者、是你的朋友、是孩子的业余辅导老师。"仅2005年，安快银行员工就为超过200个非营利组织与学校，贡献了共1.2万个小时的社区劳动。例如，安快银行有专门活动小组与当地有潜力的音乐家合作，将他们的作品放在银行的音乐网站推广，供客户试听和下载。客户如果感兴趣多次试听，安快银行还会制作CD以生日礼物或其他形式寄送给客户。不仅如此，安快银行还为此设立了一个基金会，将网站的部分赢利捐助给一个名叫"民族音乐中心"（Ethos Music Center）的非营利机构，帮助银行总部所在地俄勒冈州的年轻人提升音乐修养。

3. 阶段成果

在这一时期，安快银行独特的经营模式逐渐为人所熟知。除了连续两年被美国独立社区银行协会评为"年度最佳社区银行"之外，公司掌门人雷·戴维斯也被《纽约时报》（The New York Times）等诸多媒体大篇幅报道，并被《美国银行家》（American Bankers）杂志评为"25位最有影响力的金融家"之一。

优异的经营业绩也让公司股价突飞猛进（见图3-1-3），2002—2006年，安快银行股票年复合增长率高达27.4%，证明了安快银行企业文化和价值观的威力。

图 3-1-3　2002—2006 年安快银行股价情况（收盘价）

（资料来源：Bloomberg、国海证券研究所）

五、2009—2017 年：跨越危机，审视自己

2008 年的金融危机使美国银行业一落千丈，安快银行因为素来倚重房地产贷款市场，同样遭受了不小的打击。但是因为管理层果断处理，安快银行较快地走出了阴影，之后在政府的扶持下先后收购了四家濒临破产的银行，将经营范围拓展至华盛顿州与内华达州。

作为一家快速崛起，至今已经拥有 4000 多名雇员的大企业，这一时期的安快银行在成长过程中面临很多大企业都会遇到的难题——面对危机、处理收购公司、解决"大企业病"。

1. 诚实面对问题，讲述实情

因为瞻前顾后，掩盖问题，延误了最佳处理时间，经营环境的恶化成为压垮很多大企业的最后一根稻草。雷曼兄弟的轰然倒塌就是例子。面对危机，安快银行无论对公司内外都讲述实情、保持诚实，并尽最大努力挽救公司的信誉。

对外部投资者，安快银行主动暴露问题，为解决问题争取机会。2007 年年初，当时安快银行是北加州地区最大的独立社区银行，在萨克拉门托地区——

这里后来成为该州房地产崩盘的中心地带——有超过7亿美元的房贷敞口，在房地产市场出现颓势、危机全面爆发之前，安快银行就在纽约投资者大会上报告了贷款敞口，并且警示如果房地产市场继续恶化，这些贷款就会存在风险。很可惜，投资者并没有做出积极回应，安快银行股价遭到重创。但是主动暴露问题可以起到警示风险的作用，进而可以加强风险控制，给解决问题——尽早处理风险资产，规避房地产业务——提供了更多空间，因此，安快银行在金融危机中受损较小，顺利地走出了危机，并取得了更好的发展。

对公司内部，安快银行也同样坚持开诚布公的态度。2007年年末，当大衰退来袭时，公司将所有薪资超过一定水平的员工加薪推迟6个月。有的管理层认为这个决策太过极端，没有必要且影响员工士气和情绪。但安快银行坚持讲述实情，在随后的电话会议上，通过坦诚的沟通，员工充分了解到推迟加薪的原因，以及这种做法对每个人的意义。电话会议之后，公司管理层收到了100多封公司上下员工的邮件，表达了对公司决定的理解。

除了开诚布公，安快银行还会主动出击危机公关，消除公众误会，挽救公司信誉。2011年，"占领华尔街"运动席卷了美国很多大城市，波特兰也有抗议者加入运动之中。安快银行作为一家独立社区银行，本应与抗议活动无关，但是也被列入抗议名单。为了消除与抗议者之间的误会，雷·戴维斯会见了抗议领头人，耐心回答了他们关于接受问题资产救援计划资金、董事会成员兼职等问题。最终，抗议者没有选择来安快银行抗议，这进一步提升了安快银行在社区内的良好信誉。

2. 选择收购，文化融合是首位

从1994年至今，安快银行共收购了21家社区银行，特别是在金融危机之后，公司单次收购规模越来越大。但是安快银行较好地解决了被收购公司与自身的结合问题，有效地提升了新公司的盈利水平。通过回顾，我们总结出安快银行在收购中的四条行事标准：

收购重"质"不重"量"，不盲目通过收购扩张。安快银行作为一家独立社区银行，以为客户提供超预期的服务作为核心竞争力，以内生增长作为公司的主要扩张方式。公司不追求通过收购、并购做大规模，也不追求迅速成为全国性银行，因为规模的大小对于提升服务质量并没有多大帮助。只有在收购与公司战略相匹配、与现有门店互相配合、产生"1+1＞2"的效应时，安快银行才会采取收购措施。

重视财务指标，为股东带来更高回报。在做收购决策时，首先，要保证被收购银行的财务透明度；其次，项目内部回报率要达到一定的水平，从而为双方股东带来投资增值。

收购后，要善待被收购公司的基层员工。安快银行在收购其他银行后，尽可能保留原有银行职位，为面临被裁撤的员工提供再培训，开放内部岗位供这些员工申请。这虽然不利于收购后成本控制，但安快银行这么做有自己的目的：一是很多基层员工与客户有直接联系，盲目裁员会导致客户流失；二是很多社区银行员工出身当地，鲁莽裁撤会伤害社区居民的感情，不符合安快银行服务社区的价值观。

最重要的是，要尽快促进新员工融入集体，接纳安快服务文化。一方面，安快银行对被收购银行员工进行统一培训，使之达到全能营销的标准；另一方面，安快银行将新老员工混编，在老员工的带领下，新员工不但能够以游戏、团队建设的形式快速学习安快价值观，而且在日常工作中容易被老员工的工作热情所感染。通常，不到一年的时间，新员工中绝大多数都已经接纳并践行了安快银行服务文化。

3. 扁平化管理，避免"大公司病"

很多公司随着公司规模的扩大、管理链条的增长，容易患上"大公司病"——企业体制僵化、官僚主义，对新情况反应不够及时。但是，安快银行一直致力于组织结构的扁平化，免除不必要的中间环节，让管理层与一线员工站在一起。

为了做到这一点，需要管理层主动为员工服务。每个月的第一天，雷·戴维斯都会在给员工的大约250张卡片上签名。这些员工当月同公司一道庆祝自己的司龄。每年每个员工都能收到CEO的卡片，卡片中告诉他们公司管理层是多么感激他们对公司的付出以及为客户所提供的高标准服务。公司管理层还坚持频繁视察门店，与员工多接触，方便直接了解他们的需求和建议。

除此之外，扁平化管理还意味着疏通一线员工的意见反映渠道。除了每个门店安装的"CEO热线"，安快银行还特设了"总裁俱乐部"，其会员需要通过选举产生，通常具有很高的声望，这些成员分散在公司上下，每个季度 CEO 都会与俱乐部成员会面，接受俱乐部成员的建设性意见。总裁俱乐部内还设立了"主席委员会"，这个"小群体"定期碰头，讨论安快银行将往何处去、需要做什么，以及作为一个企业如何做得更好。

六、"后戴维斯"时代，数字战略启动

1. 安快银行数字银行战略

2017 年，安快银行的灵魂人物——服务企业 20 余年的 CEO 雷·戴维斯退休。在"后戴维斯"时代，安快银行启动了"人类数字银行（Human Digital Banking）战略"，通过科技与数据分析，帮助员工为客户提供更有价值的服务。

尽管安快银行始终将提供优质的人工服务作为战略重点，但随着客户金融服务偏好及需求的演变，安快银行同样持续扩展对客户友好、基于信息技术的操作平台来吸引那些希望通过电子平台进行交易的客户群体。安快银行的电子交易平台涵盖远程储蓄系统（Remote Deposit Capture，RDC）、网上银行、移动银行、电话银行、高等自助银行、产品互动一体机以及稳健、安全的互联网网站。通过打造传统物理网点与电子银行相结合的一体化服务渠道，提升金融服务对于客户的可获得性，实现客户群体的有效拓宽。

2. 今日成绩

总体来讲，今天的安快银行是一家"重资产"、风格偏保守、依靠个人存款与房地产贷款扩张资产负债表的传统零售银行。出色的社区银行模式是安快银行实现发展路径的法宝。

截至 2017 年年末，安快银行总资产为 257.4 亿美元，其中存款 199.48 亿美元、贷款 190.08 亿美元；实现利息收入 9.38 亿美元、净利润 2.46 亿美元。纵览 2013 年至 2017 年年末，安快银行收入从 4.42 亿美元增长至 9.38 亿美元，总资产也由 116.36 亿美元增长至 257.41 亿美元（见图 3-1-4）。

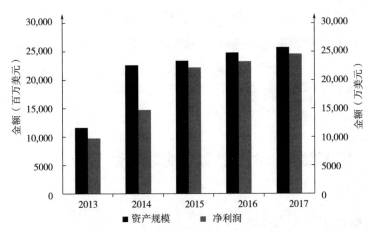

图 3-1-4　2013—2017 年安快银行资产规模与净利润增长

（资料来源：安快银行公司年报、国海证券研究所）

虽然安快银行在资产体量、营收数额等方面与美国大型银行和国内各大型国有股份制商业银行无法相比，但其凭借着深耕特定区域的社区居民以及提供长周期及家族定制化的金融服务，依然获得了高速的增长和资产回报（见图 3-1-5）。2017 年，安快银行 ROA 为 0.98%，这在主要营收来源为传统信贷业务的银行中实属难得。

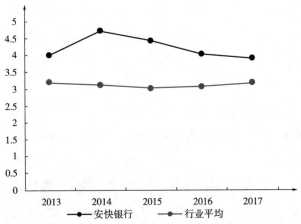

图 3-1-5　2013—2017 年安快银行净息差与行业平均值

（资料来源：Bloomberg、国海证券研究所）

第三章 新贵登场

安快银行目前主要服务地域为俄勒冈州全境、华盛顿州全境以及加州西海岸沿线的各郡县及社区、爱达荷州7个郡县、内华达州2个郡县。根据2017年年报，安快银行共有4380名全职雇员、269家网点。另根据2018年FDIC的数据，安快银行存款主要来源于俄勒冈州、加州、华盛顿州三地（见表3-1-6），其中在大本营俄勒冈州的市场占有率较高，在当地银行中排名第4（见图3-1-6）。

表 3-1-6 安快银行存款来源地域

地区	存款额（千美元）	存款占比（%）	当地市场占有率（%）
俄勒冈州	7,803,981	37.40	10.04
加利福尼亚州	6,179,638	29.62	0.44
华盛顿州	6,046,233	28.98	3.75
爱达荷州	502,253	2.41	1.94
内华达州	332,236	1.59	0.12
全美总计	20,864,341	100.00	0.17

注：资料来源于安快银行公司年报、国海证券研究所。

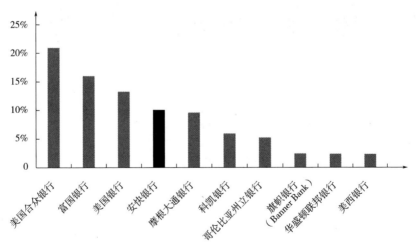

图 3-1-6 俄勒冈州各银行市场占有率

（资料来源：Bloomberg、国海证券研究所）

从收入结构上来看，安快银行是一家以利息收入为主的"重资产"银行。2017年，安快银行利息收入占比超过77%（见图3-1-7），在投资银行业发达、非息收入普遍较高的美国似乎显得落后一筹。但安快银行领导层坚持将自己定义为银行业中的"零售企业"，坚持以销售、传统信贷业务为主业，较少涉足投资银行业务，这实际上减少了安快银行对系统性风险的敞口，在损失一定利润的情况下保证了自身跨越危机的能力。

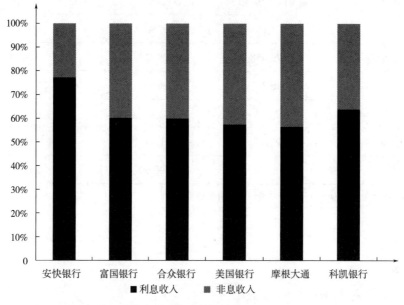

图 3-1-7　2017 年安快银行非息收入占比

（资料来源：Bloomberg、国海证券研究所）

在存款结构上，安快银行主要依靠个人存款（见图3-1-8）。得益于安快银行出色的社区银行模式与服务理念，个人客户与存款成为支持其负债端扩张的最重要来源。2017年，安快银行存款的62%都来源于零售银行条线，可以说是名副其实的零售银行。

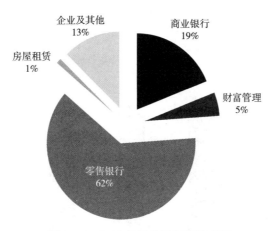

图 3-1-8　2017 年安快银行存款来源

（资料来源：安快银行公司年报、国海证券研究所）

在贷款结构上，安快银行主要将资源投入中小企业贷款中，房地产相关贷款的比例非常高（见图 3-1-9、图 3-1-10）。商业房地产贷款占比持续高于 50%，

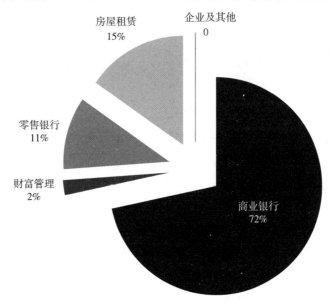

图 3-1-9　2017 年安快银行贷款去向

（资料来源：安快银行公司年报、国海证券研究所）

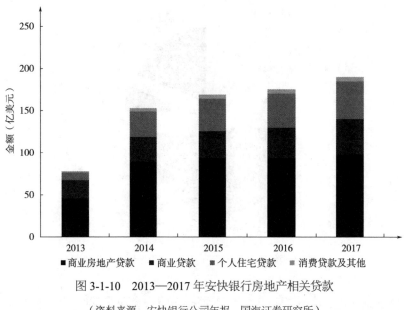

图 3-1-10　2013—2017 年安快银行房地产相关贷款

（资料来源：安快银行公司年报、国海证券研究所）

加上个人住宅贷款的比例，安快银行在房地产领域的相关贷款占总贷款资金的 75%。由此可见，安快银行是一家以房地产贷款为特色的银行。但是考虑到单一行业集中度过大有可能造成经营风险，近几年安快银行一直在压缩商业房地产贷款占比。

在财务杠杆上，安快银行经营风格保守，资本充足率非常高。公司核心资本充足率在 12% 左右，远高于《巴塞尔Ⅲ协议》的要求。不过度加杠杆、不盲目进行地域扩张、不盲目跟风大规模参与放贷、负债端始终以长期存款为基准，都增强了安快银行资产负债表的健康状况。

七、启示：客户服务与企业管理相辅相成

1. 在营销服务上的启示

安快银行凭借着一流的客户体验在美国银行业中独树一帜。从客户的角度来

看，这种体验首先来源于安快银行有形的网点设计与无形的员工服务。

安快银行网点的设计给美国银行业造成了很大的震动，对我国银行也具有启示意义。

目前，国内银行网点内绝大多数都是高低柜呈一条线并列，柜前有几排椅子。在很多银行已经全流程电子化，智能一体机成为网点标配的今天，可以考虑将银行做成开放式的服务大厅，配以沙发、茶饮。客户经理走到客户身边，利用智能设备帮助客户办理业务，使客户感受到被尊重，这样更能提升办事体验满意度。

此外，网点不必讲求整齐划一，可以基于当地情况做出个性化安排。目前，国内很多银行都在推进社区银行项目，更应强调"社区"二字，网点设立之前事先做好当地调查，抓准当地居民的金融服务需求，使社区银行不但可以在外观上融入当地社区，而且能够在服务提供上各有不同侧重点。除此之外，还可以考虑开辟一定区域，让社区银行变成社区活动中心。

从员工的角度来看，安快银行从一线员工的根本需求出发。普通员工在工作中最看重的，一是薪水，二是认同感。在金钱激励方面，安快银行制定了以服务为中心的量化指标，让服务得好的员工获得更高的薪水，服务不好的则面临被淘汰的结果。在认同感方面，安快银行通过管理层对一线员工的认同和同事之间的认同两处共同下手，提升员工忠诚度和工作热情。

除了高标准的服务细则与服务热情，接待人员的临场发挥能力也是提升客户满意度、增强客户黏性的重要原因。在这点上，安快银行在多方面给予员工自主权，让员工自由发挥，为客户制造惊喜。

总结来说，安快银行在物理网点上的设计更好地匹配了客户的业务需要，有力支持了员工服务的开展，两者配合带来了客户体验满意度的提升，值得国内银行进一步学习借鉴。

2. 在管理体制上的启示

安快银行高效的管理体系使其能够准确快速地抓住顾客和员工的需求，并采取处理措施，缩短反馈通道与增强执行力是这个体系中最重要的两个方面。

缩短管理层和一线员工的反馈通道，让安快银行管理层身临其境地感受客户的需求，提升了反应速度。其措施包括设置"CEO热线"，在决策委员会中纳入不少一线员工，定期与社区商业领袖会面，主动视察一线门店等。国内银行也可以学习这些措施，减少意见反馈程序，增加管理层与顾客、普通员工对话的频率，给予敢讲话、讲真话的员工和顾客一定鼓励，激发大家的反馈热情。

采纳意见之后，同样需要加强对应对方案的执行力度。在这方面，安快银行管理层以身作则，配合底层监督，将工作热情与执行力度"传染给"下级。为了加强一线员工对政策的执行力度，除了自上而下的管理以外，安快银行的很多考核和激励项目更侧重于团队，增进了员工之间的互相配合。自此，安快银行建立了自上而下的管理、自下而上的监督、员工之间的配合帮助三条管理线，三管齐下增强执行力。国内银行同样可以在这三条管理线上下手，查漏补缺，巩固执行体系。

3. 在企业价值观和文化上的启示

安快银行对客户服务孜孜不倦的追求，根本动力来源于金融服务零售商的定位，与做"世界上最伟大银行"的最终目标。对于任何公司，包括银行都应该明确自己的价值定位和发展方向。特别是对于小型银行来说，要基于时代机遇与自身的先天禀赋，做出准确的自身定位与清晰的发展路径，这有利于集中资源，重点突破，在细分领域突出重围。除此之外，明确发展路径，严格依照路径制订行动方案，有利于银行节约成本，不会像无头苍蝇一样四处乱撞，造成资源浪费。安快银行金融服务零售商的角色，为国内银行提供了一种可行的前进方向。从安快银行的发展路径可以看出，并不是只有走国际化、做大平台投资银行，才能让银行显得适应时代潮流，变得"高大上"。"接地气"的传统零售银行业务，只要认真做、做出彩，一样可以形成银行的核心竞争力。

企业文化是一家公司的灵魂，国内银行应注重自身企业文化的培养。我们发现，优秀的企业文化对企业的成长具有关键作用。更重要的是，企业文化不但包括企业价值观、长期愿景这些宏观类别，更多地还包含了组织制度、管理制度、操作细则这些"日常必需"。而优秀的企业文化，则展现出了价值观与实施细则的融合统一。国内银行在制定管理体系与服务规范时，要紧紧围绕企业价值观，这样有利于普通员工执行规定时逐渐接纳并融入企业文化当中。另外，外部环境日新月异，制度不可能随时变化，这时就需要企业文化做出指导，让具体操作人员依照企业价值观进行软性调试，进而极大地提升效率。

八、大事记

1953 年 11 月 9 日，南安快州立银行成立。
1972 年 4 月 17 日，南安快州立银行总部从俄勒冈州坎宁维尔搬迁至罗斯堡。
1994 年，雷·戴维斯担任 CEO。
1995 年，第一家新概念门店与俄勒冈州罗斯堡开业。
1997 年，南安快州立银行登陆纳斯达克。
1998 年 5 月，更名为"南安快银行"。
1999 年 3 月，母公司安快控股公司成立。
2000 年 12 月，更名为"安快银行"。
2000 年 12 月，收购 Valley of the Rogue Bank（罗格山谷银行），并在随后两年内共收购 9 家俄勒冈州内社区银行。
2003 年，第二代门店在俄勒冈州波特兰开业。
2004—2007 年，安快银行收购 6 家加州社区银行。
2005 年，被美国独立社区银行家协会评为顶级零售银行。
2009—2010 年，受 FDIC 帮助，安快银行接管 4 家社区银行，3 家位于华盛顿州，1 家位于内华达州。
2010 年，安快银行在西雅图设立第二代社区门店。
2013 年，安快银行在旧金山设立第二代旗舰店。

第二节　后起之秀脱颖而出——另辟蹊径的道富银行

商业银行作为间接融资的主体，众多银行在传统业务上做出了一番成绩。但要回答"后进银行如何取得突破"这个问题，没必要仅在传统业务上做文章，新的局势和金融创新给出了更多答案。

随着居民个人财富的积累，美国资管与直接融资市场从20世纪七八十年代开始获得了长足的发展。金融脱媒助推美国形成了世界上规模最大、种类最全的金融市场。在这一场变革中，美国道富银行写下了自己的答案，通过不断的转轨与投入成为当今美国第二大托管银行。

回望20世纪70年代中期，道富银行面临利率自由化改革和房地产衰退的危机，它准确地嗅到美国资管市场未来的机会，选择成为一家专业性的托管银行。发现机遇，体现出它的敏锐。它敢于壮士断腕，抛弃传统业务，举全行之力引进昂贵但是高效的IBM计算机系统和人才，背水一战，体现出道富银行的魄力。凭借着敏锐与魄力，道富银行在资产清算还停留在人工簿记的时代，携高效准确的托管系统横空出世，最终取得了成功。

从21世纪开始，中国的资管行业也进入了一个新的纪元，股票、债券市场规模爆炸式增长，资管产品百花齐放，为居民理财和企业理财提供了更多的选择。对于传统银行来说，这或许不是一个好消息，因为资管业务的发展意味着对表内业务资金的分流。但是金融脱媒的大势不可逆，商业银行需要一定的敏锐和魄力，主动加入资管业务的战争中来。通过回顾道富银行的演变历程，可以学习一些银行转型和运营托管银行的先进经验。

第三章
新贵登场

一、道富速览

从经营时间来看,道富银行与信托公司(State Street Bank and Trust Company,以下简称"道富银行")是美国现存的第二古老的银行,可以说是美国银行业的"老资历"了。它成立于1792年——美国独立的16年之后,在波士顿的海岸边,占据了这个城市的一席之地。但是在20世纪70年代,道富银行基本抛弃了传统业务,进入托管银行这个全新的领域,因此也可以被称作"新生的力量"。

目前,道富银行的母公司道富公司(State Street Corporation)总部位于美国马萨诸塞州波士顿,是一家全球领先的金融资产服务商与银行控股公司(见表3-2-1)。

表3-2-1 道富公司基本信息

公司名称	道富公司(State Street Corporation)
类型	公众企业
股票交易	纽约交易所主板:STT 标准普尔500指数成分股(S&P 500 Index)
行业	资产管理与托管银行
创立时间	1969年(集团公司成立时间) 1792年(旗下银行最早成立时间)
注册地点	美国马萨诸塞州波士顿
注册资本	7.5亿美元
总部所在地	美国马萨诸塞州波士顿
服务范围	全球
主要负责人	董事长:约瑟夫·L·胡利(Joseph L. Hooley)首席执行官:罗纳德·奥汉利(Ronald P. O'Hanley)
雇员人数	39,020人
产品和服务	投资管理、投资服务

注:资料来源于国海证券研究所。

截至 2018 年,道富公司总资产位列美国银行业第 15 位,在《财富》杂志"世界 500 强"中排名 259 位。道富公司是世界上最大的托管银行,在超过 100 个国家和地区开展业务,共托管 33 万亿美元资金,并且管理着近 2.8 万亿美元资产。道富公司客户主要包括共同基金(Mutual Fund)、集合信托基金(Collective Trust Fund)⊖、公司或公众退休计划(Retirement Plan)、保险公司、捐赠与慈善基金会等。道富集团下属 4 个品牌,负责四大块主营业务,分别是托管银行业务、财富管理业务、证券经纪业务、数据咨询业务(见图 3-2-1)。

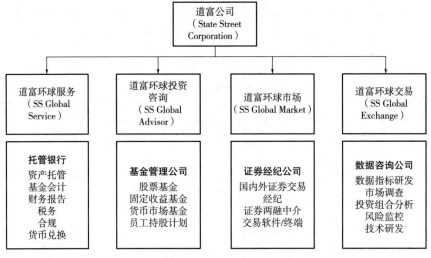

图 3-2-1　道富公司业务结构

(资料来源:国海证券研究所)

"道富环球服务",即道富银行业务领域,负责道富集团资产托管业务,托管种类涵股票、金融衍生品、ETF 基金(Exchange Traded Funds,交易所交易基金)、固定收益产品、私人股权、房地产等。提供的服务涵盖托管、基金会计、财务报表、货币汇兑、现金管理、合规监控、法律咨询、税务等方面。

"道富环球投资管理"扮演基金公司的角色,负责资产管理业务。旗下基金

⊖ 集合信托与共同基金的区别是,集合信托受监管较少,只接受机构客户投资,而共同基金监管严格,可以吸纳个人客户资金。类似国内公募与私募的区别。

产品涵盖主动、被动策略,全球资产配置等。该公司设计了美国第一只ETF基金——标普500ETF,如今也是世界上最大的ETF供应商之一。

"道富环球市场"扮演证券经纪公司的角色,负责证券经纪业务。服务包括证券经纪、两融中介、卖方宏观研究以及为客户搭建数字化交易平台。出于避免利益冲突的考虑,环球市场下不含有证券自营业务。该公司在波士顿、伦敦、悉尼、多伦多、东京等地交易所拥有交易席位。

"道富环球交易"扮演数据咨询公司的角色,为客户提供丰富的市场及道富自有数据资源。依托大数据模型构建预测指标,并为客户提供量化分析、交易成本分析等数据服务。

道富公司向托管银行转型始于20世纪70年代中期,在这之前一直是一家经营稳健的商业银行。我们将它的发展历史分为四个阶段:

1792—1975年:传统商业银行时期;

1975—1994年:曙光初现,押注转型;

1994—2007年:精耕细作,增厚利润;

2008年至今:面向未来,持续投入。

二、1792—1975年:传统商业银行时期

道富公司历史最早可以追溯到1792年,其前身联合银行(Union bank)在马萨诸塞州政府特许下,成立于波士顿,是当时在波士顿成立的第三家银行。波士顿是殖民时代与美国建国之初的贸易与制造业中心,联合银行所在的位置连接着州议会和长码头,成为美国政治与商业的"十字路口"。

早期,联合银行依托波士顿当地船运业和贸易业,与当地许多名门望族都有信贷业务往来。1865年,也就是《国民银行法案》(Nation Bank Act)出台的第二年,联合银行获得联邦政府经营许可,并更名为波士顿国民联合银行(National Union Bank of Boston)。

1891 年，道富公司的另一前身——道富存款与信托公司（State Street Deposit & Trust Company）成立。该公司于 1897 年将名称缩短为道富信托公司（State Street Trust Company）。值得一提的是，1924 年道富信托公司成为美国第一家共同基金马萨诸塞投资者信托基金（Massachusetts Investors Trust）的托管银行，自此之后，托管等金融服务项目成为日后的道富银行主营业务之一。

1925 年，两家银行选择合并，并沿用了道富信托的名称。在 20 世纪上半叶，道富信托的掌门人艾伦·福布斯（Allan Forbes）在长达 40 余年的执掌生涯中，一直致力于增强道富信托的品牌文化与辨识度，通过收集船模、航行蓝图，按照海洋时代风格装修办公场所等方式，强调道富信托的海洋基因。如今道富公司的标志是一艘三桅大帆船，便源于此。在艾伦·福布斯执政期间，道富银行发展出对公业务、零售业务与投资服务三条业务线，其中银行存款规模从 20 世纪初的不到 200 万美元增长到 1.87 亿美元。

在 20 世纪五六十年代，为了增强实力获取规模效应，美银行业掀起了成立银行控股公司与银行间并购的浪潮。道富银行在此期间成立了道富波士顿金融公司，并先后并购了第二国民银行（Second Nation Bank）和罗克兰阿特拉斯国民银行（Rockland-Atlas National Bank）。1966 年，公司在波士顿中心建造了 33 层高的道富银行大楼，这是波士顿最早的一批高层办公建筑，展现出公司的财富实力。

三、1975—1994 年：曙光初现，押注转型

20 世纪 70 年代，美国银行业遭遇了利率自由化与房地产业衰退的双重打击（见图 3-2-2）。从 1970 年美联储允许发行不受利率管制的 90 天大额可转让存单开始，美国银行业内价格竞争逐渐加剧，导致净利差缩小，资产盈利能力严重削弱。此外，经历了战后 20 余年繁荣的美国房地产业，在 20 世纪 70 年代进入了一轮衰退周期。依赖房地产相关贷款业务的美国银行业信贷风险上升，增长乏

力（见图 3-2-3）。利率自由化与房地产市场衰退打击了道富银行的存贷款业务，金融服务条线成为仅存的亮点。

图 3-2-2　1950—1980 年美国银行倒闭救援数量

（资料来源：Wind、国海证券研究所）

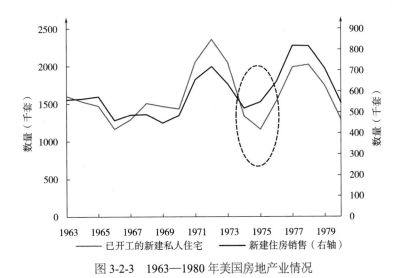

图 3-2-3　1963—1980 年美国房地产业情况

（资料来源：Wind、国海证券研究所）

在外部环境压力下，1975 新上任的道富银行总裁威廉·埃杰利（William Edgerly）大力推进银行转型，选择托管业务作为突破口。随着"战后婴儿潮"一代逐渐走上工作岗位，不断增长的财富管理需求推动养老金、共同基金规模扩张，从而提供更多的托管业务市场。但与需求相矛盾的是，基金托管是一个对信息处理技术要求非常高的行业，优秀的托管服务商需要兼具准确性、及时性两点。1975 年，全电子化交易所纳斯达克刚刚成立 4 年，美国银行业还没有普遍引入电子设备，基金托管主要依靠会计手工计算，不仅出错率高，而且时效性差。很多银行没有能力处理复杂、技术要求高的托管业务。

是困难，也是机遇，道富银行看到了一片蓝海。为了抢先一步进入市场，打出品牌，道富银行押注信息技术，全力建设电子化托管系统，拓展国际业务，实现成功转型，并在美国托管市场崭露头角。

1. 重金引进计算机系统与人才

由于计算机能够完美地满足托管业务对于准确性、时效性的需求，是托管服务的硬件基础，道富公司转型之初就大力引进计算机处理系统与人才。

1973 年，道富银行购买了波士顿金融数据服务公司（Boston Financial Data Service）50% 的股份，并使用该公司软件处理股权登记、合规指标监控等工作。在使用过程中，该公司依托的 IBM 大型计算机系统给道富银行管理层留下深刻印象。1974 年，道富银行在波士顿郊区昆西成立了数据处理中心，专门安放大型主机供技术人员使用。

之后，道富银行开始了全面学习 IBM 的道路。在 20 世纪 70 年代个人电脑还没有发明出来之前，IBM 凭借着先进的大型计算机系统，稳坐世界计算机领域头把交椅。一方面，道富银行重金购入与升级 IBM 系统，信息系统费用高达运营成本的 25%；另一方面，道富公司持续引入计算机管理人才，1992 年，公司上下已经拥有 100 多位曾在 IBM 工作过的专业人士。除此之外，道富公司还派遣销售人员到 IBM 进行计算机知识的培训，这样可以在向客户销售时更好地展现公司的科技实力。可以说，道富银行已经深刻地印上了 IBM 的烙印。

到 20 世纪 80 年代末，道富银行已经基本建成了以总部（波士顿）、大区中心（亚太中心悉尼）的大型 IBM 计算机阵列和发达的通信网络为基础的信息处理体系，其中包含 70 多万种证券信息的数据库多时区同步线上运行，客户可以随时通过电话查询账户估值信息和划转账户间资金。

2. 建立全球托管体系

1927 年，《麦克法登法案》出台限制了银行跨州经营；1956 年，《道格拉斯修正案》出台，限制了银行控股公司跨州控股多个银行。为了突破地理限制，以花旗银行为代表的华尔街大银行开始了商业银行业务的国际化，拓展海外客户群体。

由于扩大托管规模可以有效摊薄信息系统建设成本，为了充分发挥托管业务具有的规模效应，道富银行同样制订了"服务美国，面向全球"的托管业务全球化方案。二战后，大公司跨国经营与全球基金跨国投资引领了新一波全球化潮流，针对美国跨国公司与全球基金的托管需求，道富公司在经营网络和系统建设上都进行了改进。

在经营网络上，从 1972 年在德国慕尼黑设立分公司开始，道富银行先后在全球各主要国家金融中心设立分公司，招募资深人员研究当地法律、税务、会计等托管相关制度和证券市场情况。到 1993 年，道富银行已经在德国、澳大利亚、新西兰、卢森堡、法国、加拿大、荷兰、日本、英国建立分公司，研究覆盖超过 60 多个地区的证券市场。除此之外，道富银行的海外销售也初见成效，1993 年美国以外客户托管资产占总托管资产比例超过 4%。

在信息系统上，道富银行的科技优势逐渐显露了出来。由于跨国托管涉及不同法律环境下的外汇汇兑、跨市场交易，对信息处理能力要求极高。道富银行强大的信息系统发挥良好，并建立了完善的多币种、跨市场、实时互动托管体系，为跨国公司在全球各地的分公司提供了统一的现金管理与退休金托管服务。最典型的例子就是，道富银行为百事公司 3.5 亿美元的 401（k）计划[一]制订了全方位的托管服务计划，除了托管外，还有会计、信托、投资管理、客户交互系统设计等

[一] 401（k）计划始于 20 世纪 80 年代初，是一种由雇员主动认缴、雇主按一定比例追缴建立起来的私人退休金制度，有缴费上限，具有税收递延的特性。

一系列服务。

3. 阶段成绩

道富银行的转型无疑是成功的,在20世纪80年代美国跨国公司与养老资产行业大发展的背景下,以科技领先和全球化服务作为核心竞争力的战略为道富银行带来了极大的市场份额(见图3-2-4、图3-2-5)。根据年报,1988—1993年道富公司托管资产以年均20%的速度增长,非息收入复合增长速度则达到了16%,远远高于净利息收入9%的增长速度。

图3-2-4　1975—2017年养老资产同比增长率

(资料来源:Wind、国海证券研究所)

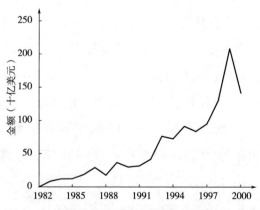

图3-2-5　1982—2000年美国跨国公司资本流出量

(资料来源:Wind、国海证券研究所)

第三章
新贵登场

到20世纪90年代初,道富银行已经成为美国第三大税收豁免资产托管者,在美国基金市场市场占有率超过25%。其在国外的业务同样亮眼,成为澳大利亚、新西兰、加拿大市场最大的国际托管银行。1992年,道富银行被瑞士养老金选为第一家非政府托管商,同年成为挪威、瑞典、丹麦三国的第一家外国托管商(见图3-2-6)。

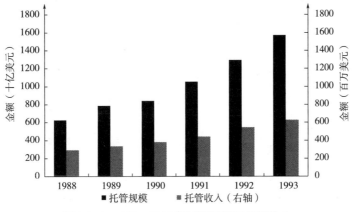

图 3-2-6　1988—1993年托管规模与托管收入

(资料来源:道富银行公司年报、国海证券研究所)

高速增长的业绩也为道富银行股东带来了丰厚的回报。在《财富》杂志的调查中,道富银行股票在1982—1992年增长了16倍,年均增长率位列美国100家银行中的第1位,达到惊人的33%(见图3-2-7)。

图 3-2-7　1982—1992年道富银行股价

(资料来源:Bloomberg、国海证券研究所)

四、1994—2007 年：精耕新作，增厚利润

20 世纪 90 年代，美国大型银行基本上完成了电子化改造，具备了深度参与托管业务的技术基础。与此同时，道富银行 10 余年的高速增长与亮眼的股价也引起了同行业的侧目。以摩根大通银行为代表的大型机构也开始加入竞争，托管行业逐渐变成一片"红海"。除了继续对信息科技进行投入、构建技术"护城河"以外，面对激烈竞争，道富银行认为过去 10 余年市场份额高速增长的情况已经很难再现，于是转而在现有客户基础上，通过各种增值服务增加收入，同时削减经营成本，增厚单客户利润。

1. 更全面的增值服务，资产管理渐成亮点

依托道富银行庞大的托管客户基础，母公司道富公司逐渐开发出了资产管理、交易与证券经纪、货币汇兑等增值服务，其中资产管理特别是 ETF 基金成为道富公司的新增长点。

资产管理方面。因为 1956 年的《银行控股公司法案》允许银行经营非自营类——以收取管理费为盈利模式的"代客理财"业务，道富公司从 1978 年起开始为企业客户提供现金管理、员工持股计划管理等相关服务。但是直到 1993 年道富公司依托先进的计算机与交易跟踪系统开发出了美国第一款 ETF 基金，并在 1994 年其子公司道富环球投资管理公司成立，资产管理业务才开始真正发力。

自首款 ETF——标普 500ETF 基金之后，道富公司不断开发符合共同基金与养老金客户口味的各种国内外市场联接基金，被动投资管理基金开始带动整个公司资管规模的增长（见图 3-2-8、图 3-2-9）。

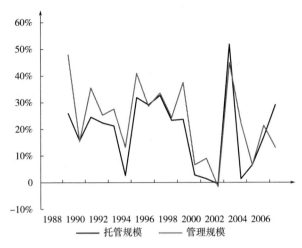

图 3-2-8　1988—2006 年道富银行托管与管理规模增长率

（资料来源：道富银行公司年报、国海证券研究所）

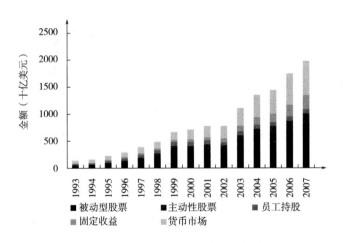

图 3-2-9　1993—2007 年道富管理规模分项

（资料来源：道富银行公司年报、国海证券研究所）

交易与证券经纪方面（见图 3-2-10）。道富公司很早就完成了全球化布局，搭建起了美国与国外投资者互相间投资的桥梁，因此在交易手续费方面斩获颇多。1999 年《金融服务现代化法案》发布之前，由于监管要求银行业与证券业分离，道富银行股票经纪收入只来源于投资者交易外国（主要是欧洲，允许混业经营）股票。监管放松之后，道富公司通过道富环球市场公司参与国内股票经纪，国内交易收入逐渐迎头赶上国外证券交易收入。除了证券经纪，道富环球市场公司还充当两融中介商，为客户间证券借贷牵线搭桥，既能为客户增加证券出借利息收益，又能为自己赚取服务费提成。例如，1997年道富公司获得了规模达650亿美元的宾夕法尼亚州长期投资基金托管合同，作为融资融券中介，当年就为客户赚取了2700万美元证券借贷利息，自己则获得了利息的15%作为服务费。

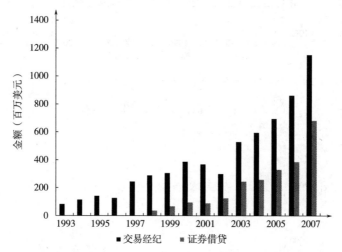

图 3-2-10　1993—2007 年道富公司交易经纪与证券借贷收入

（资料来源：道富银行公司年报、国海证券研究所）

货币汇兑方面，道富公司通过在各地区设立分支机构参与当地货币兑换业务。到2001年，道富公司托管业务已经涵盖100个地区证券市场。但是一直以来，跨国交易所涉及货币兑换工作都是委托外部银行进行的。为了开展利润丰厚的货币汇兑业务，20世纪90年代末与21世纪初，道富银行在世界多地设立以货币兑换为主要目的的分支机构。

2. 流水线作业，人员全球分工

在道富公司的经营成本中，人力成本一直是最大的一项，占总经营成本的50%以上。为了合理地控制成本，道富公司将托管业务流水线化，将基金会计中的对账、估值、核算、会计报告等板块模块化，交由不同的团队执行。每个团队在固定时限前完成任务、校验通过后，接手在同一模块下的下一批业务单。标准化、固定化的操作流程保证了服务质量和效率，节省了人员成本。

同时，道富公司充分利用全球分工，将后台模块交由人力成本较低的国家分支完成。例如，道富公司在2003年就在中国设立了后台工作部门——杭州道富科技，充分利用中国的人力资源，招募软件工程师和基金会计参与道富公司全球业务的处理。目前，杭州道富科技公司已经拥有超过3000名员工，占道富公司雇员总数近10%。此外，道富公司在波兰、印度也建立了类似的流水线"工厂"。

3. 集中资源，出售传统银行业务，收购主营业务

从20世纪70年代开始转型起，由于公司将重要资源都投入到托管相关业务中去，传统商业银行业务发展停滞，美国境内营业网点逐渐收缩。进入20世纪90年代后，道富银行托管业务遍布全球，但传统银行业务依然局限于美国东北部的新英格兰地区，重要性进一步下降。为了进一步提升专业性，道富公司逐渐剥离非核心业务。公司于1999年将零售银行与商业银行业务出售给总部位于罗德岛的一家区域性银行——公民金融集团（Citizens Financial Group）；于2002年将公司信托业务出售给美国合众银行（U.S. Bancorp）；于2003年将个人财富管理业务出售给美国信托（U.S Trust）。

在一边"卖卖卖"的同时，道富公司也在"买买买"。通过不断收购竞争对手的托管与资产管理业务做大主业规模，促进规模经济。1995年，道富公司从一家名为金融服务公司手中收购了堪萨斯城投资者信托基金（Investors Fiduciary Trust），成为公司向中西部前进的桥头堡。2003年，公司以15亿美元的价格收购了德意志银行的证券服务部门，使公司托管资产增加了2.1万亿美元。2007年，公司以45亿美元的价格收购了同样位于波士顿的托管银行——投资者银行（Investors Bank & Trust），为道富带来了2.2万亿的新增资产规模。金融危机之后，公司收购了欧洲投资服务公司与意大利联合圣保罗银行旗下证券服务业务，进一步扩大了海外客户群体（见图3-2-11）。

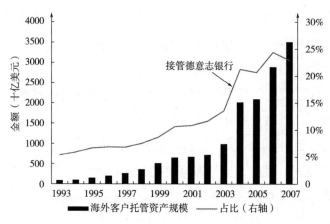

图 3-2-11 1993—2007 年海外客户托管资产与总规模占比

（资料来源：道富银行公司年报、国海证券研究所）

4. 阶段成绩

到 2008 年美国次级贷款带来的金融危机前，道富公司银行托管资产规模已经上升到 15.3 万亿美元，管理资产规模上升至 1.98 万亿美元。在收入和利润创纪录的同时，还取得了连续 30 年净利润持续上涨的成绩。在美国共同基金中，道富银行的托管份额进一步上升至 40%（见图 3-2-12）。

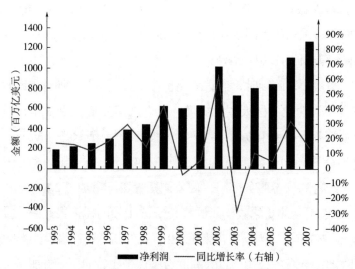

图 3-2-12 1993—2007 年道富公司净利润增长

（资料来源：道富银行公司年报、国海证券研究所）

道富公司在国际化方面也取得了卓越成果。2007 年，海外客户贡献了公司 41% 的收入，海外员工超过 10,000 人，超过员工总数的 35%。在此阶段，道富公司成功打入中国市场，与中国银行合作为中国人寿海外投资提供托管、会计服务。

五、2008 年至今：面向未来，持续投入

1. 不断投入数字科技

金融危机之后，托管行业集中度进一步提升，大型托管银行寡头之间竞争加剧，托管费率不断削减；被动投资、长期投资的理念占据主流，市场交易活跃度下降，交易手续费与证券借贷费收入逐渐下降。但是，道富公司通过大力度研发信息科技，在服务与价格上进一步提升了产品的竞争力，带领公司逆市上扬。金融危机之时，道富公司在美国托管市场排名第 2，经过数年努力以科技带动服务，2018 年三季度，道富公司坐上了"世界最大托管银行"的宝座⊖（见图 3-2-13）。

在提升服务方面，道富公司推出了数字信息服务。2013 年，道富公司设立"道

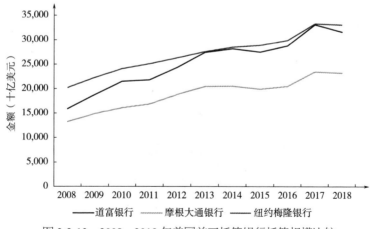

图 3-2-13　2008—2018 年美国前三托管银行托管规模比较

（资料来源：Bloomberg、国海证券研究所）

⊖ 第四季度再次被纽约梅隆银行超越。

富环球交易"品牌,环球交易不但可以为客户提供实时通胀数据、市场流动性指标等道富自研数据支持,而且可以为客户提供从组合分析到风险监控的各种软件服务。道富公司的客户还可以享受公司提供的私有云服务,在线管理投资数据。从成立之初,环球交易就不断地从麻省理工学院、毕马威、谷歌等高校和公司招募人才,目前已有千名员工,其中包含350个数据工程师。2018年,道富公司斥资26亿美元收购了一家投资软件供应商,将其整合进环球交易当中。

在降低价格方面,公司于2016年启动了"Beacon(灯塔)计划",旨在对业务链条进行全面数字化改造,从而减少人工监控需求。2016—2017年,公司每年投入系统改造费用超过1亿美元,共减少了600个用工需求,并提出2020年能够为公司节省5亿美元成本的目标。道富公司还致力于削减成本的前沿科技研发,如区块链技术在簿记、项目跟踪方面有极高的应用价值。目前,道富公司已经与外部公司合作落地数十个项目。

2. 今日成绩

以财务分析的角度,今天的道富公司是一家业务规模持续增长、收入稳定、以非息收入为主体、托管服务费占表外营收大头、表内存款主要为证券投资、服务大客户且国际化程度较高的金融投资服务提供商。

道富银行专注服务共同基金、养老金等机构客户,国际化程度较高。根据2017年财报,共同基金、集合信托基金、养老产品、保险及其他产品四分天下,在道富银行托管业务中各占有一席之地(见图3-2-14)。同时,海外为其贡献了超过40%的收入,体现了较高的国际化水平(见图3-2-15)。

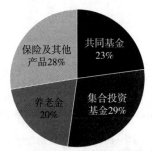

图3-2-14 2017年各类客户托管资金占比

(资料来源:道富银行公司年报、国海证券研究所)

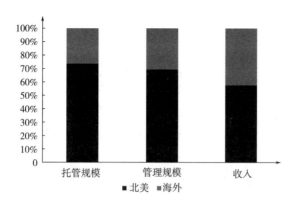

图 3-2-15 美国以外客户托管、管理规模与收入占比

（资料来源：道富银行公司年报、国海证券研究所）

道富公司的业务规模稳定增长，但总收入与净利润近期增长相对缓慢（见图 3-2-16、图 3-2-17）。近 10 年来，道富公司托管和管理资产规模均增长 1 倍左右，但收入、净利润基本维持了稳定。

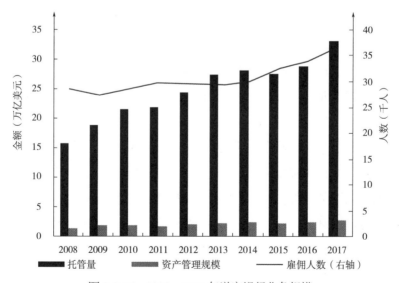

图 3-2-16　2008—2017 年道富银行业务规模

（资料来源：道富银行公司年报、国海证券研究所）

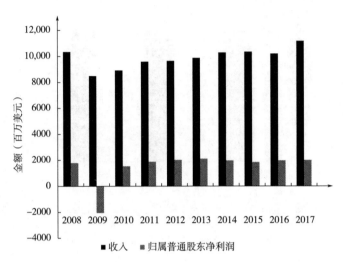

图 3-2-17　2008—2017 年道富银行收入与净利润

（资料来源：道富银行公司年报、国海证券研究所）

2008 年金融危机全面爆发时，道富公司录得 103 亿美元的收入，净利润为 18 亿美元。2017 年，道富公司收入为 112 亿美元，净利润 20 亿美元，在这 10 年间，收入、净利润复合增长率不到 1%。随着管理规模的增长，道富削减服务收费以保持价格竞争力，制约了收入与净利润的增长。

在收入结构方面，道富公司不断强化非息收入的主导地位，符合其托管银行的定位。2008—2017 年，除 2009 年受金融危机影响非息收入有所收缩以外，其余年份非息收入占比不断攀升，至今接近总收入的 80%（见图 3-2-18）。

在非息收入中，托管服务费收入贡献最大，基金管理费增长最快（见图 3-2-19）。道富公司对服务费收入占比情况的解释是："总体来说，服务费受我们托管与运营的资产每日平均估值变动影响，其他因素包括服务资产的分散度、交易活跃度、服务水平。"从中可以看出，服务费即按托管资产估值收取的托管费用，费率根据服务水平不同有所差异。

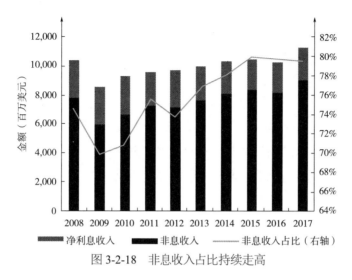

图 3-2-18　非息收入占比持续走高

（资料来源：道富银行公司年报、国海证券研究所）

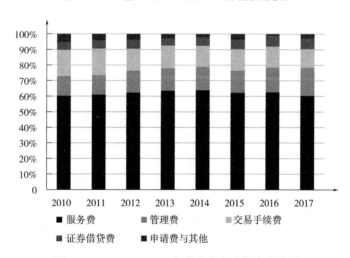

图 3-2-19　2010—2017 年非息收入来源各项占比

（资料来源：道富银行公司年报、国海证券研究所）

对基金管理费增长最快的解释是："管理费受管理资产月末估值变动影响，对于 ETF 则受每日估值变动影响。"管理费即我们一般认为的基金管理费，与管理资产规模相关。

2010—2017年，道富公司托管服务费在非息收入中占比一直在60%左右，管理费占比从不到13%上升至18%，超越交易佣金成为非息收入第二大来源。

在利息收入中，大客户存款是道富公司主要资金来源，证券投资与同业存放是主要资金去向，净利差显著低于同业水平（见图3-2-20）。在负债端，客户存款是道富公司资金的主要来源，占计息负债的85%以上。在资产端，道富公司以证券投资与同业存放为主要的资产配置手段，其中证券投资范围涵盖国内外政府债券、资产支持证券等，标的相对分散（见图3-2-21）。由于道富公司没有零售银行业务，存款来源于议价能力较强的大客户，因此净利差显著小于行业平均水平，2017年净利差仅为1.29%，显著低于行业平均3.14%的水平（见图3-2-22）。

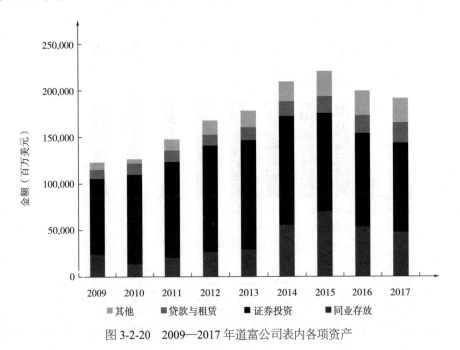

图3-2-20 2009—2017年道富公司表内各项资产

（资料来源：道富银行公司年报、国海证券研究所）

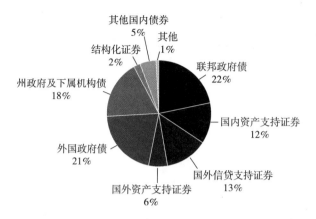

图 3-2-21　2017 年证券投资项下各资产配置比例

（资料来源：道富银行公司年报、国海证券研究所）

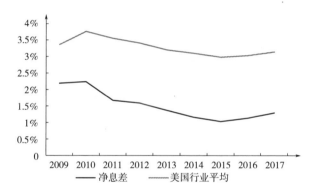

图 3-2-22　2009—2017 年道富银行净利差与行业平均对比

（资料来源：Bloomberg、国海证券研究所）

道富公司在细分领域处于行业龙头地位，信贷业务非主要业务，信用风险敞口很小，而托管服务费较为刚性，道富集团便具有了非常强的抗风险能力。在 2007—2009 年的金融危机中，仅在 2009 年由于市场流动性枯竭的情况下，道富公司表外通道业务○中断，遭遇 36 亿美元意外损失计提，其余两年均取得了不错

○ 道富公司通过表外滚动发行 90 天资产支持票据，承接其他银行与经纪商的优质资产（多为 AAA 资产），再销售给共同基金等大客户，公司为票据再融资提供担保，赚取通道费。金融危机时，由于流动性枯竭，票据融资中断，道富公司只能将资产入表并计提损失。

的盈利，明显好于其他银行同业。因此，市场给予道富公司较高估值，市净率长期高于除富国银行之外的其他三大行以及同样以资产托管为特色的纽约梅隆银行（见图 3-2-23）。

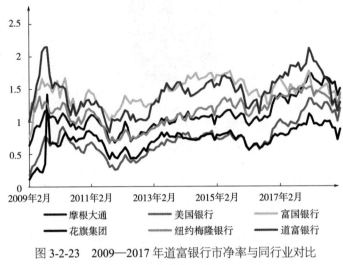

图 3-2-23　2009—2017 年道富银行市净率与同行业对比

（资料来源：Bloomberg、国海证券研究所）

六、启示：一切围绕机遇

回顾道富银行转型的成功，他们主要做对了三点：一是准确识别市场机会；二是坚持转型方向，一切围绕拓展托管客户；三是采用精细化管理，有效控制了经营成本，避免"大企业病"。

道富银行准确地识别出市场机会，在传统的银行业生态中发现了蓝海。道富公司能够转型成功，除了自身措施外，更重要的是成功搭上了 20 世纪 80 年代美国资管行业快速发展的顺风车。20 世纪 70 年代他们敏锐地发现，随着美国居民财富的增加与利率市场化进程，资管行业未来将大有机会，而电子化证券市场、计算机系统的技术革命使专业托管服务更具有可行性。很早就在传统的银行业中嗅到了新兴业务的机会，让道富银行取得了先发优势。

第三章
新贵登场

确定战略转型后，无论是道富银行在转型之初，大力度投入计算机系统研发、走国际化道路，还是开发更综合化的产品满足客户需求、收购竞争对手的托管部门，一切举措都是围绕着拓展托管客户群体、强化托管这一主营业务地位，其中甚至不乏风险很大的事情，但是只要有利于发展托管业务这一目标，道富银行都去做了，这些坚持不懈的努力最终使道富银行获得成功。

道富公司通过精细化管理，提升经营效率，控制成本，增强了企业竞争力。在业务规模壮大的过程中，由于管理层级的增多，不可避免会面临人员冗余、效率低下的"大企业病"。道富银行为了应对这些问题，一方面，对非主营业务进行剥离，主动进行企业瘦身；另一方面，通过向制造业企业学习先进的管理经验，将业务流程模块化，流水线式分工作业，将先进技术应用到业务管理中，最大限度地用机器代替人工，提高了业务与行政效率，保持了企业的灵活度和竞争力。

结合国内市场情况，对国内托管银行发展的几点启发：首先，从市场环境来讲，目前中国资管行业的市场规模与未来增长的可能性为专业托管银行提供了成长空间。对于想要转型托管银行的商业银行来说，当务之急是建设高效的托管系统。其次，要拓宽产品范围，通过综合服务提升收入。考虑到国内资本账户没有完全开放，根据政策趋势，托管银行可以将国际化作为重要的发展方向。最后，集约化、模块化业务流程，是具有一定规模的托管银行控制成本的可行方式。

目前，国内具有培养专业托管银行的土壤。从客户群体与潜在市场的角度来看，一方面，中国高净值群体人数增长与投资理念普及，推动近5年私募基金如雨后春笋般崛起。2018年年底，备案基金总规模已经超过12万亿元人民币，在较差的市场环境中依然取得了15%的涨幅。我们认为未来私募基金依然会保持高速增长，为专业托管银行提供了市场空间。另一方面，随着中国社会养老观念逐渐从"养儿防老"到"投资养老"，商业养老保险也会沿着美国的历史轨迹迎来增长的高峰，为托管业务增添一个重要客户。

打造具有先进技术的托管系统，是专业托管银行的当务之急。托管业与其说是服务业，不如说更像是技术密集型产业。建设估值准确、交割快捷、监控严密、交互良好的托管系统是转型专业托管银行的首要目标，也是托管服务的核心竞争力。国内商业银行可以和科技公司合作开发具有领先信息技术的托管系统，实现发展和超越。

提供综合服务是提升收入、吸引客户的必经之路。除了基础的托管系统，专业托管银行应该围绕客户需求提供一站式的综合服务，进行托管银行式的"交叉销售"，赚取增值收入的同时提升客户满意度。道富银行增值业务收入主要来源于资产管理与经纪业务。目前，国内已经有部分金融控股公司拥有券商、基金牌照，可以学习道富银行的模式发挥托管银行与基金、券商的联动效应。对于暂时没有牌照但是想要转型的银行，也可以在基金会计、税务、合规甚至交易、风险控制软件系统等方面下手，全面承接基金中后台业务，让基金管理公司更专注于前台研究。除了私募基金外，2017年我国出现了首家后台外包的公募基金公司——东方阿尔法基金。国内的行业迹象结合美国历史经验预示着，未来一旦国内有了成熟专业的托管银行，出于成本考虑，基金中后台业务外包或将成为一种潮流。

根据政策制定步伐，国际化将是重要的发展方向。经过多年发展，中国经济发展迅猛，无论是GDP总量还是股市市值，都排名世界前列。在如此大的体量下，从公司到个人都有非常强烈的资金出海、全球资产配置需求。但是因为严格的资本账户管制，这些需求暂时受到压制。目前，中国金融市场对外开放步伐在加快，不少外资金融公司已经拿到境内金融牌照，对外开放的同时资本管制势必也将逐渐松动，对外投资需求将逐渐释放。托管银行可以紧跟政策步伐，做好国际市场研究与业务储备工作，这样在管制放开的同时就能先他人一步提供国际托管服务，抢占市场份额。

集约化模块化业务流程，是具有一定规模的托管银行控制成本的可行方式。国内银行虽然暂时没有国际分工的能力，但是中国各地区发展水平差异巨大，未来具有一定业务规模的托管银行可以在一线城市设立客户服务机构，将后台基金会计、信息技术工作集中到成本较低的二线甚至三线城市，利用通信技术连接各个业务中心。

七、大事记

1792 年，联合银行经马萨诸塞州政府特许成立。

1865 年，联合银行收到联邦政府经营特许，更名为波士顿国民联合银行。

1891 年，道富存款信托公司成立。

1924 年，道富存款信托公司成为美国第一家共同基金——马萨诸塞投资者信托基金的托管银行。

1925 年，联合银行与道富存款与信托公司合并，新公司沿用了道富银行的名称，但使用的是联合银行的特许经营权。

1955 年，合并第二国民银行。

1960 年，道富银行母公司，波士顿道富金融公司成立。

1961 年，道富银行合并罗克兰阿特拉斯国民银行。

1964 年，道富银行在纽约设立办公室。

1966 年，在波士顿中心建造了道富银行大楼。

1972 年，在德国慕尼黑设立办公室，开启国际化进程。

1973 年，收购软件公司夏令时系统，并开始从 IBM 引进人才。

1975 年，威廉·埃杰利成为公司总裁，决定带领公司转型。

1977 年，更名为"波士顿道富公司"。

1992 年，非息收入超过利息收入。

1993 年，开发美国第一款 ETF 基金，SPDR S&P 500 ETF。

1994 年，道富环球投资咨询成立。

1997 年，更名为"道富公司"。

1999 年，将零售与商业银行业务出售给公民金融集团。

2003 年，以 15 亿美元价格收购德意志银行证券服务部门。同年将公司信托业务以 7.25 亿美元出售给美国合众银行，将私人财富管理业务出售给美国信托。

2007 年，以 45 亿美元收购投资者银行，成为公司史上最大一笔交易。

2008年10月，美国财政部向公司注资20亿美元，作为问题资产纾困计划的一部分。

2009年7月，成为第一个归还政府资金的金融公司。

2010年，收购欧洲另类投资服务商穆兰特国际金融管理局，同年收购意大利联合圣保罗银行证券服务部门。

2012年，收购高盛对冲基金管理部门。2014年，由于另类投资占比规模超过总基金管理规模的5%，受到《多德弗兰克法案》（Dodd-Frank Act）限制，公司出售了对冲基金管理部门。

2013年，"道富环球交易"品牌成立。

2016年，旨在削减成本的灯塔计划推出。

2018年，公司以26亿美元收购金融软件公司查尔斯河开发。

第三节　创新摇篮里走出的当代银行业新星——顺势而为的硅谷银行

随着科技的发展，与之有关的公司已经成为投资者眼中"香饽饽"和各大银行争相服务与合作的对象。然而，在一些科技企业的初创时期，因为高风险、轻资产的原因，很难获得商业银行的资金支持。对于风险投资机构来说，具有发展前景的科技企业尚且难以辨别，更勿论让经营信贷业务的传统商业银行来识别风险、提升综合收益。

硅谷银行（Silicon Valley Bank，SVB）解决了这一系列难题。2011年，我国浦发银行和美国硅谷银行合资成立浦发硅谷银行，让硅谷银行的运营模式第一次进入中国大众的视野。作为一颗新星，它在硅谷爆发出巨大能量的时刻顺势而为，在这片充满梦想的热土上冉冉升起。它规模不大，却在美国科技初创企业的市场占有率达到了惊人的50%以上。它成功的背后，是针对初创企业设计的一整套营销、产品、信审、风险控制体系，凝结了硅谷银行 20 余年的专业化运营经验，即使实力最强劲的银行也难以复制。

今日的中国，科技行业正行驶在高速轨道上，就像 20 年前的硅谷，一边不断有新生的嫩芽茁壮成长，一边有成熟的企业刷新着世界科技企业的排行榜。如此广阔的市场环境，必将培养出细分领域领军者。相信通过学习硅谷银行，凭借着国人的勤劳和智慧，中国的商业银行也能在专业领域找到方向。这不但是为银行自己，通过开拓新的业务领域，找到新的增长点，更是为了国家产业政策和中国的未来。在专业银行的培育下，我们还能诞生更多的冠军企业，让中国赢得 21 世纪的"未来竞赛"。

一、硅谷速览

今日的硅谷几乎就是美国科技行业的代名词。在早期，硅谷产业的形成离不开政府的扶持。1933 年，《购买美国产品法案》（Buy American Act）规定，美国政府出于公共目的的采购必须首先考虑美国本土产品。二战之后，美国政府面向太平洋的战略与军事、航天建设刺激了加州电子业的成长。早期，硅谷半导体产业 35%~40% 的营业额来自政府采购。20 世纪 60 年代末，加州电子产品逐渐向民用过渡，政府采购比例才逐渐下降。

由于临近斯坦福大学、加州大学伯克利分校等著名高等学府，叠加当地的税收优惠、政府贷款担保等优惠政策，硅谷逐渐成为知识与冒险家的热土。1972 年，硅谷第一家风险投资公司 KPCB 公司成立，同年创立的红杉资本后来成为硅谷最有影响力的风投公司之一，先后投资过苹果（Apple）、谷歌（Google）、思科（Cisco）等著名企业。1980 年，苹果电脑公司 13 亿美元的天量 IPO 不但创下了自 1956 年福特汽车 IPO 以来的最大募集规模纪录，更是一夜间创造了 300 个百万富翁。受此影响，更多的风险资本来到硅谷寻找下一个独角兽。在这一背景下，硅谷银行诞生了，并在之后的发展中成为多元化金融集团。

硅谷银行金融集团（SVB Financial Group，以下简称"集团"或"公司"）是硅谷银行的控股集团（见表 3-3-1）。该公司是美国唯一一家服务于新兴成长型市场和中间市场成长型公司的银行集团，专注于信息技术和生命科学等高成长性行业，为企业、个人与投资机构提供个性化的融资方案。

表 3-3-1　硅谷银行基本信息

类型	公众企业
股票交易	纳斯达克证券交易所，标普 500 成分股
行业	银行业
创立时间	1983 年（硅谷银行）；1999 年（硅谷银行金融集团）
注册资本	500 万美元
创始人	罗杰·史密斯（Roger Smith）
总部所在地	加利福尼亚州圣克拉拉（Santa Clara, California）
大股东	领航投资（The Vanguard Group, 10.11%）；黑石集团（BlackRock Inc., 9.65%）
服务范围	全球
主要负责人	Roger F. Dunbar（Chairman）Gregory W. Becker（Pres, CEO & Director）
产品和服务	商业银行、私人银行、财富管理、风险投资、战略咨询等

注：资料来源于国海证券研究所。

硅谷银行经营范围与传统商业银行无异，包括存款、贷款、国际结算等，另外，集团公司还负责为投资机构与初创企业牵线搭桥，集团其他分支机构还提供包括投资咨询、产品经纪、财富管理、私人银行业务在内的金融服务。

硅谷银行集团在美国加州硅谷和其他地区以及其他各州均设有办事处。其中，在美国境内有 20 余家网点，在中国（香港、北京、上海）、印度（班加罗尔）、以色列（赫兹利亚）、英国（伦敦）、德国（法兰克福）等地也设立了经营分支。

1. 集团架构

集团按照客户群体与融资手段将业务分为三大块（见图 3-3-1、图 3-3-2、图 3-3-3），分别是全球商业银行（Global Commercial Bank，对公信贷/债务融资）、私人银行（SVB Private Bank）、股权资本（SVB Capital）。除经营商业银行业务的硅谷银行外，旗下其他子公司还包括 SVB 资本公司、SVB 资产管理公司、SVB 财务顾问公司、SVB 分析公司、SVB 证券公司、SVB 环球金融公司等。

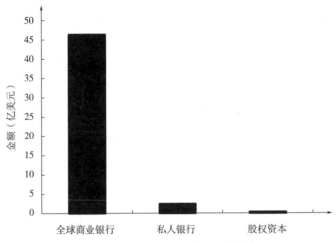

图 3-3-1　硅谷银行成立之初总资产结构

（资料来源：硅谷银行公司年报、国海证券研究所）

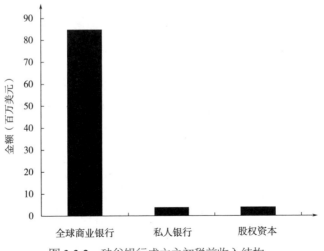

图 3-3-2　硅谷银行成立之初税前收入结构

（资料来源：硅谷银行公司年报、国海证券研究所）

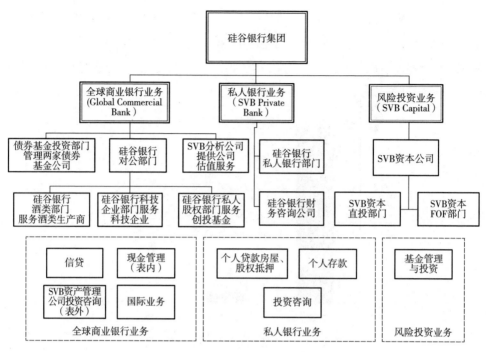

图 3-3-3　硅谷银行集团公司业务架构

（资料来源：硅谷银行公司年报、国海证券研究所）

硅谷银行是集团的主体机构，为客户提供信贷、资金管理、贸易结算等传统商业银行服务。硅谷银行的特殊性在于它的客户主要集中于新兴科技领域，涵盖高科技公司（信息技术、生命科学、清洁能源行业）、私人股权/风险投资基金。除此之外，由于硅谷临近著名的高端葡萄酒产地加州纳帕谷（Napa Valley），硅谷银行还向葡萄酒庄园提供金融服务（见图 3-3-4）。

SVB 资本公司（SVB Capital）是集团的风险基金管理机构，负责募集、管理各种风险股权/债券基金，集团通过 SVB 资本向各类风投机构或直接向企业注资，获取投资收益与管理费用。

SVB 资产管理公司（SVB Asset Management）是客户现金管理机构，根据资本储备与现金需求，帮助公司客户规划经营周期内的资金投资方案，通过购买货币市场基金等方式提高客户存款以外的现金收益。

第三章
新贵登场

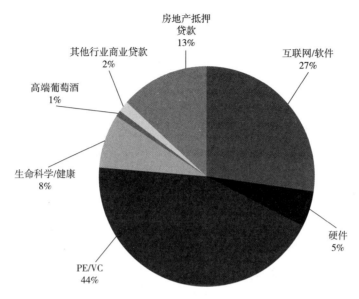

图 3-3-4　硅谷银行贷款流向按行业分类

（资料来源：硅谷银行公司年报、国海证券研究所）

SVB 财务顾问公司（SVB Wealth Advisor）提供私人银行服务，依托硅谷银行在创投圈内的人脉关系为企业创始人等高净值客户提供投融资顾问服务。

SVB 分析公司（SVB Analytic）是企业咨询部门，为内/外部部门与客户提供公司股权估值服务。

SVB 证券公司（SVB Security）作为经纪业务子公司，为集团和客户开展货币基金、固定收益产品买卖业务。

SVB 环球金融公司（SVB Global Financial）负责硅谷银行集团的部分海外业务，旗下包括欧洲、印度、以色列等地的咨询公司等。

2. 集团业务模式

在初创企业的成长过程中，股权融资一直是主要的融资手段。对于风险资本（Venture Capital）来说，投资初创企业风险极大，需要多点投资并依靠在个别企业中的成功退出、获取极高回报来弥补投资其他企业的损失。但是，单一股权投资对于企业创始人来说会过快地稀释股权，甚至造成对企业控制权的丧失；对于风险资本来说，容易造成单一企业风险敞口过大的问题。

因此，另一种融资方式——债权融资就有了一定的市场空间（见图3-3-5）。对于公司创始人来说，在早期引入风险借贷（Venture Lending）资金，可以延长企业融资周期，避免创始人股权被稀释过快。债权融资不要求董事会席位，保证了创始人对公司的控制权；对于风投资本来说，引入风险借贷资金可以减少孵化单个企业的投入，分散经营风险，拉长融资周期；意味着高成长企业在下一轮融资中的估值更高，早期股权投资回报将更加丰厚。对于银行来说，由于创业企业风险较高，它们更有意愿支付较高的贷款利息，同时搭配支付少量不立刻产生财务负担的权证，作为一种额外利息补偿。如果有银行可以有效地管控对初创企业的贷款风险，那么其贷款收益率将显著提升，权证还能带来额外收益。另外，还可以通过贷款条约要求投资人与企业的存款留在银行内部，仅支付较低利息。这样，银行负债端与资产端都有了保证，获得更高的净息差。因此，债权融资对企业创始人、投资人、有能力的银行来说是一种"三赢"的商业模式。

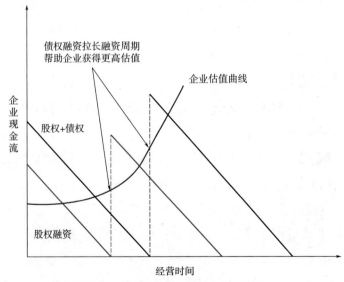

图 3-3-5　债权融资对初创企业的影响

（资料来源：国海证券研究所）

第三章
新贵登场

然而，传统商业银行在初创企业债券融资中是长期缺位的。由于科技初创企业特别是互联网、软件、生物医药等公司资产中，知识产权等无形资产比重较大，企业很难以抵押固定资产的方式从商业银行中获得足够的贷款，因此，传统信贷模式不能满足企业债权融资需求。硅谷银行凭借在创投圈多年业务经验与知识储备，有效地解决了初创企业信贷风险过大、成本过高的问题，填补了商业银行在风险借贷领域的空白。

硅谷银行对初创企业信贷一般采取跟投的模式，即在企业获得风险资本股权投资以后，按照一定比例批准信贷额度。信贷可能需要风险资本等第三方担保或者知识产权抵押等。硅谷银行通过收取高于一般企业贷款的利息获取收益，同时可能获取一定比例的企业认股权证，以求在未来增厚收益。另外，硅谷银行还对风险资本公司提供信贷支持，在后者的项目需要资金投入但是流动性短缺时，提供过桥贷款支持。

硅谷银行除信贷业务之外，还利用在创投圈积累的客户资源为初创公司和风投机构牵线搭桥。集团旗下 SVB 资本还通过加入私募股权/债券基金间接投资，或直接投资初创企业。SVB 资产管理为公司客户管理现金，SVB 财富顾问为企业创始人提供私人理财服务，SVB 分析为公司和创投基金做股权估值。

即使在富国银行等大型银行进入风险借贷领域的今天，硅谷银行依然凭借着丰富的客户关系网络、低门槛的贷款要求和全面的配套金融服务"三大法宝"，源源不断地获取初创企业客户，占据着美国风险借贷领域的半壁江山。

回顾硅谷银行集团的经营历史，我们将其主要分为四个阶段：

1983—1993 年：有科技特色，三条腿走路；

1993—2000 年：危机之下，转型求生；

2001—2008 年：客户去哪里，我们就去哪里；

2009 至今：回归本源，重拾信贷。

二、1983—1993 年：有科技特色，三条腿走路

20 世纪七八十年代，硅谷逐渐成为美国创业者的乐园。这里的人们勇于冒险、无惧失败，资金和人才汇聚于此。同时，针对科技企业的金融需求日益上升，促使硅谷银行于 1983 年应运而生。

在创业与投资的浪潮中，硅谷银行的创始人们发现了市场机遇。尽管诸多创业公司急需资金使科技发明或商业创意从想象成为现实，但是传统商业银行很难探明新兴科技公司的发展前景，再加上早期可抵押的固定资产不多，创业公司很难从传统银行中获得贷款。市场上急需一家能理解科技公司发展逻辑的专业性商业银行帮助创业企业成长，填补市场空白。

两位来自富国银行的银行家罗杰·史密斯（Roger Smith）和比尔·比格斯塔夫（Bill Biggerstaff），与一位斯坦福大学教授罗伯特·梅德亚里斯（Robert Medearis）发现了这一"蓝海"，于 1982 年 4 月 23 日注册成立硅谷银行。1983 年，银行在圣荷西开设了第一间办公室。

早期硅谷银行是一家具有科技型特色的商业银行，除了传统商业银行业务之外，还开创了科技企业信贷业务。通过特殊的股东背景与客户关系建设，硅谷银行逐渐拥有了品牌知名度。

1. 硅谷银行早期营销

硅谷银行明白，想要在科技企业信贷中做出成绩，必须像一家风投公司一样行事，必须学习和依靠硅谷现有的风投公司丰富的客户资源与行业经验。为了加深与硅谷风投公司和科技企业的联系，在没有丰富营销预算的情况下，银行发起人开始进行自我推销，用自己的人脉资源打响了硅谷银行的品牌。

首先，通过招揽硅谷著名的企业家和活动人士参与投资，入股硅谷银行，公司与硅谷主要企业建立了利益联系，后者成为银行最早的客户群体。有趣的是，硅谷银行发起人招揽投资人的过程，大多是在硅谷的扑克牌团体活动中完成的。据后来统计，团体内的每一个人都向硅谷银行投资了至少 1 万美元，成为硅谷银

行创始人之一。最终，硅谷银行从共计 100 位创始人手中集资 500 万美元，发起成立。在当时，没有哪个公司有如此之多的创始人。"100 位创始人"这个特殊的数字和扑克牌局的故事，从此在硅谷被人津津乐道，无形中为硅谷银行做了广告。这一部分股东群体，也提供了硅谷银行最早的业务资源，让硅谷银行在成立之后迅速盈利。

其次，庞大的创始人群体为硅谷银行的信誉做了背书，通过推销股东团队，有效地挖掘了市场并获得了客户的信任。硅谷银行客户经理在向潜在客户推介时，必定会介绍自己庞大的创始人团队。一方面，股东的名誉提升了硅谷银行的品牌知名度，使银行更容易获得客户的信任；另一方面，科技与创投圈内人员联系紧密，通过股东的牵线搭桥，客户经理可以第一时间与企业创始人建立个人联系，很大程度上帮助银行开发了市场。

最后，硅谷银行营销上的成功与公司管理层的身体力行分不开。硅谷银行管理层和员工是一群非常刻苦而且对工作富有激情的人，他们随时随地卖力营销，让更多的人了解到这个新型银行的不同之处。早在集资时期，银行发起人通过人脉建设和卖力游说，仅在 45 天内就完成了筹集 500 万美元资金的任务。另外，在企业形象展示上，公司管理层还会亲自上阵。与一般西装革履的银行家不同，在硅谷企业黄页上，管理层穿着工作洁净服，展现了公司的科技属性，让人耳目一新。硅谷银行管理层从不错过任何一个结识风险资本的机会，在各个风投会议上都能看到他们演讲的身影。可以说，哪里有风险资本，哪里就有硅谷银行。

2. 硅谷银行早期经营模式

（1）业务构成

硅谷银行在早期的业务布局采取"三条腿走路"的模式。"三条腿"分别是科技银行、商业银行、房地产银行。科技银行是硅谷银行首先开创的业务领域，而后两者则属于传统银行业务范畴。

科技银行即是对科技企业的信贷业务。在早期，硅谷银行审批科技企业的贷款流程较为简单，除了对公司的发展前景进行判断以外，着重审查企业的应收账款。如果一家科技企业对成熟企业有较为稳定的应收账款并且可以作为抵押，那么它获得硅谷银行贷款的可能性就会大大提升。今日世界互联网设备龙头思科公司，在早期即是硅谷银行科技银行的客户之一。

商业银行则是硅谷银行传统业务的统称。目标客户主要是硅谷、加州当地与银行规模匹配的成熟中小型企业，采用传统的信贷审批模式。另外，银行还经营个人存贷款业务，多元化负债、资产端配置。

房地产银行则是硅谷银行房地产相关业务的统称，包括发放房地开发贷款、住房抵押贷款、持有房地产相关抵押担保证券等。加州湾区与硅谷当地的城市发展，带来了大量的房地产开发需求，对于当地的银行来说，这一领域的业务利润可观而且容易做上规模。硅谷银行也参与其中，并且由于科技企业贷款需求普遍较少，房地产业务可以有效吸收存款，保证银行盈利能力。

到1991年，硅谷银行贷款中商业贷款（包括科技贷款和一般企业贷款）占比大约为2/3，房地产相关贷款占比约为1/4，其余为消费贷款等其他贷款（见图3-3-6）。

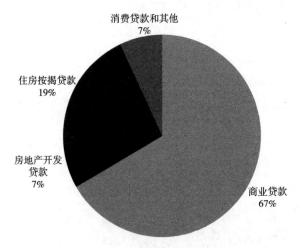

图 3-3-6　1991 年硅谷银行贷款分布

（资料来源：国海证券研究所）

（2）人员构成和企业文化

早期硅谷银行业务团队和其管理层一样主要出身于富国银行，其余部分行业研究人员来自于各大学和风投、科研机构。由于硅谷银行不以社区银行业务为中心，个人客户服务岗位较少，因此，人员安排主要以企业客户经理为主。

企业文化上，硅谷银行和很多科技公司初创团队一样，强调个人奋斗，以结果导向。公司管理层每天7点开始工作，8点半召开公司大会，宣布前一日公司的存贷款成绩单。基层客户经理每日在外奔波拓展企业客户，办公室内经常看不到什么员工。

在这种企业氛围下，硅谷银行以精简的人员编制取得了可观的利润。2014年，硅谷银行每个员工可以生产13万美元的净利润，而同期花旗银行每个员工仅生产3万美元净利润。

3. 阶段成绩

经过数年的艰苦创业，硅谷银行迅速发展壮大。在财务状况上，到1992年，公司股东权益较开业时增长10倍，总资产规模到达9.6亿美元。因为公司股东人数众多，为了便利股东权益转让，公司股份在1984年就登陆场外交易市场（Over The Counter，OTC）。可以说，硅谷银行在开业时就是一家公众公司。1987年，公司股份进入纳斯达克股权交易市场，并于1988年完成了IPO，募集资金600万美元，为硅谷银行的增长注入了新动力。

在实体经营规模上，公司于1986年合并了一家硅谷当地银行——国家城际银行（National Inter City Bancorp），扎实了自己的根基。截至1992年，公司在加州其他新兴科技园区共设立6家网点，并在美国另一个创新中心——波士顿和邻州俄勒冈州波特兰市开设办公室，迈出了"深耕加州，走向全国"的第一步。

更重要的是，硅谷银行逐渐打响了自己的品牌。在成立初期，硅谷当地大多数公司都带有"Silicon"（硅），而"Silicon Valley"（硅谷）还不为人所知，硅谷银行的名字显得非常普通。幸运的是公司坚持保留了自己的名字，后来"硅谷银行"和"硅谷"这个科技名词一道逐渐被普通美国人知晓。1988年，当时苏联驻美大使还与硅谷银行高层探讨"如何在苏联复制硅谷模式"的方案，体现出硅谷银行在美国甚至在全球科技界的知名度。

三、1993—2000 年：危机之下，转型求生

20世纪90年代初，加州的房地产危机严重打击了硅谷银行早期"三条腿走路"的模式。压力之下，银行向专业化转型，专注做细分市场下科技行业和特定产业客户群体的银行服务。

转型后的公司根据自身经验完善了整个贷款流程，在保证盈利能力的同时有效识别了小企业信用风险，成功打入初创企业信贷市场。

为了扩大细分领域下的客户数量并保持业务增长，在银行业地域监管放松的大背景下，硅谷银行跟随风投机构的脚步将营业网点开遍全国，让全美国的科技初创企业都成为自己的潜在客户。

1. 房地产危机推动硅谷银行转型

20世纪80年代，硅谷银行存款上升速度较快，配置压力推动资金流向房地产银行业务。在"三条腿走路"策略中，房地产成为一条"大腿"，房地产贷款叠加持有证券中与房地产密切相关的抵押担保证券（Collateralized Mortgage Obligation）占比较大，在整个硅谷银行资产端中房地产业务，占比超过四成。

1989—1991年，加州房地产市场发生衰退，房地产相关贷款和证券违约率飙升（见图3-3-7），硅谷银行也不可避免地遭遇到房地产市场寒冬的打击。1992年，硅谷银行贷款不良率高达10.1%，并经历了开业以来的第一次年度亏损（见图3-3-8）。硅谷银行的亏损不是人们通常认为的高风险业务——科技银行造成的，反而是传统银行业争抢的房地产业务造成的。

硅谷银行股东将经营不善归咎于管理层，硅谷银行的发起人罗杰·史密斯黯然下台。在此之后，硅谷银行吸取危机中的教训，进行了全面转型。首先，在企业战略重点中，房地产业务被取消，房地产贷款占比很快下降到10%以下（见图3-3-9）。其次，银行全面转向专业化，将客户群体细分，重点服务硅谷

银行具有优势的特定行业客户——既包括软件、生物医药等科技行业,也包括传统行业中的细分子行业。例如,1994年,硅谷银行开始服务葡萄酒产业。最后,公司完善了商业银行服务范围,开始提供外汇业务、保理业务等其他银行产品。

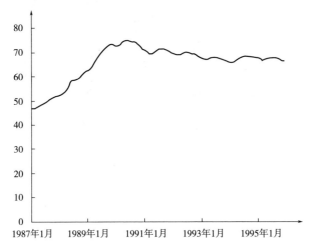

图 3-3-7　1987—1995 年湾区房价（标准普尔/CS 房价指数：旧金山）

（资料来源：Wind、国海证券研究所）

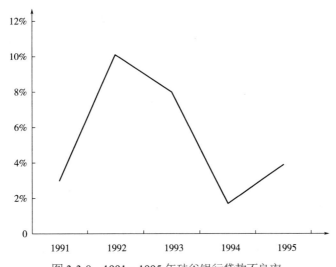

图 3-3-8　1991—1995 年硅谷银行贷款不良率

（资料来源：硅谷银行公司年报、国海证券研究所）

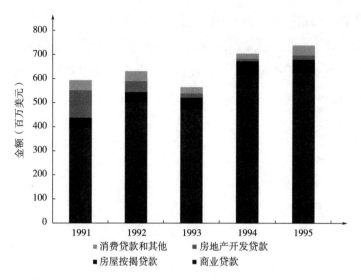

图 3-3-9　1991—1995 年硅谷银行房地产开发贷款规模

（资料来源：硅谷银行公司年报、国海证券研究所）

2. 硅谷银行科技初创企业贷款流程

自创始之初，硅谷银行就将当地科技企业定为重要的客户群体。但由于缺乏有效的风险识别手段，硅谷银行主要依靠企业应收账款抵押控制信用风险。然而，能够产生稳定应收账款的科技企业一般已经步入快速成长期，诸多手握知识产权但还没有开展生产的初创企业仍然面临融资短缺的问题。

针对这个问题，转型后的硅谷银行从贷前、贷中、贷后三个方面下手，"多管齐下"建立了专门针对科技初创企业的贷款审批流程。这一套流程帮助硅谷银行有效识别贷款客户，降低了单个企业的信用风险，并成功打进了其他银行不敢涉足的初创企业信贷市场。

在贷前，硅谷银行采取跟投的策略。企业只有在获得风投基金投资后，才可能获得一定比例的硅谷银行贷款，贷款额通常是风投基金投资金额的 1/4 左右。这样相当于提前利用风投基金的专业知识，筛选出有发展前景的初创企业。如果一家企业同时获得多家风投青睐，那么申请成功硅谷银行贷款的概率将大大升高。除此之外，硅谷银行还培养了一批具有专业知识背景的研究员参与信贷审批，相较于一般银行,极大提升了自身对于科技型企业的辨别能力。

在贷中,硅谷银行根据不同的初创企业特点要求不同的贷款条件。对于还没有收入的初创企业,公司要求企业用知识专利做定性而非定量的抵押,这样即使企业违约,通过出售专利给大企业也能弥补一定损失。对于已经开始生产的企业,公司还是注重应收账款等更保险的抵押方式。在这种抵押要求下,很多没有专利,仅做商业模式创新的互联网公司则被排除在外。另外,20世纪90年代科技企业去纳斯达克上市的股权退出模式已经较为成熟,为了增厚收益,贷款时硅谷银行会要求少量(通常不超过1%)的认股权证作为贷款附加条件。认股权证本身占总股本比例不大,且不会对企业产生利息负担,客户容易接受,但是长期来看,一旦企业上市,认股权证带来的收益是巨大的(见图3-3-10)。

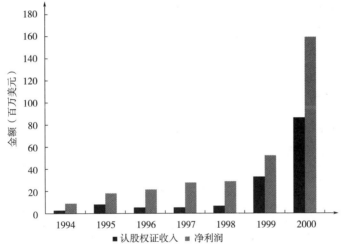

图 3-3-10　1994—2000年牛市时期认股权证对净利润的影响

(资料来源:硅谷银行公司年报、国海证券研究所)

在贷后,硅谷银行会要求企业将资金账户开在本行内。通过对企业日常资金进出情况进行监控,银行可以从侧面掌握企业的经营状况,并及时对缺乏资金还贷的企业进行流动性预警和提前处置。另外,银行也和投资初创企业的投资机构紧密合作,间接了解企业的发展现状。最终,当企业获得下一轮第三方风险投资或企业进入成熟期,与硅谷银行信贷模式不匹配时,硅谷银行顺利撤出投资。

3. 硅谷银行的全国布局

硅谷银行的转型与专注，意味着需要放弃一些自身没有竞争优势、传统商业银行也能服务的普通客户。为了保证业务规模和客户群体数量持续增长，硅谷银行选择将自己的业务模式推向全国。而 1994 年出台的《里格尔尼尔州际银行业务和分支机构效率法案》（Riegle-Neal Interstate Banking and Branching Efficiency-Act of 1994）允许银行业跨州经营，为硅谷银行的想法提供了法律可行性。

尽管在 1995 年之前硅谷银行已经在波士顿郊区开设了办公室，但是因受法律限制，州外的分支机构只能进行市场推广，不能处理银行业务，对其他城市的企业客户来说非常不便。1995 年之后，银行在短短的 6 年的时间内在全美开设了 20 家分支机构，机构总数从 7 家上升到 27 家（见表 3-3-2）。硅谷银行追赶着风投机构的步伐，其业务完全覆盖了美国所有的创新型城市。在其后 10 多年时间里，美国境内的机构数量完全没有增长。

表 3-3-2 硅谷银行分支机构开立时间表

时间	地点
1995 年之前	帕罗奥图（Palo Alto, CA）；圣克拉拉（Santa Clara, CA）；圣何塞（San Jose, CA）；门洛帕克（Menlo Park, CA）；韦尔斯利（Wellesley, MA）；纽波特比奇（Newport Beach, CA）；比弗顿（Beaverton, OR）
1996 年	罗克维尔（Rockville, MD）；贝弗利山庄（Beverly Hills, CA）；奥斯汀（Austin, TX）；贝尔维尤（Bellevue, WA）；博尔德（Boulder, CO）
1997 年	亚特兰大（Atlanta, GA）；费城（Philadelphia, PA）；菲尼克斯（Phoenix, AZ）；
1998 年	洛杉矶（Los Angeles, CA）；罗斯蒙特（Rosemont, IL）
1999 年	旧金山（San Francisco, CA）；索诺玛（Sonoma, CA）；明尼阿波利斯（Minneapolis, MN）；达拉斯（Dallas, TX）
2000 年	西棕榈滩（West Palm Beach, FL）；达勒姆（Durham, NC）；旧金山（San Francisco, CA）
2001 年	纽约（New York, NY）；弗里蒙特（Fremont, CA）

注：资料来源于国海证券研究所。

4. 阶段成果

1994—2001年，在新一代管理层的带领下，硅谷银行取得了瞩目的成就。银行资产从9.35亿美元上升至55亿美元，雇员从235人增加到超过1000人，而市值也从上市之初的6300万美元上升至2000年顶峰时的30多亿美元（见图3-3-11）。公司CEO约翰·迪安（John Dean）也光环加身，于1997年被《商业周刊》杂志评为"硅谷最具有影响力的25人"之一，2001年又被《福布斯》杂志评为"50位最杰出交易大师"之一。

从1994年以来，硅谷银行平均每年的股东回报率是17.5%，而同期美国商业银行的平均回报率是12.5%左右（见图3-3-12）。在美国《银行家》杂志公布的"全国100家中型银行公司排行榜"中，硅谷银行凭借其回报率和每股收入的高增长率，在1998—2000年连续三年综合评估中夺冠。近10年出色的业绩使硅谷银行一跃成为美国科技市场中最有地位的银行。在2000—2001年进行IPO的科技与生命科学公司中，近1/3是硅谷银行的客户，美国一半以上的风投公司也是硅谷银行的客户。

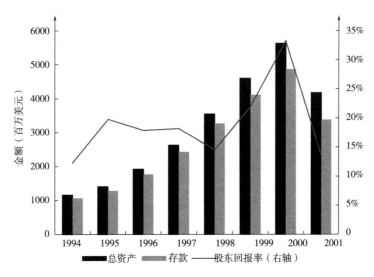

图 3-3-11　1994—2001年硅谷银行经营情况

（资料来源：Bloomberg、国海证券研究所）

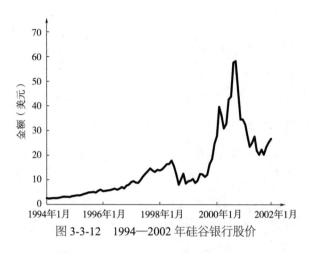

图 3-3-12　1994—2002 年硅谷银行股价

（资料来源：Bloomberg、国海证券研究所）

四、2001—2008 年：客户去哪里，我们就去哪里

2001 年，互联网泡沫的破灭对硅谷银行科技企业信贷和权证两大收入来源均造成不小的打击。在银行业混业经营的政策窗口下，硅谷银行开始涉及股权投资、投行、资管等非商业银行业务，拓展非息收入来源，变身综合化平台。同时，银行吸取历史教训，进一步加强了整体风险控制建设，防范系统性危机。最后，在这一时期，美国风投基金出海成为新的潮流，跟随客户的脚步，硅谷银行也开始了国际化尝试。

1. 做综合平台，扩大非息收入

2001 年，互联网泡沫破灭，严重影响了硅谷银行的发展节奏（见图 3-3-13）。在股市的暴跌中，很多风投基金血本无归，市场情绪非常低迷，科技企业的投资资金大幅减少，许多企业上市融资的方案被无限期搁置。熊市中另外两家与硅谷银行同样开展科技企业金融的机构康迪科（Comdisco）和风险租赁（Venture Leasing）则遭遇了大幅度亏损，甚至到了破产的边缘。然而，硅谷银行凭借着严密的贷款审批流程，很好地防范了个体风险，在整个泡沫破灭期间依然保持盈利，贷款不良率甚至还有一定的下降（见图 3-3-14）。但是，由于业务机会的减少，银行贷款规模还是遭遇了一定幅度的缩水，熊市中权证变现不畅。以往依靠信贷息差和权证收入的盈利模式，遭遇前所未有的挑战。

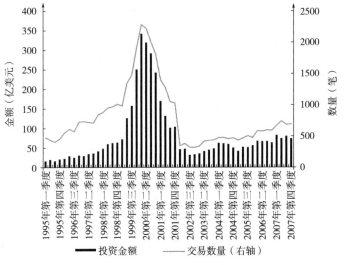

图 3-3-13　1995—2007 年美国科技业投资情况

（资料来源：普华永道、国海证券研究所）

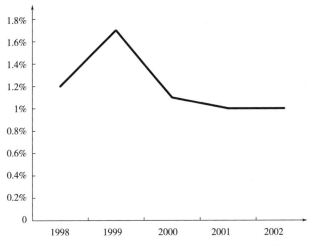

图 3-3-14　1998—2002 年熊市期间硅谷银行资产状况

（资料来源：硅谷银行公司年报、国海证券研究所）

尽管由于优质信贷资产缺乏，硅谷银行没有重回进军房地产业的老路，但幸运的是，"上帝关上一扇门的同时，还会打开一扇窗"。1999 年的《金融现代化服务法案》拉开了美国银行业混业经营的大幕，银行着手开展科技企业信贷业务以外的其他金融服务，主要包括风险投资、投资银行、私人银行、资产管理等服务，今日硅谷银行的经营框架初现端倪。

集团通过直投与投资风险基金（Fund of Funds，FOF）两种方式参与风投业务。2000 年，公司成立了硅谷银行战略投资者公司（SVB Strategic Investors，LLC.）作为 FOF 基金硅谷银行战略投资者基金（SVB Strategic Investors Fund）的普通合伙人和管理人，并在当年募集了 1.35 亿美元，投资了 208 家顶级风投基金。另外，公司于当年成立了直投基金硅谷银行风投（Silicon Valley Banc Ventures），募集 5600 万美元并投资了 60 家科技企业。后来，集团创立 SVB 股权投资（SVB Capital），并将风险投资业务统一归入其旗下。无论是对企业的投资，还是对风投基金的投资，硅谷银行的目的不仅仅在于企业上市后投资的成功获利退出，更是为了进一步加强与企业、基金客户的联系，提振寒冬中美国创投业的信心，培育市场，做大"蛋糕"。

投资银行业务是硅谷银行集团科技企业收、并购咨询业务。2001 年，公司以 1 亿美元收购了外部投资银行部门阿莱恩特合伙公司（Alliant Partners），并将投资银行业务作为与商业银行并驾齐驱的主营业务重点培养。可惜的是，公司的业务尝试并不成功，投行部门在经营期间持续亏损，最终于 2007 年年末被集团关停。

私人银行业务是集团业务的重要补充。2002 年，公司成立伍德赛德资产管理公司（Woodside Asset Management Inc.）作为私人咨询机构，为客户进行财富管理。在市场低迷时期，对高净值个人的贷款一度占到了贷款总额的 10%，有效缓冲了公司对公贷款业务的下滑。此外，通过私人银行业务加强与风投经理人和企业管理层的交流，也是硅谷银行发展该项目的重要目的之一。

资产管理业务是缓解银行资产配置压力、增加非息收入的关键。2000 年的股市泡沫让科技公司持有大量现金，泡沫破裂之后优质信贷资产缺乏，硅谷银行存贷比一度下降到 40% 以下（见图 3-3-15）。巨大的资产配置压力催生了硅谷银行表外资产管理业务,业务开展的第二年,管理资产即超过存款规模。到 2007 年,公司管理表外资产高达 222 亿美元,是公司存款规模的近 5 倍。资产管理规模的提升,也促进了客户投资服务费等非息收入的提升(见图 3-3-16)。

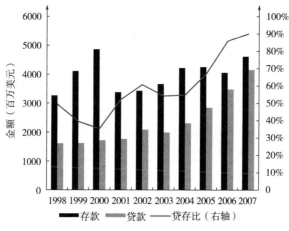

图 3-3-15　1998—2007 年公司存贷情况

(资料来源:硅谷银行公司年报、国海证券研究所)

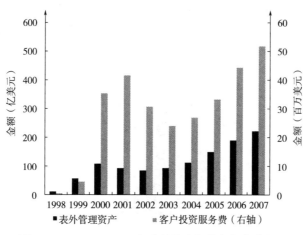

图 3-3-16　1998—2007 年表外资产规模与服务费收入

(资料来源:硅谷银行公司年报、国海证券研究所)

2. 硅谷银行风险控制模式

尽管严密的贷款流程可以较好地防范个体信用风险,但互联网泡沫的破灭还是给硅谷银行"上了一课"——警示了系统性风险的严重性。特别是在银行业混业经营的背景下,系统性风险更易传染。为此,硅谷银行从风险隔离和组合投资两方面下手,加强了宏观层面的风险控制。

风险隔离就是硅谷银行股权投资(SVB Capital)与商业银行(SVB)业务资金隔离。股权业务资金一般从股市募集,部分来源于基金项目,严禁挪用商业银行资产,而一般商业银行业务也不挪用创投基金资产。公司注册了前文提到的两家基金管理公司,以平行子公司的形式实现不同业务条线资金的隔离。

组合投资就是公司资本的分散投资,包括 4 种组合形式。

行业组合。互联网/软件、硬件通讯、生物医药、新能源等行业虽然统称为"新科技",但行业之间差别很大,在行业之间按照比例分散资金投放,可以最小化行业风险(见图 3-3-17)。

发展周期组合。由于创业公司越到后期体量与信贷金额越大,将信贷均匀分配给处于不同成长周期的公司,也是一种金额组合。

风险组合。大风险的股权投资与小风险的信贷投资相组合。

地域组合。利用银行全国化网点基础,在全美国范围多点投资,避免资金过于集中于同一地域。

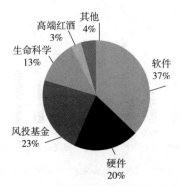

图 3-3-17　2008 年硅谷银行信贷行业投向分布

(资料来源:硅谷银行公司年报、国海证券研究所)

3. 硅谷银行的国际化尝试

2004年开始,美国科技业投资仍没有根本性的好转,但是通过跨国技术传播,以中国、印度为代表的技术革命方兴未艾,美国风投资金纷纷出海寻找机会。例如,2005年9月,知名风投红杉资本在中国落地。

秉承着"完全配合PE/VC客户,客户去哪里,我们就去哪里"的经营原则,跟随着风投基金的脚步,硅谷银行也开始进行国际化尝试。对于银行来说,国际化战略既是为了寻找新的增长点,又可以分散单一国家风险,一举两得。2004年,硅谷银行集团先后在英国、印度成立子公司;2005年,在上海成立咨询公司,为本地和美国来华的风险基金提供服务;2008年,又在创新国度以色列成立咨询公司。

4. 阶段成果

截至2008年,硅谷银行已经完全从互联网泡沫危机中恢复,总资产超过泡沫时期,突破100亿美元大关。同时,银行保持了较强的盈利水平,2007年公司股东回报率高达18.47%,而美国超过30亿美元资产的银行平均水平为8.24%。即使是2008年金融危机之时,公司股东回报率依然高达11%(见图3-3-18)。

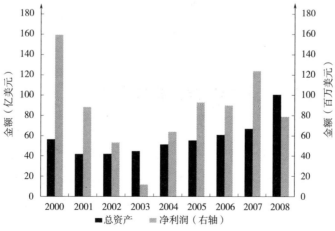

图3-3-18 2000—2008年硅谷银行集团基本财务数据

(资料来源:硅谷银行公司年报、国海证券研究所)

硅谷银行在2008年金融危机中依然能够保持不错的成绩，应当归功于自泡沫危机之后在多元化收入途径，风险防范上的成功改革。在非息收入上，银行抛开了以往过于依赖权证的历史，在多个方向上发力，最终推动非息收入对利润的贡献回升到泡沫时期的水准，2007年非息收入占总收入的比重与2000年巅峰时期相同，均为36%（见图3-3-19）。更重要的是，收入来源多元化使银行的收入结构比以往更加健康。

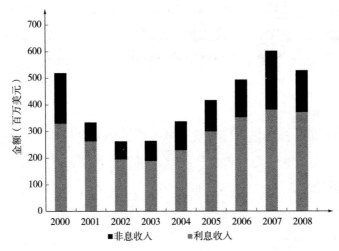

图3-3-19 2000—2008年硅谷银行集团收入结构

（资料来源：硅谷银行公司年报、国海证券研究所）

五、2009至今：回归本源，重拾信贷

金融危机之后，硅谷银行回归信贷本源。一方面，资产规模的增长允许硅谷银行开始涉足大型企业信贷业务，实现了科技企业的全生命周期服务，拓展了大型客户群体并为传统信贷业务找到新的增长点；另一方面，严格的金融监管限制了集团参与股权投资业务，银行对风投基金等客户的联系从股权投资转向信贷支持，最终在美国新的一轮投资周期中完成了信贷规模的大幅扩张。

1. 抓住成熟期企业，提供全周期服务

曾经由于硅谷银行规模太小，不能满足大型企业的信贷需求，当硅谷银行陪伴企业走过初创期与成长期后，只能忍痛割爱将成熟期企业的金融服务交由大型银行来做。然而，经过20年的发展，硅谷银行也步入美国大中型银行的行列，逐渐能够满足大型企业的融资需求。为了抓住成熟期科技企业的金融服务市场，硅谷银行按照企业初创期、成长期、成熟期，对应制订了三种服务方案（见表3-3-3），分别是"SVB加速器""SVB增长""SVB企业金融"，覆盖企业的整个生命周期。

"SVB加速器"为初创期高科技企业提供以下服务：一是派遣专门的服务代表与初创者在一起工作，理解并反馈企业独特的银行需求；二是为企业提供有竞争力创业定期贷款、"投贷结合"等的金融产品和服务；三是构建一个在线的商业银行服务平台，帮助企业家扩展网络，为创业者找到潜在投资者。

"SVB增长"包括以下金融产品和服务：一是提供灵活的贷款方案，包括夹层融资、中期担保融资、提供应收贷款额度等；二是构建全球资金管理平台为企业提供国际业务服务，提供离岸的账户、开展外汇交换和支付，简化交易过程；三是为客户定制投资方案；四是提供资产管理和证券服务。

"SVB企业金融"服务包括：长期贷款、贸易融资、各类应收贷款和流动资金信贷、资产管理和证券、金融咨询服务、全球现金管理、外汇交换等和集团服务。

通过推出全生命周期服务产品，硅谷银行在做好初创期、成长期企业服务之外，成功留住了大型科技企业客户，大额贷款占比明显增长（见图3-3-20）。

表3-3-3 硅谷银行服务种类

服务种类	SVB加速器	SVB增长	SVB企业金融
企业发展阶段	初创期到早期	中期	成熟期
销售收入	500万美元以下	500万~7500万美元	7500万美元以上
产品	没有产品 专注研发	产品进入市场	全球推出产品

（续表）

服务种类	SVB 加速器	SVB 增长	SVB 企业金融
企业管理	创始人 + 初始团队	引入职业经理人	专业管理团队
风险状况	持续融资风险	商业风险	商业风险
主要金融产品	创业贷款	流动资金贷款 / 风险投资	现金管理 / 全球投资服务
其他服务	介绍其他投资者 / 创业辅导	协助推进国际化	协助并购 / 全球化运营
市场占有率	50%	10%~12%	小于 10%

注：资料来源于硅谷银行公司年报、国海证券研究所。

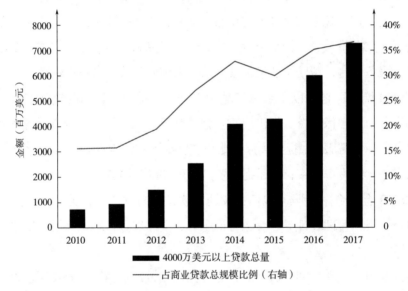

图 3-3-20　2010—2017 年硅谷银行大额贷款总量与占比

（资料来源：硅谷银行公司年报、国海证券研究所）

2. 政策压力下，对风投基金支持由股权转向信贷

金融危机发生之后，号称史上最严的金融监管法案《多德弗兰卡法案》于 2010 年签署通过，并于 2012 年 7 月开始生效○。该法案的第 619 条——

○　最终该条款被推迟至 2014 年 4 月生效。

"沃克尔法则"（Volcker Rule）规定，银行持股集团投资对冲基金与私募股权基金股权的比率不得超过集团总股本的3%。2012年，硅谷银行集团投资风险基金的资金却占比超过7%。在政策压力下，硅谷银行集团不得不大规模从风投基金撤资。

然而，与风投基金的紧密合作是集团的核心商业模式。为了继续与诸多机构保持紧密关系，硅谷银行集团对风投基金的支持由股权转向信贷。特别是在2013年之后，美国科技投资市场显现出久违的火热，风投基金融资需求大幅上升（见图3-3-21）。在这种情况下，硅谷银行加大对风投基金的信贷投放，主要以过桥贷款的形式为募款中的基金提供信贷和流动性支持。2015年，银行投向风险基金的贷款超过软件行业，使前者成为银行贷款组合中占比最大的行业。2017年，对风险基金贷款占比接近整个商业贷款规模的50%（见图3-3-22）。

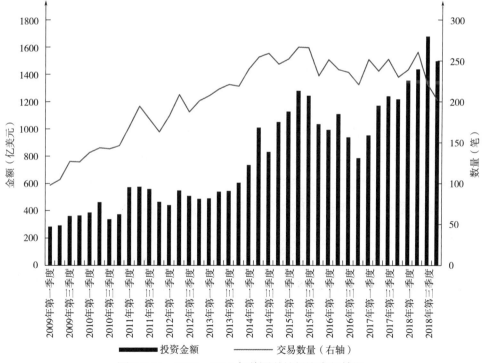

图 3-3-21　2009—2018年美国科技投资市场情况

（资料来源：硅谷银行公司年报、国海证券研究所）

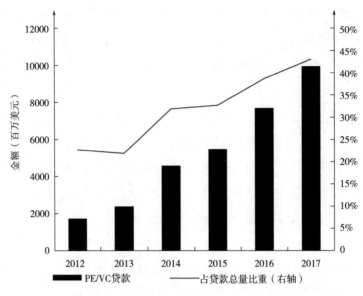

图 3-3-22　2012—2017 年 PE/VC 贷款占贷款总量

（资料来源：硅谷银行公司年报、国海证券研究所）

3. 今日成绩

硅谷银行作为美国唯一一家创投圈内的专业性银行，在新兴科技行业研究耕耘超过 30 年，至今已经帮助过 3 万余家初创企业进行融资，与全世界 600 家风险投资机构、120 家私募股权机构有直接业务往来。在初创企业信贷市场占有率超过 50%，是当之无愧的龙头企业。按照资产排名，硅谷银行在美国银行中位列 43 位，在《福布斯》杂志"2018 美国百大银行排名"中凭借出色的盈利能力排在 23 位。

近些年，硅谷银行集团的经营成绩可圈可点，在金融危机之后集团的规模实现了快速增长。总资产自 2008 年以来增长了 4 倍，达到 512 亿美元；员工人数翻了一番，达到 2400 余人（见图 3-3-23）。2017 年，净利润是 2008 年的 7 倍，每股净收益是当年的 4.3 倍（见图 3-3-24）。

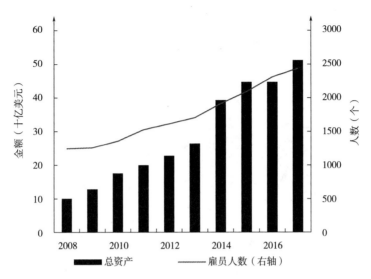

图 3-3-23　2008—2016 年硅谷银行公司总资产与雇员人数

（资料来源：硅谷银行公司年报、国海证券研究所）

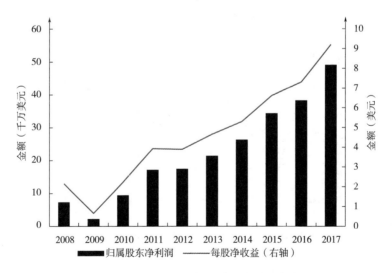

图 3-3-24　2008—2017 年硅谷银行公司净利润与每股收益

（资料来源：硅谷银行公司年报、国海证券研究所）

在美国银行业净利差不断向下的大趋势下,得益于近几年科技行业的火热,在实现规模增长的同时,公司资产盈利能力有所增强,营业效率比率略有降低(见图 3-3-25、图 3-3-26)。

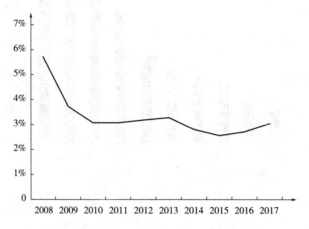

图 3-3-25　2008—2017 年硅谷银行净利差

(资料来源:硅谷银行公司年报、国海证券研究所)

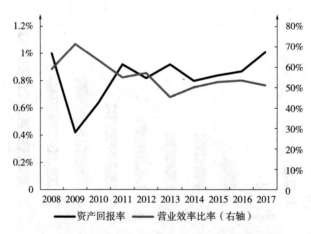

图 3-3-26　2008—2017 年硅谷银行集团盈利指标

(资料来源:硅谷银行公司年报、国海证券研究所)

第三章
新贵登场

与此同时,集团的风险控制能力十分出色。考虑到硅谷银行集团还重点参与传统商业银行认为十分具有风险的初创企业信贷业务,银行依然可以将贷款不良率指标控制在 1% 以下(见图 3-3-27)。

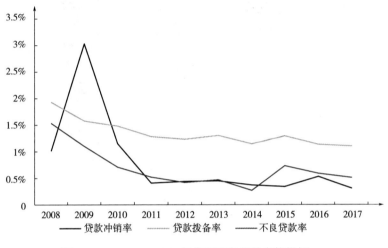

图 3-3-27 2008—2017 年集团不良贷款率等指标

(资料来源:硅谷银行公司年报、国海证券研究所)

具体到资产负债端,银行负债端存款主要以企业客户的无息存款为主(见图 3-3-28)。作为贷款的附加条件,贷款企业与其风投机构股东需要将日常运营资金放入硅谷银行的活期存款账户中便于监控[○],帮助银行取得显著高于其他银行的净息差。近些年银行存款增长速度较快,存贷比略有降低,带给银行一定的资产配置压力(见图 3-3-29)。

在收入结构上(见图 3-3-30),银行利息收入稳定增长,近些年占据主要地位。非息收入根据市场环境波动较大,并且由于美国金融监管对股权投资业务采取限制,近两年非息收入略有萎缩。

○ 一直以来美国利率管制"Q 条例"禁止银行为活期存款账户提供利息,直到 2011 年被《多德弗兰克法案》取代,但此时银行业利率水平已经接近 0。

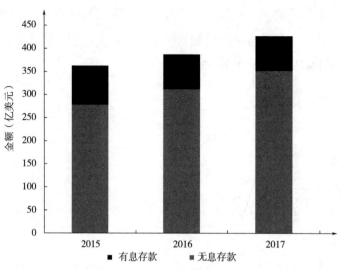

图 3-3-28　2015—2017 年无息存款占比

（资料来源：硅谷银行公司年报、国海证券研究所）

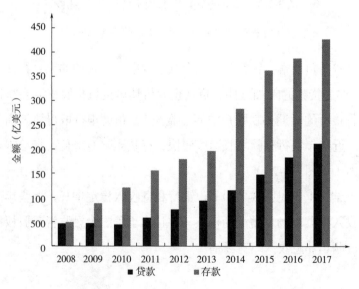

图 3-3-29　2008—2017 年硅谷银行存贷款增长情况

（资料来源：硅谷银行公司年报、国海证券研究所）

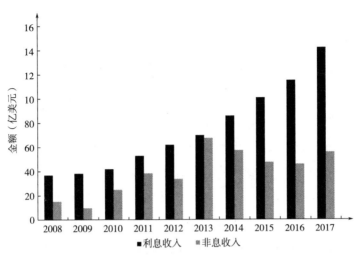

图 3-3-30　2008—2017 年硅谷集团收入结构

（资料来源：硅谷银行公司年报、国海证券研究所）

六、启示：用风投机构的思维做科技银行

回顾硅谷银行的发展历史，硅谷银行的盈利模式主要为"高息差 + 混业经营"。同时，通过与风投基金的密切合作和严密的风险控制手段，有效地防范了信用与系统性风险。

在盈利模式上，银行集团在利息收入一方依靠"高息差"策略。在负债端，银行通过同时吸收风投企业与科技企业的存款，达到了即使资金在投资者与被投资企业间转移，也可以最大限度留存在银行内部的目的。同时，贷款条件附加要求企业存款无息，大大压低了负债端成本。在资产端，通过对利率相对不敏感的科技初创企业投放信贷，拉高了信贷资产收益率，最终实现"高息差"。

集团在非息收入一方依靠"混业经营"策略，除了通过参股风投基金，建立信息客户网络，方便开展企业分析咨询等业务外，还以投贷联动的方式直接或间接投资科技企业，或者持有认股权证，在较长周期内帮助企业成长的同时，实现了股权退出时的高额回报。

在风险控制模式上，硅谷银行集团依据多年的经营经验，建立了完备的个体贷款审批程序和宏观风险防控机制。但无论是对个体风险还是对系统性风险的防范，集团与风险基金机构的紧密合作都是必不可少的一环。在贷款流程中，风险投资机构不但是银行专业知识的重要来源，更参与到贷前、贷中、贷后的管理流程之中，帮助银行识别企业经营风险，顺利回收资金。在宏观风险控制中，风险基金机构作为集团主要客户之一和重要的获客渠道，帮助集团完成投资风险搭配、行业集中度分散、地域分散等诸多任务。

反观国内，目前中国正处在产业升级的关键时期，互联网/软件、硬件/半导体、新能源/环保、生物医药等诸多科技行业百花齐放，国内并不缺乏科技银行的市场空间。然而，科技初创企业仍然面临融资难的问题，主要是因为商业银行过去没有相关行业的知识储备，对企业的经营前景无法准确判断，从而导致出现"不敢贷"的问题。根据硅谷银行的经营特点，我们对国内想要做好科技银行业务的银行业提出以下几点建议：

首先，加强与风险投资基金的合作，包括政府产业基金、腾讯系阿里系等民营互联网企业和国外知名风投基金等。在某些领域，风投机构是商业银行的"老师"，商业银行可以从前者身上学到各个行业的经营特点与投资知识，从而加强自身对贷款客户的判断；风投机构还是商业银行的"市场经理"，通过风投机构的引荐或跟投策略，商业银行可以更好地找到优质初创企业客户；风投机构也是商业银行的"客户"，在目前国内的监管框架下，银行可以与风投机构开展托管、现金管理、外币兑换等商业银行服务。

其次，建立初创企业专属的贷款审批流程。初创期、成长期、成熟期的企业有不同的现金流特点，高新技术各个子行业之间也有不同的发展侧重，银行应当根据不同周期、不同行业的特点，制定有针对性的贷款审批流程。例如，依据科技初创企业的特点，可以适当降低现金流在贷款审批中的参考地位，重点考虑知识产权的价值，结合应收账款判断企业行业地位等。不照搬大型成熟企业的信贷模式，这样容易"错杀"有前景的初创企业。

再次，在把控个体风险的前提下，通过投贷联动提升银行投资收益。虽然目前国内监管政策要求分业经营，商业银行不得贷款给风投基金，不得直接参与股权投资，但 2016 年《关于支持银行业金融机构加大创新力度开展科创企业投贷联动试点的指导意见》已经开始试点银行通过子公司开展"投贷联动"。

下一阶段，在商业银行纷纷成立理财子公司，发力资产管理业务的背景下，商业银行既可以通过直投的方式参与股权投资，又可以充分发挥银行理财这一表外业务优势、有效实现投贷联动业务的落地。在业务执行过程中，一方面，可以借鉴海外的盈利模式，通过认股权证等模式获取投贷联动中的超额收益；另一方面，也应学习海外管理基金的先进模式，做到深挖行业、分散风险。

最后，拓展金融服务范围，发挥综合平台价值。在信贷与股权投资之外，商业银行应紧紧围绕企业需求，开展表内外现金管理、企业战略咨询、管理层私人银行等其他金融服务，促进交叉销售，多元化收入途径。

七、大事记

1982 年 4 月 23 日，硅谷银行注册成立。

1984 年，银行股票在 OTC 开始交易。

1983 年，银行发起人比尔·比格斯塔夫、罗伯特·梅德亚里斯和 CEO 罗杰·史密斯在圣何塞开设第一间办公室。

1986 年，硅谷银行与国家城际银行合并。

1987 年，银行股票开始在纳斯达克交易，代码 SIVB。

1988 年，银行完成 IPO，募集资金 600 万美元。

1993 年，约翰·迪安成为公司总裁与 CEO，公司向专业化转型。

1994 年，银行成立高端葡萄酒事业部。

1999 年，控股集团硅谷银行股份有限公司（Silicon Valley Bancshares）成立。

2000 年，集团控股风险投资基金硅谷银行战略投资者公司。

2001 年，John Dean 成为集团董事长，Ken Wilcox 成为集团总裁与 CEO。同年公司收购投行部门阿莱恩特合伙公司。

2002 年，集团设立证券经纪公司 SVB 证券公司，扩张私人银行部门。

2005 年，集团名称从"硅谷银行股份有限公司"更改为"硅谷银行金融集团"。

2006 年，SVB 咨询成立。

2010 年，格雷·戈贝克尔（Greg Becker）成为集团总裁，并于后一年成为集团 CEO。

2012 年，硅谷银行与浦发银行合资成立浦发硅谷银行，该银行与 2015 年取得人民币业务资格。

第四节　城市商业银行的改革正在中国上演——中原银行的重装上阵

当前，中国银行业也处在巨变当中，各家银行正在施展十八般武艺，其中有不少具有模范意义的例子，值得我们分享。在银行业的舞台上，并不是只有国有大行和股份行。在第一章，我们讲述了城商行的领军者之一——宁波银行依托浙江省发达的民营经济走出浙江走向全国的故事。然而还有很多城商行处于中西部地区，地方经济并没有东部沿海省份发达，但是他们遭遇的银行业改革、互联网金融的冲击，却不弱于经济发达地区的银行。难道没有发达地方经济的支持，银行就只能坐以待毙么？当然不是！本篇案例，我们就来看位于河南省的年轻的中原银行股份有限公司（以下简称"中原银行"）展示的应对方案。

第三章
新贵登场

中原银行的发展有三条主线：一是联合。在河南省政府的领导下，区域内各地市城商行联合成立中原银行，充分发挥规模优势，在变革的寒冬中抱团取暖。二是合作。中原银行与地方政府、企业、金融机构展开全方位的合作，如同一棵大树深深地扎根于河南大地。三是科技。数字银行就是银行业的明天，相较于经济、科技发达地区的银行，中原银行不甘落后，花大力气打造居民、企业数字银行客户端，投入大数据开发，在数字金融时代不断打磨自己的"武器"。

作为一家非常年轻的银行，中原银行经营方案最后效果如何，还需要中原银行人的继续奋斗和经历时间检验。但是无论结果如何，这一案例对于其他地区的中小银行来说都具有参考价值，其也将会成为中国银行业历史上一个精彩的注脚。

一、中原银行速览

在中国的历史长河中，河南省作为中国的粮仓，一直处在权力更迭、群雄逐鹿的中心位置。然而，随着"海洋时代"[一]的来临和经贸活动的东移，河南逐渐褪去了昔日的光辉。更多的时候，中原大地像朴素的乳娘默默地哺育着中国人。尽管没有聚光灯，没有华丽的服装，河南企业和河南人依然在努力书写着自己的历史，就像本节主角——中原银行一样。

立足于河南省的经济发展状况、国家顶层设计和区域金融格局（见图3-4-1、图3-4-2），为保证本土银行的资本实力和竞争能力，加强金融对地方经济发展推动作用，河南省政府牵头组建中原银行。

[一] 改革开放后，外向型经济蓬勃发展，中国经济重心向东南沿海转移。

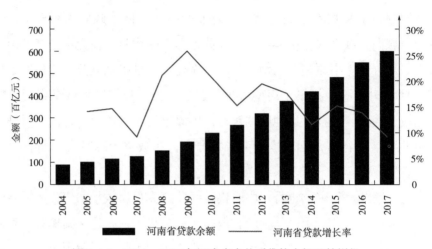

图 3-4-1　2004—2017 年河南省本外币贷款余额及其增长

（资料来源：Wind、国海证券研究所）

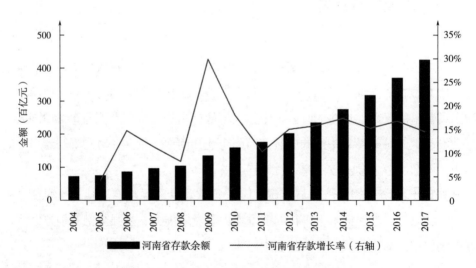

图 3-4-2　2004—2017 年河南省本外币存款余额及其增长

（资料来源：Wind、国海证券研究所）

第三章
新贵登场

中原银行成立于 2014 年 12 月 23 日,由河南省 13 家城市商业银行组建而成(见表 3-4-1)。

表 3-4-1　2013 年年末中原银行成员行情况

银行名称	资产规模(亿元)	成立日期
开封银行	200.65	1998 年 8 月 25 日
新乡银行	170.22	1997 年 8 月 19 日
商丘银行	170	2006 年 9 月 30 日
驻马店银行	164.94	2002 年 5 月 22 日
南阳银行	158.2	1998 年 12 月 30 日
许昌银行	142.77	2005 年 10 月 16 日
三门峡银行	139.9	2002 年 4 月 10 日
安阳银行	109.44	2002 年 7 月 19 日
周口银行	107.56	2009 年 9 月 3 日
濮阳银行	<100	2006 年 12 月 31 日
鹤壁银行	<100	2006 年 11 月 7 日
漯河银行	<100	2002 年 9 月 20 日
信阳银行	<100	2002 年 12 月 10 日

注:资料来源于中原银行公司年报、国海证券研究所。

2017 年 7 月,中原银行首次公开发行股票并在港交所上市,此次公开发行股票为中原银行募集 62.34 亿元人民币。中原银行的股东大多数为国有企业,其实际大股东为河南省发展和改革委员会以及河南省人民政府国有资产监督管理委员会,前者通过其全资子公司河南投资集团有限公司持有中原银行 7.01% 的股份,后者通过永城煤电控股集团有限公司直接或间接持有中原银行约 6% 的股份(见图 3-4-3)。

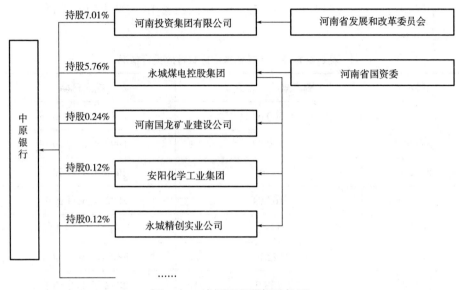

图 3-4-3 中原银行股权结构图

（资料来源：Wind、国海证券研究所）

目前，中原银行是河南省最大的城市商业银行和省内唯一一家省级城市商业银行。中原银行下辖 18 家分行和 3 家直属支行，共有营业网点 460 家，员工 1.3 万余人。截至 2018 年三季度末，中原银行的资产规模已经到达 5824.94 亿元，是 2013 年年末的 3.11 倍，实现了 26.96% 的复合增长（见图 3-4-4）。过去的 4 年，中原银行的经营成果也可圈可点。2017 年年末，中原银行实现 39 亿元的净利润；截至 2018 年 6 月末，中原银行累计实现盈利 121 亿元（见图 3-4-5）。

我们将中原银行成立至今的几年时间划分为两个阶段：

2014—2016 年：整合与统筹；

2017 年至今：网络与科技。

除此之外，中原银行"扎根与合作"贯穿整个经营生涯。

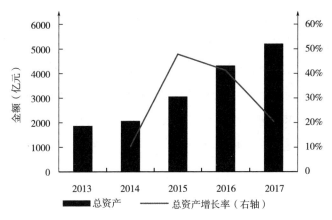

图 3-4-4　2013—2017 年中原银行各期末资产规模

（资料来源：Wind、国海证券研究所）

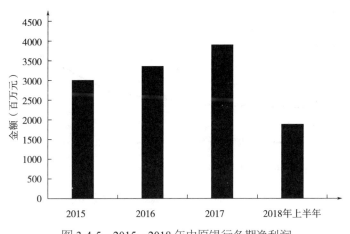

图 3-4-5　2015—2018 年中原银行各期净利润

（资料来源：Wind、国海证券研究所）

二、2014—2016 年：整合与统筹

2014 年 8 月，河南省 13 家城市商业银行宣布合并组建中原银行，经过一系列的资产重组后，中原银行正式成立。发展初期，面对各成员行发展状况和经营

管理的巨大差异，中原银行实施"大集中"项目，将总行与分行的经营管理纳入同一个信息科技系统中，统筹业务运作，为今后的发展奠定了重要基础。

除了关注内部的资源整合和业务统筹，中原银行还积极寻找外部合作者。中原银行与地方政府、地方企业和地方金融机构间积极开展战略合作，拓展业务群体，深挖客户需求，进一步推动自身发展。中原银行的对公业务也因此取得了长足的发展，特别是咨询与顾问业务、代理与承销业务，两者收入增长迅速（见图3-4-6）。

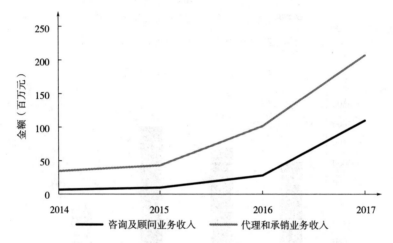

图3-4-6　2014—2017年中原银行各期咨询与顾问业务、代理与承销业务收入

（资料来源：中原银行公司年报、国海证券研究所）

1. 统筹运作，夯实基础

中原银行脱胎于13家中小型城商行。原成员行资产质量良莠不齐，债务问题牵涉颇多，且拥有各自的经营管理模式和业务特征。如何明晰产权，保证经营管理的协调和统一，成为中原银行成立之初的头等大事。

2. 资产重组

在明确资产、负债的权责划分以及股权的分配原则的基础上，中原银行完成了重组。原13家城市商业银行在重组前经过多轮协商，于2014年9月签订兼并重组协议，要求原13家城市商业银行"债权、债务全部由中原银行承继"。为了建立健全中原银行所有者治理结构,建立对中原银行投资人的激励与约束机制,中原银行也对原有股东设立退出补偿机制,并要求"原城市商业银行股权将按照资产评估净值转换为中原银行股份"。

2014年年末,中原银行的总资产为2,069.48亿元,注册资本154.21亿元,其中75.39%的股权为13家城商行的原股东以经评估的净资产价值认购(见图3-4-7)。

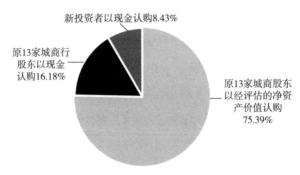

图3-4-7 中原银行成立时注册资本来源

(资料来源:公司招股说明书、国海证券研究所)

为保证资产质量,中原银行多次通过出售等方式处置原城商行的相关资产(见表3-4-2)。在中原银行筹备期间,部分城商行就已经在统一的处置原则下,转让或注销共计52.84亿元资产,其中包含35.04亿元抵债资产和12.80亿元投资。此后,中原银行又于2015年和2016年分别转售2.14亿元不良贷款和86.24亿元关注类贷款。2016年的贷款转让,使得中原银行关注类贷款占总贷款的比重由2015年期末的12.64%下降为4.80%。

表3-4-2 原城商行资产的剥离情况

时间	剥离资产内容	资产剥离方式	剥离资产账面价值(亿元)
2014年	抵债资产、贷款、无形资产和金融资产	转售、减少净资产	52.84
2015年	贷款	转售	2.14
2016年	贷款	转售	86.24

注:资料来源于公司招股说明书、国海证券研究所。

3. "大集中"项目

"大集中"项目是以"IT 整合"为主线,为全行建立用于业务集中处理的信息科技系统,把各个分支机构的经营管理和业务数据放在同一个网络系统框架内。

成立初期,中原银行面临原成员行经营管理不统一和信息科技应用水平普遍较低的问题。为统筹业务运作,整合现有资源,进一步提升金融服务的便捷性,中原银行推出"大集中"项目,项目系统建设包含设施支持、指令系统、财务运作、风险管理和零售银行等银行运作的各个方面。数字化平台的建立和数据迁移都具有复杂性和系统性。中原银行"大集中"项目分批、试点推进,共历时 7 个月(见表 3-4-3)。

表 3-4-3 中原银行"大集中"项目实施进程

完成时间	批次	主要机构
2015 年 3 月 29 日	第一批	总行营业部、平顶山分行、许昌分行和驻马店分行
2015 年 7 月 5 日	第二批	开封分行、濮阳分行和南阳分行
2015 年 9 月 14 日	第三批	新乡分行、周口分行、安阳分行和商丘分行
2015 年 11 月 8 日	第四批	鹤壁分行、漯河分行、三门峡分行和信阳分行

注:资料来源于国海证券研究所。

"大集中"项目帮助中原银行统一各分支机构的业务和数据,同时要求在总部完成产品研发和风险控制等工作,明确了总行和分支机构的职能要求。"大集中"项目所构建一套科技信息系统,为今后发展网络金融,打造科技化、数字化服务奠定了坚实的基础。

三、扎根与合作

成立之初,中原银行实力比较薄弱,亟须找到业务发展的突破口。通过与地方企业、地方政府和地方金融机构间合作,中原银行主动挖掘各组织机构的金融需求，主动开发和打造差异化的金融服务和金融产品，为业务发展打开新的突破口，为自身发展寻找到了新的赢利点。

1. 与地方政府间合作

河南省的 18 个省辖市政府和 10 个省直管县（市）政府均与中原银行签署了战略合作协议，内容主要涉及中原银行承诺向城镇化、基础设施建设、区域支柱产业、国有企业改革等多个领域提供信贷支持。

除了常规的信贷支持以外，中原银行运用自身作为专业银行的优势，通过参与地方公共服务拓展中间业务。中原银行帮助代理各项政府财政、社保账户，代理政府债务发行，极大地扩展了业务覆盖面，使得其与地方政府的合作更深一步（见表 3-4-4）。

表 3-4-4　中原银行与河南省直辖市和直管县（市）地方政府的战略合作

时间	市（县）名称	行政区划	战略合作主要内容
2015 年 3 月 12 日	濮阳市	省辖市	提供不低于 100 亿元的综合融资支持
2015 年 3 月 20 日	南阳市	省辖市	提供不低于 200 亿元的综合融资支持
2015 年 3 月 25 日	鹤壁市	省辖市	提供不低于 100 亿元的综合融资支持
2015 年 4 月 13 日	信阳市	省辖市	提供不低于 300 亿元的综合融资支持
2015 年 4 月 14 日	周口市	省辖市	提供不低于 100 亿元的综合融资支持
2015 年 5 月 13 日	许昌市	省辖市	提供不低于 200 亿元的综合融资支持
2015 年 5 月 20 日	三门峡市	省辖市	不详
2015 年 5 月 28 日	驻马店市	省辖市	提供不低于 280 亿元的综合融资支持
2015 年 5 月 29 日	平顶山市	省辖市	提供不低于 200 亿元的综合融资支持
2015 年 6 月 17 日	开封市	省辖市	不详
2015 年 7 月 7 日	安阳市	省辖市	提供 50 亿元的综合融资支持
2015 年 8 月 6 日	汝州市	省直管县（市）	不详
2015 年 8 月 11 日	漯河市	省辖市	提供不低于 150 亿元的综合融资支持
2015 年 11 月 19 日	兰考县	省直管县（市）	提供不低于 30 亿元的综合融资支持

（续表）

时间	市（县）名称	行政区划	战略合作主要内容
2016年1月22日	焦作市	省辖市	不详
2016年5月18日	新乡市	省辖市	提供不低于200亿元的综合融资支持
2016年5月22日	永城市	省直管县（市）	永城市代表河南省10个直管县（市）与中原银行签署了全面战略合作协议，中原银行承诺向各省直管县（市）提供370亿元的综合融资支持
2016年8月9日	滑县	省直管县（市）	不详
2016年9月20日	济源市	省辖市	提供不低于150亿元的综合融资支持
2016年11月28日	洛阳市	省辖市	提供300亿—500亿元的综合融资支持
2017年1月21日	巩义市	省直管县（市）	不详
2017年4月19日	商丘市	省辖市	不详
2017年8月7日	新蔡县	省直管县（市）	不详
2017年9月20日	郑州市	省辖市	提供不低于3000亿元的综合融资支持
2018年4月3日	长垣市	省直管县（市）	提供不少于100亿元的综合融资支持

注：资料来源于各地区政府官网、国海证券研究所。

2. 与地方企业间合作

中原银行还与地区企业开展合作，为他们提供贷款支持和专业的金融服务方案。不同企业的金融服务需求有不同的侧重点，因此，从账户资金管理到国际结算，从企业债券发行到供应链金融管理，中原银行需要凭借其专业的金融服务水准为地方企业提供个性化的金融服务。

对企业业务的开展帮助中原银行获得了企业品牌加成和客户资源，为开展和扩张业务领域找到了契机（见表3-4-5）。以与建业集团的战略合作为例，中原银行利用建业集团房地产企业的行业便利设立社区银行，推广住房贷款业务，极大地拓展了客户群体。

表 3-4-5　中原银行与地方企业间战略合作情况

时间	企业名称	战略合作主要内容
2015年5月29日	平煤神马集团	提供200亿元的综合融资支持
2015年7月31日	河南建业集团	提供300亿元的综合融资支持
2015年8月11日	双汇集团	提供不低于100亿元的综合融资支持
2017年2月16日	南通三建集团、筑客网络	开发和推广供应链金融系统
2017年3月22日	中国机械工业机械工程有限公司	不详
2017年4月24日	河南省机场集团有限公司	不详
2017年8月30日	牧原食品股份有限公司	提供50亿元的综合融资支持
2017年10月13日	中建七局	提供不低于100亿元的综合融资支持
2017年12月14日	中冶中原建设投资有限公司	不详
2017年12月22日	协信控股集团	在房地产开发贷等广泛业务范畴上开展深入合作
2018年1月9日	河南润华集团	不详
2018年3月29日	新开源公司、伊赛牛肉公司	不详
2018年4月3日	蓝城集团	不详
2018年8月29日	河南有线南阳分公司	对公结算等方面提供综合金融服务
2018年12月3日	大乘汽车	提供7亿元的综合融资支持
2018年12月14日	中建八局	不详

注：资料来源于各企业官网、国海证券研究所。

3. 与地方金融机构间合作

中原银行尚在发展之初，对相当一部分金融产品和金融服务还不熟悉。想要快速地学习、掌握和运用某些新业务，与地方金融机构开展战略合作是一条行之有效的途径。通过与其他金融机构搭建科技交流平台和金融研究平台等，中原银行在金融创新方面获得了更大的发展空间（见表 3-4-6）。

表 3-4-6 中原银行与地方金融机构间合作情况

时间	金融机构名称	战略合作主要内容
2015年6月24日	河南省中小企业担保集团股份有限公司	承诺担保业务合作到达280亿元
2015年10月26日	中信银行	金融业务协同支持
2017年10月24日	蚂蚁金融服务集团、中原农业保险股份有限公司	农村金融业务合作
2018年4月3日	国家开发银行河南省分行	加强银团贷款、金融业务方面的合作
2018年8月30日	焦作市智慧金融服务公司	涉及降低交易成本、识别客户风险等方面的金融合作
2018年9月26日	中原资产管理有限公司	金融创新合作

注：资料来源于各金融机构官网、国海证券研究所。

发挥协同效应，也是中原银行与其他金融机构开展合作的一个重要考量。金融机构间合作，能够充分发挥各自的资源和优势，实现专业整合，保证业务稳定、流畅运作。

四、2016年至今：网络与科技

自成立以来，中原银行一直受资产安全性不足问题的困扰。不良贷款率维持在较高水平，整体在1.8%~1.95%。考察明细贷款项目，在公司贷款中制造业贷款、房地产业贷款以及批发和零售业贷款的不良贷款率表现较差，在个人贷款中个人经营贷款的不良率也较高（见图3-4-8、图3-4-9）。从外部环境看，以支付宝为代表的网络金融与传统的银行业务存在一定的竞争关系，也冲击着商业银行对于科技的认知。网络金融正在展现其独到的优势——贴近群众生活、大数据运用的精准化等。

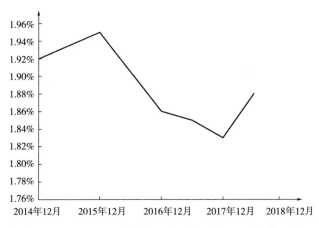

图 3-4-8　2014—2018 年中原银行各期末整体不良贷款率

（资料来源：中原银行公司年报、国海证券研究所）

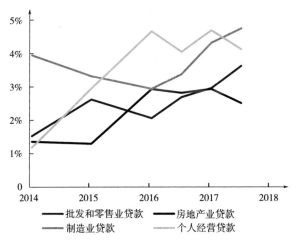

图 3-4-9　2014—2017 年中原银行各期末部分明细贷款不良贷款率

（资料来源：中原银行公司年报、国海证券研究所）

中原银行需要寻找重塑市场竞争力的机会。为保证资产安全性，提升业务运作效率，快速响应客户需求，提供便捷化、定制化的金融服务，中原银行开启了数字化转型之路，努力打造科技银行。

1. 发力网络金融，打造便捷化服务

中原银行曾提出"上网下乡"战略。其中，"上网"即指推动网络金融建设，提供个人和企业的线上金融服务，增加当地居民和地方企业享受金融服务的便捷性和高效性。

中原银行针对个人的网络金融项目从网页、客户端和微信三个渠道入手，使中原银行的金融服务触手可及（见表3-4-7）。中原银行针对居民生活必需，在与政府部门合作的框架下推出了社保缴费、医疗挂号等服务，在与地方企业合作的框架下推出风景区门票和机票的预订及支付、校园卡绑定的服务。此外，中原银行还推出"吃货地图""酒商城"等拓展服务，使用者能够在客户端直接购买食品和酒水，将消费直接和金融服务挂钩。这些功能极大地方便了地方居民的生活，满足居民在不同场景下的金融需求，同时也使中原银行渗透到居民生活的方方面面，增加了客户黏性。

表3-4-7　中原银行个人网络金融提供服务

电子银行业务	个人网银	个人手机银行	微信银行
账户管理	√	√	√
转账汇款	√	√	
投资理财	√		√
定活互转	√		
个人贷款	√		
生活缴费	√	√	
便捷收款		√	
二维码收付款		√	
生活场景		√	√
积分商城		√	√

注：资料来源于中原银行官网、国海证券研究所。

中原银行针对企业的网络金融项目主要包括网上银行和企业手机银行，力求实现对企业金融需求全覆盖的格局（见表3-4-8）。从供应链金融到现金管理、从票据业务到国际业务，中原银行把线下服务拓展到线上，满足了企业对于账户管理的需求，同时也增强了企业获得银行金融服务的便捷性。企业网银客户数量和交易总额的迅速增长（见图3-4-10），也意味着中原银行实现了和地方企业的更深一层的融合。

表 3-4-8 中原银行企业网络金融提供服务

电子银行业务	企业网银	企业手机银行
账户管理	√	√
支付结算	√	
财务管理	√	
融资业务	√	
企业代缴	√	
供应链金融	√	
票据业务	√	
现金管理	√	
国际业务	√	√

注：资料来源于中原银行官网、国海证券研究所。

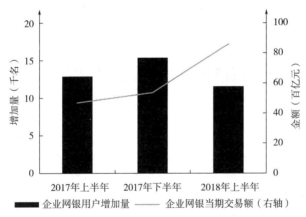

图 3-4-10 2017—2018 年企业网银用户增加量和当期交易额

（资料来源：中原银行公司年报、国海证券研究所）

2. 大数据开发，保证经营效率

商业银行的金融数据量十分庞大，除了包括客户信息等结构化数据，还包括订单、合同等半结构化和非结构化的数据以及从外部获取到的其他相关数据。高效率、高质量地加工处理和分析这些数据，以提升客户获取、产品推荐和风险预测等能力，是中原银行大数据开发的重要命题。中原银行利用大数据科技，在三个方面实现突破：

第一，描述用户画像，刻画某一类客户的特定需求特征。中原银行运用所采集的基础信息和银行账户操作信息，以及出行、购物等其他有价值的信息，通过大数据系统选取某一目标群体，针对这一群体的特殊金融诉求开展业务。

第二，提供个性化服务，结合客户特征推荐定制化的服务。客户处于生命周期的不同阶段、具有不同的风险偏好和拥有不同的消费能力，都将会影响他的金融需求和对金融产品的选择。中原银行基于用户需求分析，精确化地创新金融产品，高效地优化金融产品，具有针对性地向他们提供个性化的营销服务方案和金融产品，能够大大提升获客准确性，快速应对市场变化。

第三，强化风险管理，提升风险控制的有效性。中原银行基于客户的交易和行为的数据，建立覆盖贷前、贷中和贷后的风险管理模型。中原银行还利用机器学习不断优化模型，大大提升了风险管理的可靠性。

五、启示：地方银行与地方资源的紧密结合

明晰产权，保证经营管理协调一致，是发展壮大和战略实施的前提。中原银行通过买断资产，设立股东退出补偿机制，完成了资产重组；通过"大集中"项目，把商业银行的运作纳入同一个信息科技系统内，完成了业务重组。在此基础上，中原银行明确了风险控制、产品研发和业务拓展的职能分工；中原银行各地支行与地方政府的战略合作、科技银行战略的实施也都离不开整个集团的支持、统筹和协调。如果不能保证产权明晰、经营管理的协调一致，必然无法搭建整体、完备的银行治理体系，进而导致内部资源配置的不合理和对市场变化和对客户需求的反应迟缓。

深挖顾客需求能够帮助中小型银行实现业务发展潜力，寻找到新的盈利点。中小型银行的发展受到资本规模的限制，难以形成规模经济，也无法突破地域局

限。如果想要利用现有资源实现盈利增长，就必须学会深挖客户需求。中原银行与当地政府和当地企业开展合作，为基础设施建设、当地战略性产业发展等提供资金支持，拓展了客户群体，有利于推广金融业务。此外，中原银行还为当地居民带来便捷的支付体验和小额贷款便利，增加了中原银行的社会知名度和美誉度。

中原银行能够在河南地区迅速地成长起来，归功于中原银行能够扎根本地，满足政府、企业和居民在不同场景下的特殊金融需求。在此过程中，中原银行的中间业务收入也实现了可观的增长（见图3-4-11、图3-4-12）。

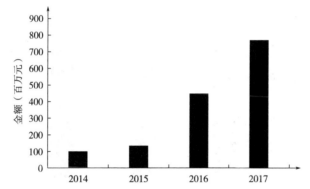

图 3-4-11　2014—2017 年中原银行各期末中间业务净收入情况

（资料来源：中原银行公司年报、国海证券研究所）

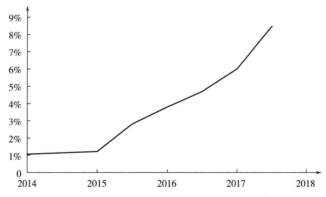

图 3-4-12　2014—2017 年中间业务净收入占营业收入比重

（资料来源：中原银行公司年报、国海证券研究所）

只有把握技术变革，才能抢占业务发展机遇。信息技术的迅猛发展，将整个社会推向便捷化和高效化。把金融和信息科技结合在一起，能够帮助中小型银行获得低成本的竞争优势——无论是获客成本、交易成本还是其他成本，从而实现弯道超车。中原银行通过在互联网金融领域发力，使自身的金融服务能够更加深入地融入地方居民的生活中，融入地方企业的经营中，为中原银行拓展顾客群体、优化金融服务打开了一个新的突破口。中原银行还利用大数据保证了金融服务的效率和质量，通过大数据进一步优化风险防控，进一步增强了中原银行的竞争能力（见图3-4-13）。

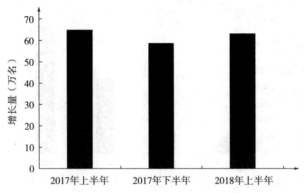

图3-4-13　2017—2018年中原银行手机银行用户增长量

（资料来源：中原银行公司年报、国海证券研究所）

六、大事记

2014年12月，中原银行于河南省郑州市正式成立。

2015年3月，与河南省濮阳市政府签署首个战略合作协议。

2015年3月，"大集中"项目首批试点行系统成功上线。

2015年9月，第一家分支机构——通许支行正式开业。

2015年12月，增资扩股，实收资本达到166亿元。

2016年1月，第一家分行——焦作分行开业。

2016年8月，河南省首批惠农支付服务点开业。

2017年7月，首次公开发行股票，募集资金62.34亿元。

2017年9月，与山西省运城市人民政府签署战略合作协议。

2018年5月，与中原资产达成战略合作协议。

第五节　小机构也有大梦想——常熟银行的成长之路

在中国，银行体系中十分重要的一环——农商行与农村信用社（以下简称"农信社"）是不能忽视的。它们分散在全国各处，总量巨大，如果农商行与农信社组成一家银行，其资产规模和存贷款总量不容小觑。但在中国第一产业比例不断压缩、城镇化持续推进的大背景下，服务"三农"与小微企业的农商行普遍面临着转型难题。

农商行中的"教科书"——江苏常熟农村商业银行股份有限公司（以下简称"常熟银行"）经过17年的发展，通过顺利转型，已经成长为国内首屈一指的农村商业银行。它准确分析自身的先天优势和劣势，进行差异化的市场定位，聚焦末端零售市场，尤其是"三农"和小微客户的金融需求。得益于优质的客户群体和稳健的经营管理模式，常熟农村商业银行得以保持较高的净息差，实现低不良、高拨备的经营目标。

在经济大势与政府指导的要求下，商业银行大都开始思考"如何在规避风险的前提下服务民营小微企业"。常熟银行在服务"三农"与小微企业上的成功经验，势必能为中小型银行的发展带来些许启示。

一、常熟银行速览

距离上海100千米、苏州市下辖的常熟市是苏南经济的模范，这里孕育了波司登这样的知名企业，还能生产路虎、捷豹等豪华品牌汽车，助推常熟市在"百强县市"排行榜上名列前茅。常熟银行也走在了全国农信社改革的前列，它不断耕耘底层市场，扎根零售小微并且取得了出色的成绩。

2001年，常熟银行经由股份改制从农村信用合作社转型为农村商业银行；2016年9月，常熟银行首次公开发行股票，并在上海证券交易所上市。由于是从农村信用社转型而来，常熟银行的股权结构较为分散，前十大股东的持股比例共计28.95%。自2007年交通银行股份有限公司（以下简称"交通银行"）战略入股以来，后者一直是常熟银行的最大股东。截至2018年三季度末，交通银行共持有常熟银行9%的股份。

如今，常熟银行已经设立7家分行、50家支行和1家直属营业部，控股30家村镇银行，拥有超过3600名职工。常熟银行的资产规模在2017年年末已经超过1400亿元，2017年的净资产收益率达到12.52%（见图3-5-1、图3-5-2）。无论是在资产规模方面，还是在盈利能力方面，与其他A股上市的农商行相比，常熟银行表现不凡。

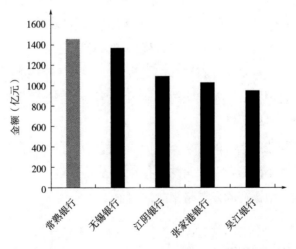

图3-5-1　2017年年末A股上市农商行资产规模

（资料来源：常熟银行公司年报、国海证券研究所）

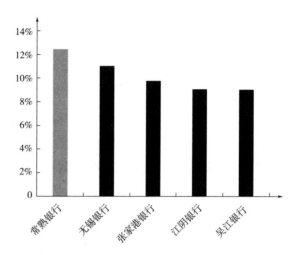

图 3-5-2　2017 年 A 股上市农商行净资产收益率

（资料来源：常熟银行公司年报、国海证券研究所）

常熟银行在其成长过程中，逐渐形成了极具特色的发展模式和经营策略。我们认为常熟银行的特点主要包括以下几个方面：

立足常熟，布局江苏，辐射全国。常熟银行深耕常熟地区，本外币存款和本外币贷款总量上均位居常熟市金融机构首位。截至 2018 年三季度末，常熟银行已在江苏省内设立 7 家异地分行和 13 家异地支行。常熟银行还在江苏、湖北、河南和云南发起设立并控股 30 家村镇银行。

专注零售市场，差异化的市场定位。常熟银行坚持"三农两小"市场定位，聚焦"三农"领域、小微企业和个体工商户的金融需求，正在积极推进向现代化零售银行的战略转型。2017 年，常熟银行的零售业务利润已经达到营业利润的 43%；当年年末，零售贷款占总贷款的比重为 47.76%。

高息差、高拨备、低不良。近几年，常熟银行的净息差显著高于行业水平。2017 年，常熟银行的净息差为 2.91%，高于行业平均水平 0.8 个百分点。2018 年三季度末，常熟银行不良贷款率为 1.00%，拨备覆盖率为 406.74%，这些都表明常熟银行较高的资产安全性。

回望常熟银行成立以来的 17 年，我们将常熟银行的发展历程分为四个阶段：

2001—2006 年：改革前锋，明晰定位；
2007—2011 年：聚焦小微，跨区经营；
2012—2015 年：专注零售，加速布局；
2016 年至今：排兵布阵，培育新动能。

二、2001—2006 年：改革前锋，明晰定位

2001 年，经央行批准，原常熟市农村信用合作社联合社按照股份制原则，改建为常熟市农村商业银行股份有限公司（后更名为江苏常熟农村商业银行股份有限公司）。设立伊始，常熟银行的注册资本约 1 亿元，其法人股东有 21 家，自然人股东有 2821 名。

1. 农村信用社改革历程

改革开放以来，农村信用社一直走在变革之路上。

1984 年，国务院审批了中国农业银行《关于改革信用社合作社管理体制的报告》，强调农村信用社"要通过改革，恢复和加强信用合作社组织上的群众性、管理上的民主性、经营上的灵活性。"

1996 年，国务院发布《国务院关于农村金融体制改革的决定》，要求"中国农业银行不再领导管理农村信用社"，农村信用社与中国农业银行脱离行政隶属关系。

2000 年，央行南京分行要求江苏省省内的六家农村信用合作社联合社与所辖农村信用社合并为同一法人。

2001 年，央行同意南京分行《关于在江苏省试点组建农村商业银行的请示》，同意在张家港、江阴、常熟、武进、扬中、通州 6 市中选择 2~3 家先行试点组建农村商业银行。

2001 年，央行南京分行下发《关于印发〈关于在江苏省试点组建农村商业银行的实施意见〉的通知》，确定张家港、常熟和江阴 3 个县级市先行组建农村

商业银行的试点。由此,常熟银行成为国内首批成立的农村商业银行。

2. 常熟银行改制的必然性

常熟银行改制,合乎历史发展的需要:原常熟市农村信用合作社已不足以适应地方经济发展发展需求,已不足以适应新的竞争环境。

原常熟市农村信用合作社所处的常熟地区,自改革开放以来,经济发展迅速。2000年,常熟市的GDP已经达到258亿元,并且在此后的10年保持了18.87%的复合增长率(见图3-5-3),经济的飞速发展也意味着金融需求的扩大。

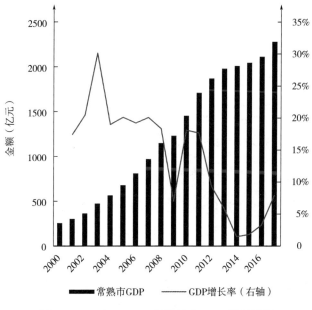

图3-5-3 2000—2017年常熟市GDP增长情况

(资料来源:Wind、国海证券研究所)

常熟市城乡一体化程度高,第一产业对国民经济的贡献程度较弱。2000年,常熟市第一产业GDP占总GDP的5.9%;2003年,常熟市第一产业比重已经下跌至5%以下(见图3-5-4)。第一产业比重的下降意味着当地农业资金需求的萎缩,同时也表明商业性资金需求将在常熟地区乃至整个江苏省的金融服务需求中占据重要作用。需要指出的是,即便是农业生产,也存在规模化和产业化的趋势,规模经营的农户和农业企业的资金需求也有别于传统的农业生产的资金需求。由于历史等种种原因，农村信用社的业务范围仍主要集中在传统农业中，而不能适应地方经济发展需求。

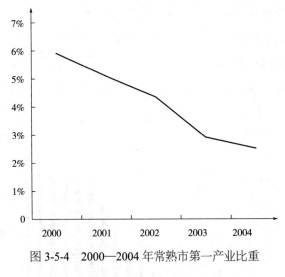

图 3-5-4　2000—2004 年常熟市第一产业比重

（资料来源：Wind、国海证券研究所）

农村信用合作社固有的制度设计难以面对激烈的市场竞争环境。农村信用合作社的资金主要通过国家出资和农村闲散资金聚集获得，在城镇化的大背景下仅仅局限于农村，农村信用合作社资产规模和经营规模难以扩大；农村信用合作社的管理有行政化的倾向，不利于发挥农信社的自主性和灵活性，多数社员参与信用社管理决策的积极性和能力有待挖掘。伴随着地区经济的快速发展，众多大型的金融机构进入本地市场，即便放开对农村信用社经营范围的限制，经营效率和管理模式相对落后的农村信用社也会被淘汰出局。

为此，农村信用社改革势在必行。

此外，在农村信用社改制前，原常熟市农村信用合作社联合社的经营活动范围已经尝试突破"三农"限制，其资金流向和业务对象呈现非农化，其营业网点设置呈现城镇集中化。这也是常熟银行能够走在信用社改革前列的一个重要原因。

3. 本阶段战略重点

（1）优化经营管理体系，树立品牌形象

成立初期的常熟银行有许多内部制度亟待完善，农信社遗留的问题不会因改制自行消解。为了达到长远发展的目的，现阶段必须调整和优化经营管理体系。第一，常熟银行建立起了以股东大会、董事会、监事会为主体的公司治理组织架构。第二，常熟银行着力于规范业务流程，明确岗位职责，建立健全职工考核体系。第三，常熟银行加强人才队伍建设，引进高素质人才，加强职工培训，不断提升职工服务水平。各岗位绩效收入与部门业绩相挂钩，也提升了职工参与企业经营管理的积极性。

企业形象是商业银行经营的一个重要资源。在同质化严重的情况下，社会知名度和社会认同度的提升，将有利于银行业务的扩张。常熟银行根据客户的金融需求与经济实力，为优质客户提供了"套餐式"的金融支持。在此过程中，常熟银行赢得了众多的信赖与支持，提高了常熟银行的品牌知名度。

此外，常熟银行积极参加社会公益事业和扶贫帮困活动：多次赞助常熟市杨梅节、常熟市国际摩托赛艇会等活动；在"苏北水灾"救灾时期、抗击"非典"期间捐款捐物。常熟银行还加大广告宣传力度，发布企业形象片，举办"诚信·忠诚·未来"青年论坛和征文比赛，成为常熟市唯一一家拥有行徽、行旗、行歌和行刊的银行，社会影响力日益提升。

（2）服务"三农"，服务个体民营经济

常熟银行改制完成后，就逐渐明确了"服务三农、服务中小企业和个体民营经济、服务优质客户"的市场定位，采用了与国有银行和股份制商业银行差异化的竞争策略。

常熟银行的贷款主要投向"三农"领域，用以支持农村经济的发展。结合常熟市的经济结构和经济发展状况，常熟银行看到了个体民营经济广阔的发展前景和旺盛的生命力，从信贷支持、产品设计和服务方式等诸多方面向民营经济倾斜。常熟银行根据民营经济经营特点，为民营企业提供量身定制的存贷款、信息咨询和项目评估服务。差异化的市场定位为常熟银行赢得了新的盈利点。

常熟银行还建立了与市场定位相契合的营销团队，要求客户经理能够实地考察，对小微企业的经营环境深入了解，要求客户经理和企业主近距离接触，了解和认识借款人的品德和才能。这种销售策略保证了常熟银行的经营质量和资产安全性。

（3）深耕常熟地区，抓住本土优势

常熟银行扎根常熟地区，对常熟地区的经济发展和金融需求有比较清晰的认识。在发展过程中，常熟银行充分发挥地熟、人熟、关系熟的"草根银行"优势，有效发掘本地客户的需求，把握本地客户资源。常熟银行作为地区性银行，能够对当地企业、机构的信誉和资产状况有全面而深入的了解，大大降低了信贷信息收集的成本。与坚实而广泛的顾客群体建立联系，也为常熟银行的跨区经营积累了相当充足的经验。

三、2007—2011 年：聚焦小微，跨区经营

1. 引入战略投资，多方位合作的起点

2007 年，交通银行以 3.8 亿元的价格认购常熟银行 57,560,225 股，成为后者的战略投资者。认购完成后，交通银行的持股比例占其总股本的 10%。同年，常熟银行与交通银行股份有限公司签订《技术支持及业务合作协议》，深化与交通银行的合作，期望借助交通银行高品质经营管理水平、健全的机构网络和成熟的公司治理架构，协助巩固常熟银行作为领先的农村商业银行的地位，从市场定位、特色产品、组织结构等方面打造常熟银行经营特色，提高常熟银行的竞争能力。

常熟银行引入交通银行作为战略投资者，符合自身利益和自身发展需要。

首先，保证了常熟银行的资本充足率。交通银行向常熟银行投入 3.8 亿元资本，使后者 2007 年所有者权益总额较 2006 年年末增长了 37.27%，占 2007 年年末所有者权益总额的 20.33%。2007 年年末，资本充足率也由 2006 年年末的 12.36%增长为 13.81%。

其次，常熟银行获得了交通银行的技术支持，避免经营风险。常熟银行与交通银行签署了《技术支持及业务合作协议》，就风险管理、内部控制等方面接受指导。作为国内大型商业银行之一的交通银行在内部经营管理方面有着充足的经验，它承诺为常熟银行开发一个高效、稳定和成本有效的风险管理系统提供指导和协助，并协助常熟银行完善内部审计稽核信息系统，指导常熟银行建立内部控制组织架构和业务体系。

再次，两家银行的战略合作深化了双方业务领域的合作。常熟银行与交通银行在私人业务领域、市场业务领域和国际业务领域展开深度合作。交通银行向常熟银行提供个人理财产品，并为常熟银行私人金融产品的开发提供建议和协助；交通银行与常熟银行均承诺在同等条件下优先为对方开展各类融资业务；交通银行还协助常熟银行规划外汇业务发展的远期战略，与常熟银行在国际结算方面开展合作。

最后，双方互相提供排他条件，避免或减少竞争。与交通银行签署的协议中包括排他性条款，内容主要涉及：其一，在未经交通银行允许的情况下，不允许其他金融机构对常熟银行参股；其二，交通银行在常熟不得新设机构；其三，共同行动要求。这些排他性条款保障了常熟银行在常熟地区乃至江苏地区的竞争优势地位，避免了交通银行与常熟银行的直接竞争，同时两者股权关系又保证了双赢局面的存在。

自入股始，交通银行股份有限公司一直是江苏常熟商业银行股份有限公司的最大股东。交通银行长期为常熟银行提供技术支持，与常熟银行展开战略合作（见表3-5-1）。

表 3-5-1　常熟银行与交通银行战略合作协议

时间	协议名称
2007 年	《技术支持及业务合作协议》
2011 年	《2011-2013 年技术支持和业务合作框架协议》
2014 年	《2014-2016 年技术支持和业务合作框架协议》

注：资料来源于国海证券研究所。

截至 2011 年，常熟银行和交通银行建立了多层次的战略合作平台，双方决定合作的重点项目包括技术支持、业务合作和培训等项目，并计划在"柜面通"、代理销售财富管理产品、发行联名借记卡和证券第三方存管等重点业务领域取得实质性突破。同时，为引进、吸收交通银行的先进管理经验，常熟银行主动向交通银行借调多名专家到常熟任职，以提升常熟农商银行在零售业务、风险控制和科技等领域的管理水平。常熟银行则根据交通银行的需要，向其传授县城市场以及农村金融市场的拓展经验，以及服务中小企业尤其是小微企业的方法和村镇银行的管理经验。

交通银行的入股为常熟银行补充了资本金，提高了常熟银行抵御风险的能力，为业务拓展和规模增长做好准备。

2. 本阶段战略重点

（1）设立村镇银行和异地支行，踏上区域性银行转型之路

2007 年当时的银监会放宽金融准入政策，允许符合条件的农村商业银行实行跨区域经营、参股投资，多项利好农商行发展的政策陆续出台，为常熟银行的发展提供了难得的历史机遇。正是从这一时期开始，常熟银行积极致力于探索多元化的跨区域发展道路，跨地区发起设立村镇银行、参股兼并小银行，踏上了由地方性银行向区域性银行的转型之路。

2007 年，常熟银行战略入股南通启东农联社，参股启东农联社 20%。双方承诺进一步改善股权结构，清退资格股，完善法人治理结构，在产品、客户、网络、渠道等方面展开业务合作。同年，常熟银行发起设立咸丰常农商村镇银行有限责任公司，并持有该公司 51% 的股权。常熟银行由此成为国内首家设立村镇银行的县（市）级农村商业银行。

2008 年，常熟银行海门支行开业，这是全国农村中小金融机构的首家异地支行。截至 2017 年，常熟银行又在江苏省内设立 13 家异地支行（见表 3-5-2）。

2009 年开始，常熟银行在全国范围内投资参股了天津农商行、武汉农商行、宝应联社、连云港东方农合行和泰兴联社等 6 家农村金融机构，累计出资超过 3 亿元，多元化发展的区域性银行雏形初步形成。

表 3-5-2 常熟银行设立异地支行情况

支行名称	所在地区	设立时间
海门支行	江苏南通	2008 年
邗江支行	江苏扬州	2009 年
金湖支行	江苏淮安	2009 年
泗洪支行	江苏宿迁	2009 年
如东支行	江苏南通	2010 年
东海支行	江苏连云港	2010 年
亭湖支行	江苏盐城	2010 年
阜宁支行	江苏盐城	2010 年
射阳支行	江苏盐城	2010 年
启东支行	江苏南通	2011 年
张家港支行	江苏苏州	2014 年
东台支行	江苏盐城	2014 年
通州支行	江苏南通	2017 年

注：资料来源于国海证券研究所。

（2）发展零售银行及微贷业务 完善风险管理体系

从 2008 年开始，常熟银行加快发展以贷记卡业务为核心的零售银行业务，成立了与贷记卡业务相配套的信用卡中心和客户服务中心。在营销方式上，常熟银行自 2003 年开始推行的客户经理制，通过这一阶段的改革和完善，使公司在销售端形成了一定的人脉网络和客户黏性。2009 年开通了与交通银行的"柜面通"业务，当年新增个人按揭贷款 2.72 亿元，增幅 122%。2011 年常熟银行下延市场定位，将"三农两小"的市场定位向农村市场和社区市场延伸，以授信为切入点，全面启动家庭金融服务工程。截至 2011 年年末，该工程通过客户关系管理系统已经建立 20.1 万户家庭信息档案，涉及农村人口 70.07 万人，完成授信 12.55 万户，授信金额 83.81 亿元，户均授信额度 6.63 万元，覆盖率 62.42%，为其开辟了新的业绩增长点。

常熟银行于 2009 年成立小额贷款中心,致力于发展中小企业贷款业务。2011 年,常熟银行开始加大微贷业务拓展力度,创新推出了中期流动资金贷款、商票贴现、中小企业联保贷款、农户联保贷款、农村小额消费贷款、小额抵押贷款等贷款新品。受益于 2008—2011 年政府的货币宽松政策,贷款投放效率提升,公司的贷款规模于 2010 年开始大幅增加(见图 3-5-5)。截至 2011 年年末,常熟银行小额贷款累计发放 14,223 笔,共计 26.72 亿元,其中有余额笔数 7837 笔,贷款余额 11.46 亿元,户均余额 14.71 万元,为 6000 多户小作坊和个体工商户解决了融资难的问题(见图 3-5-6)。同时,常熟银行还为中小企业提供贸易融资业务服务,成为中小企业贸易融资的主办银行。

常熟银行先后被监管机构评为"银行业金融机构小企业金融服务工作先进单位",成为全国唯一一家获此荣誉的县级农商行。小微企业贷款业务开始成为常熟银行在业内领先的一项特色和专长领域。

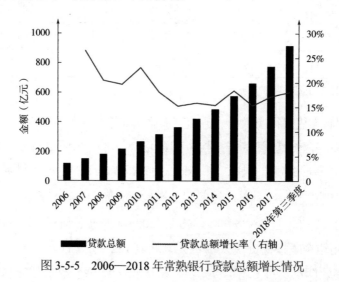

图 3-5-5 2006—2018 年常熟银行贷款总额增长情况

(资料来源:Wind、国海证券研究所)

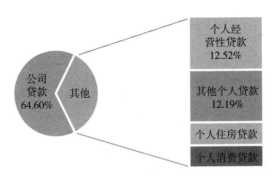

图 3-5-6　2012 年年末常熟银行贷款结构

（资料来源：Wind、国海证券研究所）

2011 年，国内经济形势发生了转变，货币政策由宽松回归稳健，企业生产成本提高，发展前景不明，很多企业减少生产性投资，信用风险大大增加。面对迅速增长的贷款规模，配套的信贷审核和风险管理体系对于主要贷款客户为中小企业的农商行而言尤为重要。常熟银行能够将不良贷款率控制在较低水平，也得益于其严格和兼具特色的信贷审批制度和对建立全面风险管理体系的重视（见图 3-5-7、图 3-5-8）。

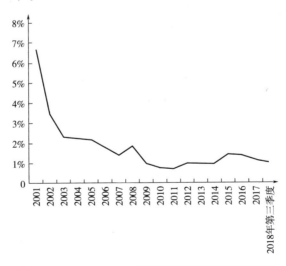

图 3-5-7　2001—2018 年常熟银行不良贷款率变化

（资料来源：Wind、国海证券研究所）

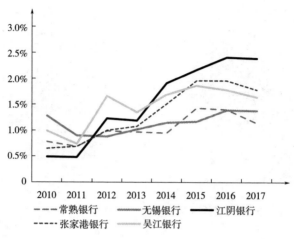

图 3-5-8　2010—2017 年部分农商行不良贷款率对比

（资料来源：Wind、国海证券研究所）

2007 年，常熟银行自主开发了信贷综合管理系统，为信贷业务风险管理提供有力的技术支撑。针对小企业"短、小、频、急"的特点，创新贷款审批制度。2010 年，公司由信用风险管理向全面风险管理迈进，由事后防范向事前防范转变。实施信贷十级分类，提高信贷资产分类质量。2011 年，常熟银行发布《江苏常熟农村商业银行股份有限公司市场风险管理政策》《江苏常熟农村商业银行股份有限公司风险管理机制建设规划（2011—2015 年）》，制定并完善了 59 项信贷及风险管理制度，并开始建立起信贷审核中心，加强信贷业务事中控制。

2008—2010 年，常熟银行的本地贷款总额位居同业首位，截至 2010 年年末市场份额 20%。

四、2012—2015 年：专注零售，加速布局

1. 布局"大零售业务"，加快个人业务转型

从 2012 年开始，银行业的零售业务发展增速普遍放缓。随着利率市场化的逐步推进，银行的存贷利差收窄，传统的存贷业务和陈旧的营销方式和服务理念

已经不能继续为银行带来更高增长，一个共同的转型方向——"大零售"转型被提出。常熟银行是较早布局"大零售"转型的银行之一，相比业内其他商业银行，常熟银行重点关注个人业务和小微企业的精细化服务。

成立家庭金融部，"进村进社区"。为满足不用客户群体对个性化、特色化服务的需求，常熟银行通过统计和跟踪客户的各项信息和资料，实施精细分析营销策略，于 2012 年设立了家庭金融部，以"进村进社区"工程为主线，筹建了一支超过 300 人的家庭金融服务经理队伍，以维护和拓展全行个人对私客户。经过 3 年时间的发展，队伍壮大至近千名，深耕常熟区域零售。2013 年，为配合推进城区家庭金融服务，常熟银行又研发创新推出"消费通"业务，为个人客户发放用于旅游、房产装修、婚嫁、购车、留学等的个人消费贷款，以满足个人客户多用途消费信贷需求。2012 年，常熟银行的个人业务创造的营业收入占比 20.36%、营业利润占比 21.71%；到 2015 年 6 月，个人业务的营收和利润占比分别增加至 35.94% 和 38.91%。

小微金融是常熟银行"大零售"布局的重要支柱（见图 3-5-9、图 3-5-10）。2012 年，常熟银行成立了授信审核部，整合公司银行部和小企业信贷中心，推出了"粒金易农贷"小微信贷产品。2013 年开始，小微金融总部多点布局，

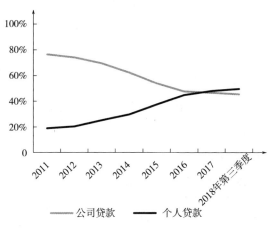

图 3-5-9　2011—2018 年常熟银行贷款结构变化

（资料来源：Wind、国海证券研究所）

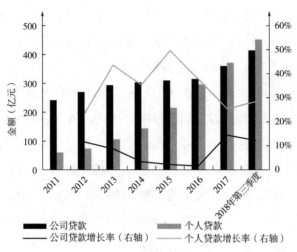

图 3-5-10 2011—2018 年常熟银行个人及公司贷款余额

（资料来源：Wind、国海证券研究所）

研发了"幸福快车""幸福家装""幸福乐游""幸福乐购""移动付款"等对接个人客户的新产品和新业务，创新推出"票贷通""e商贷""乐渔贷""创融贷""理财通"以及动产质押贷款、小企业固定资产贷款、太阳能热能利用专项贷款、法人按揭贷款、经营性物业抵押贷款等符合中小企业的经营特点的特色贷款产品。2014 年 12 月，常熟银行被苏州市评为年度"财富苏州最佳中小微企业金融服务（粒金小贷）"，被《金融时报》、中国社科院研究所评为年度"最佳小微金融服务农商银行"。

2. 批量组建村镇银行

2012 年，常熟银行成立了机构管理部专司异地机构的管理工作。2013—2015 年，常熟银行在河南、江苏、湖北等多个地区设立了 16 家村镇银行，跨区经营初具规模（见表 3-5-3）。

表 3-5-3　常熟银行控股 30 家村镇银行情况

村镇银行名称	设立时间	所属省份	村镇银行注册资本（万元）	直接持股比例（%）
常州金坛兴福村镇银行有限责任公司	2008 年	江苏	6,300	34.00
恩施兴福村镇银行股份有限公司	2010 年	湖北	17,367.98	46.54

第三章
新贵登场

(续表)

村镇银行名称	设立时间	所属省份	村镇银行注册资本（万元）	直接持股比例（%）
宜阳兴福村镇银行股份有限公司	2013年	河南	4,000	49.00
汤阴兴福村镇银行股份有限公司	2013年	河南	5,000	54.40
当阳兴福村镇银行股份有限公司	2013年	湖北	4,000	52.00
嵩县兴福村镇银行有限责任公司	2013年	河南	3,000	51.00
淮安清浦兴福村镇银行股份有限公司	2013年	江苏	3,090	63.11
淮安淮阴兴福村镇银行有限责任公司	2013年	江苏	3,100	52.26
元谋兴福村镇银行有限责任公司	2014年	云南	3,000	38.83
盐城滨海兴福村镇银行有限责任公司	2014年	江苏	3,150	61.90
长阳兴福村镇银行有限责任公司	2014年	湖北	3,195	72.30
秭归兴福村镇银行有限责任公司	2014年	湖北	3,120	78.85
扬州高邮兴福村镇银行有限责任公司	2014年	江苏	3,140	71.66
洛宁兴福村镇银行有限责任公司	2014年	河南	3,000	69.00
宜昌夷陵兴福村镇银行有限责任公司	2014年	湖北	3,070	83.06
宿迁宿城兴福村镇银行有限责任公司	2015年	江苏	3,220	67.08
汝阳兴福村镇银行有限责任公司	2015年	河南	3,000	74.00
泰州高港兴福村镇银行有限责任公司	2015年	江苏	3,175	69.92
无锡滨湖兴福村镇银行有限责任公司	2015年	江苏	10,000	61.00
淮安清河兴福村镇银行有限责任公司	2016年	江苏	3,000	52.00
内黄兴福村镇银行有限责任公司	2016年	河南	3,000	83.00
易门兴福村镇银行有限责任公司	2016年	云南	3,000	48.33
江川兴福村镇银行有限责任公司	2016年	云南	3,000	42.33
昆明盘龙兴福村镇银行有限责任公司	2016年	云南	5,000	48.60
武定兴福村镇银行有限责任公司	2016年	云南	3,000	66.33
南华兴福村镇银行有限责任公司	2016年	云南	3,000	78.00
罗平兴福村镇银行有限责任公司	2016年	云南	3,000	48.83
师宗兴福村镇银行有限责任公司	2016年	云南	3,000	55.27
曲靖沾益兴福村镇银行有限责任公司	2016年	云南	3,000	51.83

注：资料来源于常熟银行公司年报、国海证券研究所。

从迈开跨地区经营的第一步起，常熟银行就在积极探索完善异地支行和村镇银行运营管理模式。研究梳理总分支管理体系，对异地支行中的关键岗位进行直接委派，并实行轮岗制度；通过参与村镇银行的经营管理决策来指导村镇银行的战略规划和业务活动，推动村镇银行治理结构的完善和风险控制能力的提升。常熟银行的这些举措增强了整体协调能力，提升了风险控制能力，保障了资产安全性。

常熟银行的跨地区经营策略取得了优异的成绩，异地经营利润呈现高速增长。特别是在2011年，常熟银行的异地经营主营业务利润由2010年的3384万元增长到22,819万元，实现了近7倍的增长。异地经营主营业务利润在主营业务利润中的比重也是逐年增加，在2015年已经达到了42.86%的占比。这些都表明，异地经营在常熟银行的经营和发展中扮演着极其重要的角色（见图3-5-11）。

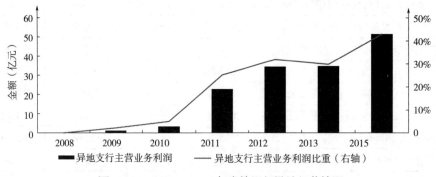

图3-5-11　2008—2015年常熟银行异地经营情况

（资料来源：常熟银行公司年报、国海证券研究所）

五、2016至今：排兵布阵，培育新动能

2010年以来，由于经济环境变化，银行业的净资产收益率总体下滑，净息差逐渐收窄，传统存贷款业务的价值创造能力逐渐萎缩。与此同时，大型商业银

行纷纷将目光转向表外，寻找新的盈利点。如何面对金融市场的环境变化和竞争对手的竞争压力，成为常熟银行不得不面对的一个重大课题。

常熟银行重新排兵布阵。精耕零售市场，积极拓展中间业务，是2016年以来常熟银行两个最显著的经营特征。常熟银行还利用互联网金融时代的新挑战和新机遇，围绕"数字化、智能化"战略，不断推动科技和金融深度融合。

2016年9月，常熟银行首次公开发行股票，并在上海证券交易所上市。常熟银行以4.28元的价格发行222,272,797股，实际募集资金共95,132.24亿元。此次公开发行股票，提升了常熟银行的社会知名度和社会影响力，扩充了常熟银行的资产规模，保证了常熟银行的资本充足率，增强了常熟银行的风险抵抗能力。此举与常熟银行的业务发展需求相匹配。

截至2018年第三季度末，常熟银行已经拥有7家分行和50家支行，控股30家村镇银行。在2017年资产规模达到1458亿元，实现净利润13亿元。常熟银行的2017年的净资产收益率达到12.52%，其业绩表现超过了大多数已经上市的农村商业银行（见图3-5-12）。即使与大型商业银行相比，常熟银行的净资产收益率也处于中间位置，经营效率不输于大型商业银行（见图3-5-13）。

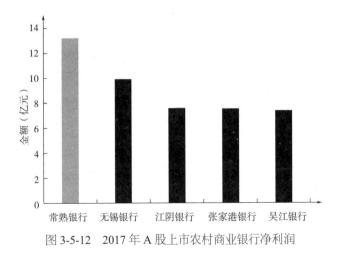

图3-5-12　2017年A股上市农村商业银行净利润

（资料来源：Wind、国海证券研究所）

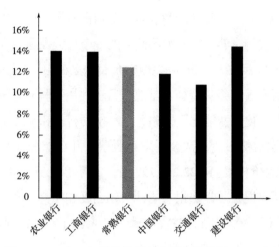

图 3-5-13　2017 年常熟银行与大型商业银行 ROE 对比

（资料来源：Wind、国海证券研究所）

1. 坚持金融创新，专注零售市场需求

（1）坚持零售业务的金融创新

2016 年以来，常熟银行大力发展金融创新，零售业务以风险控制为保障，着力做大零售资产规模，完善零售服务体系。常熟银行针对个人储蓄、小微企业和"三农"领域推出富有特色、有针对性的金融产品，满足不同人群或组织的金融服务需求，扩大客户群体（见表 3-5-4、表 3-5-5、表 3-5-6）。

表 3-5-4　2016 年以来常熟银行金融创新产品

产品类型	产品名称
个人储蓄产品	"常惠利" "常惠存 2.0"
小微企业金融产品	"苏抵贷" "泰信保"
三农领域金融产品	"农营贷" "农建贷" "棚改贷" "乡村贷" "富村贷" "乐渔贷" "粮贷通"
理财产品	"常乐"系列

注：资料来源于国海证券研究所。

表 3-5-5 常熟银行"三农"领域金融产品定位

产品名称	服务领域
农营贷	现代农业经营主体正常生产经营活动过程中的资金需求
农建贷	现代农业经营主体的农村、农业基础设施建设及综合开发过程中的资金需求
棚改贷	城中村改造及重点镇棚户区改造项目建设的资金需求
乡村贷	参与"美丽乡村"建设的不同经济主体的资金需求
富村贷	村级集体经济发展项目建设投资的资金需求
乐渔贷	合法海洋捕捞生产经营的资金需求
粮贷通	用于自主收购粮食的资金需求

注:资料来源于国海证券研究所。

表 3-5-6 常熟银行"常乐"系列理财产品定位

产品类型	产品受众
常乐宝盈、常乐稳盈	低风险偏好的个人投资者
常乐尊享	富裕家庭客户
常乐汇银	同业金融机构
粒金	针对公司客户的定制化理财产

注:资料来源于国海证券研究所。

(2)常熟银行的零售业务逐渐向系统化、专业化迈进

针对零售业务,常熟银行实行分层授信模式:客户经理前段采集客户数据,贷后与客户保持紧密联系;贷款审批由后台处理。客户经理与贷款审批完全隔离,大大降低了银行面对的道德风险,保障了小微贷款的安全性。常熟银行利用大数据分析,建立名单制管理模式,充分识别和控制风险。常熟银行还注重零售团队的建设。小微贷款有关的零售团队发展迅速,在 2017 年年末,团队已经发展至 1400 人。

自 2015 年以来,常熟银行贷款质量逐步提升:不良贷款率比例逐步下降,拨备覆盖率逐步提升,风险抵御能力增强。2015 年年末,常熟银行的不良贷

款率为 1.43%。到 2018 年三季度末，常熟银行的不良贷款率已降低到 1%（见图 3-5-14）。与此同时，常熟银行的拨备贷款率也从 2015 年年末的 2.19% 提升至 4.09%。这些都得益于常熟银行稳健的贷款审核体系和风险控制体系（见图 3-5-15）。

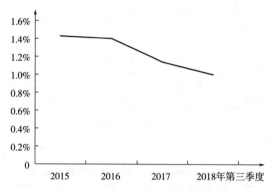

图 3-5-14　2015—2018 年常熟银行期末不良贷款率

（资料来源：常熟银行公司年报、国海证券研究所）

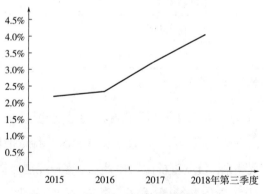

图 3-5-15　2015—2018 年常熟银行拨备覆盖率

（资料来源：常熟银行公司年报、国海证券研究所）

（3）零售市场成绩斐然

常熟银行在零售业务领域深入发展并取得了不菲的成绩。在 2013—2017 年，个人贷款在常熟银行的资产端发挥越来越重要的作用。从 2013 年年末到 2018 年三季度末,常熟银行的个人贷款余额增长达到4.26倍,个人贷款余额在贷款总额中的比重也增加了25个百分点。个人贷款在2018年三季度末已经达到452亿元,占发放贷款及垫款总额的49.22%(见图3-5-16)。常熟银行专注于零售市场,拥有较强的议价能力。即使在银行业净息差收窄的大环境下,常熟银行仍能够保持远高于行业平均水平的净息差(见图3-5-17)。

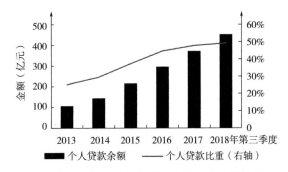

图3-5-16　2013—2018年常熟银行期末个人贷款余额

(资料来源:常熟银行公司年报、国海证券研究所)

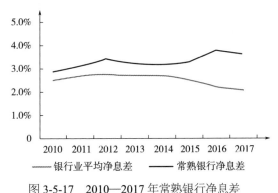

图3-5-17　2010—2017年常熟银行净息差

(资料来源:常熟银行公司年报、国海证券研究所)

2. 发展中间业务,扩大非息收入

受宏观经济和金融政策影响,银行业的净息差逐渐收窄,依靠传统的存贷款业务已经不足以支撑商业银行的经营和发展的需要。常熟银行积极转变经营思路,逐渐把目光转移到低风险、高收益的中间业务上。常熟银行逐步完善信托、理财、保理、保函、信用证、国际结算等业务，扩宽盈利来源。

2016年之后，常熟银行的手续费及佣金净收入大幅度提升，并且中间业务收入也在营业收入中的比重攀升至6%以上（见图3-5-18、图3-5-19）。中间业务对营业收入的增长发挥着重要作用，2017年中间业务对营业收入增长的贡献度也提升至25%，而在2014年和2015年该数值在0左右。手续费及佣金净收入的增加得益于表外理财业务的扩张和投行业务的发展。

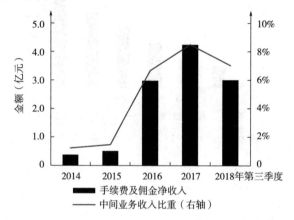

图3-5-18　2014—2018年常熟银行手续费及佣金净收入

（资料来源：常熟银行公司年报、国海证券研究所）

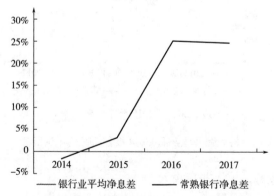

图3-5-19　2014—2017年常熟银行中间业务对营业收入贡献度

（资料来源：常熟银行公司年报、国海证券研究所）

六、启示：农商行找准定位，立足"三农"和小微

常熟银行能够取得今天的成就，有以下三点原因：

首先是坚持改革与创新。不能适应时代发展潮流的事物，终将被时代所淘汰；只有革故鼎新、勇于探索，才能做时代的弄潮儿。常熟银行由农村信用合作社转型而来，农信社时期的遗留问题不会因为制度的改变而自我消解，常熟银行能够积极转变治理框架，完善经营管理模式，为今后的发展奠定了重要的基础；2007 年后，常熟银行引入战略投资者，适时迈开跨地区经营的新步伐，迎来了企业扩张的黄金期。近年来，面对金融市场环境的不断的变化，常熟银行积极探索新的业务模式，专注零售市场，坚持金融创新，着重发展中间业务，为企业寻找到新的赢利点。

其次是清晰的自我定位，立足"三农"和小微客户。在对公金融业务和同业业务领域中，大型商业银行和股份制银行依靠其雄厚的资本规模和较高的声誉度，能够在其中获得较大的利润份额。以常熟银行为代表的农村商业银行则很难在竞争中取得优势地位。于是，常熟银行便将目光转向了"三农"领域和小微客户，把重点落在了零售市场。常熟银行创造出了满足客户特殊金融需求的创新产品，更好地发挥自身优势，争取到了自身的细分市场。与中小企业和个体工商户"打交道"的丰富经验，也保证了常熟银行的资产安全与盈利能力。

最后是参与地区经济建设，抓住政策机遇。常熟银行成立之初，就确立了深耕常熟和支持"三农"的策略，为地方经济发展提供金融支持，常熟银行也因此享受到地方经济发展的红利。国家的政策支持对于银行业而言也尤为重要。常熟银行在国家出台一系列支持农村金融发展政策时，果断提出设立村镇银行拓展渠道网络，布局跨区发展的战略举措，为其日后的规模和盈利的增长奠定了基础。

总结常熟银行的成功经验，中小银行可以从中得出一些启发。

第一，差异化市场定位，发展特色业务，并形成与之相匹配的经营管理模

式。由于资产规模和社会知名度的局限，中小型银行很难在传统的业务领域中与大型商业银行竞争。中小型银行需要进行差异化的市场定位，搜寻潜在的客户群体，争取到具有较高价值的细分市场。差异化的市场定位，也意味着需要发展特色业务来满足这些顾客的特殊需求，需要形成与之相匹配的经营管理模式保证业务数量和业务质量。常熟银行在发展零售业务时选择了分层授信模式，客户经理与贷款审批相隔离，这样的制度设计大大保证了常熟银行的资产质量。中小银行在发展特色业务时，要注重经营模式的优化，保证内部机制能够满足业务发展的需要。

第二，寻求战略合作者，主动学习要求进步。战略合作者可以是行业龙头，也可以是能够与银行在某一方面开展合作的其他行业的优秀企业。向行业龙头公司学习先进的管理经验，引进高质量人才，在不同业务领域开展合作，能够帮助银行实现跨越式发展。不仅如此，大型银行还能向中小银行提供战略指导，开拓中小银行的视野。从业务领域到风险防范，从内部控制到人力资源管理，常熟银行就曾与交通银行在多个领域中展开合作。中小型银行适时恰当地引入战略合作者，未尝不是一个明智的选择。

七、大事记

1996年，常熟市农村信用合作社联合社成立。

2001年，原常熟市农村信用合作社联合社，经股份制改造组建为常熟市农村商业银行股份有限公司，是全国首批成立的三家农村商业银行之一。

2004年，原常熟市农村商业银行股份有限公司更名为江苏常熟农村商业银行股份有限公司。

2007年，交通银行战略入股常熟银行，以10%的股权比例成为常熟银行第一大股东。同年，常熟银行战略入股南通启东农联社，参股启东农联社20%股份并发起设立咸丰常农商村镇银行有限责任公司，并持有该公司51%

的股权。

2008年，在江苏省海门市设立的海门支行，成为全国县（市）级农村中小金融机构中首家异地支行。

2016年，常熟银行首次公开发行股票，并在上海证券交易所上市。

后记　银行的沉浮与新生

过往，由于业务的原因，我与商业银行有很多交集。从国有大行到股份制银行，从城商行、农商行到农信社，在与这些银行不断交流与合作的过程中，我既感受到了商业银行作为中国金融系统支柱型机构的重要意义，又感受到了当前商业银行体系所面临的诸多变局。我似乎看懂了很多问题，但又新增了很多疑惑。

中国商业银行的发展大潮如何演绎？美国商业银行如何使老树开出新花？日本商业银行又如何盛极而衰？商业银行基业长青的秘诀是什么？商业银行的差异化之路又会是什么？

《银行百年启示录》选取了一些全球过往具有代表性的商业银行，并通过回顾它们的兴衰起伏和新老更替，从而试图回答外界对于商业银行的诸多疑问。

回顾历史的目的，是让大家品味过去。作为商业世界中一个非常重要的组成部分，商业银行就是商业发展的"活化石"。回顾商业银行历史的进程，其实也是在回顾各类商业活动历史的进程。从这个层面来看，梳理银行的沉浮与新生，记录银行业的过往点滴，本身也能够帮助我们品读历史、品味过去。

回顾历史，也是为了更好地把握未来。如果说过往100年全球商业银行的历史要看美国，那么我相信，未来100年全球商业银行的历史则要看中国。站在当下，站在中国新时代的浪潮起点，梳理银行兴衰、思考银行成败，或许也能多少帮助一些银行从业者以及一些国内的商业银行，去思考他们未来何去何从。

靳　毅

2020年1月

致 谢

尊敬的读者,我一定要向您由衷地说一声感谢!感谢您在浩如烟海的书籍中选择了我们、陪伴了我们、珍惜了我们,感谢您能够在嘈杂浮躁的今天依旧静心阅读我们的作品。

曾几何时,我常会被手机里奔涌而来的海量信息所困扰,也会因它们的毫无头绪和碎片化而迷惑。我意识到,在这个信息爆炸的时代里,想要安静地阅读或系统地思考问题变得越来越难。也由此,我萌生了放弃碎片式写作,转向深度系统写作的念头,在这种情形下《银行百年启示录》应运而生。

本书在出版过程中,经历过许多的波折和心酸,但在身边亲友的支持和鼓舞下最终得以出版。因此,我也要向那些给予过我支持和帮助的人们道一声:谢谢!

感谢何春梅董事长、刘世安总裁及相关领导对本书的大力支持,感谢连平老师、朱小黄老师、贾康老师、寇日明老师等行业前辈给予我的认可和关怀;感谢本书专家委员会的20位专家委员,他们当中既有银行业的高管、又有业务一线的骨干,既有银行发展方面的资深专家、又有资本市场的专业投资人,他们所给予的肯定和建议,保障了本书的高质量。

与此同时,我也要感谢机械工业出版社和本书编委成员吕剑宇和单春妮以及为本书做出积极贡献的张赢、洪烨、戴正孝、陈鏴文等同仁,正是大家一起努力,才有了我们今天的成果。最后,我还要感谢我的家人,是他们给予我的理解和支持,使我有了持续奋斗、不断向前的动力和勇气。

站在历史的长河里,我们是渺小的、短暂的,在有限的年华里,我们唯有朝着目标笃定前行、不懈努力,才能不辜负那些认可和关爱我们的亲友,才能真正不负光阴、不负此生!

2020 年 1 月

参 考 文 献

[1] 王礼.富国之本：全球标杆银行的得失之道［M］.北京：中信出版社，2018.

[2] 柯瓦希维奇，斯坦.富国之道：富国银行董事长写给股东的信［M］.王礼，译.广州：广东旅游出版社，2016.

[3] 上海浦东发展银行."为社会主义事业闯新路"——上海浦东发展银行五周年回顾与展望［J］.上海金融，1998（1）：8-10.

[4] 周庭煜.走上市公司之路，求银行发展之道——仿上海浦东发展银行行长金运［J］.上海金融，1999（12）：4-6.

[5] 朱盈盈，曾勇，李平，等.中资银行引进境外战略投资者：背景、争论及评述［J］.管理世界，2008（1）：22-37，56.

[6] 陈汝仪.日本的长期信用银行是怎样发行债券的？［J］.金融研究，1981（12）：58-59.

[7] 蔡林海，翟峰.前车之鉴：日本的经济泡沫与"失去的十年"［M］.北京：经济科学出版社，2007.

[8] 泰特.拯救日本：泡沫崩溃后的银行危机与华尔街行动［M］.吴谦立，译.上海：上海远东出版社，2004.

[9] 刘海龙.日本银行业不良债权问题研究［D］.上海：华东师范大学，2005.

[10] 王丽.海南信托业兴衰的启示——从济南信托业的破产谈信托的风险管理［D］.北京：首都经济贸易大学，2007.

[11] 冬晓.海南发展银行缘何被关闭［J］.今日浙江，1998（18）：19-21.

[12] 周志宏.参与海南发展银行托管工作的几点体会［J］.中国城市金融，1999（1）：27-28.

[13] 刘华.海南发展银行倒闭警示今犹在［J］.银行家，2004（2）：123-125.

[14] 海南年鉴编辑委员会.海南金融年鉴1998［M］.海口：海南年鉴社，1998.

[15] 证券时报网.射阳农商行挤兑危机始末［EB/OL］.（2014-3-27）［2019-02-10］.http://bank.hexun.com/2014-03-27/163409906.html.